高等职业教育汽车类专业规划教材

汽车电工电子技术

QICHE DIANGONG DIANZI JISHU

张　军　杨金玉　主编

中国铁道出版社
CHINA RAILWAY PUBLISHING HOUSE

内 容 简 介

本书内容包括：直流电路的应用；认识正弦交流电；电磁学的应用；发电机与电动机的结构与检测；安全用电；二极管、晶体管的工作原理及应用；集成运算放大器的原理及应用；数字电路的应用等。集中体现了汽车维修技术中所应用的电工电子基础知识，是汽车电气系统维修必备的基本知识。

全书采用项目教学法和任务驱动的形式编写，每个项目按照“学习目标→基本知识→项目实施→小结→测试习题”这一思路进行编排。在每个项目中，均附带相应的操作类内容，将理论知识与实践应用紧密结合在一起。

本书适合作为高等职业院校汽车类专业学生的教材，也可作为汽车维修企业人员学习电工电子维修基本知识的教材或工作参考书。

图书在版编目（CIP）数据

汽车电工电子技术/张军，杨金玉主编．—北京：中国铁道出版社，2017.1

高等职业教育汽车类专业规划教材

ISBN 978-7-113-22766-1

Ⅰ．①汽…　Ⅱ．①张…②杨…　Ⅲ．①汽车—电工技术—高等职业教育—教材②汽车—电子技术—高等职业教育—教材　Ⅳ．①U463．6

中国版本图书馆 CIP 数据核字（2016）第 317687 号

书　　名：汽车电工电子技术
作　　者：张　军　杨金玉　主编

策　　划：何红艳　　**读者热线：**（010）63550836
责任编辑：何红艳
编辑助理：绳　超
封面制作：白　雪
责任校对：汤淑梅
责任印制：郭向伟

出版发行：中国铁道出版社（100054，北京市西城区右安门西街 8 号）
网　　址：http://www.51eds.com
印　　刷：中煤（北京）印务有限公司
版　　次：2017 年 1 月第 1 版　　2017 年 1 月第 1 次印刷
开　　本：787 mm×1 092 mm　1/16　**印张：**14　**字数：**320 千
印　　数：1～2 000 册
书　　号：ISBN 978-7-113-22766-1
定　　价：39.00 元

前 言

随着现代汽车电子技术的发展，掌握必需的汽车电工电子技术已成为现代汽车维修人才的必备条件。汽车电工电子技术作为一门专业技术基础课程，必须为专业服务，在“必需”“够用”为度的基础上为学生今后学习打下良好的基础。编者在总结多年教学经验的基础上编写了本书。本书内容包括：直流电路的应用；认识正弦交流电；电磁学的应用；发电机与电动机的结构与检测；安全用电；二极管、晶体管的工作原理及应用；集成运算放大器的原理及应用；数字电路的应用等。

本书主要特色如下：

1. 本书理论与实践相结合。采用项目教学法和任务驱动的方式编写，每个项目按照“学习目标→基本知识→项目实施→小结→测试习题”这一思路进行编排。在每个项目中，均附带相应的操作类内容，将理论知识与实践应用紧密结合在一起。

2. 基本知识点的选取以“必需”“够用”为度，没有过多的理论推导，但也保证了基础知识的系统性，并增加了一些公式、例题，且附有简单的参考答案。

3. 本书在叙述上通俗易懂，深入浅出，对于各种基本概念与基本原理的阐述力求简明扼要。采用大量插图，对知识的应用进行详尽说明，力求使学生尽快掌握基本技能，将理论知识迅速转变为技术应用能力。

本书由长春汽车工业高等专科学校汽车运用学院教师张军、杨金玉主编，参与编写的人员还有侯丽春、郝俊、郭其涛、汪月英。

本书适合作为高等职业院校汽车类专业学生的教材，也可作为汽车维修企业人员学习电工电子维修基本知识的教材或工作参考书。

限于编者水平，书中难免有不妥之处，敬请广大读者批评指正。

编　者

2016 年 12 月

目录

Contents

Contents

项目一
直流电路的应用 1

学习目标

1. 掌握电路的组成及各部分的作用。

2. 使用基尔霍夫定律进行复杂的电路计算。

3. 能用万用表测量直流电路中的电阻、电压及电流值。

4. 能解决直流电路中的连接问题。

基本知识

一、电路的组成及其基本物理量

1. 电路的组成

电路是电流的通路，它是为了实现某种功能，由各种电气设备和器件按一定方式互相连接而成。把一些电气设备或元件，按其所要完成的功能，用一定方式连接而成的电流通路称为电路。

一个完整的电路是由电源、负载和中间环节（包括开关和导线等）三部分组成。电源、中间环节和负载是电路的基本组成部分，如图1-1（a）所示。图1-1（b）为按电路模型画出的电路原理图，这是最简单的实际电路。它由干电池（电源）、小灯泡（负载）和开关（中间环节）三部分组成。

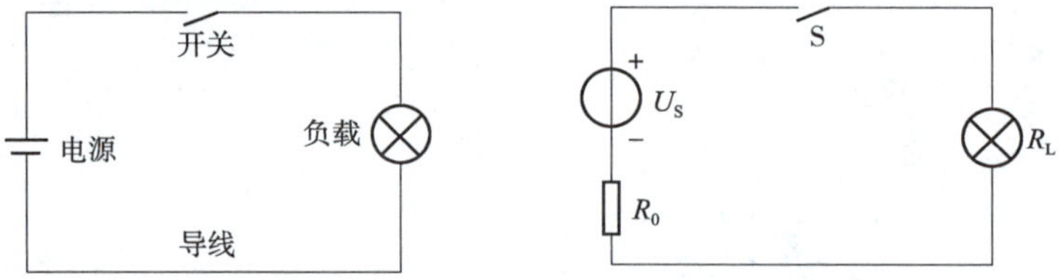

（a）电路模型　　（b）电路原理图

图 1-1　手电筒电路

2. 电流

单位时间内通过导体某一横截面的电荷［量］称为电流。设在 d*t* 时间（单位为秒，s）内通过导体某一横截面的电荷量为 d*q*（单位为库［仑］，C），则通过该横截面的电流为

$$i=\frac{\mathrm{d}q}{\mathrm{d}t} \tag{1-1}$$

若$\frac{\mathrm{d}q}{\mathrm{d}t}$=常数，则这种电流就称为恒定电流，简称直流。在直流电路中，式（1-1）可写成

$$I=\frac{Q}{t} \tag{1-2}$$

在国际单位制（SI）中，规定电流的单位为安［培］（A）。

习惯上，规定正电荷移动的方向或负电荷移动的反方向为电流的方向（实际方向）。电流的方向是客观存在的，在简单电路中，可以很容易判断出电流的实际方向，如图1-2（a）所示的I_1、I_2。倘若在图1-2（a）中A、B两点间再接入一个电阻，如图1-2（b）所示，那么该电阻中的电流方向就很难直观判断了。另外，在交流电路中，电流是随时间变化的，在图上也无法表示其实际方向，为了解决这一问题，必须引入电流的参考方向这一概念。

电流参考方向是假定的方向。电流的参考方向可以任意选定，在电路中一般用箭头表示。当然，所选的电流参考方向不一定就是电流的实际方向，当电流参考方向与实际方向一致时，电流为正值（$I>0$）；当电流参考方向与实际方向不一致时，电流为负值（$I<0$）。这样，在选定的参考方向下，根据电流的正、负值，就可以确定电流的实际方向，如图1-3所示。

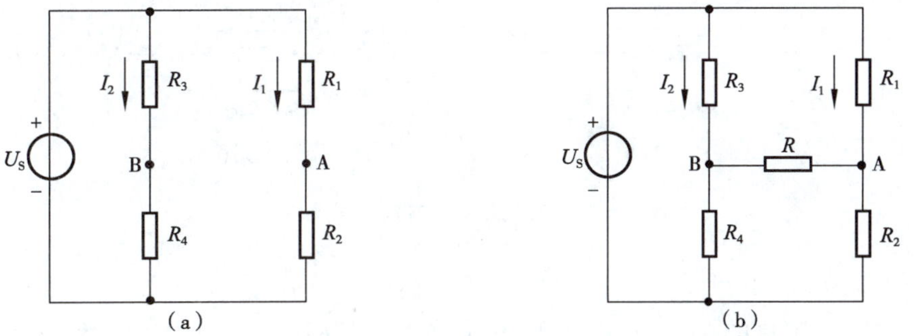

图 1-2　电流方向的判断

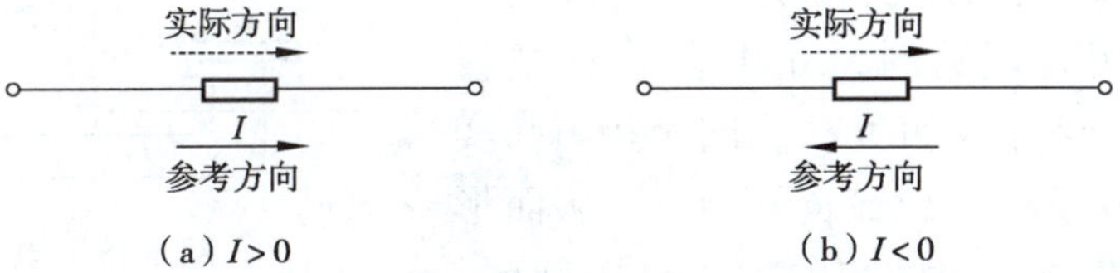

图 1-3　电流参考方向与实际方向

在分析电路时，首先要假定电流参考方向，并据此分析计算，然后再从答案的正、负值来确定电流的实际方向。如不加说明，电路图上标出的电流方向一般都是指电流的参考方向。

3. 电压

在电路中，如果设正电荷由 A 点移到 B 点时电场力所做的功为 dW，则 A、B 两点间的电压为

$$U_{AB}=\frac{\mathrm{d}W}{\mathrm{d}q} \tag{1-3}$$

也就是说，电场力把单位正电荷由 A 点移到 B 点所做的功在数值上等于 A、B 两点间的电压。在直流电路中，式（1-3）可写成

$$U=\frac{W}{Q}$$

在国际单位制中，电压的单位是伏［特］（V）。当电场力把 1C（库［仑］）的电荷从一点移到另一点所做的功为 1J（焦［耳］）时，这两点间的电压为 1V。

习惯上，规定从高电位点指向低电位点为电压方向（实际方向），即电压降的方向。在实际分析电路时，也应该选取电压参考方向。当电压参考方向与实际方向一致时，电压为正（$U>0$）；不一致时，电压为负（$U<0$），如图 1-4 所示。

电压参考方向在电路中用极性“+”“−”表示，也可用箭头表示。“+”表示高电位，“−”表示低电位。可用符号 U_{AB} 表示。

在分析和计算电路时，电压和电流参考方向的假定，原则上是任意的。但为了方便，元件上的电压和电流常取一致的参考方向，称为关联参考方向。

图 1-4（a）所示的 U 与 I 参考方向一致，则其电压与电流的关系是 $U=RI$；而图 1-4（b）中的 U 与 I 参考方向不一致，则电压与电流的关系是 $U=-RI$。可见，在写电压与电流的关系式时，式中的正、负号由它们的参考方向是否一致来决定。

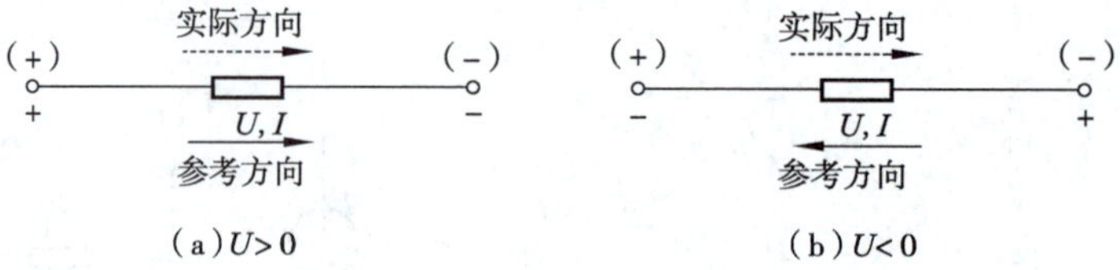

图 1-4　电压的参考方向与实际方向

4. 电能和电动势

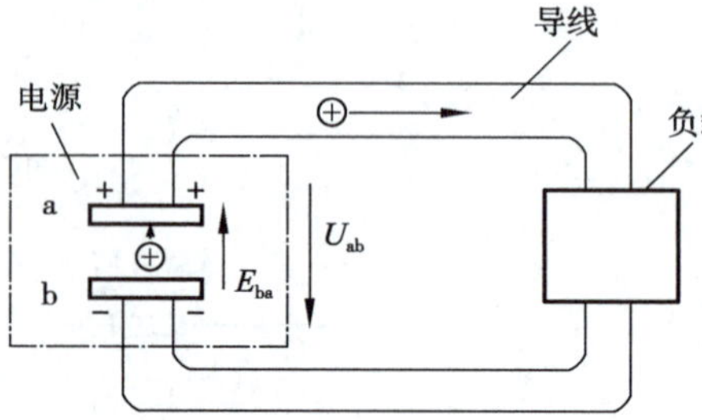

图 1-5　电压与电动势

在图 1-5 中，电源的两个极板 a 和 b 上分别带有正、负电荷，这两个极板间就存在一个电场，其方向是由 a 指向 b。当用导线和负载将电源的正负极连接成为一个闭合电路时，正电荷将在电场力的作用下由正极 a 经导线和负载流向负极 b（实际上是自由电子由负极经负载流向正极），从而形成电流。电压是衡量电场力做功能力的物理量。定义 a 点至 b 点间的电压 U_{ab} 在数值上等于电场力把单位正电荷由 a 点经外电路移到 b 点所做的功。

当电荷的单位为库［仑］(C)，功的单位为焦［耳］(J) 时，电压的单位为伏［特］(V)，即 1V = 1J/C。为了分析电路方便，常指定电路中任意一点为参考点。定义电场力把单位正电荷从电路中某点移到参考点所做的功，称为该点的电位，用大写字母 V 表示。电路中某点的电位，即该点与参考点之间的电压，也可理解为单位正电荷在该点（相对于参考点）所具有的位能。电位的单位也是伏［特］(V)。

根据上述电压、电位的定义，可以证明：电路中任意两点之间的电压就等于这两点间的电位差，即

$$U_{ab} = V_a - V_b \tag{1-4}$$

这表明：电压的实际方向是从高电位点指向低电位点，是电位降的方向。

电动势是衡量电源力做功能力的物理量，恒定（直流）电动势用字母 E 表示，其单位也是伏［特］(V)。在图 1-5 中，电源的电动势在数值上等于电源力把单位正电荷从低电位的 b 端经电源内部移到高电位的 a 端所做的功，因此电动势的实际作用方向是在电源内部由低电位端指向高电位端，是电位升高的方向。如果不考虑电源内部可能存在的其他形式的能量转换，则电源力对单位正电荷所做的功，应等于单位正电荷位能的增加，即

$$E_{ba} = V_a - V_b \tag{1-5}$$

对于图 1-5 中的电源部分可用图 1-6 所示电动势的图形符号来表示。

和电流一样，电压和电动势也应引入参考方向（或参考极性）的概念。在电路图中，其参考方向可用箭标或双下标，如 U_{ab}、E_{ab} 来表示。如参考方向与其实际方向一致，其数值为正；否则为负。

5. 电路的三种状态

电路有有载、空载、短路工作三种状态，现以图 1-7 所示的简单直流电路为例来分析电路的各种状态。图 1-7 中，电动势 E 和内阻 R_0 串联，组成电压源，U_1 是电源端电压。

开关 S 和连接导线是中间环节。U_2 是负载端电压，R_L 是负载等效电阻。

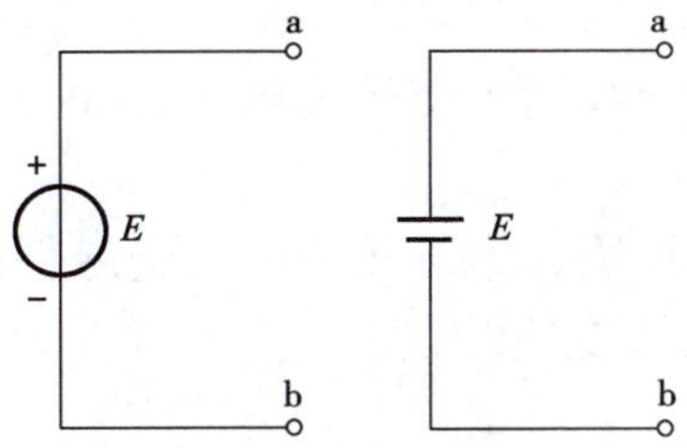

图 1-6　电动势的图形符号

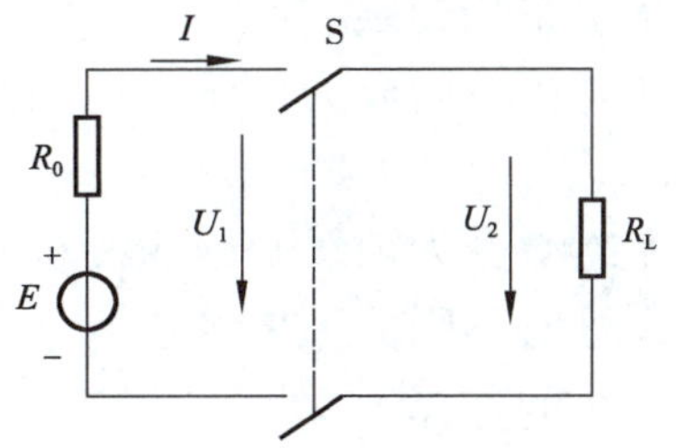

图 1-7　简单直流电路

（1）有载工作状态

当开关 S 闭合时，电路中有电流流过，电源输出电功率，负载取用电功率，这称为有载工作状态。

为了保证电气设备和器件能安全、可靠和经济地工作，制造厂规定了每种电气设备和器件在工作时所允许的最大电流、最高电压和最大功率，这称为电气设备和器件的额定值，常用下标符号 N 表示，如额定电流 I_N，额定电压 U_N 和额定功率 P_N。这些额定值常标记在设备的铭牌上，故又称铭牌值。

电气设备和器件应尽量工作在额定状态，这种状态又称满载。其电流和功率低于额定值的工作状态称为轻载；高于额定值的工作状态称为过载。有些用电设备，如电灯、电炉等，只要在额定电压的条件下使用，其电流和功率就会符合额定值，故只标明 U_N 和 P_N。另一类电气设备如变压器、电动机等，在加上额定电压后，其电流和功率取决于它所负载的大小。例如，电动机所带机械负载过大，将会因电流过大而严重发热，甚至烧毁。故在一般情况下，设备不应过载运行。在电路中常装设自动开关、热继电器等，用来在过载时自动断开电源，确保设备安全。

（2）空载

在图 1-7 所示电路中，当开关 S 断开，电路电流为零，这称为空载，又称开路。

（3）短路

在图 1-7 所示电路中，当电源两端的导线由于某种事故而直接相连，这时电源输出电流不经过负载，只经过连接导线直接流回电源。这种状态称为短路状态，简称短路。短路时的电流称为短路电流，用 I_{SC} 表示。因为电源内阻 R_0 很小，故 I_{SC} 很大。短路时，外电路的电阻近似为零，故电源和负载的端电压均为零。这时，电源所产生的电能全部被电源内电阻消耗转变为热能，故电源的输出功率和负载取用的功率均为零。

因为 I_{SC} 很大，短路时电源本身及 I_{SC} 所流过的导线温度剧增，将会损坏绝缘，烧毁设备，甚至引起火灾。因此，电路短路是一种严重的事故，应尽量避免。为防止短路所产生的严重后果，通常在电路中接入熔断器或自动开关，以便在发生短路时迅速切断故障电路，从而确保电源和其他电气设备的安全运行。

二、导线

1. 导线的分类及选择

（1）常用导线的分类

按材料不同分为铜线和铝线。铜线具有电阻率小、机械强度大等优点；铝线具有质量小、价格便宜的优点，但机械强度小、较脆。汽车电路和移动电器接线一般用铜线。固定电器接线尽量采用铝线。

按所加电压不同分为低压导线和高压导线。高压导线用于传送高电压，如点火系统的高压导线。

按有无绝缘分为裸线和绝缘线。裸线外面没有保护层，绝缘线外面有绝缘保护层。

按绝缘材料不同分为聚氯乙烯（塑料）绝缘线和橡皮绝缘线。

（2）导线的选择

① 导线型号的选择及用途。对于低压交直流配电线路，根据导线敷设的方法，其型号可参见表 1-1 进行选择。

表 1-1　常用导线型号及主要用途

导线型号		额定电压/V	导线名称	主要用途	最小截面/mm^2
铝线	铜线				
LJ	TJ	—	裸绞线	室外架空线	25
LGJ	—	—	钢芯铝绞线	室外大跨度架空线	—
BLV	BV	500	聚氯乙烯绝缘线	室内架空线或穿管敷设	2.5
BLX	BX	500	橡皮绝缘线	室内架空线或穿管敷设	2.5
BLXF	BXF	500	氯丁橡皮绝缘线	室内外敷设	—
BLVV	BVV	500	塑料护套线	室内固定敷设	—
—	RV	250	聚氯乙烯绝缘软线	250 V 以下各种移动电器接线	0.5
—	RVS	250	聚氯乙烯绝缘绞型软线	250 V 以下各种移动电器接线	0.5
—	RVV	500	聚氯乙烯绝缘护套软线	250 V 以下各种移动电器接线	—

② 导线截面的选择。我国的导线规格以其截面积作为标称值。导线标称截面积是经过换算的线芯截面积，而不是实际几何面积。

一般根据电路的额定电压、工作电流和绝缘要求等选取导线截面、绝缘层的类型。

对于短距离配电线路（200 m 以内），常用发热条件选择导线截面。一般家庭、修理厂和汽车上的导线均按此方法选线。具体方法如下：由公式 $I=\frac{P}{U}$ 计算出该负载的工作电流，然后根据导线的允许电流等于或略大于计算电流，直接从表 1-2 中选择导线。

表 1-2　部分 500 V 橡皮与塑料绝缘电力电缆载流量表　　单位：A

导线截面/mm^2	成品外截面/mm^2	铜芯橡皮或塑料绝缘电力电缆				铝芯橡皮或塑料绝缘电力电缆			
		明敷（25℃）		穿塑料管（25℃）		明敷（25℃）		穿塑料管（25℃）	
		橡皮	塑料	两根（橡皮）	两根（塑料）	橡皮	塑料	两根（橡皮）	两根（塑料）
1.5	4.6	27	24	17	16	—	—	—	—
2.5	5.0	35	32	25	24	27	25	19	18
4	5.5	45	42	33	31	35	32	25	24
6	6.2	58	55	43	41	45	42	33	31
10	7.8	85	75	59	56	65	59	44	42
16	8.8	110	105	76	72	85	80	58	55
25	10.6	145	138	100	95	110	105	77	73

【例 1-1】某修理厂的照明负载为额定电压 220 V，额定功率 5 kW，电源总线采用双芯塑料绝缘电线、穿塑料管，采用铝芯和铜芯时，分别应选择多大的导线截面？

解　电源总线上实际流过的最大电流为

$$I = P/U = (5\,000/220)\ \text{A} = 22.73\ \text{A}$$

直接查表 1-2“铝芯塑料绝缘电线、穿塑料管、两根（塑料）”一栏，其中 24 A > 22.73 A 符合要求，对应导线的截面为 4 mm^2。

直接查表 1-2“铜芯塑料绝缘电线、穿塑料管、两根（塑料）”一栏，其中 24 A > 22.73 A 符合要求，对应导线的截面为 2.5 mm^2。

2. 汽车常用的导线

汽车常用的导线有高压导线和低压导线两种，均采用铜质多芯软线，外层为绝缘层。绝缘层一般采用聚氯乙烯绝缘层或聚氯乙烯-丁腈复合绝缘层。

(1) 低压导线

① 导线的截面积。导线的截面积主要根据其工作电流进行选择，但是对于一些工作电流较小的电器，为保证应具有一定的机械强度，汽车电器中导线截面积不得小于 0.5 mm^2。各种低压导线标称截面积所允许的负载电流如表 1-3 所示。

表 1-3　各种低压导线标称截面积所允许的负载电流

导线标称截面积/mm^2	1.0	1.5	2.5	3.0	4.0	6.0	10	13
允许的负载电流/A	11	14	20	22	25	35	50	60

所谓标称截面积是经过换算而统一规定的线芯截面积，不是实际线芯的几何面积，也不是各股线心几何面积之和。

12 V 电系主要线路导线标称截面积推荐值如表 1-4 所示。

表 1-4　12 V 电系主要线路导线标称截面积推荐值

导线标称截面积/mm^2	用　途
0.5	尾灯、顶灯、指示灯、仪表灯、牌照灯、刮水器、时钟、燃油表、水温表、油压表等电路
0.8	转向灯、制动灯、停车灯、断电器等电路
1.0	前照灯、电喇叭（3 A 以下）电路
1.5	前照灯、电喇叭（3 A 以上）电路
1.5～4.0	其他 5 A 以上电路
4～6	柴油车电热塞电路
6～25	电源电路
16～95	起动电路

② 导线颜色。各国汽车厂商在电路图上多以字母（主要是英文字母）来表示导线外皮的颜色及其条纹的颜色。日本常用单个字母表示，个别用双字母，其中后一位是小写字母；中国标准大体上与此相同。美国常用 2～3 个字母表示一种颜色，如果导线上有条纹，则要书写较多字母。德国汽车导线颜色代号，各厂商甚至各牌号不尽一致。也有的厂商如斯坎尼亚汽车导线采用数字代号表示颜色。导线颜色代号如表 1-5 所示。

表 1-5　汽车用导线颜色代号

颜色	中国	英国	美国	日本	本田现代	德国	奥迪 4、5、6 缸	帕萨特	奔驰	宝马	奥地利	法国	波兰	奥托山大客	俄罗斯	罗马尼亚	波罗乃兹	斯堪尼亚
黑	B	Black	BLK	B	BLK	SW	sw	BK	BK	SW	B	BL	N	b	ч	N	NERO	01
白	W	While	WHT	W	WHT	WS	ws	WT	WT	WS	C	W	B	w	б，в	A	BIANCO	05
红	R	Red	RED	R	RED	RT	ro	RD	RD	RT	A	R	R	r	лк	R	ROSSO	02
绿	G	Green	GRN	G	GRN	GN	gn	GN	GN	GN	F	GN	V	g	з	V	VERDE	03
深绿		Dark Green	DK GRN					DKGN										
淡绿		Light Green	LT GRN	Lg	LT GRN			LTGN										
黄	Y	Yellow	YEL	Y	YEL		ge	YL	YL	GE	D	Y	G	y	ж	G	GIALLO	04
蓝	BI	Blue	BLU	L	BLU	BL	bl	BU	BU	BL	I	BU	A	b	г	B	BLU	08
淡蓝		Light Blue	LT BLU	Sb	LT BLU			LTBU			K		L	a			AZZURRO	
深蓝		Dark Blue	DK BLU					DKBU										
粉红	P	Pink	PNK	P	PNK			PK	PK	RS	N		S	p	p		ROSA	
紫	V	Violet	PPL	PU	PUR	VI	li	PL（YI）	VI	VI	G	VI	Z	v	ф，φ	Vi	VIOLA	09
橙	O	Orange	ORN	Or	ORN			OG		OR			C	o	o		ARANCIO	
灰	Gr	Grey	GRY	Gr	GRY		gr	GY	GY	GR		G	H	gr	c	C	GRIGIO	07
棕	Br	Brown	BRN	Br	BRN	BK	br	BN	BR	BR	L		M	br	кор ки		MARRONE	
棕褐		Tan	TAN					TN				Br						
无色		Clear	CLR				CR											

另外，导线颜色要容易区别。如常用黑、白、红、绿、黄、蓝、灰、棕、紫；其次用粉红、橙、棕褐；再次为深蓝、浅蓝、深绿、浅绿。在导线上采用条纹标志要对比强烈，如黑白、白红等，双色线的主色所占比例大些，辅助色所占比例小些。辅助色条纹与主色条纹沿圆周表面的比例为 1∶3 至 1∶5。双色线的标注第一色为主色，第二色为辅助色。我国规定汽车导线颜色的选用程序见表 1-6。

表 1-6　汽车导线颜色的选用程序

选用程序	1	2	3	4	5	6
导线颜色	B	BW	BY	BR		
	W	WR	WB	WB	WY	WG
	R	RW	RB	RY	RG	RBl
	G	GW	GR	GY	GB	GBl
	Y	YR	YB	YG	YB	YW
	Br	BrW	BrR	BrY	BrB	
	Bl	BlW	BlR	BlY	BlB	Bl0
	Gr	GR	GrY	GrBl	GrB	Gr0

③ 线束。汽车用低压导线除蓄电池导线外，都用绝缘材料，如薄聚氯乙烯带缠绕包扎成束，避免水、油的侵蚀及磨损。在线束布线过程中不许拉得太紧，线束穿过洞口或绕过锐角处都应有套管保护。线束位置确定后，应用卡簧或绊钉固定，以免松动损坏。

（2）高压导线

在汽车点火线圈至火花塞之间的电路使用高压点火线，简称高压线。它分为普通铜芯高压线及高压阻尼点火线，带阻尼的高压线可抑制和衰减点火系统产生的高频电磁波，降低对无线电设备及电控装置的干扰。

点火系统的高压线，由于工作电压一般为15 kV以上，电流小，因此高压线绝缘包层厚、耐压性能好、线芯截面积较小。国产汽车用的高压线有铜芯线和阻尼线两种。高压阻尼线的线芯采用聚氯乙烯树脂、癸二酸二辛酯等有机材料配制而成，又称半导体塑芯高压线。线芯具有一定阻值，具有低电磁辐射的特点，可减小点火系统的电磁波公害。

三、电阻

1. 电阻元件及其特性

电阻元件是从实际电阻器中抽象出来的模型，如灯、电炉等。图形符号如图1-8所示，用字母 R 表示。当电阻元件上的电压与电流取关联参考方向时，如图1-8所示，根据欧姆定律有

$$u = Ri \tag{1-6}$$

在关联参考方向下，当 $R=\frac{u}{i}$ 是常数时，也称其为线性电阻元件，其伏安特性曲线为通过原点的一条直线，如图1-9所示。

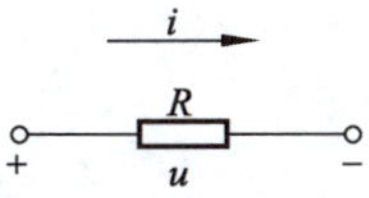

图1-8　电阻元件图形符号

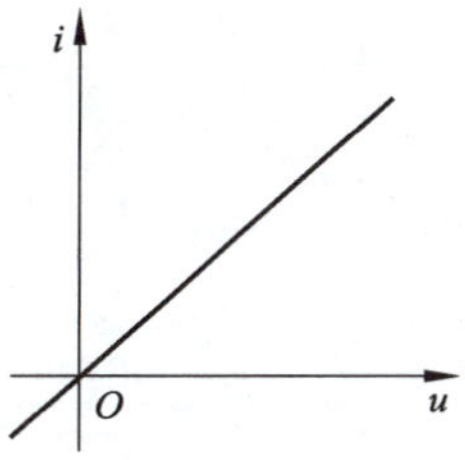

图1-9　电阻元件的伏安特性曲线

由式（1-6）可得电阻元件的功率为

$$p = ui = Ri^2 = \frac{u^2}{R} \geqslant 0$$

由上式可知：电阻元件总是消耗能量的。

在国际单位制中，电阻的单位为欧［姆］（Ω）。

2. 电阻器的分类与标记

电阻器是汽车电气电子设备中用得最多的基本元件之一。主要用于控制和调节电路中的电流和电压，或用作消耗电能的负载。

电阻器有不同的分类方法。按阻值分，有固定电阻器和可调电阻器（可调电阻器常称为电位器）之分；按材料分，有碳膜电阻器、金属膜电阻器和线绕电阻器等不同类型；按功率分，有 $\frac{1}{16}$W、$\frac{1}{8}$W、$\frac{1}{4}$W、$\frac{1}{2}$W、1W、2W等额定功率的电阻器；按电阻值的精确度分，有精确度为±5%、±10%、±20%等普通电阻器，还有精确度为±0.1%、±0.2%、±0.5%、±1%和±2%的精密电阻器。

（1）固定电阻器

① 电阻器型号。电阻器型号命名方法，如表1-7所示。

表 1-7　电阻器型号命名方法

第一部分：主称		第二部分：材料		第三部分：类别			第四部分：序号
符　号	意　义	符　号	意　义	符　号	电阻器	电位器	
R	电阻器	T	碳膜	1	普通	普通	对主称、材料相同，仅性能指标、尺寸大小有区别，但基本不影响互换使用的产品，给同一序号，若性能指标、尺寸大小明显影响互换时，则在序号后面用大写字母作为区别代号
RP	电位器	H	合成膜	2	普通	普通	
		S	有机实心	3	超高额		
		N	无机实心	4	高阻		
		J	金属膜	5	高温		
		Y	氧化膜	6			
		C	沉积膜	7	精密	精密	
		I	玻璃釉膜	8	高压	特殊函数	
		P	硼酸膜	9	特殊	特殊	
		U	硅酸膜	G	高功率		
		X	线绕	T	可调		
		M	压敏	W		微调	
		C	光敏	D		多圈	
		R	热敏	B	温度补偿用		
				C	温度测量用		
				P	旁热式		
				W	稳压式		
				Z	正温度系数		

图 1-10 所示为电阻器型号标称实例。

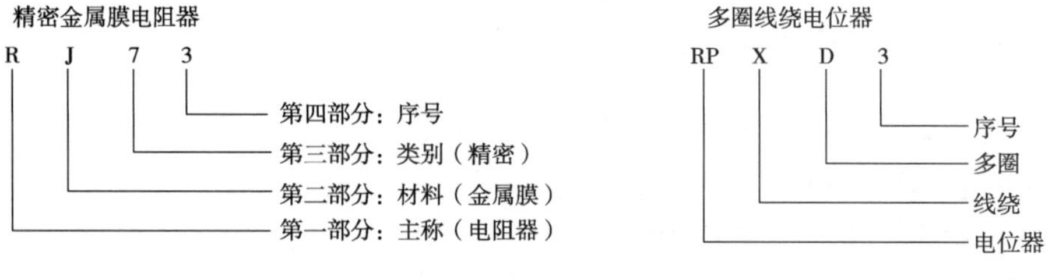

图 1-10　电阻器型号标称实例

② 电阻值的标志。按部颁标准规定，电阻值的标称值应为表 1-8 所列数字的 10^n 倍，其中，n 为正整数、负整数或零。

表 1-8　电阻器的标称值

系　列	允许误差	电阻器的标称值
E24	Ⅰ（±5%）	1.0　1.1　1.2　1.3　1.5　1.6　1.8　2.0　2.2　2.4　2.7　3.0　3.3　3.6　3.9　4.3　4.7　5.1　5.6　6.2　6.8　7.5　8.2　9.1
E12	Ⅱ（±10%）	1.0　1.2　1.5　1.8　2.2　2.7　3.3　3.9　4.7　5.6　6.8　8.2
K6	Ⅲ（±20%）	1.0　1.5　2.2　3.3　4.7　6.8

电阻器的阻值和允许偏差的标注方法有直标法、色标法和文字符号法。

a. 直标法：将电阻器的阻值和误差直接用数字和字母印在电阻体上（无误差标示为允许误差 20%）。也有采用习惯标记法的，如：

3Ω3　　Ⅰ　　表示电阻值为 3.3Ω，允许误差为 ±5%；

5M1　　Ⅱ　　表示电阻值为 5.1MΩ，允许误差为 ±10%；

1k8　　Ⅲ　　表示电阻值为 1.8kΩ，允许误差为 ±20%。

b. 色标法：将不同颜色的色环涂在电阻器（或电容器）上来表示电阻器（电容器）的标称值及允许误差，电阻器色环符号意义见表 1-9。固定电阻器色环标志读数识别规则如图 1-11 所示。

表 1-9　电阻器色环符号意义

颜　色	有效数字第一位数	有效数字第二位数	倍　乘　数	允许误差/%
棕	1	1	10^1	±1
红	2	2	10^2	±2
橙	3	3	10^3	
黄	4	4	10^4	
绿	5	5	10^5	±0.5
蓝	6	6	10^6	±0.2
紫	7	7	10^7	±0.1
灰	8	8	10^8	
白	9	9	10^9	
黑	0	0	10^0	
金			10^{-1}	±5
银			10^{-2}	±10
无色				±20

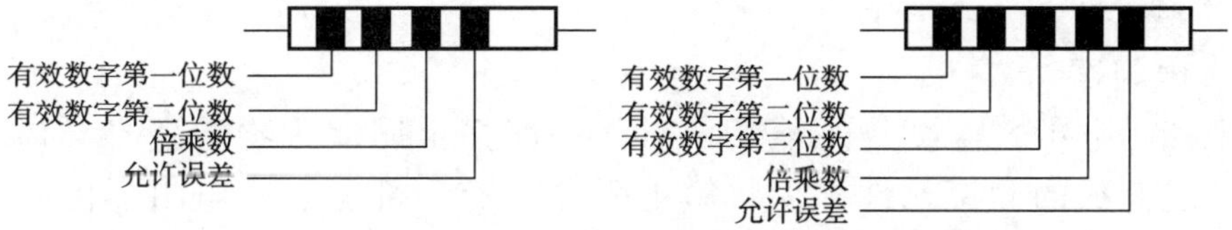

图 1-11　固定电阻器色环标志读数识别规则

c. 文字符号法：例如，3M3K，3M3 表示 3.3MΩ，K 表示允许偏差为 ±10%。

③ 电阻器额定功率的识别。电阻器的额定功率指电阻器在直流或交流电路中，长期连续工作所允许消耗的最大功率，有两种标志方法：2W 以上的电阻器，直接用数字印在电阻体上；2W 以下的电阻器，以自身体积大小来表示功率。在电路图上表示电阻器额定功率时，采用图 1-12 所示的符号。

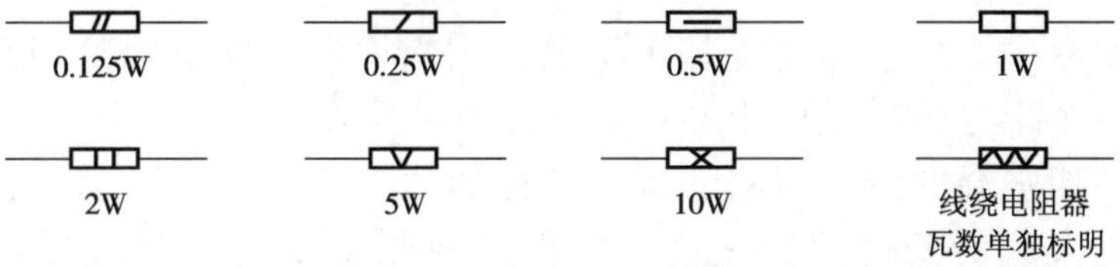

图 1-12　电阻器额定功率的表示符号

④ 电阻值偏差标志符号表。电阻值偏差标志符号如表 1-10 所示。

表 1-10　电阻值偏差标志符号

允许偏差/%	标 志 符 号	允许偏差/%	标 志 符 号	允许偏差/%	标 志 符 号
±0.001	E	±0.1	B	±10	K
±0.002	Z	±0.2	C	±20	M
±0.005	Y	±0.5	D	±30	N
±0.01	H	±1	F		
±0.02	U	±2	G		
±0.05	W	±5	J		

（2） 可调电阻器

可调电阻器一般称为电位器。从形状上分，有圆柱形、长方体等多种形状；从结构上分，有直滑式、旋转式、带开关式、带锁紧装置式、多联式、多圈式、微调式和无接触式等多种形式；从材料上分，有碳膜、合成膜、有机导电体、金属玻璃釉和合金电阻丝等多种电阻材料。碳膜电位器是较常用的一种。电位器在旋转时，其相应的阻值依旋转角度而变化。变化规律有三种不同形式，如图 1-13 所示。

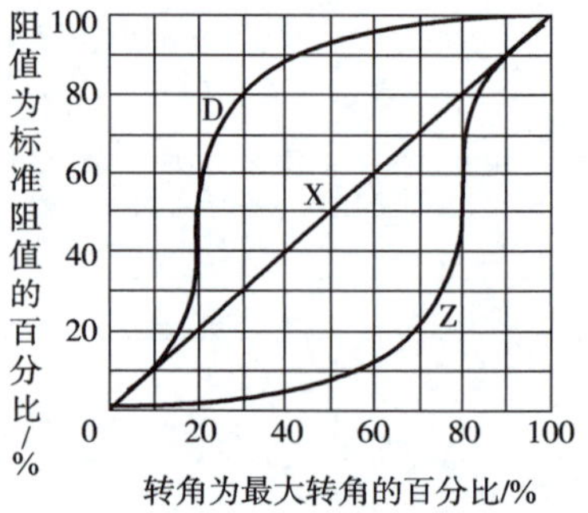

图 1-13　电位器旋转角与实际阻值的变化关系

X 型为直线型，其阻值按角度均匀变化。它用作分压、调节电流等，如在电视机中作场频调整。D、Z 型为指数型，其阻值按旋转角度依指数关系变化（即阻值变化开始缓慢，以后变快），它普遍使用在音量调节电阻中。

3. 特殊电阻器在汽车上的应用

（1） 热敏电阻器

热敏电阻器是电阻式温度传感器的一种。一般把金属氧化物陶瓷半导体材料，经成形、烧结等工艺制成的测温元件称为热敏电阻器（有一部分热敏电阻器由碳化硅材料制成）。在工作温度范围内，其电阻值随温度升高而增加的热敏电阻器称为正温度系数（PTC）热敏电阻器；其电阻值随温度升高而减少的热敏电阻器称为负温度系数（NTC）热敏电阻器。在临界温度时，其阻值发生跃变的称为临界温度热敏电阻器（CTR）。热敏电阻器是用半导体材料渗入适当的金属氧化物，根据所要求的形状，在 1 000 ℃以上的高温下烧结而成。按照氧化物比例的不同及烧结温度的差别，可以得到特性各异的热敏电阻器。一般来说，工作温度范围为 -20 ~ 130 ℃的热敏电阻器可用于水温和气温的检测，工作温度范围为 600 ~ 1 000 ℃的高温检测电阻器，可用于排气温度的检测。

热敏电阻式冷却水温度传感器一般安装在发动机缸体、缸盖的水套中，或者安装在节温器壳内并伸入水套中。传感器与冷却水接触，用来检测发动机的冷却水温度。冷却水温度传感器内部是一个半导体热敏电阻器，如图 1-14 所示。

热敏电阻式冷却水温度传感器的外观与结构如图 1-14（a）所示。这种传感器是利用热敏电阻器阻值随温度的变化而变化这一特性来检测温度的。传感器的温度特性曲线如图 1-14（b）所示。当温度降低时，传感器的阻值增大；反之，当温度升高时，其阻值减小。在汽车上安装了很多的热敏电阻式冷却水温度传感器，常用于检测冷却水、机油的温度，其中用得最多的是水温表以及电喷发动机的水温传感器。

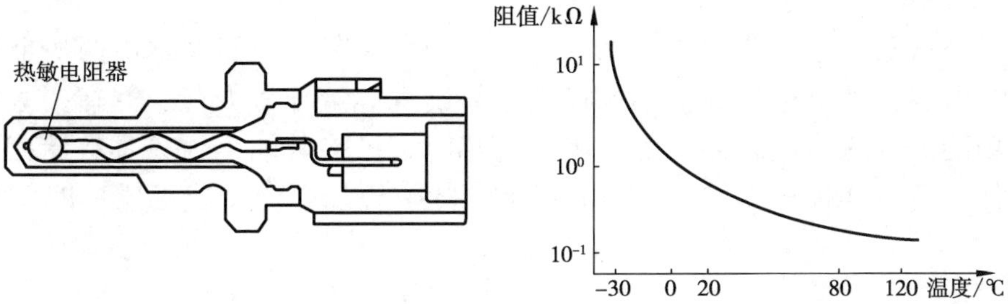

（a）外观与结构　（b）温度特性曲线

图 1-14　热敏电阻式冷却水温度传感器的外观与温度特性曲线

另外，利用热敏电阻器可制成湿度传感器。热敏电阻式湿度传感器可用于汽车风窗玻璃的防霜，发动机上化油器进气部位空气湿度的测定，以及用于电控自动空调车的车内相对湿度检测等。

（2）压敏电阻器

绝对压力传感器是在采用测量发动机进气歧管压力方式计量进气量的电控汽油喷射系统中最重要的传感器。依据进气压力传感器信号产生原理可分为半导体压敏电阻式、电阻应变计式碰撞传感器。

① 半导体压敏电阻式进气压力传感器。压电转换元件是利用半导体的压阻效应制成的硅膜片，其变形与压力成正比，利用电桥将硅膜片的变形转成电信号，半导体压敏电阻式进气压力传感器由压力转换元件（硅片）、把转换元件输出信号进行放大的混合集成电路和真空室组成。在当今汽车发动机电子控制系统中，该压力传感器具有尺寸小、精度高、成本低，以及响应性、再现性、抗振性较好等优点，因而应用较为广泛。

② 电阻应变计式碰撞传感器。德国波许公司研制生产的电阻应变计式碰撞传感器的结构如图 1-15 所示，当膜片产生变形时，应变电阻器的阻值就会发生变化。为了提高传感器的检测精度，应变电阻器一般都连接成桥式电路，并设计有稳压和温度补偿电路。当汽车遭受碰撞时，振动块振动，缓冲介质随之振动，应变计的应变电阻器产生变形，阻值随之发生变化，经过信号处理与放大后，传感器输出端的信号电压就会发生变化。

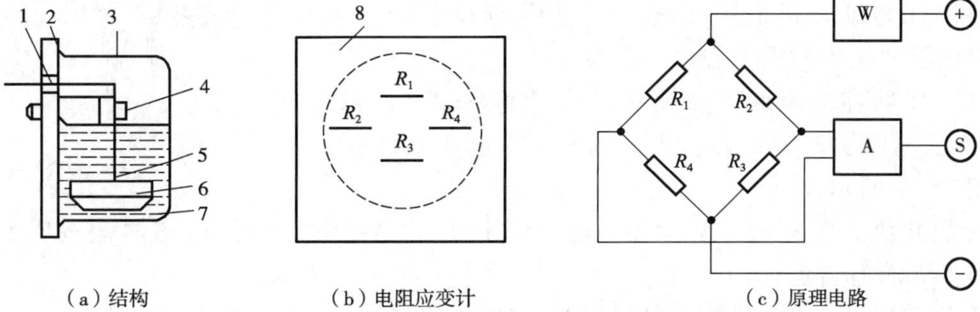

（a）结构　（b）电阻应变计　（c）原理电路

图 1-15　电阻应变计式碰撞传感器的结构

1—密封树脂；2—传感器底板；3—壳体；4—电子电路；5—电阻应变计；6—振动块；7—缓冲介质；8—硅膜片

四、电容

1. 电容元件及其特性

电容元件是从实际电容器抽象出来的电路模型。实际电容器通常由两块金属板中间充满介质构成，电容器加上电压后，两块极板上将出现等量异号电荷，并在两极板间形成电场，储存电场能。当忽略电容器的漏电阻和电感时，可将其抽象为只具有储存电场能量性质的电容元件。电容器极板上储存的电荷［量］q 与外加电压 u 成正比，即

$$C=\frac{q}{u} \tag{1-7}$$

式中　C——电容，是表征电容元件特性的参数。

在国际单位制中，电容的单位为法［拉］（F）。

如图 1-16 所示，当电容元件上的电压与电流取关联参考方向时，有

$$i=\frac{\mathrm{d}q}{\mathrm{d}t}=C\frac{\mathrm{d}u}{\mathrm{d}t} \tag{1-8}$$

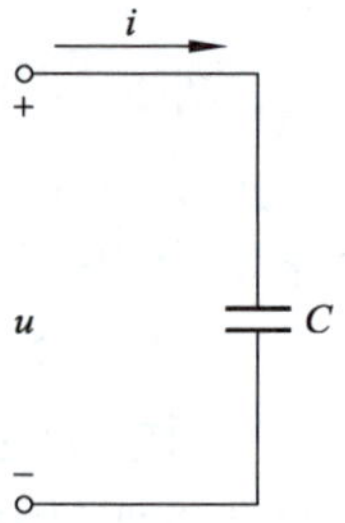

图 1-16　电容元件

式（1-8）表明，电容元件上通过的电流，与电容元件两端的电压相对时间的变化率成正比。电压变化越快，电流越大。当电容元件两端加恒定电压时，因$\frac{\mathrm{d}u}{\mathrm{d}t}=0$，$i=0$，这时电容元件相当于开路，电容元件有隔直流的作用。

将式（1-8）两边乘以 u 并积分，可得电容元件极板间储存的电场能为

$$W_C=\int_0^u Cu\mathrm{d}u=\frac{1}{2}Cu^2 \tag{1-9}$$

式（1-9）表明，电容元件在某时刻储存的电场能与元件在该时刻所承受的电压的二次方成正比，与电流无关。电容元件不消耗能量，是储能元件。

利用电容元件充电、放电和隔直流通交流的特性，在电路中用于隔直流、耦合交流、旁路交流、滤波、定时和组成振荡电路等。

2. 电容器的分类与标记

（1）电容器的主要种类和特点

电容器也有固定电容器和可调电容器之分。按电容器的介质材料，分为纸介、金属化纸介、有机薄膜介质、瓷介、云母、铝电解、钽电解等类型。

① 纸介电容器。用纸作为介质，其温度系数大，稳定性差，损耗大，有较大的固有电感，只适合要求不高的低频电路，如图 1-17 所示。

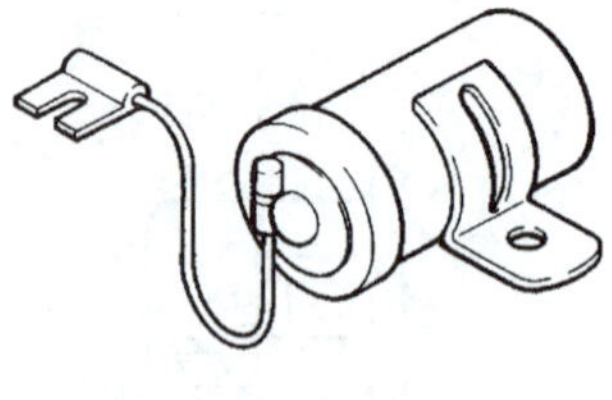
图 1-17　纸介电容器

② 金属化纸介电容器。结构和性能与纸介电容器相近，但体积和损耗较后者小，内部纸介质击穿后有自愈作用。

③ 有机薄膜介质电容器。有机薄膜介质电容器包括极性介质和非极性介质两类。极性介质电容器耐热和耐压性能好，常用的极性介质电容器有涤纶电容器（耐热性能好，但损耗较大，不宜用于高频）和聚碳酸酯电容器（性能优于涤纶电容器）；非极性介质电

容器损耗小，绝缘电阻高，广泛用于高频电路和对容量要求精密、稳定的电路中，常用的非极性电容器有聚苯乙烯电容器、聚丙烯电容器、聚四氟乙烯电容器等。

④ 瓷介电容器。瓷介电容器的介质材料为电容器陶瓷。其中，高频瓷介电容器损耗小、稳定性好，可在高温下使用；低频瓷介电容器损耗大、稳定性差，但容量易做得大；独石电容器是一种多层结构的陶瓷电容器，具有体积小、容量大（低频独石电容器可达 0.47 μF）、耐高温和性能稳定等特点。

⑤ 云母电容器。以云母作为介质的云母电容器具有很高的绝缘性能，即使在高频时使用也只有很小的介质损耗。自身电感很小，工作频率高，工作电压高等特点，如图 1-18 所示。

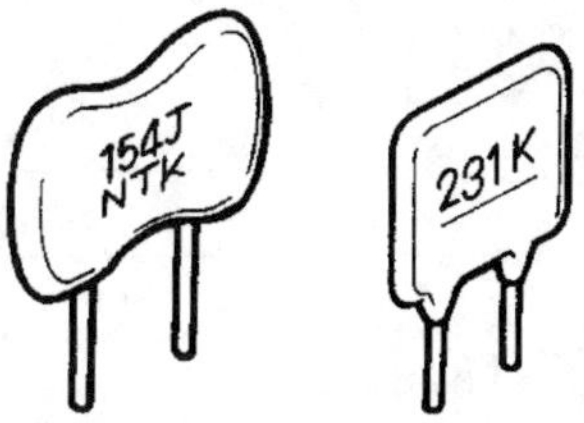

图 1-18　云母电容器

⑥ 电解电容器。电解电容器的介质为很薄的氧化膜，故容量可做得很大。电解电容器一般有正、负极性，使用中要注意把正极接到电路中高电位的一端。电解电容器的主要品种有铝电解电容器、钽电解电容器和铌电解电容器。前者价格便宜，最大容量可达几法［拉］，但性能较差，寿命短；后者性能优于铝电解电容器，但价格较贵。

电容器型号命名方法见表 1-11。

表 1-11　电容器型号命名方法

第一部分：主称		第二部分：材料		第三部分：特征、分类						第四部分：序号
符号	意义	符号	意义	符号	意义					
					瓷介	云母	玻璃	电解	其他	
C	电容器	C	瓷介	1	圆片	非密封		箔式		主称、材料相同，仅性能指标、尺寸大小有区别，但基本不影响互换使用的产品，给同一序号；若性能指标、尺寸大小明显影响互换时，则在序号后面用大写字母作为区别代号
		Y	云母	2	管形	非密封		箔式		
		I	玻璃釉	3	叠片	密封		烧结粉固体		
		O	玻璃脂	4	独石	密封		烧结粉固体		
		Z	纸介	5	穿心					
		J	金属化纸	6	支柱					
		B	聚苯乙烯	7				无极性		
		L	涤纶	8	高压	高压				
		Q	漆膜	9				特殊		
		LS	聚碳酸酯							
		H	复合介质							
		D	铝							
		A	钽							
		N	铌							
		G	合金							
		T	钛							
		E	其他							

电容器的标称容量和偏差如表 1-12 所示。

表 1-12　电容器的标称容量和偏差

类　　型	允许误差	容　量　标　称　值	
纸介、金属化纸介、低频无极性有机介质电容器	±5%	100pF~1μF	1.0、1.5、2.2、3.3、4.7、6.3
	±10%	1~100μF	1、2、4、6、8、10、15、20
	±20%	只取表中值	30、50、60、80、100
无极性高频有机薄膜介质，瓷介、云母等无机介质电容器	±5%	100pF~1μF	1.0、1.1、1.2、1.3、1.5、1.6、1.8、2.0、2.2、2.4、2.7、3.0、3.3、3.6、3.9、4.3、5.1、5.6、6.2、6.8、7.5、8.2、9.1
	±10%	1~100μF	1.0、1.2、1.5、1.8、2.2、2.7、3.3、3.9、4.7、5.6、6.8、8.2
	±20%	只取表中值	1.0、1.5、2.2、3.3、4.7、6.8
铝、钽电解电容器	±10% ~ ±20%	1.0、1.5、2.2、3.3、4.7、6.8	
	-20% ~ +50%		
	-10% ~ +100%		

（2）电容器的额定直流工作电压

额定直流工作电压指在线路上能够长期可靠地工作而不被击穿时所能承受的最大直流电压（又称“耐压”）。额定直流工作电压的大小与介质的种类和厚度有关。如果电容器用在交流电路中，则应注意所加的交流电压的最大值（峰值）不能超过额定直流工作电压。

电容器所承受的电压不能超过其额定电压。在汽车上，虽然蓄电池的电压是 12 V，但有些电路上有超过 300 V 的高电压，因此选用电容器时要认真研究电路的工作状态，选用额定电压有足够余量的电容器；当环境温度很高时，电容器会加速老化，所以在可靠性有要求的部件上，一般要选用云母、聚碳酸酯电容器。

3. 电容器在汽车电路中的应用

电容器作为基本电子元件在汽车电路中的应用很广，作为单体元件应用的典型例子就是传统点火系统中分电器上的电容器。在点火过程中，与分电器触点并联的电容器具有重要作用。这是因为触点打开磁场消失时，在点火线圈一次绕组（旧称初级绕组、原绕组）中产生 200 ~ 300 V 的自感电动势，若无电容器，该自感电动势就会在触点间形成火花使触点烧蚀；同时该电动势的方向与原来一次电流的方向相同，使一次电路内的电流不能迅速中断，磁场消失也相应减慢，因而二次感应电动势大大降低。为了避免上述不良后果，在触点间并联一个电容器。当触点打开时，一次绕组中所产生的自感电动势向电容器迅速充电，触点间不再形成强烈的火花，延长了触点的使用寿命；同时触点打开后，一次绕组和电容器形成振荡回路，充了电的电容器通过一次绕组进行振荡放电。当电容器第一次放电时，电流以相反的方向通过一次绕组，加速了磁场的消失，使二次感应电动势显著提高。可见，有了电容器后就能减小触点火花，延长触点使用寿命并增强了点火线圈二次电压。

电容器装在分电器的壳体上，其结构如图 1-19 所示，它由两条铝箔或锡箔组成，在两条箔带之间夹以绝缘蜡纸，然后卷成筒状在真空中抽去层间的空气，再经浸蜡处理后装在金属外壳 3 中。其中一条箔带的底部与外壳紧密接触；另一条箔带则通过与外壳绝缘的导电片由导线引出。电容器工作时要承受 200 ~ 300 V 的电动势，因此要求其耐压为 500 V。

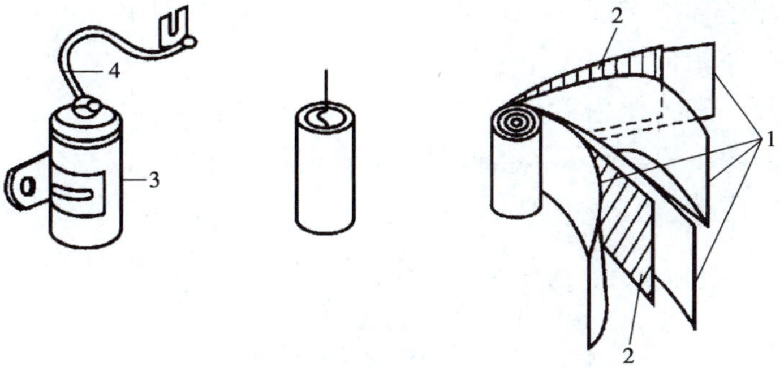

图 1-19　分电器上的电容器结构

1—蜡纸；2—铝箔；3—外壳；4—引线

五、电感

1. 电感元件及其特性

电感元件是从实际电感线圈抽象出来的电路模型。当电感线圈通以电流时，将产生磁通，在其内部及周围建立磁场，储存磁场能。当忽略导线电阻及线圈匝与匝之间的电容时，可将其抽象为只具有储存磁场能性质的电感元件。电感元件上的磁链与电流成正比，即

$$L = \frac{\Phi}{i} \tag{1-10}$$

式中　L——电感，是表征电感元件特性的参数。

在国际单位制中，电感的单位为亨［利］（H）。如图 1-20 所示，根据电磁感应定律，当电感线圈中的电流 i 变化时，磁场也随之变化，并在线圈中产生自感电动势 e_L。当电压、电流和电动势的参考方向如图 1-20 所示时，则有

$$u = -e_L = L\frac{\mathrm{d}i}{\mathrm{d}t} \tag{1-11}$$

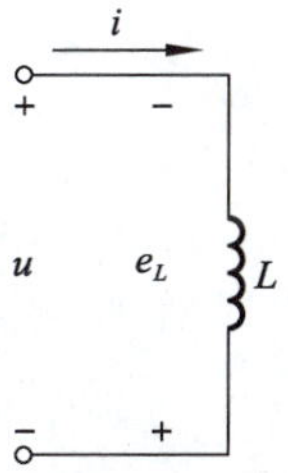

图 1-20　电感元件

式（1-11）表明，电感元件两端的电压与电流相对时间的变化率成正比。

电流变化越快，电感元件产生的自感电动势越大，与其平衡的电压也越大。当电感元件中流过稳定的直流电流时，因$\frac{\mathrm{d}i}{\mathrm{d}t}=0$，$e_L=0$，故 $u=0$，这时电感元件相当于短路。

将式（1-11）两边乘上 i 并积分，可得电感元件中储存的磁场能为

$$W_L = \int_0^i Li\mathrm{d}i = \frac{1}{2}Li^2 \tag{1-12}$$

式（1-12）表明，电感元件在某时刻储存的磁场能，只与该时刻流过的电流的二次方成正比，与电压无关。电感元件不消耗能量，是储能元件。

2. 电感线圈（自感）

如果电流以相同方向流过两根接近的导线，则两导线会互相吸引；如果将其中一根导线的电流流向反过来，导线便互相排斥。若将导线绕成线圈，每匝产生的弱磁场便合成为较强的磁场。合成的强磁场，有真实的 N 极和 S 极。导线盘成环形，如图 1-21 所示，在导线交会处的磁感线密度成倍地增加。

可以用右手螺旋定则确定线圈磁场的 N 极。具体做法：用右手握线圈，四指沿着电流流动的方向，大拇指便指向 N 极，如图 1-22 所示。

增加线圈的匝数，磁感线密度随之增加。要使线圈的磁场更强，可在线圈中央插入用软铁制成的铁芯，如图 1-23 所示。软铁是一种具有高磁导率的材料，它为穿过线圈中央的磁场提供优良的导磁体。

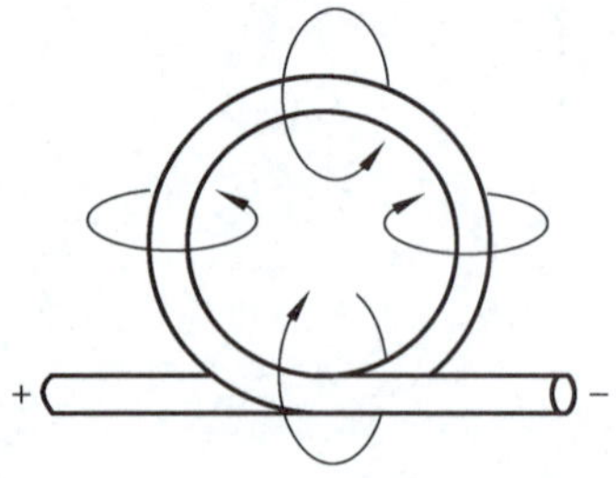

图 1-21　环形导线的增强磁场

图 1-22　用右手螺旋定则确定磁极

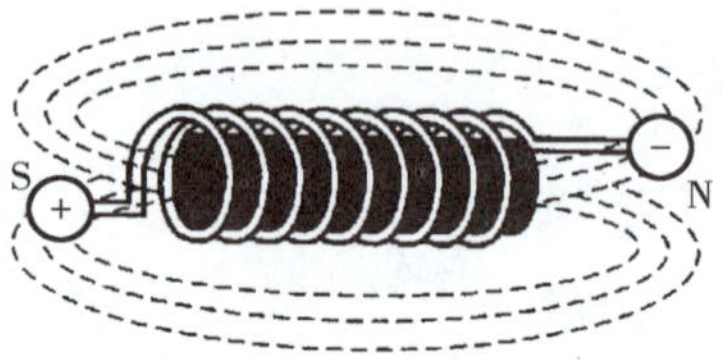

图 1-23　线圈中加入铁芯

直流电很容易通过线圈，但交流电难以通过，而且交流电的频率越高，就越难以通过。直流电加在线圈上，达到稳定状态需要一定的时间。

理想线圈的直流电阻为零，没有功率的损耗。而且，线圈内会产生磁通，它本身变为电磁铁，这一磁通扩展到周围空间，空间中充满着电磁能。电磁能与自感及电流的二次方成正比，即

$$W_e = \frac{1}{2}Li^2$$

式中　W_e——电磁能；

L——自感；

i——电流。

线圈对交流电或急剧变化电流的阻碍程度用电抗表示，电抗的大小与频率高低有关，即电抗与频率成正比。

3. 电感线圈在汽车中的应用

在车内、尾灯、牌照灯及停车灯的灯丝是否断开是无法确认的，而电流传感器就可用于检测这类灯具的灯丝是否断开。笛簧开关式电流传感器的外形图及结构图分别如图 1-24（a）、（b）所示，在电流线圈的周围绕有电压线圈，在线圈的中央设置笛簧开关。电压线圈的功能是防止电压变化时引起传感器的误动作。

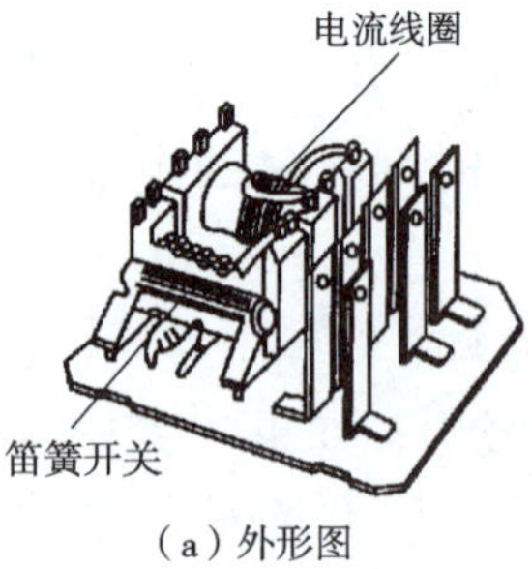

（a）外形图

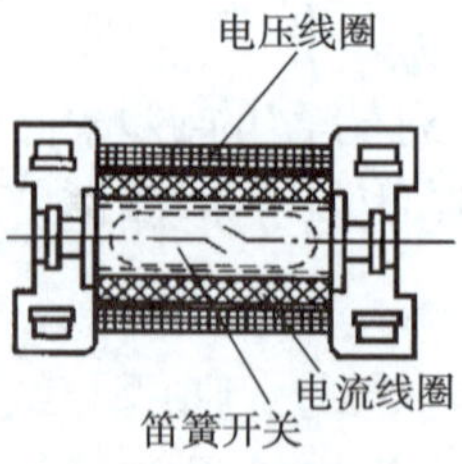

（b）结构图

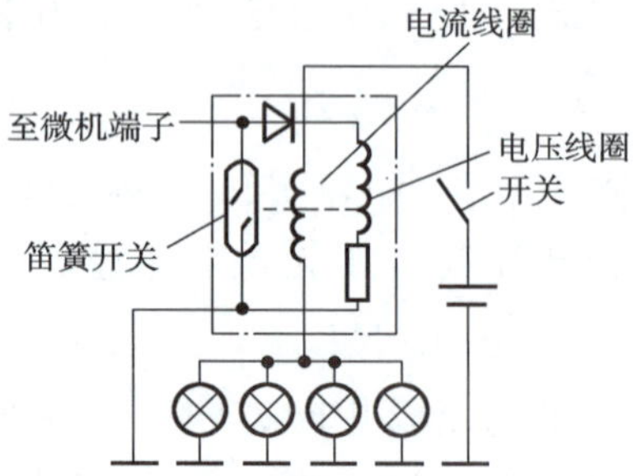

（c）电路原理图

图 1-24　笛簧开关式电流传感器

笛簧开关式电流传感器的电路原理图如图 1-24（c）所示，当图中所示开关闭合时，因为电流线圈中有规定的电流通过，所以在电流线圈所形成的电磁力的作用下，笛簧开关闭合；当有一个灯丝断开时，电流线圈中的电流减小，电磁力减弱，笛簧开关打开，报警处于异常状态。这样，利用笛簧开关的通、断，就可以发出灯丝是否正常的信号。

六、电路分析与计算

1. 基尔霍夫定律

基尔霍夫定律又分为电流定律和电压定律，是分析电路的重要基础。电路中每一个含有电路元件的分支称为支路。同一支路上的各元件流过相同的电流，即支路电流。电路中三条或三条以上支路的连接点称为节点。

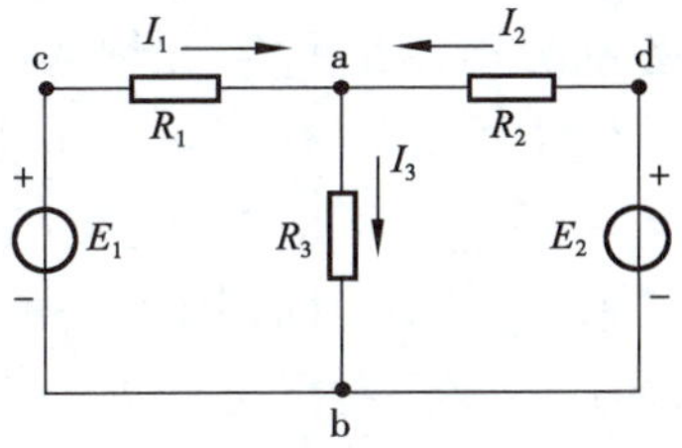

图 1-25　电路示例

图 1-25 所示电路有三条支路，支路电流分别为 I_1、I_2 和 I_3。此电路有两个节点，即节点 a 和 b。

（1）基尔霍夫电流定律（KCL）

基尔霍夫电流定律（Kirchhoff's Current Law，KCL）描述了连接在同一节点上的各支路电流之间的约束关系，反映了电流的连续性，即

在任一瞬间，流入任一节点的电流之和必等于流出该节点的电流之和。

这也就是说，在电路中的任一节点上都不可能有电荷的积累。

对于图 1-25 所示电路中的节点 a，应用基尔霍夫电流定律可写出

$$I_1 + I_2 = I_3$$

也可改写为

$$I_1 + I_2 - I_3 = 0$$

即

$$\sum I = 0 \tag{1-13}$$

因此，基尔霍夫电流定律也可叙述为：在任一瞬时，电路中流入任一节点的所有电流的代数和等于零。这里把流入节点的电流取正号，流出节点的电流取负号。当基尔霍夫电流定律叙述为流出任一节点的电流代数和等于零，则对流出节点的电流取正号，流入节点的电流取负号。

基尔霍夫电流定律中所提及的电流方向，本应指电流的实际方向，但对电流的参考方向也同样适用。因此，在应用该定律列写方程时，首先要标出每条支路电流的参考方向。如计算结果某支路电流是负值，则说明该支路电流的参考方向与实际方向相反。

（2）基尔霍夫电压定律（KVL）

电路中由支路所组成的闭合路径称为回路。在图 1-25 所示电路中共有三个闭合回路，即 abca、adba、adbca。

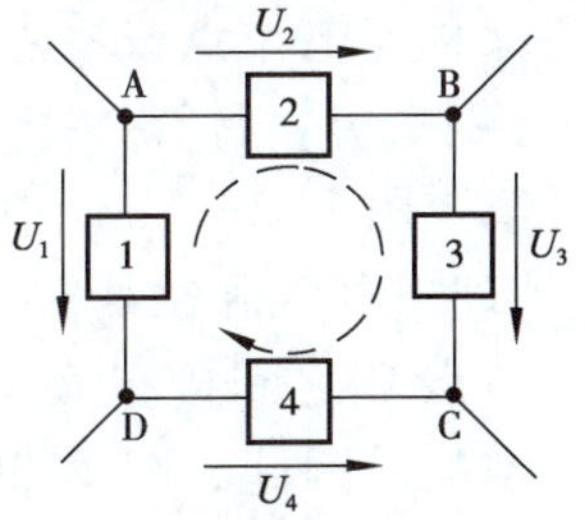

图 1-26　基尔霍夫电压定律示例之一

基尔霍夫电压定律（Kirchhoff's Voltage Law，KVL）描述闭合回路中各支路电压之间的关系。当沿着闭合回路绕行，将会遇到电位升降的变化。由于电位的单值性，如果沿闭合回路绕行一周，回到原出发点，其电位的变化量应为零。基尔霍夫电压定律指出：在任一瞬时，沿闭合回路绕行一周，在绕行方向上的电位升之和必等于电位降之和。

图 1-26 是某直流电路的一部分，由四个电路元件构成了

闭合回路，回路中各电压的参考方向如图1-26所示，设四个电压均为正值，即图示的电压参考方向也就是实际方向。如按顺时针沿着回路ABCDA绕行一周，在绕行方向上U_2、U_3为电位降，U_1、U_4为电位升，应用基尔霍夫电压定律有

$$U_1+U_4=U_2+U_3$$

上式可改写成

$$U_1-U_2-U_3+U_4=0$$

即

$$\sum U=0 \tag{1-14}$$

因此，基尔霍夫电压定律也可叙述为：在任一瞬时，沿任一闭合回路绕行一周，回路中各部分电压的代数和恒等于零。若规定电位升取正号，则电位降就取负号。

【例1-2】有一闭合回路如图1-27所示，已知$U_1=15$ V，$U_2=-4$ V，$U_3=8$ V，试求电压U_4和U_{AC}。

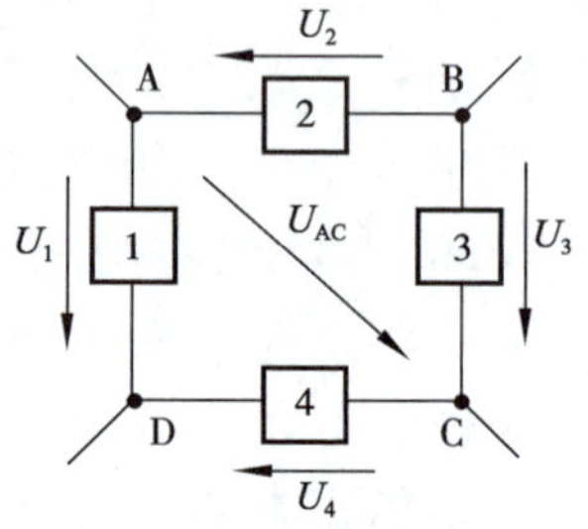

图1-27　例1-2的电路

解　沿ABCDA回路，根据各电压的参考方向，应用基尔霍夫电压定律可列出

$$\sum U=U_2-U_3-U_4+U_1$$

即

$$U_4=U_1+U_2-U_3$$

代入数据得

$$U_4=[15+(-4)-8]\text{ V}=3\text{ V}$$

沿ACBA回路，应用基尔霍夫电压定律可列出

$$-U_{AC}+U_3-U_2=0$$

所以

$$U_{AC}=U_3-U_2=[8-(-4)]\text{ V}=12\text{ V}$$

【例1-3】图1-28所示有源支路，已知$E=12$ V，$U=8$ V，$R=5\ \Omega$，求电流I。

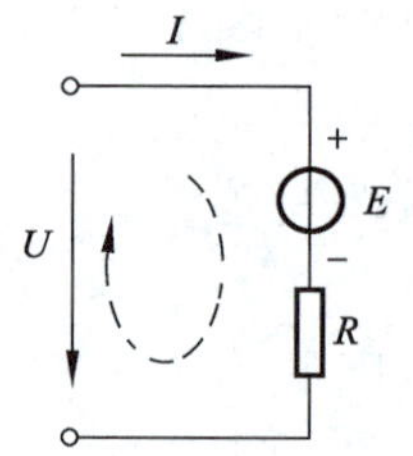

图1-28　例1-3的电路

解　沿闭合回路顺时针方向绕行一周，应用基尔霍夫电压定律，有

$$-E-RI+U=0$$

所以

$$I=\frac{U-E}{R}=\frac{8-12}{5}\text{ A}=-0.8\text{ A}$$

电流是负值，即其实际方向与图1-28示参考方向相反。

2. 电路中电位的计算

前面已经介绍过电位的概念。电路中某点的电位，即为该点与参考点之间的电压。并曾指出：电路中任意两点之间的电压就等于这两点间的电位差。电路中某点电位的具体计算与电路中参考点的选择有关。

电路中的参考点可以任意选定，它的电位称为参考电位，通常设参考电位为零，故参考点又称零电位点或零点、搭铁点。

【例1-4】计算图1-29（a）所示电路中A点的电位。

解　图1-29（a）中B点的电位$V_B=3$ V，可理解为B点与参考点O之间接有$E_2=3$ V的理想电压源，其“+”端接B点，“−”端接O点。同理$V_C=-6$ V，可理解为C点与参考点O之间接有$E_1=6$ V的理想电压源，“−”端接C点，“+”端接O点，而A点是悬空的。因此，图1-29（a）可改画成图1-29（b）的形式。流过电阻器R_1、R_2的电流为

$$I=\frac{E_1+E_2}{R_1+R_2}=\frac{6+3}{(3+2)\times 10^3}\ \text{A}=1.8\ \text{mA}$$

所以，可求得 A 点的电位为

$$V_A=V_B-U_{BA}=V_B-R_2I=(3-2\times 1.8)\ \text{V}=-0.6\ \text{V}$$

或者

$$V_A=V_C+U_{AC}=(-6+3\times 1.8)\ \text{V}=-0.6\ \text{V}$$

也可对图 1-29（a）直接计算电流 I。A 点悬空，电阻器 R_1 和 R_2 串联，故流过的电流为

$$I=\frac{V_B-V_C}{R_1+R_2}=\frac{3-(-6)}{(3+2)\times 10^3}\ \text{A}=1.8\ \text{mA}$$

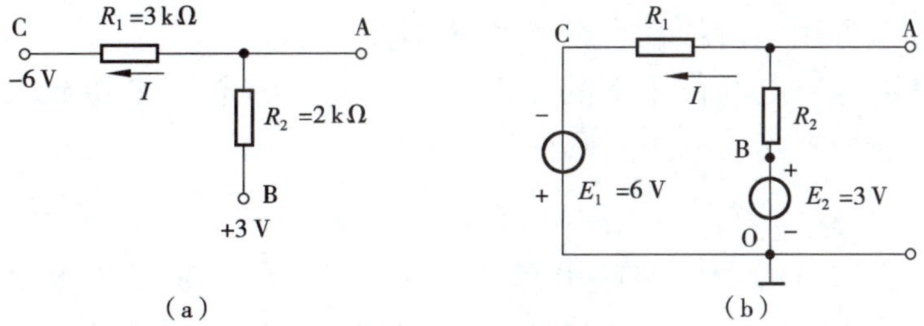

图 1-29　例 1-4 的电路图

七、电路暂态分析

在自然界中，各种事物的运动过程通常都存在稳定状态和过渡状态。在一定条件下的稳定状态，简称稳态。当条件改变时，它将从一种稳态转变到另一种新的稳态，这是需要一定时间的，这个转变过程称为过渡过程。例如，电动机从接通电源开始起动，其转速逐渐增加，需要经过一段时间才能达到正常稳定运行状态，而拉断电源后，也要有一个减速的过程，才能从正常稳定运行状态逐步停下来。

例如，在图 1-30 所示电路中，当开关 S 断开时，其电流为零，电容器上的电压 $u_C=0$ V，这是一种稳态。当开关 S 闭合，电路中电容器被充电，其电压 u_C 由零逐渐增长到稳态值（$u_C=E$）；充电电流 i 将从最大值 (E/R) 逐渐衰减到零。也就是说电路经过这一变化过程即过渡过程后，将达到另一稳态（$u_C=E$，$i=0$）。电路过渡过程的时间往往很短暂，故又称暂态过程。暂态过程的工作状态称为暂态。

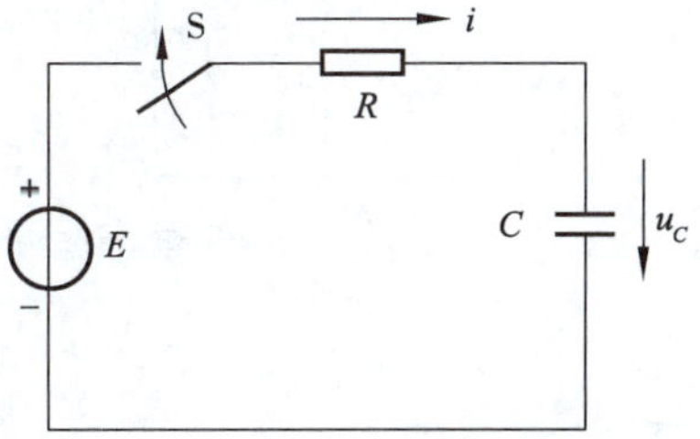

图 1-30　电路的暂态与稳态示例

具有储能元件 L、C 的电路之所以存在暂态过程，是因为电感器 L 和电容器 C 中所存储的能量不能跃变。因为 $P=\frac{d\omega}{dt}$，能量的跃变意味着其功率为无限大，这实际上是不可能的。电感器 L 的储能为 $W_L=\frac{1}{2}Li_L^2$，电容器 C 的储能为 $W_C=\frac{1}{2}Cu_C^2$，因为能量不能跃变，故电感器电流 i_L 和电容器电压 u_C 只能逐渐变化，不能跃变。

1. 换路定则

电路的暂态过程是由于电路状态的改变，如电路的接通或断开、电源的变化、电路参数的变化等原因而产生的，常把这种电路状态的变化称为换路。在换路瞬间，电感器电流

i_L 和电容器电压 u_C 不能跃变，称为换路定则。如果设 $t=0$ 时换路，并用 $t=0_-$ 表示换路前的终了一瞬间，$t=0_+$ 表示换路后的初始一瞬间，则换路定则可表示为

$$\begin{cases} i_L(0_+)=i_L(0_-) \\ u_C(0_+)=u_C(0_-) \end{cases} \tag{1-15}$$

即从 $t=0_-$ 到 $t=0_+$ 瞬间，电感器中的电流和电容器上的电压不能跃变。利用换路定则，可以确定换路后的初始瞬间 $t=0_+$ 时，电路中储能元件的电压、电流值，即暂态过程的初始值。

2. 分析一阶电路暂态过程的三要素法

只包含一个储能元件，或者用串、并联方法化简后只包含一个储能元件的电路称为一阶电路，其暂态过程可用一阶线性微分方程来描述。

可以证明，对于直流电源作用下的任何一阶电路中的电压和电流，均可用三要素法来进行分析，写成一般形式为

$$f(t)=f(\infty)+[f(0_+)-f(\infty)]\mathrm{e}^{-\frac{t}{\tau}} \tag{1-16}$$

式中，$f(t)$ 表示暂态过程中电路的电压或电流；$f(\infty)$ 表示该电压或电流的稳态值；$f(0_+)$ 表示换路后一瞬间该电压或电流的初始值，称为三要素。

$f(0_+)$ 初始值可用电路的基本定律及换路定则求得。$f(\infty)$ 的计算方法是在换路后的电路中，将电容器开路，电感器短路，再按电阻电路的分析方法求解。时间常数 $\tau=RC$。对于有多个电阻器和直流电源的一阶电路，式中 R 的计算较复杂，可在换路后的电路中，将储能元件支路单独画出，其余部分成为一个线性有源二端网络，如图 1-31（a）所示。应用戴维南定理将此有源二端网络简化为一个电动势 E 和电阻器 R_0 串联的等效电路，如图 1-31（b）所示。此 R_0 即为计算时间常数的 R，即 $\tau=RC=R_0C$。

（a）画出储能元件支路　　（b）一阶电路的戴维南等效电路

图 1-31　一阶电路的等效变换

项目实施

实施目的及要求：

① 通过本项目的实施，对汽车电路有初步认识，会设计简单直流电路。

② 能够正确使用万用表对电压、电阻、电流等参数进行测量。

③ 能够正确使用电工工具。

任务一　认识万用表

【任务要求】

① 掌握万用表的使用方法。

② 掌握电子元件参数的检测。

【任务指导】

1. 模拟指针式万用表

万用表又称多用表、三用表、复用表，是一种多功能、多量程测量仪表。一般万用表可测量直流电流、直流电压、交流电压、直流电阻、电容量、电感量及半导体的一些参数，有指针式等结构。

（1）模拟指针式万用表的组成

图 1-32 所示为模拟指针式万用表的外形。

（2）模拟指针式万用表的结构

万用表由表头、测量电路及转换开关等三个主要部分组成。表头通常采用灵敏度、准确度很高的磁电式直流微安表，其满刻度电流为几微安到几百微安。测量时，用一只表头能测量多种电量，并且有多种量程，其关键是通过测量线路变换，把被测电量变成磁电式表头所能接受的微小直流电流。测量交流电压线路还有整流元件。转换开关用来选择不同被测量和不同量程时的切换元件。模拟指针式万用表面板图如图 1-33 所示。

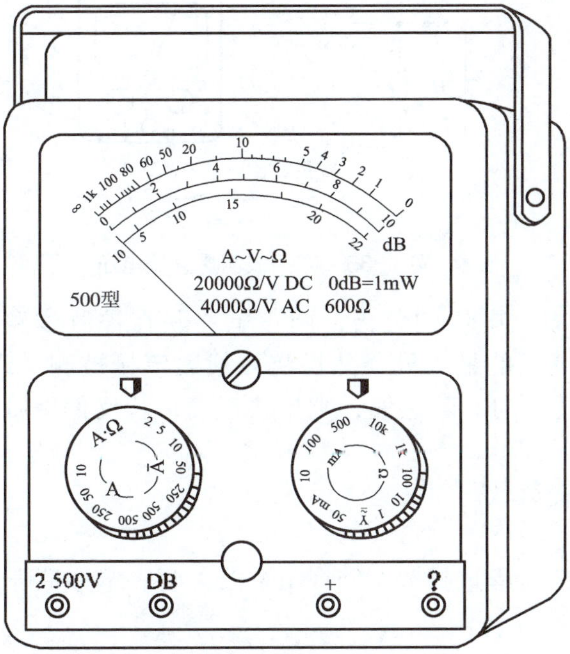

图 1-32　模拟指针式万用表的外形

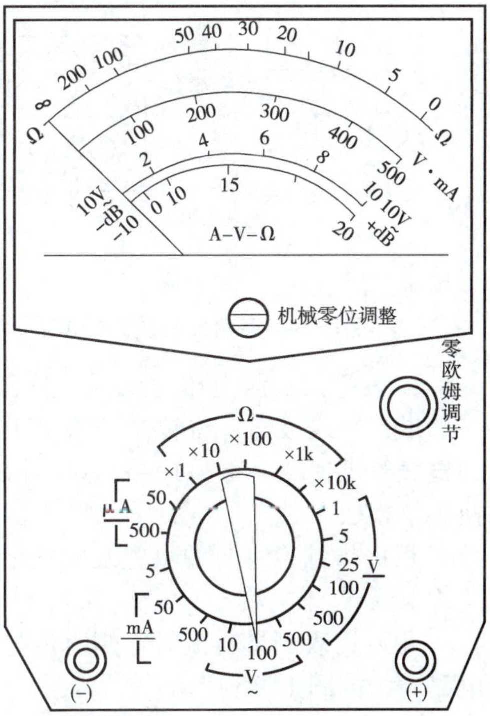

图 1-33　模拟指针式万用表面板图

（3）模拟指针式万用表的使用

① 使用前的准备：

a. 接线柱（或插孔）的选择。测量前检查表笔插接位置，红表笔一般插在标有“+”的插孔内，黑表笔插在标有“-”的公共插孔内，如图 1-34 所示。

b. 测量种类的选择。根据所测对象是交直流电压、直流电流、电阻的种类，将转换开关旋至相应位置上。

c. 量程的选择。根据测量大致范围，将量程转换开关旋至适当量程上，若被测电量数值大小不明，应将转换开关旋至最大量程上，先测试，若读数太小，可逐步减小量程，绝对不允许带电转换量程，切不可使用电流挡或欧姆挡测量电压，否则会损坏万用表。

d. 万用表用完后，应将转换开关置于空挡或交流挡500 V位置上。若长期不用，应将表内电池取出。

e. 万用表的机械调零是供测量电压、电流时调零用的。旋动万用表的机械调零螺钉，使指针对准刻度盘左端的“0”位置。

② 测量交流电压：

a. 使用交流电压挡，如图1-34所示。

b. 将两表笔并联在线路两端，不分正负极。

c. 在相应量程标尺上读数。

d. 当被测电压大于500 V时，红表笔应插在2 500 V的交、直流插孔内，并且必须戴绝缘手套。

③ 测量直流电压：

a. 使用直流电压挡，如图1-35所示。

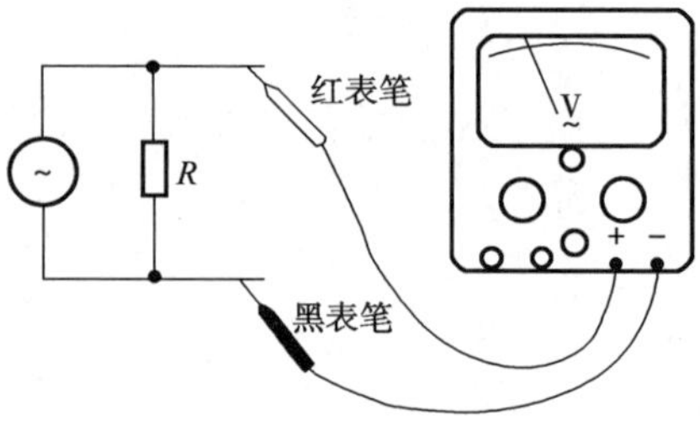

图1-34　万用表测量交流电压

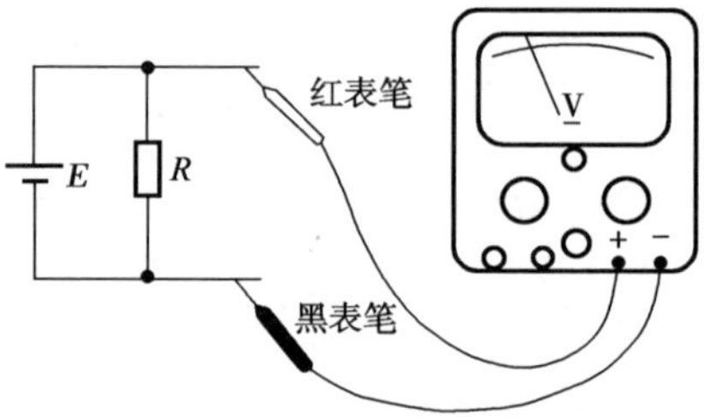

图1-35　万用表测量直流电压

b. 红表笔接被测电压的正极，黑表笔接被测电压的负极，两表笔并联在被测线路两端，如果不知道极性，将转换开关置于直流电压的最大处，然后将一根表笔接被测一端，另一根表笔迅速碰一下另一端，观察指针偏转方向。若正偏，则接法正确；若反偏，则应调换表笔接法。

c. 根据指针稳定时的位置及所选量程正确读数。

④ 测量直流电流：

a. 用万用表测量直流时，用直流电流挡，量程选择mA挡或μA挡，两表笔串联于测量电路中，如图1-36所示。

b. 红表笔接电源正极，黑表笔接电源负极。如果极性不知，则将转换开关置于mA挡的最大处，然后将一根表笔固定一端，另一根表笔迅速碰一下另一端，观察指针偏转方向。若正偏，则接法正确；若反偏，则应调换表笔接法。

c. 万用表量程为mA挡或μA挡，不能测量大电流。

d. 根据指针稳定时的位置及所选量程正确读数。

⑤ 测量电阻：

a. 用万用表的电阻挡测量电阻，如图1-37所示。

b. 测量前应将电路电源断开，如果有大电容，必须充分放电，切不可带电测量。

c. 测量电阻前，先进行电阻调零，即将红、黑两表笔短接，调节“Ω”旋钮，使指针对零；若指针调不到零，则表内电池电量不足，需要更换。每更换一次量程都要重复调零一次。

d. 测量小电阻时，尽量减少接触电阻；测量大电阻时，不要用手接触两表笔，以免人体电阻并入影响精度。

e. 由表头指针显示的读数乘以所选量程的倍率即为所测电阻的阻值。

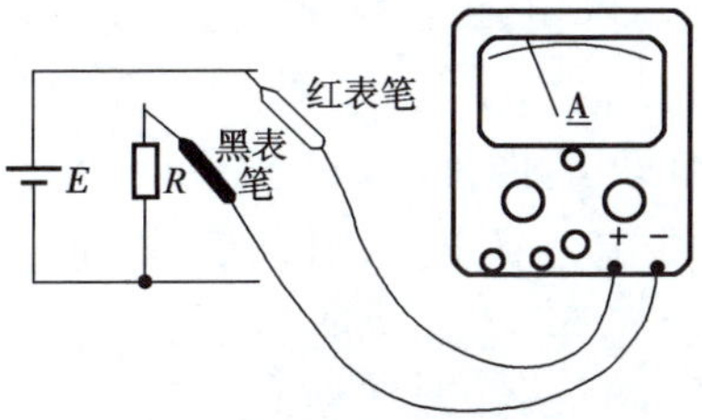

图 1-36　万用表测量直流电流

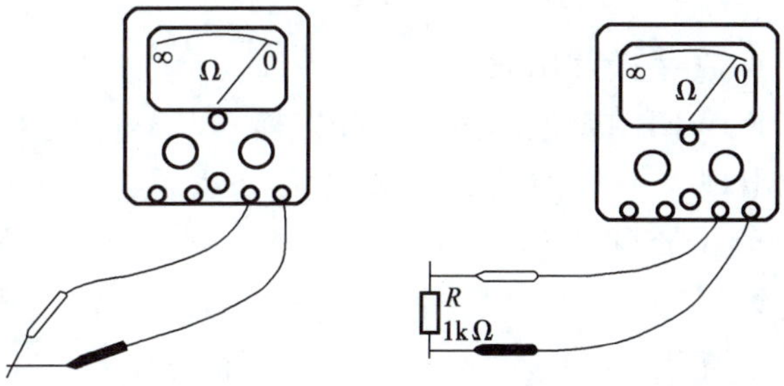

（a）调零　（b）测量电阻

图 1-37　万用表测量电阻

2. 数字式万用表

数字万用表采用了集成电路模/数转换器和数显技术，将被测量的数值直接以数字形式显示出来。数字万用表显示清晰、直观，读数精确，与模拟万用表相比，其各项性能指标均有大幅度的提高。以 DT890A 型数字万用表为例说明，其面板结构如图 1-38 所示。

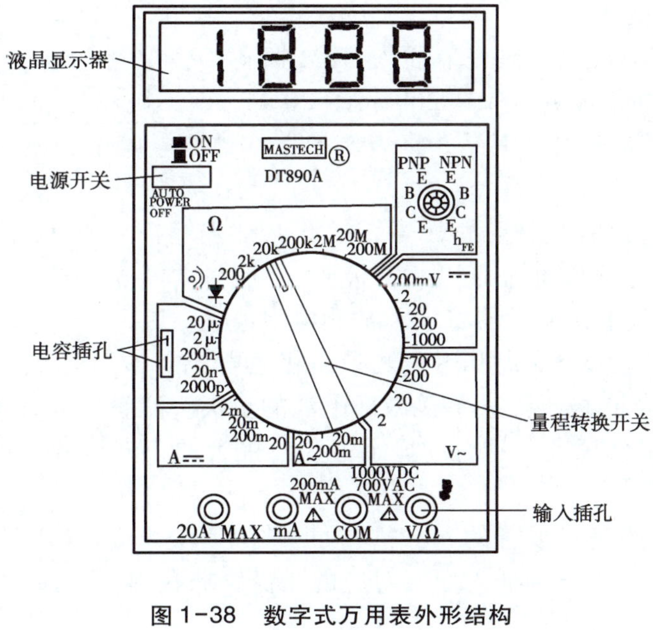

图 1-38　数字式万用表外形结构

（1）面板说明

① 显示器。数字式万用表的显示位置用 $3\frac{1}{2}$、$4\frac{1}{2}$ 位等表示，其中的“$\frac{1}{2}$位”指的是显示数的首位只能显示“0”或“1”两个数码，而其余各位都能够显示 0 ~ 9 这 10 个完整的十进制数码。最大指示为 1 999 或 −1 999。当被测量超过最大指示值时，显示“1”或“−1”。

② 电源开关。使用时将电源开关置于 ON 位置，使用完毕置于 OFF 位置。

③ 转换开关。转换开关用于选择功能和量程。根据被测的电量（电压、电流、电阻等）选择相应的功能位，按被测量程的大小选择合适的量程。

④ 输入插座。将黑表笔插入 COM 插座，红表笔有如下三种插法：测量电压和电阻时插入 V/Ω 插座，测量小 200 mA 的电流时插入 mA 插座，测量大于 200 mA 的电流时插入 20A 插座。

（2）数字式万用表的使用

将 POWER 按钮按下后，首先检查 9 V 电池的电量，如果电池电量不足，则显示屏左上方会出现“←”符号，需要更换电池后再使用。

① 测量直流电压。首先将黑表笔插入 COM 插孔，红表笔插入 V/Ω 插孔，然后将功能开关置于 DCV 量程范围，并将表笔并联在被测电压两端，在显示电压读数时，同时会指示出红表笔的极性，如果显示器只显示“1”，表示过量程，功能开关应置于更高量程。

② 测量交流电压。首先将黑表笔插入 COM 插孔，红表笔插入 V/Ω 插孔，然后将功能开关置于 ACV 量程范围，并将表笔并联在被测负载或信号源两端，显示器将显示被测电压值。

③ 测量直流电流。首先将黑表笔插入 COM 插孔，当被测电流在 200 mA 以下时将红表笔插入 mA 插孔；如果被测电流在 200 mA ~ 20 A 之间，则将红表笔移至 20 A 插孔。然后将功能开关置于 DCA 量程范围，并将表笔串联在被测电路中，在显示电流读数时，同时会指示出红表笔的极性。

④ 测量交流电流。首先将黑表笔插入 COM 插孔，当被测电流在 200 mA 以下时将红表笔插入 mA 插孔；如果被测电流在 200 mA ~ 20 A 之间，则将红表笔移至 20 A 插孔。然后将功能开关置于 ACA 量程范围，并将表笔串接在被测电路中，显示器将显示被测交流电流值。

⑤ 测量电阻。首先将黑表笔插入 COM 插孔，红表笔插入 V/Ω 插孔（红表笔连接电池的“+”极，黑表笔连接电池的“-”极）。然后将功能开关置于所需量程范围，将测试表笔跨接在被测电阻上，显示器将显示被测电阻值。

⑥ 测量二极管。使用数字式万用表测量二极管与指针式万用表不同，数字式万用表的红表笔接内部电池的正极，黑表笔接内部电池的负极。测量二极管时，将功能开关置于➔挡，红表笔插入 V/Ω 插孔，这时的显示值为二极管的正向压降，单位为 V；若二极管反偏，则显示为“1”。

⑦ 测量三极管。测量三极管的 h_{FE} 时，根据被测管类型是 PNP 型还是 NPN 型，将被测管的 E、B、C 三个引脚分别插入面板对应的二极管插孔内。要注意的是，测量的 h_{FE} 只是一个近似值。

⑧ 检查线路通断。将万用表的转换开关拨至蜂鸣器位置，红表笔插入 V/Ω 插孔。若被测线路电阻低于 20 Ω，蜂鸣器发声，说明电路导通；反之，则不通。

测量完毕，应立即关闭电源；若长期不用应取出电池，以免漏电。

（3）使用专用万用表 V. A. G1526 测量汽车直流电路电压

① 起动发动机时的电压的测量。起动发动机时的测量状况与电流的流向如图 1-39 所

示。蓄电池正端子输出的电流通过负荷、车身搭铁后，再经过发动机本体接至蓄电池的搭铁线，回到蓄电池的负极。从电流通过的状况来看，一是搭铁线（车身）的电阻非常小，二是接在发动机本体与蓄电池负端子上的万用表内，有从发动机本体到蓄电池负端子方向的电流通过。

因此，从万用表的正极到负极有电流通过，就是靠这一电流，使得测定起动发动机时电压的指针向正侧摆动。

专用万用表 V. A. G1526 外形如图 1-40 所示。

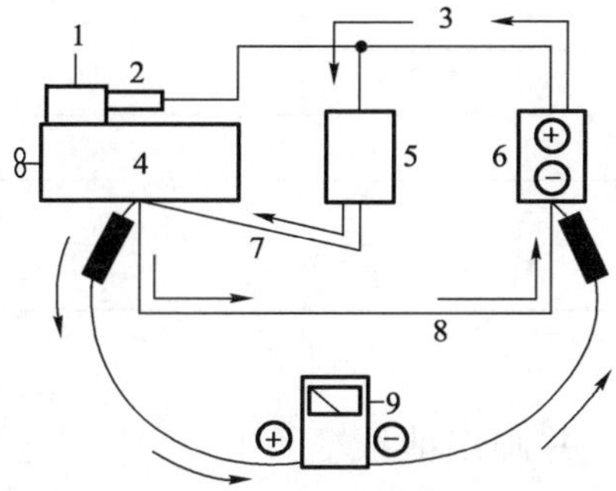

图 1-39　起动发动机时测量状况与电流方向

1—交流发电机；2—B 端子；3—电流；4—发动机本体；5—负荷；6—蓄电池；7—车身搭铁；8—搭铁线；9—万用表

图 1-40　专用万用表 V. A. G1526 外形

② 发动机刚起动之后的电压。发动机刚起动之后的电流状况如图 1-41 所示，图中的箭头表示电流的方向。这种情况下电流从交流发电机的 B 端子流向负荷，与此同时，电流还从交流发电机的 B 端子流向蓄电池的正端子，形成充电电流。

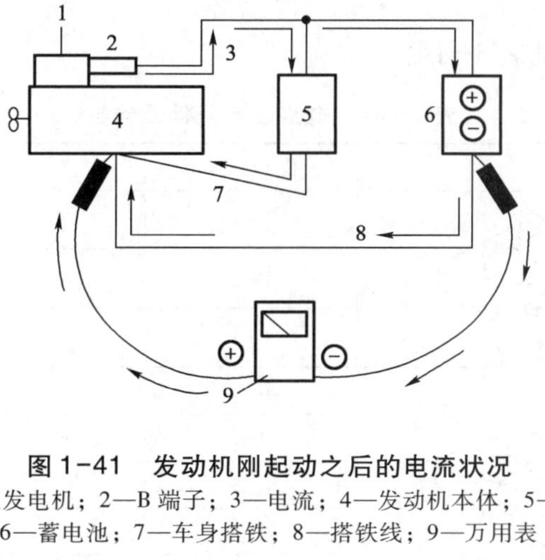

图 1-41　发动机刚起动之后的电流状况

1—交流发电机；2—B 端子；3—电流；4—发动机本体；5—负荷；6—蓄电池；7—车身搭铁；8—搭铁线；9—万用表

通向负荷的电流，经车身搭铁回到发动机的本体（交流发电机的搭铁端），通向蓄电池正端子的充电电流，经蓄电池的负端子、搭铁线回到发动机本体（交流发电机的搭铁端）。

发动机起动之后的电流从蓄电池的负极端流向发动机的本体，也就是说，与起动发动机时的状况相反，发动机起动之后电流是从万用表的负极流向正极的，由于万用表中的电流方向相反，所以，在测定发动机起动之后的电压时，万用表的指针向负方向摆动。

3. 电阻的测量

选择不同阻值的电阻。

① 根据色标法识别电阻。

② 使用万用表测量电阻值并填写表 1-13。

表 1-13　测量电阻值

电　阻　器	阻　　值/Ω
电阻器 1	
电阻器 2	
电阻器 3	
电阻器 4	

4. 传感器的测量

测量冷却液温度传感器的电阻随温度的变化，并画出曲线。

使用元件：冷却液温度传感器、玻璃杯、温度仪、欧姆表。

任务二　电路设计与检测

【任务要求】

① 串、并联电路的检测。

② 仪表的进一步使用。

【任务指导】

1. 元件说明

电路设计元件及参数见表 1-14。

表 1-14　电路设计元件及参数

名　　称	插　　图	代　　号	参　　数	数　量
灯泡	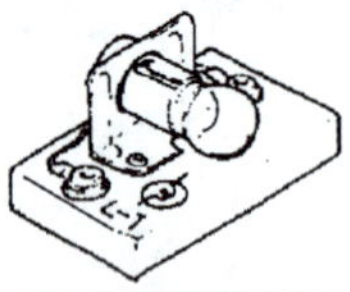	L-1	12 V 10 W	1
		L-2	12 V 5 W	2
		L-3	12 V 1.4 W	1
电阻器	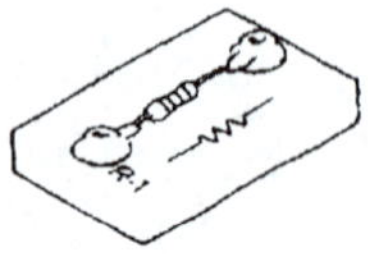	R-1	100 Ω 2 W	1
		R-2	200 Ω 1 W	1
		R-3	300 Ω 1 W	1
		R-4	100 kΩ 1/4 W	1
		R-5	300 kΩ 1/4 W	1

续表

名　　称	插　　图	代　　号	参　　数	数　量
可调电阻器	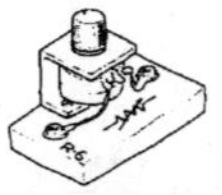	R-6	50 kΩ 12 V 1.4 W	1
开关	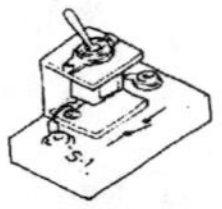	S-1		1
继电器	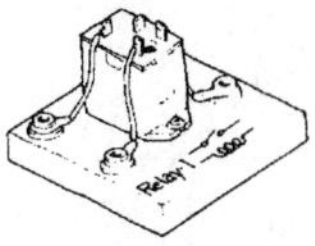	继电器 1	动断	1
		继电器 2	动合	1
发光二极管		L-4	12 V 1.4 W 100 Ω	1
二极管	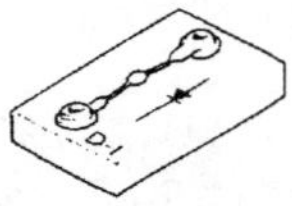	D-1	普通	1
		D-2	稳压 5 ~7 V	1
三极管		Tr-1	NPN，2 A 30 W，放大倍数 140	1
		Tr-1	PNP，2 A 30 W，放大倍数 140	1
电源线				红 1 黑 1
导线				红 8 黄 6 黑 6
备用熔断器	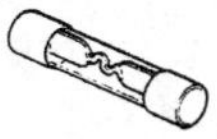		10 A	3
备用灯泡			12 V　10 W	2
			12 V　5 W	2
万用表	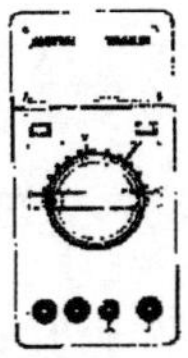			1

电路元件图形符号见表 1-15。

表 1-15　电路元件图形符号

图形符号	名　称	图形符号	名　称
	保护开关	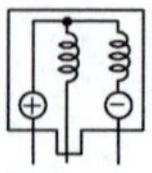	点火线圈
	二极管		发光二极管
	稳压二极管		灯丝
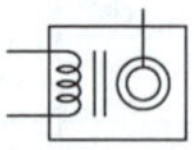	配电器		仪表
	熔断器	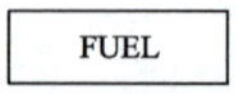	燃油表
	熔丝	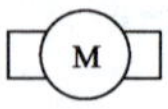	电动机
	接地		扬声器
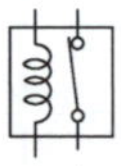	动断继电器	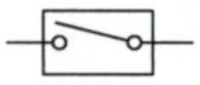	动合开关
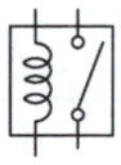	动合继电器	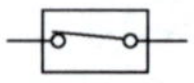	动断开关
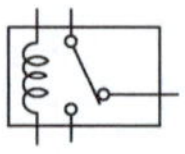	双触点继电器	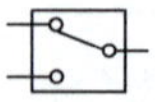	双触点开关
	电阻器	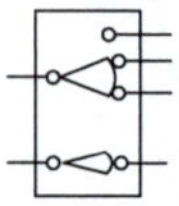	点火开关
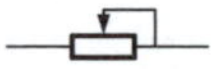	多值电阻器		刮水器复位开关
	可调电阻器	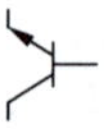	三极管
	笛簧开关	 	不相交导线 相交导线
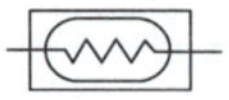	温敏电阻器	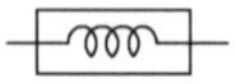	螺线管
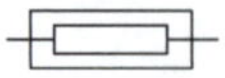	短夹		

2. 电路设计与检测电路

(1) 基本电路

用 L-1 灯泡和开关设计如图 1-42 所示电路。

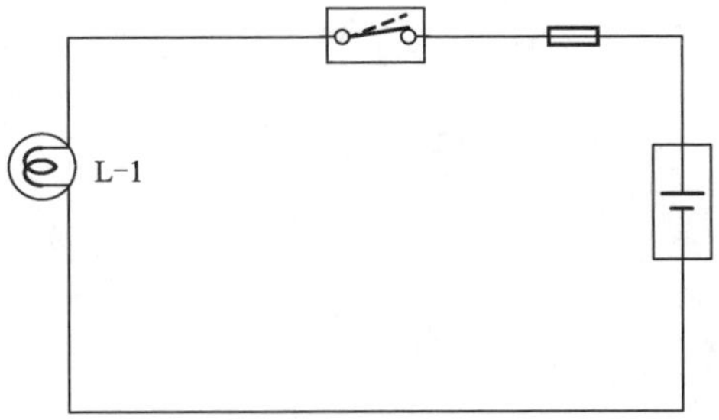

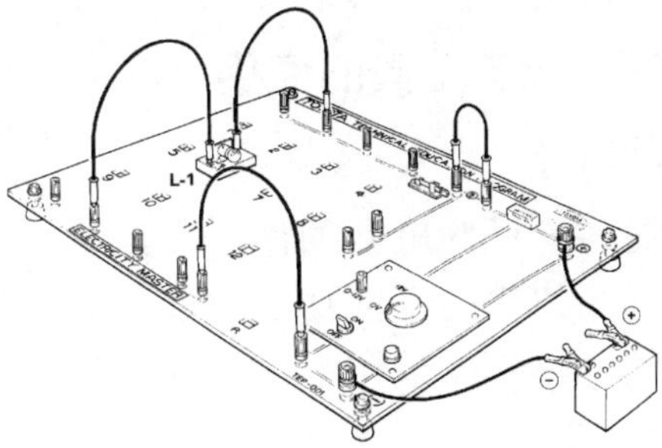

图 1-42　基本电路

① 测量电源电压（　　）。

② 用欧姆表测量冷态状态下灯泡的电阻（　　）。

③ 断开开关，用欧姆表测量热态状态下灯泡的电阻（　　）。

④ 电源电压 12 V，用欧姆表测量通过灯泡的电流（　　），电压（　　）。

灯泡参数见表 1-14。

（2）串联电路

使用 L-1、L-2 灯泡及开关、蓄电池在丰田 T-TEP 电工实训台设计如图 1-43 所示电路。灯泡参数见表 1-14。

① 测量灯泡 L-1、L-2 串联电路的电流（　　）。

② 测量灯泡 L-1、L-2 两端的电压（　　）。

③ 两个灯泡是否发出正常功率（　　）。

（3）并联电路

使用 L-1、L-2、L-3、L-4 灯泡及开关、蓄电池在丰田 T-TEP 电工实训台设计如图 1-44所示电路。灯泡参数见表 1-14。

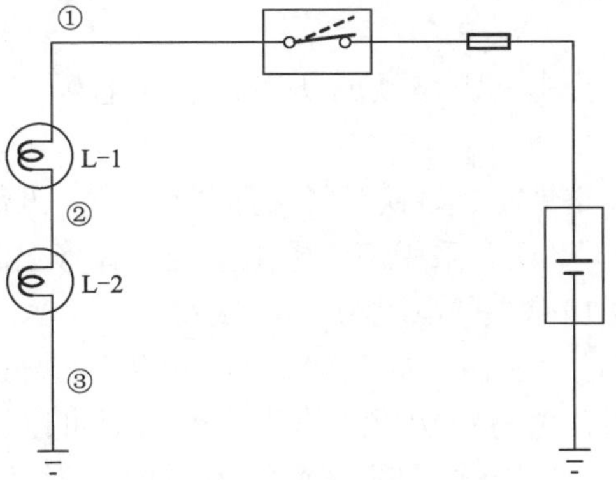

图 1-43　串联电路

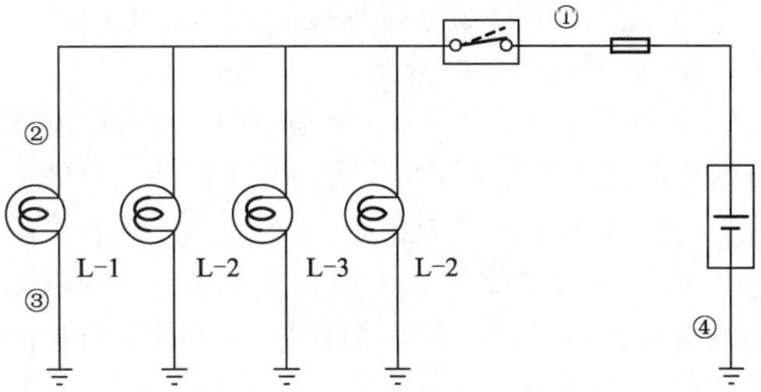

图 1-44　并联电路

① 移走其中某一灯泡，其他灯泡会发生怎样变化？

② 导线②移走，其他灯泡会发生怎样变化？

③ 导线③移走，其他灯泡会发生怎样变化？

④ 导线④移走，其他灯泡会发生怎样变化？

⑤ 为 L-1 灯泡串联 R-1 电阻（见表 1-14），L-1 灯泡会发生怎样的变化？为什么？

⑥ 其他灯泡会发生怎样变化？为什么？

任务三　电工工具的使用

【任务要求】

① 掌握各低压验电器的使用方法。

② 掌握剥线钳的不同功能及使用方法。

③ 掌握电烙铁的使用方法。

【任务指导】

1. 剥线钳

剥线钳用来剥削直径 3 mm 及以下绝缘导线的塑料或橡胶绝缘层，它由钳口和手柄两部分组成。剥线钳钳口分有 0.5 ~ 3 mm 的多个直径切口，用于与不同规格线芯线的直径相匹配。剥线钳装有绝缘套，其外形如图 1-45 所示。

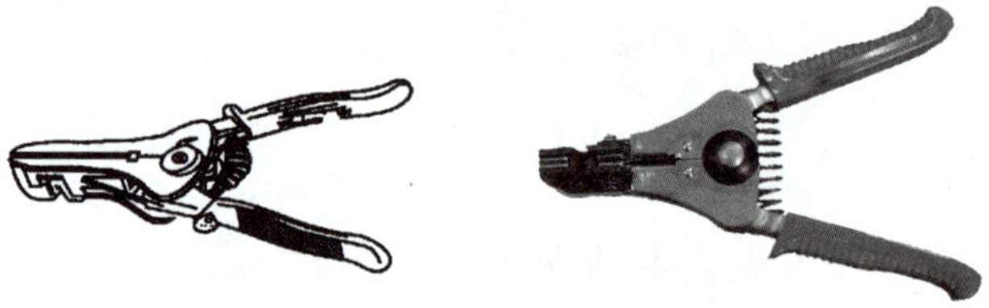

图 1-45　剥线钳

剥线时，切口过大难以剥离绝缘层，切口过小会切断线芯。为了不损伤线芯，线头应放在稍大于线芯的切口上剥削。在使用剥线钳之前，必须保证绝缘手柄的绝缘性能良好，以保证带电作业时的人身安全。严禁用刀口同时剪切相线和中性线，或同时剪切两根相线，以免发生短路事故。

2. 电烙铁

(1) 常用电烙铁的分类和功率

电烙铁是熔解锡进行焊接的工具。常用电烙铁的分类和电烙铁的功率如下所述：

① 常用电烙铁的分类：

a. 内热式电烙铁。一般由连接杆、手柄、弹簧夹、烙铁芯、烙铁头（又称“铜头”）五部分组成。烙铁芯安装在烙铁头内（发热快、热效率高）。烙铁芯采用镍铬电阻丝绕在瓷管上制成，一般 20 W 的电烙铁的电阻为 2.4 kΩ 左右，35 W 的电烙铁的电阻为 1.6 kΩ 左右。

b. 外热式电烙铁。一般由烙铁头、烙铁芯、外壳、手柄、插头等部分所组成。烙铁头安装在烙铁芯内，用以热传导性好的铜为基体的铜合金材料制成。烙铁头的长短可以调整（烙铁头越短，烙铁头的温度就越高）且有凿式、尖锥式、圆斜面形等不同的形状，以适应不同焊接面的需要，如图 1-46 所示。

② 电烙铁的功率。电烙铁的工作电源一般采用 220 V 交流电。电工通常使用 20 W、25 W、3 W、35 W、40 W、45 W、50 W 的电烙铁。

一般来说，电烙铁的功率越大，热量越大，烙铁头的温度越高。焊接集成电路、印制电路板、集成电路一般选用 20 W 内热式电烙铁。使用的电烙铁功率过大，容易烫坏元器件（一般二极管、三极管结点温度超过 200 ℃时就会烧坏）和使印制导线从基板上脱落；

使用的电烙铁功率太小，焊锡不能充分熔化，焊剂不能挥发出来，焊点不光滑，不牢固，易产生虚焊。若焊接时间过长，也会烧坏元器件，一般每个焊点在 1.5 ~4 s 内完成。

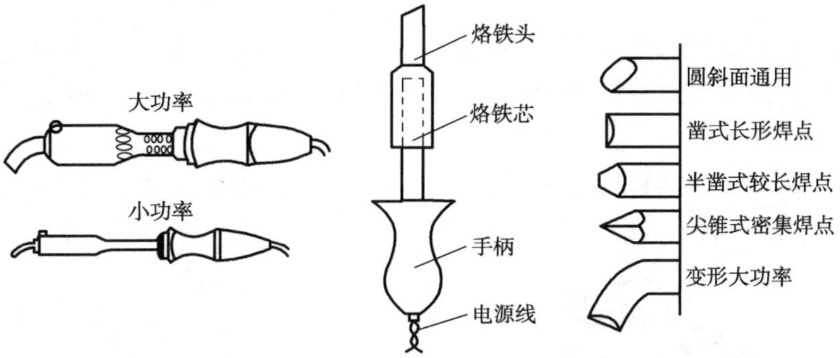

图 1-46　常用电烙铁的种类

（2）其他电烙铁

① 恒温电烙铁。恒温电烙铁的烙铁头内装有磁铁式的温度控制器，以控制通电时间，实现恒温的目的。在焊接温度不宜过高、焊接时间不宜过长的元器件时，应选用恒温电烙铁，但它的价格高。

② 吸锡电烙铁。吸锡电烙铁是将活塞式吸锡器与电烙铁融于一体的拆焊工具。它具有使用方便、灵活、适用范围广等特点，不足之处是每次只能对一个焊点进行拆焊。

③ 气焊电烙铁。气焊电烙铁是一种用液化气、甲烷等可燃气体燃烧加热烙铁头的烙铁。适用于供电不便或无法供给交流电的场合。

（3）电烙铁使用前的处理

在使用前，先通电给烙铁头“上锡”。首先，用锉刀把烙铁头按需要挫成一定的形状，然后接上电源，当烙铁头温度升到能熔锡时，将烙铁头在松香中蘸一下，等松香冒烟后再蘸一层焊锡，如此反复进行两三次，使烙铁头的刃面全部挂上一层焊锡即可使用。

电烙铁不宜长时间通电而不使用，这样容易使烙铁芯加速氧化而烧断，缩短其使用寿命，同时也会使烙铁头因长时间加热而氧化，甚至被“烧死”，不再“吃锡”。

（4）焊料、焊剂

用电烙铁焊接导线时，必须使用焊料和焊剂。

① 焊料。焊料是一种易熔金属，它能使元器件引线与连接点焊接在一起。锡（Sn）是一种质地柔软、延展性大的银白色金属，熔点为 232 ℃。在常温下，其化学性能稳定，不易氧化，不失金属光泽，抗大气腐蚀能力强。铅（Pb）是一种较软的浅青白色金属，熔点为 327 ℃，高纯度的铅耐大气腐蚀能力强，化学稳定性好，但对人体有害。锡中加入一定比例的铅和少量的其他金属可制成熔点低、流动性好、对元件和导线的附着力强、机械强度高、导电性好、不易氧化、抗腐蚀性好、焊点光亮美观的焊料，一般称为焊锡。焊锡按含锡量的多少可分为 15 种，按含锡量和杂质的化学成分分为 S、A、B 三个等级。手工焊接常用丝状焊锡。

② 焊剂。焊剂分为助焊剂和阻焊剂。助焊剂一般可分为无机助焊剂、有机助焊剂和树脂助焊剂，能熔解并去除金属表面的氧化物，并在焊接加热时包围金属的表面，使之和空气隔绝，防止金属在加热时氧化；可降低熔融焊锡的表面张力，有利于焊锡的润湿。阻

焊剂限制焊料只在需要的焊点上进行焊接，把不需要焊接的印制电路板的板面部分覆盖起来，保护板面，使其在焊接时受到的热冲击小，不易起泡，同时还起到防止桥接、拉尖、短路、虚焊等情况。

使用焊剂时，必须根据被焊件的面积大小和表面状态适量施用。用量过小，则影响焊接质量；用量过多，焊剂残渣将会腐蚀元件或使印制电路板绝缘性能变差。

（5）电烙铁的使用

① 电烙铁的握法。电烙铁的握法没有统一的要求，以不易疲劳、操作方便为原则，一般有笔握法和拳握法两种，如图 1-47 所示。

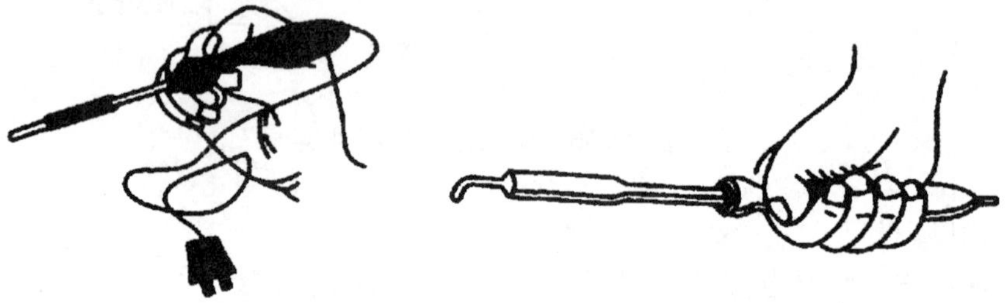

（a）笔握法　　（b）拳握法

图 1-47　电烙铁的握法

② 焊锡丝的拿法。焊锡丝一般有两种拿法，如图 1-48 所示。由于在焊锡丝的成分中，铅占一定比例，众所周知，铅是对人体有害的重金属，因此操作时应戴手套或操作后洗手，避免食入。

（a）连续焊接时焊锡丝的拿法　（b）断续焊接时焊锡丝的拿法

图 1-48　焊锡丝的拿法

使用电烙铁要配置烙铁架，一般放置在工作台右前方，电烙铁用后一定要稳妥地放置在烙铁架上，并注意导线等物不要碰烙铁头，以免被烙铁烫坏绝缘后发生短路事故。

③ 准备施焊。准备好焊锡丝和电烙铁，烙铁头部要保持干净，即可以蘸上焊锡（俗称“吃锡”）。

④ 加热焊件。将电烙铁接触焊接点，首先要保持电烙铁加热焊件各部分，例如印制电路板上引线和焊盘都要受热，其次要注意让烙铁头的扁平部分（较大部分）接触热容量较大的焊件，烙铁头的侧面或边缘部分接触热容量较小的焊件，以保持焊件均匀受热。

⑤ 熔化焊料。当焊件加热到能熔化焊料的温度后将焊锡丝置于焊点，焊料开始熔化并润湿焊点。

⑥ 移开焊锡。当熔化一定量的焊锡后将焊锡丝移开。

⑦ 移开烙铁。当焊锡完全润湿焊点后移开电烙铁，注意移开电烙铁的方向应该是大致 45°的方向。

上述过程对一般焊点而言需要 2 ~ 3 s。这是使用手工烙铁焊接的基本方法，特别是各步骤之间停留的时间，对保证焊接质量至关重要，只有通过实践才能逐步掌握。

对焊接的基本要求：焊点必须牢固，锡液必须充分渗透，焊点表面光滑有泽，应防止出现“虚焊”和“夹生焊”等现象。造成“虚焊”的原因是因为焊件表面未清除干净或焊剂太少，使得焊锡不能充分流动，造成焊件表面挂锡太少，焊件之间未能充分固定；造成“夹生焊”的原因是因为电烙铁温度低或焊接时电烙铁停留时间太短，焊锡未能充分熔化。

（6）电烙铁使用注意事项

① 根据焊接对象合理选用不同类型的电烙铁。

② 新电烙铁在使用前要使头部上锡，接通电源后烙铁头的颜色变黄，用焊锡丝放在松香上使焊锡熔化并反复拉动烙铁头就“吃”上锡，烙铁头部保持常有焊锡，焊接时焊锡就容易熔化。

③ 为了防止电烙铁温度太高“烧死”和加速烙铁头的老化，尽量使用烙铁架和带“自动恒温”或“调温”功能的电烙铁。

④ 一般右手持电烙铁，左手用镊子夹住元件或导线。将烙铁头紧贴在焊点处，电烙铁与水平面约成 60°角，烙铁头在焊点处停留的时间为 2 s 左右。每个焊点要接触良好，防止“虚焊”。

⑤ 焊接时间过长容易损坏元件或使电路板的铜箔翘起，可用镊子夹住引脚帮助散热。焊接集成电路时，电烙铁要可靠接地，或断电后利用余热焊接，防止损坏。

⑥ 使用过程中，不要任意敲击烙铁头以免损坏。内热式电烙铁连接杆钢管壁厚度只有 0.2 mm，不能用钳子夹以免损坏。在使用过程中应经常维护，保证烙铁头挂上一层薄锡。

3. 低压验电器

（1）普通验电笔

① 验电笔简介。验电笔又称试电笔，是检验导线、电器是否带电的一种常用工具，检测范围为 50 ~ 500 V，有钢笔式、旋具式、数显式和组合式多种。低压验电器由笔尖、降压电阻器、氖管、弹簧、笔尾金属体等部分组成，如图 1-49 所示。

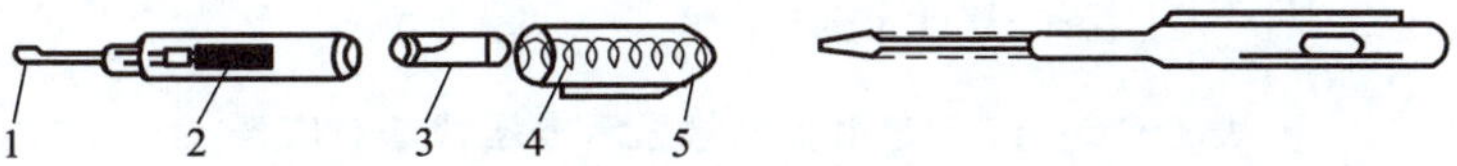

（a）钢笔式低压验电器　（b）螺钉旋具式低压验电器

图 1-49　验电笔

1—笔尖；2—降压电阻器；3—氖管；4—弹簧；5—笔尾金属体

② 使用方法：

a. 使用低压验电器时，必须按照图 1-50 所示的握法操作。注意，手指必须接触笔尾金属体（钢笔式）或测电笔顶部的金属螺钉（螺钉旋具式）。这样，只要带电体与大地之间的电位差超过 50 V 时，验电笔中的氖管就会发光。

b. 使用前，先要在有电的导体上检查验电笔是否正常发光，检验其可靠性。验电时，应将验电笔逐渐靠近被测物体，直至氖管发光。只有在氖管不发光时，并在采取防护措施后，才能与被测物体直接接触。

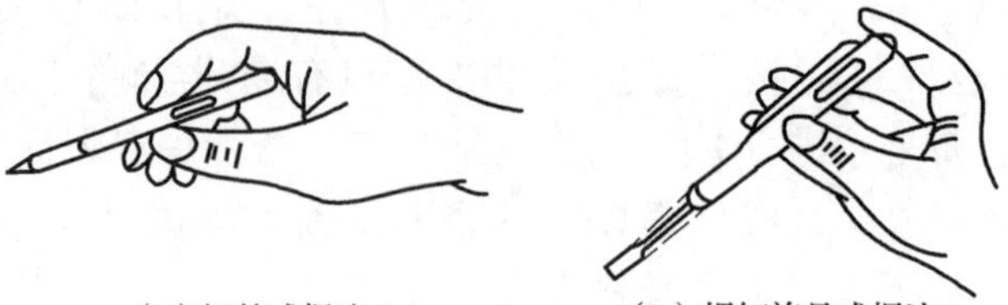

（a）钢笔式握法　　（b）螺钉旋具式握法

图 1-50　低压验电器握法

c. 在明亮的光线下，往往不容易看清氖管的辉光，应注意避光。

d. 验电笔的笔尖虽与螺钉旋具形状相同，但它只能承受很小的扭矩，不能像螺钉旋具那样使用，否则会损坏。

e. 低压验电器可以用来区分相线和中性线，氖管发亮的是相线，不亮的是中性线。低压验电器也可用来判别接地故障。如果在三相四线制电路中发生单相接地故障，用验电笔测试中性线时，氖管会发亮；在三相三线制线路中，用验电笔测试三根相线，如果两相很亮，另一相不亮，则这相可能有接地故障。

f. 低压验电器可用来判断电压的高低。氖管越暗，则表明电压越低；氖管越亮，则表明电压越高。

g. 低压验电器可用来区别直流电与交流电。交流电通过低压验电器时，氖管里的两个极同时发光；直流电通过低压验电器时，氖管里的两个极只有一个发光，发光的一极即为直流电的负极。

（2）汽车专用验电笔

汽车专用验电笔可以用于汽车电路试电，而且可以直接从验电笔的指示上判断发电机、调节器的工作是否正常。使用时，根据电系电压，将电笔负极用鳄鱼夹接搭铁。汽车专用验电笔，可以检测 12 V 电系和 24 V 电系。检测时，将螺钉旋具一端（即试笔头）逐次碰触被测点，这时，验电笔上的两只双色二极管共可以指示六种状态，见表 1-16，分别对应不同的电压值，可根据指示值，判断是否正常。例如，验电笔无指示，则表明被测点无电或电位低于 11 V（对 12 V 电系而言）或低于 22 V（对 24 V 电系而言），若两只双色二极管均呈橙绿色，则表明电系电压过高。

表 1-16　汽车专用验电笔显示电压状态对应表

显示情况	对应电压/V		备　注	显示情况	对应电压/V		备　注
	12	24			12	24	
红	11	23	不亮	红	13	25	两只灯显示橙绿
橙	12	24		橙	14	26	
橙绿	12.6	24.6		橙绿	15	27	

（3）跨接线

跨接线是一段多股导线，它的两端分别接有鳄鱼夹或不同形式的插头，用于特定位置的测量。跨接线的作用只起一个旁通电路的作用，检查线路是否断路或短路。例如，某一部件不工作，首先将跨接线连接在被测部件接线“－”端子与车身搭铁之间，若此时部件工作，说明其搭铁线路断路；如搭铁线路良好，将跨接线连接在蓄电池“＋”端子与被测部件的“+”端子之间，若此时部件工作，说明部件电源电路有故障（断路或短路）；如部件仍不工作，说明部件本身有故障，应予以更换。使用跨接线检测时，应注意：用跨接线将电源电压加到被测部件之前，必须先确认被测部件的电源电压是否为 12 V；否则，有可能使其损坏。不可将跨接线错误地连接在被测部件“+”端子与搭铁之间。

（4）测试灯

测试灯又称测试笔，其主要作用是用来检查系统电源电路是否给电气部件供电，检查电气电路是否断路或短路。其中，12 V 测试灯由 12 V 试灯、导线、搭铁夹、探针组成。检查时，将 12 V 测试灯一端搭铁，另一端接电气部件电源接头。如灯亮，说明电气部件的电源电路无故障；如灯不亮，再接向电源方向的第二个接线点，如灯亮，则故障在第一个接点与第二个接点之间；如灯仍不亮，则再接第三个接点，直至灯亮为止，则故障出现在最后被测接点与上一个被测接点间的电路上，大多为断路故障。测试灯的应用实例如图 1-51所示。

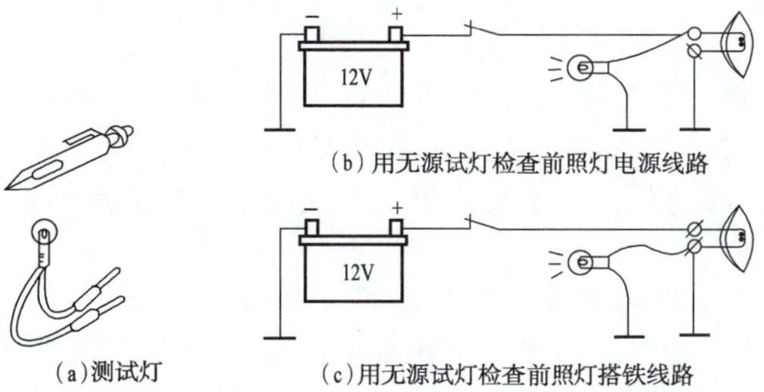

图 1-51　测试灯的应用实例

用测试灯测试线路时，只能测试不含固态器件的线路，但少数线路都含有固态器件。例如，用微机控制燃油喷射的发动机控制块（ECU），测试这类电路的电压时，只能用阻抗为 10 MΩ 以上的数字式万用表。含有固态器件的电路，切不可使用测试灯，以防损坏固态器件。测试灯可以用电压表取代，测试灯只能表明是否有电，而电压表则可以指明电压值。有源测试灯可以用欧姆表取代，欧姆表可以显示线路上两点之间的电阻值，阻值很小意味着导通良好。自带电源测试灯与 12 V 测试灯结构及使用方法基本相同，只是在手柄内加装两节 1.5 V 干电池。它主要用来检查电气电路是否断路或短路。

小　结

1. 电路是由电源、中间环节和负载三部分组成的电流的通路，它的作用是用来实现电能的输送和转换、电信号的传递和处理。电流、电压、电动势和功率是电路的主要物理量。

2. 电流、电压和电动势的实际方向：电流实际方向规定为正电荷定向移动的方向，或负电荷定向移动的相反方向；电压实际方向是以在电路中，由高电位端指向低电位端，电位降低的方向；电动势实际方向是以在电源内部由低电位端指向高电位端，电位升高的方向。在分析计算电路时，当电路中电压、电流和电动势的实际方向无法确定时，可以任意假定并标在电路图上，这称为参考方向。但一经选定，在解题过程中就不能更改。当求得的电压或电流为正值，表明假定的参考方向与实际方向相同；否则相反。

根据电压和电流的实际方向可以确定电路元件的功率性质：在同一元件上，当 U、I 的实际方向相同，电流从“+”端流入，表明该元件是取用（消耗）功率，是负载性质；当 U、I 的实际方向相反，电流从“+”端流出，表明该元件是发出功率，是电源性质。

3. 电路有三种状态，即有载工作状态、开路状态和短路状态。短路时，电路中产生很大的短路电流，会危及设备的安全，故应尽量避免；有载工作时，电路中的一切电气设备、器件，都不应过载运行。按额定值工作，可保证设备运行安全、可靠、经济合理，并具有一定的使用寿命。

4. 电路中某点的电位等于该点与“参考点”之间的电压。参考点改变，则各点的电位值相应改变，但任意两点间的电位差（电压）不变。

5. 基尔霍夫定律是电路的基本定律，它分为电流定律（KCL）和电压定律（KVL）。

KCL 适用于节点，其表达式为 $\sum I=0$，即任一瞬时，流入任一节点的电流的代数和等于零。KVL 适用于回路，其表达式为 $\sum U=0$，即任一瞬时，沿任一闭合回路，回路中各部分电压的代数和为零。在完全由电动势和电阻器构成的闭合回路中，KVL 可表示为 $\sum E=\sum RI$，即闭合回路中，电阻器上电压降的代数和等于电动势的代数和。

基尔霍夫定律具有普遍性，它不仅适用于直流电路，也适用于由各种不同电路元件构成的交流电路。

6. 支路电流法是基尔霍夫定律的具体应用，是分析和计算电路的最基本的方法。它是以支路电流为未知量，使用基尔霍夫定律列出电路方程求解。对于具有 n 个节点、b 条支路的电路可列出（$n-1$）个独立的节点电流方程和［$b-$（$n-1$）］个独立的回路电压方程。

测试习题

填空题

1. 在图 1-52（a）中，$U_{ab}=-5$ V，那么 a，b 两点，________点电位高。
2. 在图 1-52（b）中，$U_1=-6$ V，$U_2=4$ V，那么 $U_{ab}=$________。
3. 2kΩ 的电阻器中通过 2 mA 的电流，那么电阻器两端的电压是________V。
4. 如图 1-53 所示，电路在开关 S 闭合与断开两种情况下，$U_{ab}=$________，$U_{cd}=$________。

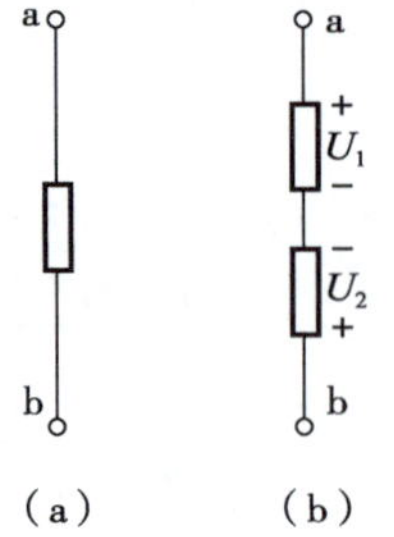

图 1-52　填空题 1 题、2 题图

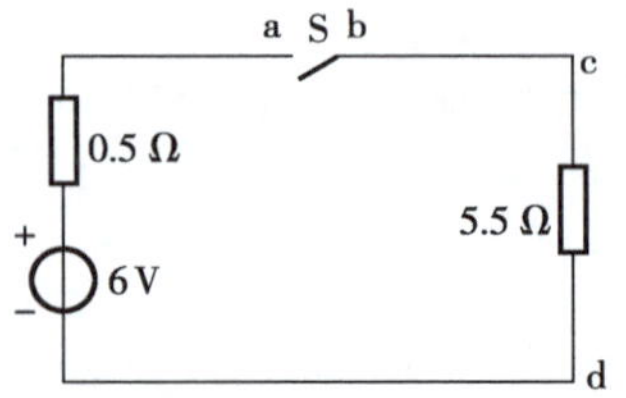

图 1-53　填空题 4 题图

5. 计算图 1-54 所示电路中的问题。

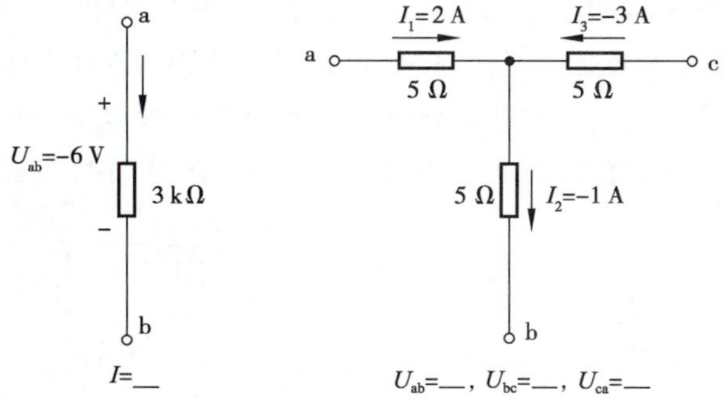

图 1-54　填空题 5 题图

6. 额定值为 1W/100Ω 的碳膜电阻器，在使用时电流不得超过________，电压不得超过________。

7. 一个电热器从 220 V 的电源取用的功率为 1 000 W，如将它接到 110 V 的电源上，则取用的功率为________。

判断题

1. U_{ab}就是表示 a 端的电位高于 b 端电位。(　　)

2. 根据日常观察，电灯在深夜要比黄昏时亮一些。(　　)

3. 通常电灯开得愈多，总负载电阻愈大。(　　)

分析计算题

1. 有一台直流发电机，其铭牌上标有 40 kW/230 V/174 A。试问什么是发电机的空载运行、轻载运行、满载运行和过载运行？负载的大小，一般指什么而言？

2. 试估算图 1-55 所示两个电路中的电流 I。

3. 图 1-56 所示电路共有三个回路，是否也可以应用基尔霍夫定律列出三个方程求解三个支路电流。

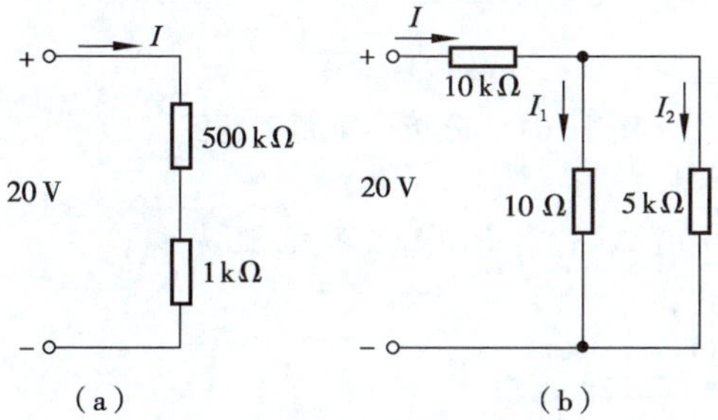

图 1-55　分析计算题 2 题图

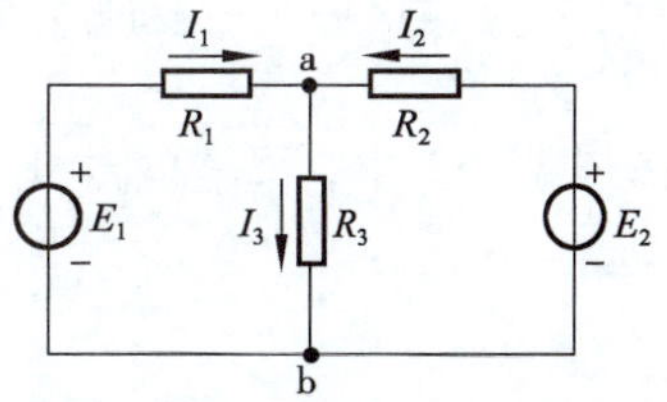

图 1-56　分析计算题 3 题图

4. 在图 1-57 所示电路中，$E=6\,V$，$R_1=6\,\Omega$，$R_2=3\,\Omega$，$R_3=4\,\Omega$，$R_4=3\,\Omega$，$R_5=1\,\Omega$，试求 I_3 和 I_4。

5. 在图 1-58 所示电路中，(1) 试求开关 S 闭合前后电路中的电流 I_1，I_2，I 及电源的端电压 U；当 S 闭合时，I_1 是否被分去一些？(2) 如果电源的内阻 R_0 不能忽略不计，则闭合 S 时，60 W 电灯中的电流是否有所变动？(3) 计算 60 W 和 100 W 电灯在 220 V 电压下工作时的电阻，哪个电阻大？(4) 100 W 的电灯每秒消耗多少电能？(5) 设电源的额定功率为 125 kW，端电压为 220 V，当只接上一个 220 V/60 W 的电灯时，电灯会不会被烧毁？(6) 电流流过电灯后，会不会减少一点？(7) 如果由于接线不慎，100 W 电灯的两线碰触（短路），当闭合 S 时，后果如何？100 W 电灯的灯丝是否被烧断？

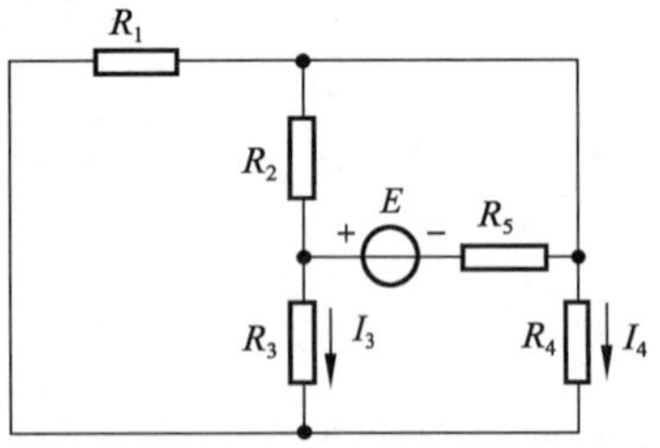

图 1-57　分析计算题 4 题图

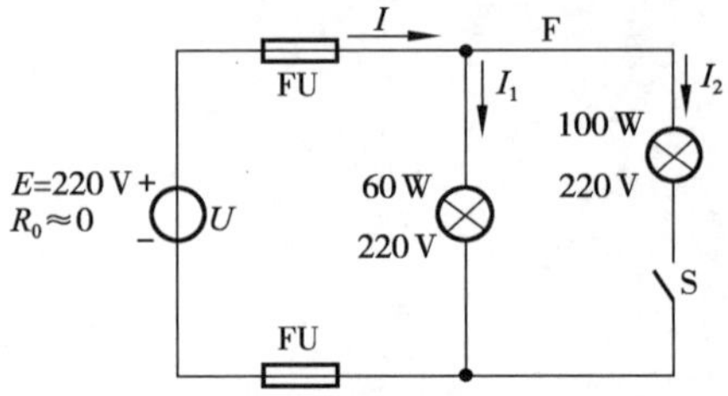

图 1-58　分析计算题 5 题图

6. 在图 1-59 中，方框代表电源或负载。已知 $U=220$ V，$I=-1$ A，试问哪些方框代表电源，哪些代表负载？

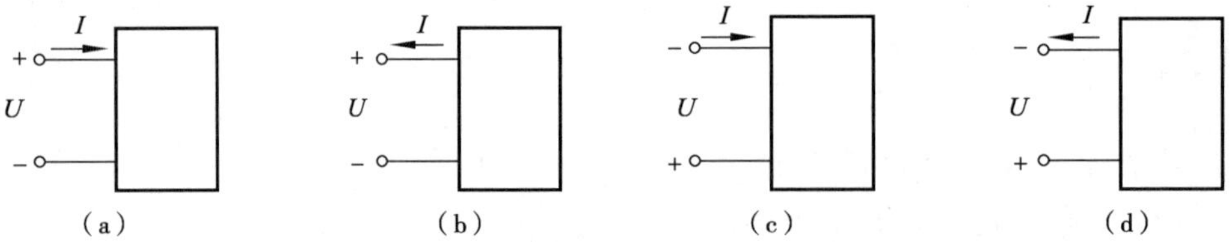

图 1-59　分析计算题 6 题图

7. 图 1-60 所示是一电池电路，当 $U=3$ V，$E=5$ V 时，该电池作电源（供电）还是作负载（充电）用？图 1-61 所示也是一电池电路，当 $U=5$ V，$E=3$ V 时，又如何？

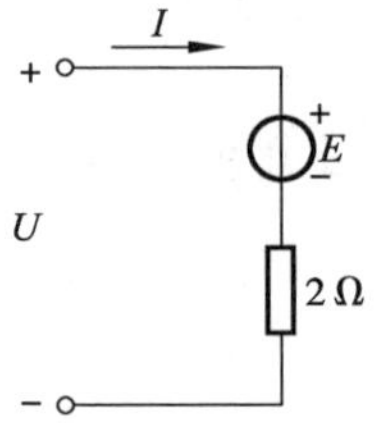

图 1-60　分析计算题 7 题图（1）

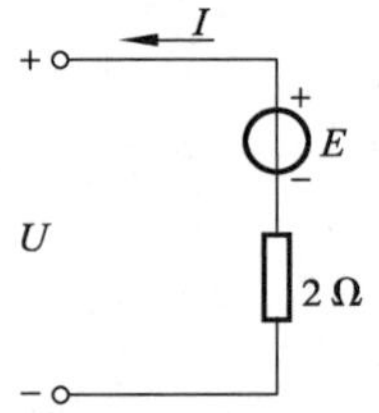

图 1-61　分析计算题 7 题图（2）

8. 在图 1-62 中，已知 $I_a=1$ mA，$I_b=10$ mA，$I_c=2$ mA，求电流 I_d。

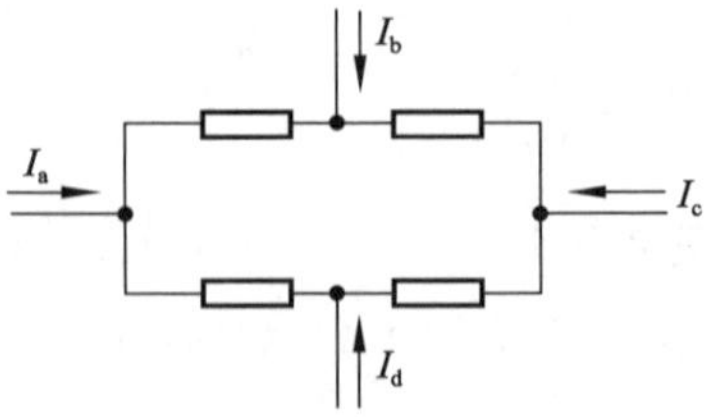

图 1-62　分析计算题 8 题图

9. 在图 1-63 所示的两个电路中，各有多少支路和节点？U_{ab} 和 I 是否等于零？如将

图 1-63（a）中右下臂的 6 Ω 改为 3 Ω，则又如何？

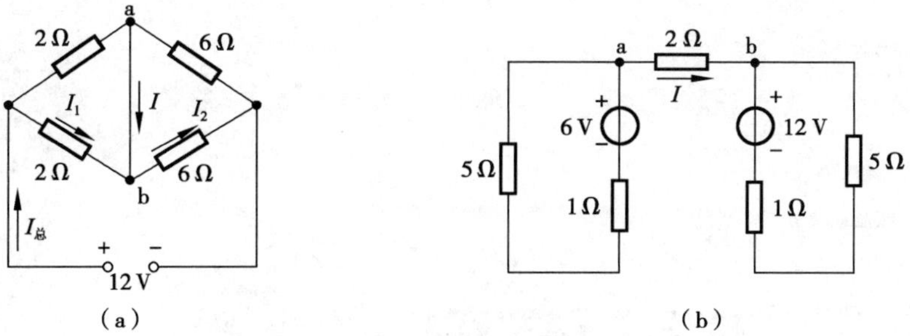

图 1-63　分析计算题 9 题图

10. 计算图 1-64 所示两电路中 A、B、C 各点的电位。

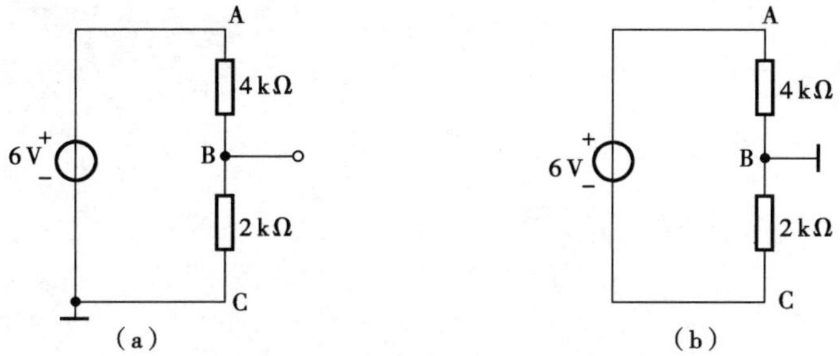

图 1-64　分析计算题 10 题图

11. 有一电路如图 1-65 所示，（1）零电位参考点在哪里？试画电路图表示出来。（2）当将电位器 R_P 的滑动触点向下滑动时，A、B 两点的电位增高了还是降低了？

12. 计算图 1-66 所示电路在开关 S 断开和闭合时 A 点的电位 V_A。

13. 计算图 1-67 中 A 点的电位 V_A。

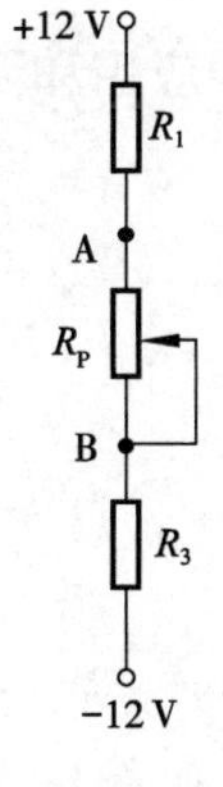

图 1-65　分析计算题 11 题图

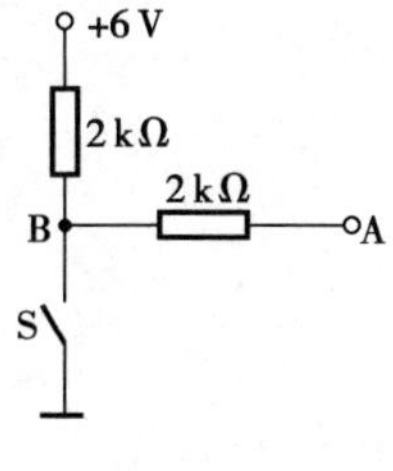

图 1-66　分析计算题 12 题图

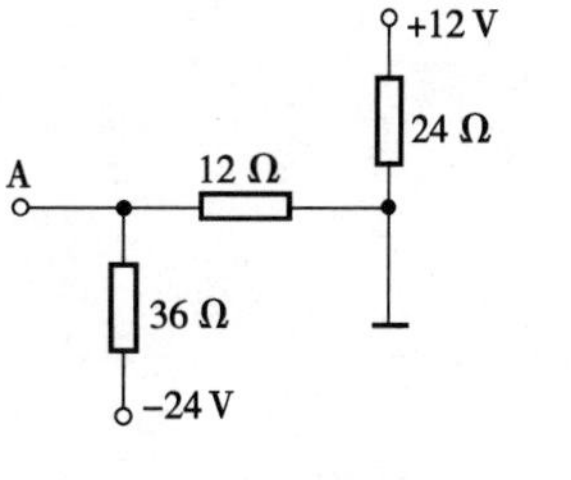

图 1-67　分析计算题 13 题图

项目二

认识正弦交流电 2

学习目标

1. 掌握正弦交流电的基本概念。

2. 会使用仪器对交流电路进行检测。

3. 掌握相电压、线电压、相电流、线电流基本概念。

4. 掌握三角形和星形接法的应用和两种接法的关系。

基本知识

一、正弦交流电

1. 交流电

一个直流理想电压源 E 作用于电路时，电路中的电压 U 和电流是不随时间变化的，如图 2-1（a）所示。即电压的大小和极性、电流的大小和方向都是不随时间变化的，这种恒定的电压电流统称为直流电量。

如果一个随时间按正弦规律变化的理想电压源 e 作用于电路，则电路中的电压 U 和电流 i 也将随时间按正弦规律变化，如图 2-1（b）所示。电压 U 正负交替变化，说明电压 U 不仅大小随时间变化，而且实际极性也不断地随时间变更。同样，电流 i 的正负交替变化，说明电流的实际方向在不断地随时间变更。这种随时间按正弦规律周期性变化的电压（电流），称为正弦交流电压（电流）。正弦交流电压和电流常统称为正弦电量，简称正弦量。

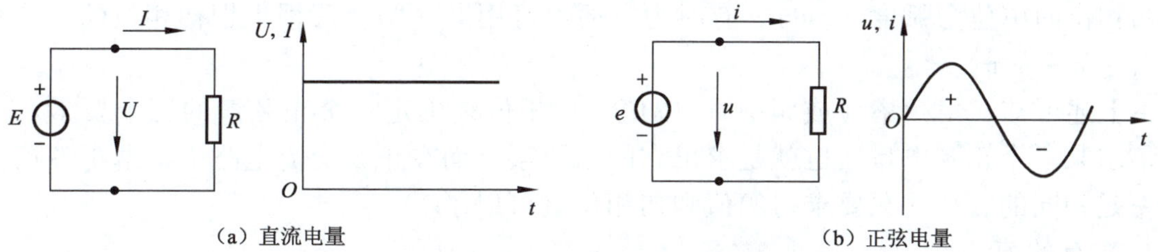

图 2-1 直流电量与正弦电量

2. 交流电三要素

（1）正弦量的数学表达式和三要素

正弦电量在任一瞬时的值称为瞬时值，用小写字母 u、i、e 分别表示正弦电压、电流、电动势的瞬时值。现以电压为例说明正弦量的数学表达式和三要素。

图 2-2 所示为正弦电压 u 的波形图，图中 T 为电压 u 变化一周所需的时间，称为周期，其单位为秒（s）。电压 u 每秒变化的周数为 $\frac{1}{T}$，称为频率，用 f 表示，即

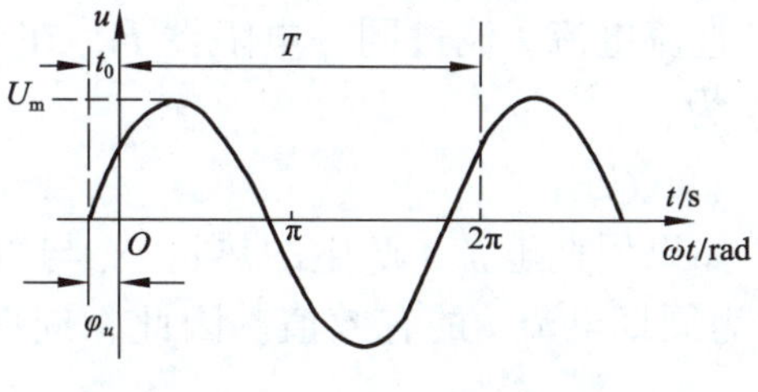

图 2-2 正弦电压的波形图

$$f=\frac{1}{T} \tag{2-1}$$

频率的单位为赫［兹］（Hz）。我国和大多数国家都采用 50 Hz 作为电力系统的供电频率。

对于图 2-2 所示的正弦电压 u，其瞬时值可用正弦函数表示，即

$$u=U_m\sin\omega(t+t_0)=U_m\sin(\omega t+\varphi_u) \tag{2-2}$$

由式（2-2）可知，对于一个正弦电压 u，如果 U_m、ω、φ_u 为已知，则电压 u 与时间 t 的函数关系就是唯一确定的，因此 U_m（幅值）、ω（角频率）、φ_u（初相位）称为正弦电压 u 的三要素，现分述如下：

① 角频率。式（2-2）中的 ω 在数值上等于单位时间内正弦函数辐角的增长值，称为角频率，它的单位为弧度每秒（rad/s）。由于在一个周期内辐角增长 2π 弧度，所以

$$\omega = \frac{2\pi}{T} = 2\pi f \tag{2-3}$$

式（2-3）表明了正弦量的角频率 ω 与周期 T、频率 f 之间的关系。ω、T、f 都是表示正弦量变化快慢的物理量，只要知道其中的一个，另外两个量就可求得。

② 幅值。由于正弦函数的最大值为 1，所以式（2-2）中的 U_m 为电压 u 的最大值，又称幅值。用带下标 m 的大写字母表示幅值，正弦电流和电动势的幅值分别用 I_m、E_m 表示。

③ 初相位。式（2-2）中，正弦函数的辐角 $\omega t + \varphi_u$ 称为正弦量的相位角，简称相位。$t = 0$ 时的相位角 φ_u 称为初相角或初相位。

初相位的单位为弧度（rad），有时为方便也可用度（°）。习惯上把初相位的取值范围定为（$-\pi \sim +\pi$）。

由上述可知，角频率（或频率）、幅值、初相位是确定一个正弦量的三个要素。电路中所谓求某一个正弦电量，也就是求出它的三要素。而在正弦交流电路中，由于各正弦量的频率是相同的，往往只要求得幅值和初相位就可以了。

（2）有效值

为方便起见，工程中常用有效值来计量正弦电压、电流的大小。有效值是按照周期电流 i 与某个直流电流 I 热效应相等的观点来定义的。

周期电流 i 流过电阻器 R，在一个周期 T 的时间内产生的热量（以焦［耳］为单位）为

$$Q_a = \int_0^T Ri^2 \mathrm{d}t$$

直流电流 I 流过同一电阻器 R，在一个周期 T 的时间内产生的热量（以焦［耳］为单位）为

$$Q_d = RI^2 T$$

如果周期电流 i 产生的热量 Q_a 与直流电流产生的热量 Q_d 相等，则此直流电流的数值 I 称为周期电流 i 的有效值。因此，周期电流 i 与其有效值 I 的关系为

$$\int_0^T Ri^2 \mathrm{d}t = RI^2 T$$

由此可得周期电流 i 的有效值为

$$I = \sqrt{\frac{1}{T}\int_0^T i^2 \mathrm{d}t} \tag{2-4}$$

故有效值又称均方根值。

如果 i 为正弦电流，即 $i = I_m \sin\omega t$，则其有效值为

$$I = \sqrt{\frac{1}{T}\int_0^T I_m^2 \sin^2 \omega t \mathrm{d}t}$$
$$= \sqrt{\frac{I_m^2}{T}\int_0^T \frac{1-\cos 2\omega t}{2}\mathrm{d}t}$$
$$= \sqrt{\frac{I_m^2}{T}\cdot\frac{T}{2}}$$
$$= \frac{I_m}{\sqrt{2}} \approx 0.707 I_m \tag{2-5}$$

在讨论正弦交流电路时，用不带下标的大写字母 I、U、E 分别表示正弦电流、电压、电动势的有效值。式（2-5）的结论同样适用于正弦电压和电动势，即

$$U = \frac{U_m}{\sqrt{2}}$$
$$E = \frac{E_m}{\sqrt{2}}$$

在交流电路中，一般所讲电压或电流的大小都是指有效值。例如，交流电压 220 V，就是说这个正弦交流电压的有效值为 220 V，其最大值为$\sqrt{2}\times 220$ V，即 $U_m=\sqrt{2}\times 220\text{ V}=310\text{ V}$。一般交流电压表和电流表的读数，也是被测电量的有效值。输电、配电导线截面积的大小也应按工作电流的有效值查表选用。

（3）相位差

在正弦交流电路中，有时常比较两个同频率正弦量的相位。例如，正弦电压 u 和电流 i 为同频率的正弦量，其波形如图 2-3 所示，u、i 可分别表示为

$$u = U_m \sin(\omega t + \varphi_u)$$
$$i = I_m \sin(\omega t + \varphi_i)$$

两个同频率正弦量的相位角之差称为相位差，可用 φ 表示。

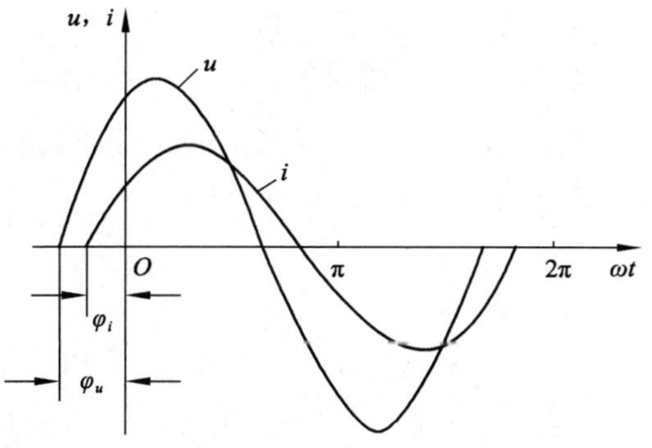

图 2-3　相位差

这里 u、i 的相位差为

$$\varphi = (\omega t + \varphi_u) - (\omega t + \varphi_i)$$
$$= \varphi_u - \varphi_i \tag{2-6}$$

即两个同频率正弦量的相位差等于它们的初相位之差。两个正弦量的相位差不为零，则说明它们不同时到达零值或最大值。

如图 2-3 所示，$\varphi_u > \varphi_i$，则电压 u 比电流 i 先到达正的最大值，就说电压 u 在相位上比电流 i 超前 φ 角，或者说电流 i 比电压 u 滞后 φ 角。

如果两个同频率正弦量的初相位相同，相位差为零，则说这两个正弦量同相，例如在图2-4（a）中，电流 i_1 与 i_2 同相，它们同时到达零值或最大值。如果两个同频率正弦量的相位差为 180°，则说这两个正弦量反相。例如在图 2-4（b）中，电流 i_1 与 i_3 反相，任一瞬时一个电流为正值，则另一个电流为负值。

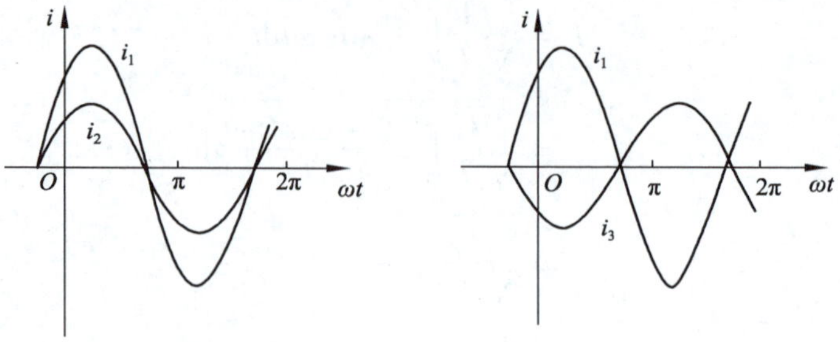

（a）同相　　（b）反相

图 2-4　同相与反相

二、交流电中的电阻、电感、电容的特性

为方便起见，在讨论正弦交流电路时，可以在几个同频率正弦量中，令其中某一个正弦量的初相位为零，这个正弦量称为参考正弦量，它的相量称为参考相量。选定参考正弦量后，并不改变各正弦量之间的相互联系，因此不会影响电路分析的结果。

在比较同一支路的电压 u 与电流 i 的相位时，规定 u、i 的相位差为

$$\varphi = \varphi_u - \varphi_i \tag{2-7}$$

若 $\varphi > 0$，则说明 $\varphi_i < \varphi_u$，电流 i 滞后于电压 u；若 $\varphi < 0$，则说明 $\varphi_i > \varphi_u$，电流 i 超前电压 u；若 $\varphi = 0$，则电流 i 与电压 u 同相。

1. 电阻元件的正弦交流电路

（1）电压、电流关系

图 2-5（a）所示是一个线性电阻元件的交流电路。电阻元件的电压、电流关系由欧姆定律确定，在 u、i 参考方向一致时，两者的关系为 $u = Ri$。

设电流为参考正弦量，即

$$i = I_m \sin \omega t \tag{2-8}$$

则

$$u = Ri = RI_m \sin \omega t = U_m \sin \omega t \tag{2-9}$$

由式（2-8）、式（2-9）可见，u、i 为同频率的正弦量，可画出 u、i 的波形图和相量图，如图 2-5（b）、图 2-5（c）所示。

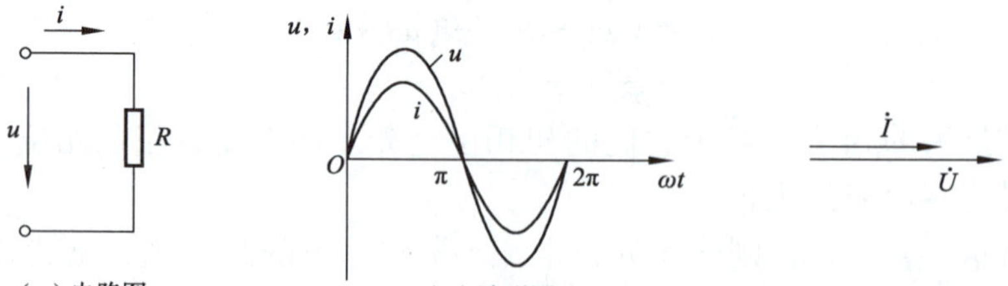

（a）电路图　　（b）波形图　　（c）相量图

图 2-5　电阻元件的交流电路

比较式（2-8）和式（2-9）可知电压 u 和电流 i 的大小和相位关系如下：

u、i 的相位差为

$$\varphi = \varphi_u - \varphi_i = 0 \qquad (2-10)$$

即电阻元件上电流 i 与电压 u 同相。

u、i 的幅值关系为

$$U_m = RI_m \qquad (2-11)$$

u、i 的有效值关系为

$$U = RI \qquad (2-12)$$

(2) 功率

元件上电压 u 和电流 i 参考方向一致时，则 $P = ui$ 为该元件取用的功率。在交流电路中，功率 p 随时间而变化，称为瞬时功率。

在正弦交流电路中，电阻元件的瞬时功率为

$$\begin{aligned} p &= ui = U_m I_m \sin^2 \omega t \\ &= \frac{U_m I_m}{2}(1 - \cos 2\omega t) \\ &= UI(1 - \cos 2\omega t) \end{aligned} \qquad (2-13)$$

由式（2-13）可知，瞬时功率 P 的变化频率是电源频率的两倍，其波形如图 2-6 所示。

在电工技术中，要计算和测量电路的平均功率。平均功率用大写字母 P 表示，其值等于瞬时功率 p 在一个周期内的平均值，即

$$P = \frac{1}{T}\int_0^T p\mathrm{d}t \qquad (2-14)$$

电阻元件的平均功率为

$$P = \frac{1}{T}\int_0^T p\mathrm{d}t = \frac{1}{T}\int_0^T UI(1 - \cos 2\omega t)\mathrm{d}t = UI$$

电阻元件的平均功率等于电压、电流有效值的乘积。由于电压有效值 $U = RI$，所以

$$P = UI = RI^2 = \frac{U^2}{R} \qquad (2-15)$$

平均功率是电路中实际消耗的功率，又称有功功率。电路实际消耗的电能等于平均功率乘以通电时间。

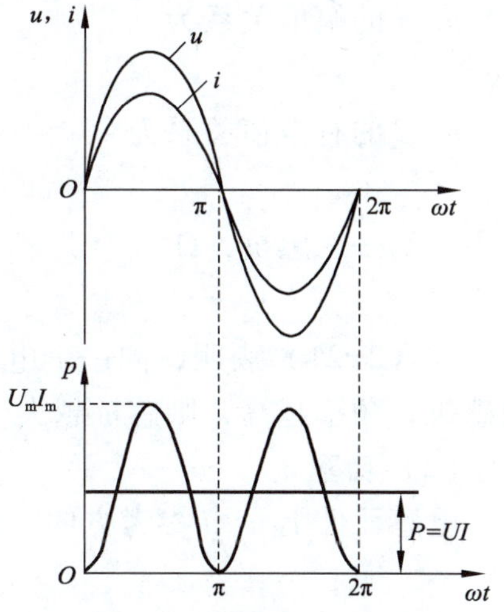

图 2-6 电阻元件的功率波形

2. 电感元件的正弦交流电路

(1) 电压、电流关系

在 u、i 参考方向一致时，电感元件的电压、电流关系为

$$u = L\frac{\mathrm{d}i}{\mathrm{d}t}$$

在正弦交流电路中，若设电流 i 为参考正弦量，即

$$i = I_m \sin \omega t \qquad (2-16)$$

则

$$u = L\frac{\mathrm{d}i}{\mathrm{d}t} = \omega L I_m \cos \omega t = U_m \sin(\omega t + 90°) \qquad (2-17)$$

由式（2-16）、式（2-17）可见，u、i 为同频率的正弦量，可画出 u、i 的波形图和相量图，如图 2-7（b）、图 2-7（c）所示。

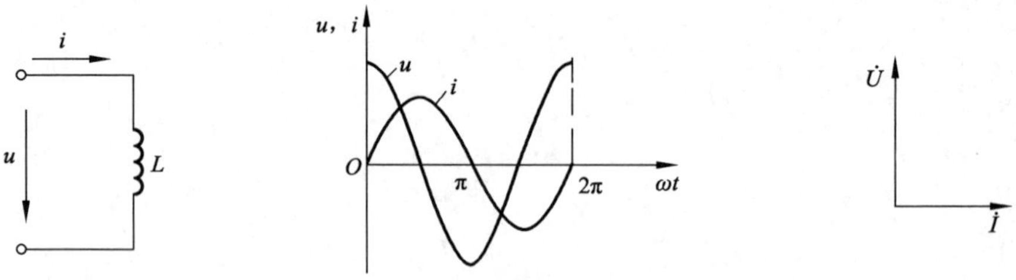

（a）电路图　（b）波形图　（c）相量图

图 2-7　电感元件的交流电路

比较式（2-16）和式（2-17）可知，电压 u 和电流 i 的大小和相位关系如下：

u、i 的相位差为

$$\varphi=\varphi_u-\varphi_i=90° \tag{2-18}$$

即电感元件上电流 i 比电压 u 滞后 90°。

u、i 的幅值关系为

$$U_{\mathrm{m}}=\omega LI_{\mathrm{m}} \tag{2-19}$$

u、i 的有效值关系为

$$U=\omega LI=X_LI \tag{2-20}$$

式中　X_L——感抗，Ω。

$$X_L=\omega L=2\pi fL \tag{2-21}$$

式（2-21）表明，同一个电感线圈（L 为定值），对不同频率的正弦电流表现出不同的感抗，频率越高，则感抗越大。因此，电感线圈对高频电流有较大的阻碍作用。

（2）功率

电感元件上 u、i 参考方向一致时，若

$$i=I_{\mathrm{m}}\sin\omega t$$

则

$$u=U_{\mathrm{m}}\sin(\omega t+90°)$$

故电感元件上的瞬时功率为

$$\begin{aligned}p&=ui=U_{\mathrm{m}}I_{\mathrm{m}}\sin\omega t\sin(\omega t+90°)\\&=U_{\mathrm{m}}I_{\mathrm{m}}\sin\omega t\cos\omega t\\&=\frac{U_{\mathrm{m}}I_{\mathrm{m}}}{2}\sin 2\omega t\\&=UI\sin 2\omega t\end{aligned} \tag{2-22}$$

在正弦交流电路中，电感元件与电源之间不停地有能量的往返交换，在一个周期内电感元件从电源取用的能量等于它归还给电源的能量，电感元件并不消耗能量，因此平均功率（即有功功率）为零。瞬时功率的最大值定义为无功功率，用 Q_L 表示，即

$$Q_L=UI \tag{2-23}$$

无功功率的单位为乏（var）或千乏（kvar）。

3. 电容元件的正弦交流电路

（1）电压、电流关系

在 u、i 参考方向一致时，电容元件的电压、电流关系为

$$i = C\frac{\mathrm{d}u}{\mathrm{d}t}$$

在正弦交流电路中，若设电压 u 为参考正弦量，即

$$u = U_{\mathrm{m}}\sin\omega t \tag{2-24}$$

则

$$i = C\frac{\mathrm{d}u}{\mathrm{d}t} = \omega C U_{\mathrm{m}}\cos\omega t = I_{\mathrm{m}}\sin(\omega t + 90°) \tag{2-25}$$

由式（2-24）、式（2-25）可见，u、i 为同频率的正弦量，可画出 u、i 的波形图和相量图，如图 2-8（b）、图 2-8（c）所示。

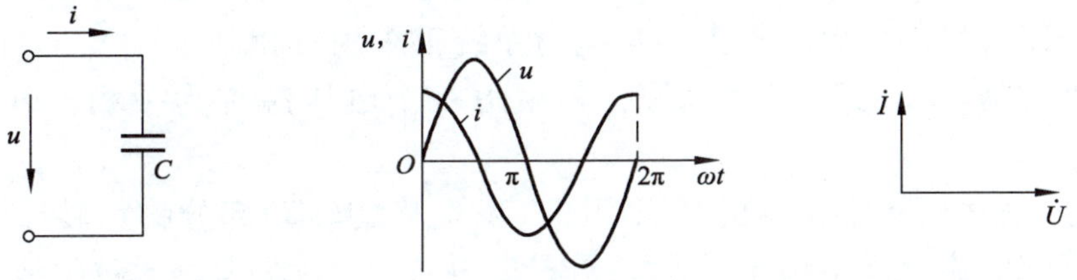

（a）电路图　（b）波形图　（c）相量图

图 2-8　电容元件的交流电路

比较式（2-24）和式（2-25）可知，电压 u 和电流 i 的大小和相位关系如下：

u、i 的相位差为

$$\varphi = \varphi_u - \varphi_i = -90° \tag{2-26}$$

即电容元件上电流 i 比电压 u 超前 90°。

u、i 的幅值关系为

$$I_{\mathrm{m}} = \omega C U_{\mathrm{m}} \text{ 或 } U_{\mathrm{m}} = \frac{1}{\omega C}I_{\mathrm{m}} \tag{2-27}$$

u、i 的有效值关系为

$$U = \frac{1}{\omega C}I = X_C I \tag{2-28}$$

式中　X_C——容抗，Ω。

$$X_C = \frac{1}{\omega C} = \frac{1}{2\pi f C} \tag{2-29}$$

式（2-29）表明，同一个电容器（C 为定值），对不同频率的正弦电流表现出不同的容抗，频率越高，则容抗越小。因此，电容器对高频电流有较大的传导作用。

（2）功率

电容元件上 u、i 参考方向一致时，若

$$u = U_{\mathrm{m}}\sin\omega t$$

则

$$i = I_{\mathrm{m}}\sin(\omega t + 90°)$$

故电容元件上的瞬时功率为

$$p = ui = U_m I_m \sin \omega t \sin(\omega t + 90°)$$
$$= U_m I_m \sin \omega t \cos \omega t$$
$$= \frac{U_m I_m}{2} \sin 2\omega t$$
$$= UI \sin 2\omega t \quad (2-30)$$

在正弦交流电路中，电容元件与电源之间不停地有能量的往返交换，在一个周期内电容元件从电源取用的能量等于它归还给电源的能量，电容元件并不消耗能量，因此平均功率为零。

把电容元件瞬时功率的最大值定义为无功功率，用 Q_C 表示，其单位也是乏（var）或千乏（kvar）。

三、三相交流电动势的产生

三相电源就是频率、幅值相同，而相位上互差 120°的三个电压源，这组电压源称为对称三相电源。由三相电源供电的体系称为三相制。由于三相供电系统在经济和技术方面的一系列优点，使得目前世界上绝大多数电力系统都采用三相制。

三相发电机就是一个对称三相电源，其中每一个电压源称为一相，分别用 A 相、B 相、C 相表示。

图 2-9（a）是三相交流发电机的原理图。发电机的转动部分称为转子，在转子的励磁绕组中通以直流电流，产生恒定的磁场，图 2-9（a）中虚线表示磁感线。合理布置励磁绕组，选择合适的极面形状，可以使气隙中的磁感应强度沿着圆周按正弦规律分布，即磁极中心处的气隙磁感应强度最大，往两边则按正弦规律减小。

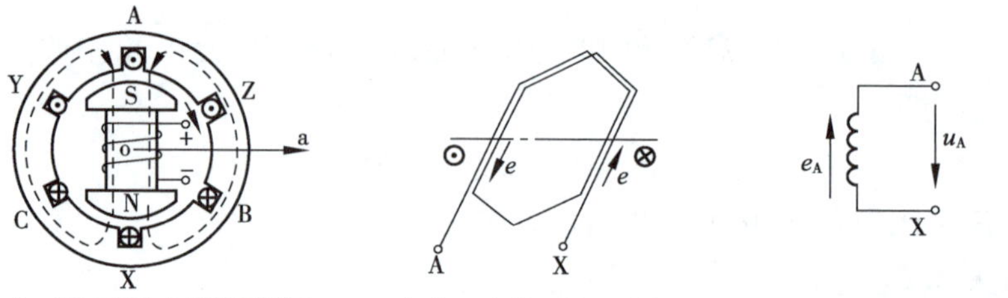

（a）三相交流发电机的原理图　（b）一相绕组的电动势　（c）一相绕组的电路图

图 2-9　对称三相电动势的产生

发电机的固定部分称为定子，定子铁芯的内圆表面有槽，可以放置电枢绕组。三个尺寸和匝数相同的绕组分别用 AX、BY、CZ 表示，称为三相绕组。A、B、C 称为绕组的始端，X、Y、Z 称为绕组的末端。三个绕组安放在定子铁芯槽内，且使 A 边与 B 边、C 边彼此相隔 120°，即三相绕组在空间位置上互差 120°。

转子由图 2-9（a）所示位置转过 120°后，e_B 达到正的幅值；转过 240°后，e_C 达到正的幅值。三个正弦电动势在相位上 e_B 比 e_A 滞后 120°，e_C 比 e_B 滞后 120°。

当 N 极轴线在 oa 位置时，e_A 等于零。若选择 N 极轴线处于 oa 位置作为计时的起点（$t=0$），转子开始按顺时针方向旋转，则 e_A 的初相位为零。现用三角函数式表示 e_A、e_B、e_C 即为

$$e_A = E_m \sin \omega t$$
$$e_B = E_m \sin(\omega t - 120°)$$

$$e_C = E_m \sin(\omega t - 240°) = E_m \sin(\omega t + 120°)$$

这三个幅值、频率相同，相位互差 120°的正弦电动势称为对称三相电动势。如果电压的参考方向由绕组始端（A、B、C）指向末端（X、Y、Z），如图 2-9（c）所示，且忽略发电机绕组的阻抗可能产生的电压降，则有

$$u_A = e_A$$
$$u_B = e_B$$
$$u_C = e_C$$

因此发电机三个绕组的端电压 u_A、u_B、u_C 是三相对称电压，即幅值、频率相同，相位互差 120°。

三相发电机可以用三个理想电压源 u_A、u_B、u_C 作为它的电路模型，如图 2-10 所示。若以 u_A 为参考正弦量，且设每相电压的有效值为 U_P，则三相对称电压可表示为

$$\begin{cases} u_A = \sqrt{2}U_P \sin \omega t \\ u_B = \sqrt{2}U_P \sin(\omega t - 120°) \\ u_C = \sqrt{2}U_P \sin(\omega t + 120°) \end{cases} \quad (2-31)$$

图 2-11 所示为三相对称电压的波形图。

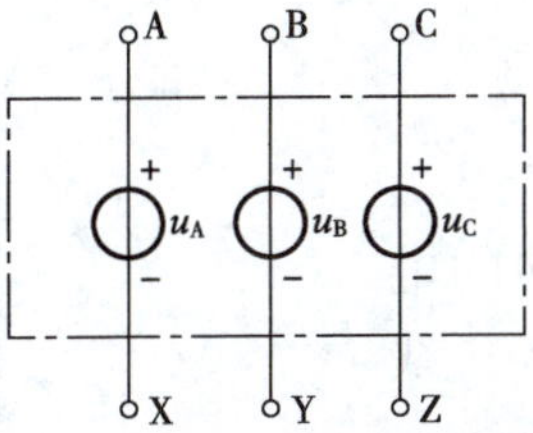

图 2-10　三相电压源的电路模型

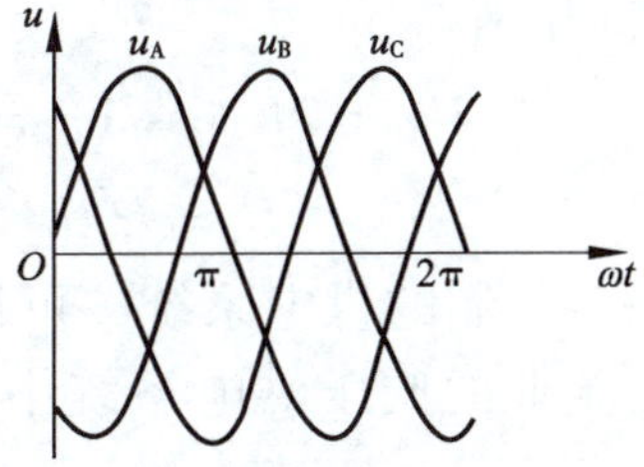

图 2-11　三相对称电压的波形图

三相交流电出现正幅值（或相应零值）的先后次序称为三相电压的相序。上述三相电压的相序是 A→B→C。在配电装置的三相母线上，涂以黄、绿、红三种颜色，分别表示 A、B、C 三相。

四、三相电源的连接

如果把三相电源中的每个电压源分别与负载相连，可以构成三个互不相关的单相供电系统，但需用六根输电线对外供电。为经济合理起见，通常总是把三个电压源接成星形，有时也可以接成三角形。

1. 三相电源的星形连接

在工矿企业的低压供电系统中，三相电压源都是作星形连接的。把三个电压源的末端 X、Y、Z 连在一起，形成一个节点，称为电源的中性点或零点，用 N 表示。由三个电压源的首端 A、B、C 和中性点 N 分别引出四根线对外供电，这种供电方式称为三相四线制，如图 2-12 所示，这里三相电压源接成了星形（Y）。由首端引出的三根输电线称为相线（俗称“火线”），由中性点 N 引出的输电线称为中性线。

为了正确使用三相电源，必须了解四根输电线（A、B、C、N）之间的电压关系。每两根输电线之间有一个电压，四根输电线之间共有六个电压。把这六个电压分成两类，一类为相线与中

性线之间的电压，分别用 u_{AN}、u_{BN}、u_{CN} 表示，称为相电压；另一类为相线与相线之间的电压，分别用 u_{AB}、u_{BC}、u_{CA} 表示，称为线电压。

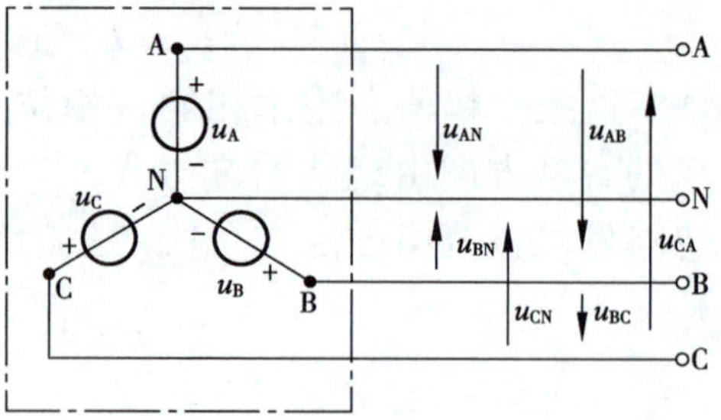

图 2-12　电源的星形连接

若忽略输电线路的电压降，应用基尔霍夫电压定律有：

相电压为

$$u_{AN} = u_A$$
$$u_{BN} = u_B$$
$$u_{CN} = u_C$$

线电压为

$$u_{AB} = u_A - u_B$$
$$u_{BC} = u_B - u_C$$
$$u_{CA} = u_C - u_A$$

即

$$U_{AN} = U_{BN} = U_{CN} = U_P$$

线电压有效值 U_l 与相电压有效值 U_P 关系可由相量图求得，在图 2-13 中有

$$U_{AB} = 2U_A\cos 30° = \sqrt{3}U_A$$

所以

$$U_l = \sqrt{3}U_P \tag{2-32}$$

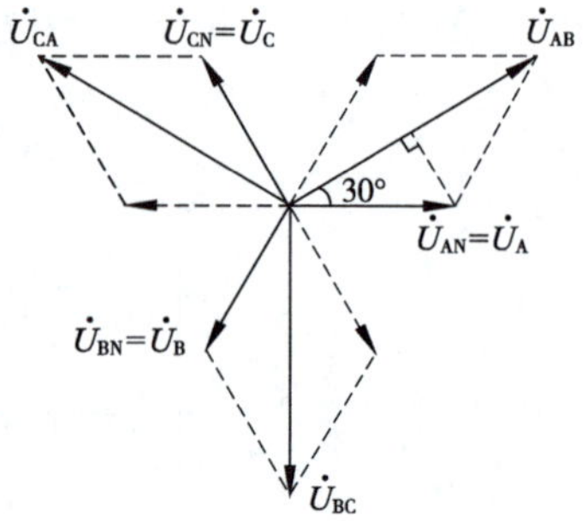

图 2-13　电压相量图

因此三相四线制的供电系统，可以供给负载两种不同的电压。通常工矿企业的低压供电系统中，相电压 $U_P = 220$ V，线电压 $U_l = 380$ V（$380\text{ V} = \sqrt{3} \times 220\text{ V}$）。例如，电灯负载额定电压为 220 V，应接于三相电源的相线与中性线之间；若有个电焊机，其额定电压为 380 V，则应接于电源的两根相线之间。

2. 三相电源的三角形连接

三相电源的三角形连接如图 2-14 所示。把三个电压源的始末端依次相连，构成一个闭合回路，然后由连接点引出三根输电线。三相电源作三角形连接时，只能以三相三线制方式对外供电。电源线电压分别为

$$u_{AB} = u_A$$
$$u_{BC} = u_B$$
$$u_{CA} = u_C$$

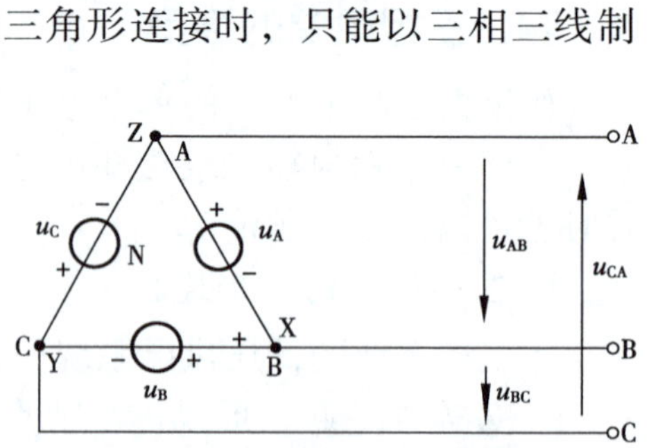

图 2-14　电源的三角形连接

由于三个电压源的电压 u_A、u_B、u_C 是对称的，因此三个线电压也是对称的。由此可见，三相电源作三角形连接时，对外只供出三个对称的线电压，而线电压的有效值就等于一相电源的电压有效值，即

$$U_l = U_P$$

在生产实际中，发电机的绕组很少接成三角形，通常都接成星形，三相变压器的二次[侧]（输出侧）也相当于一个三相电压源。对变压器来说，则两种接法都有。

五、三相负载的连接

三相负载的连接方式有两种，即星形连接和三角形连接。采用何种连接方式取决于三相电源的电压值和每相负载的额定电压，应使一相负载承受的电压等于其额定电压。

1. 负载的星形连接

图 2-15（a）给出了由三相四线制供电的照明电路。由于一般照明灯的额定电压为 220 V，在线电压为 380 V 供电系统中，照明灯应接于相线与中性线之间。为使三相电源的负载比较均衡，把大批量的照明灯（例如，整个大楼或整个车间的所有照明灯）分成三组，分别接于电源的相线（A、B、C）和中性线（N）之间，电灯组的这种连接方式称为星形（Y）连接。

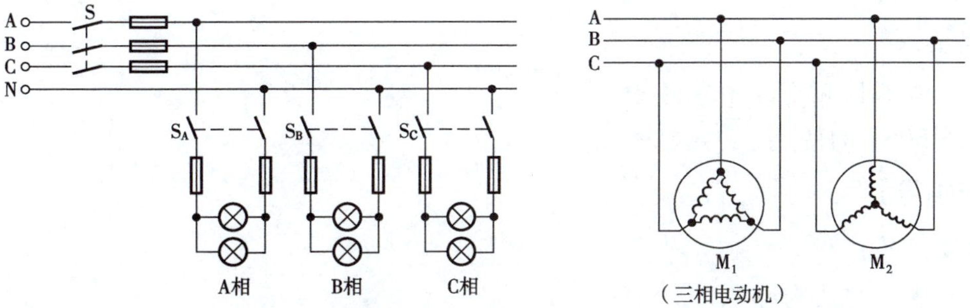

（a）单相负载组成的三相负载　（b）三相负载

图 2-15　两种三相负载

由于对称负载作星形连接时，中性线的电流为零，因而可以省去中性线，构成所谓三相三线制电路。因生产中所用的三相负载一般都是对称的（例如，三相电动机、三相电炉），使用时可以不接中性线，如图 2-16 所示。

星形连接的不对称负载是否可以省去中性线呢？可以证明，对于星形连接的不对称负载，如果断开中性线，将会使有的负载端电压升高，有的负载端电压降低，因而负载不能在额定电压下正常工作，甚至可能引起用电设备的损坏。为确保负载能正常工作，对于星形连接的不对称负载（例如，照明负载）必须要接中性线。

2. 负载的三角形连接

如果负载的额定电压等于三相电源的线电压，则必须把负载接于两根相线之间。把这类负载分为三组，分别接于相线 A 与相线 B、相线 B 与相线 C、相线 C 与相线 A 之间，就构成了负载的三角形连接，如图 2-17 所示。

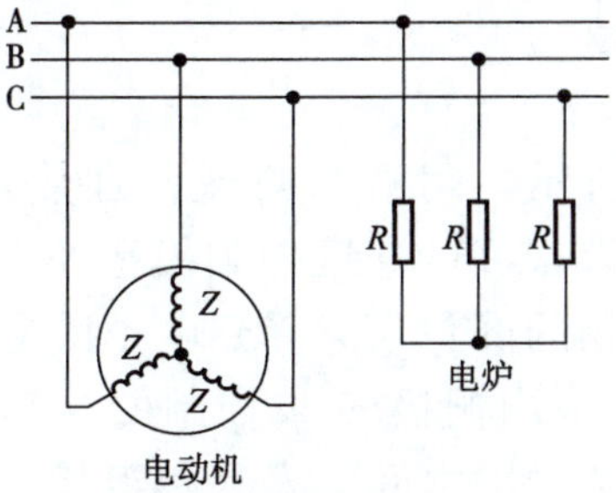

图 2-16　对称负载星形连接的三相三线制电路

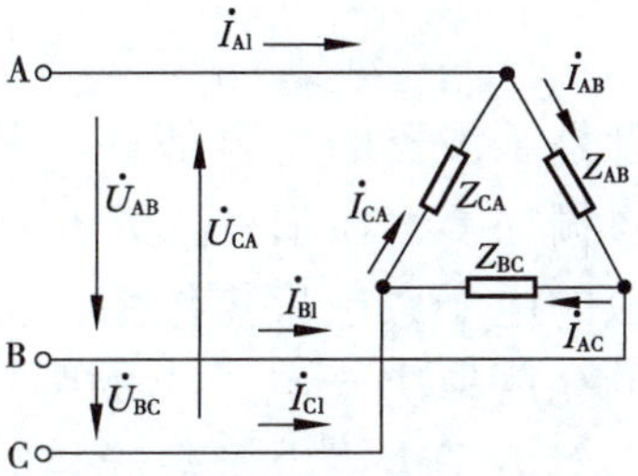

图 2-17　负载的三角形连接

由于三相电源的线电压是对称的，而每相负载直接接于相线之间，因而各相负载所受的电压（又称负载相电压）总是对称的。

项目实施

实施目的及要求：

① 通过本项目的实施，应能够掌握交流电路的工作原理和有关参数。

② 掌握交流电路的连接方法。

③ 正确使用示波器。

任务　正弦交流电的检测

【任务要求】

① 用示波器检测交流电压波形。

② VAS 5051 的使用。

【任务指导】

1. 示波器的使用

（1）示波器的结构和原理

示波器主要是由示波管、X、Y 信号放大器、扫描信号发生器、同步系统和电源等组成，如图 2-18 所示。

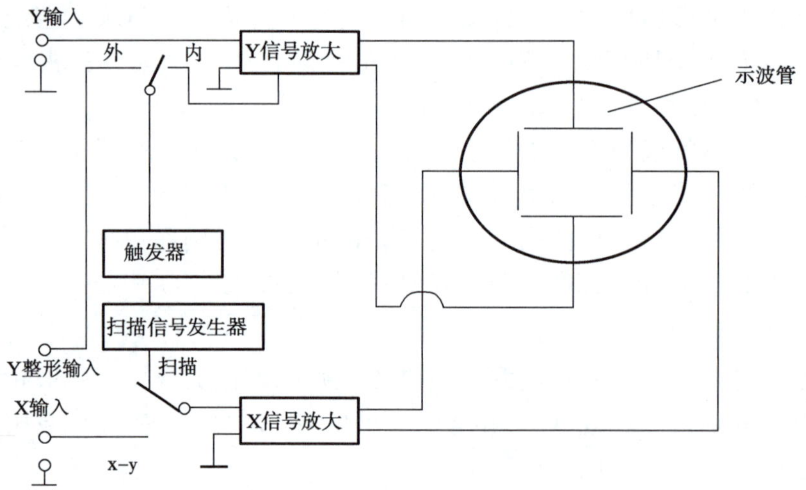

图 2-18　示波器原理图

示波管是示波器的主要部件，其结构如图 2-19 所示。阴极 K 灯丝被加热发射电子，电子束通过栅极 G，在阳极 A 产生的加速电场作用下以很高的速度向阳极运动，通过电子透镜对发散的电子束起聚焦作用。荧光屏是涂有发光物的屏，当它受到电子撞击时发出荧光，荧光的亮度取决于电子束的强度。电子束的强度是用栅极 G 来控制的，其电位通常低于阴极，对电子束中电子数起控制作用。在阳极与荧光屏之间，安装两组相垂直的 x 极板和 y 极板。为了使电子运动尽可能少与空气分子碰撞，以上部件被安装在抽成真空的玻璃泡里。

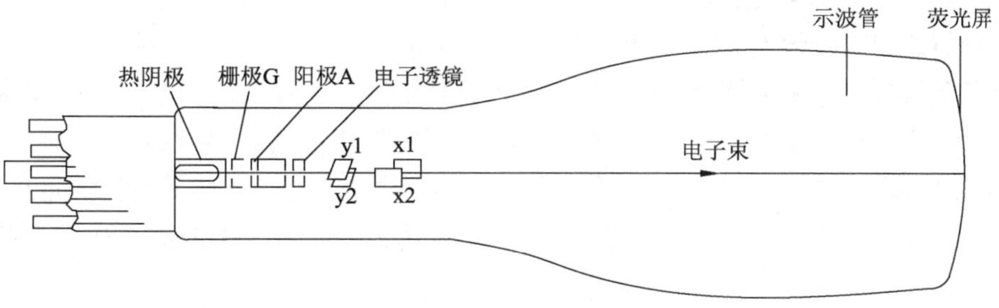

图 2-19　示波管的结构

（2）面板及其作用

如图 2-20 所示，YB4340G 双踪示波器面板如图 2-20 所示。各控制开关和旋钮的作用如下：

① 辉度旋钮：控制光点和扫描线的亮度，顺时针方向旋转旋钮，亮度增强。

② 聚焦旋钮：用辉度旋钮将亮度调至合适的标准，然后调节聚焦控制钮，这样钮①和钮②反复调节直至光迹达到最清晰的程度。

③ 光迹旋转：由于磁场的作用，当光迹在水平方向轻微倾斜时，该旋钮用于调节光迹与水平刻度平行。

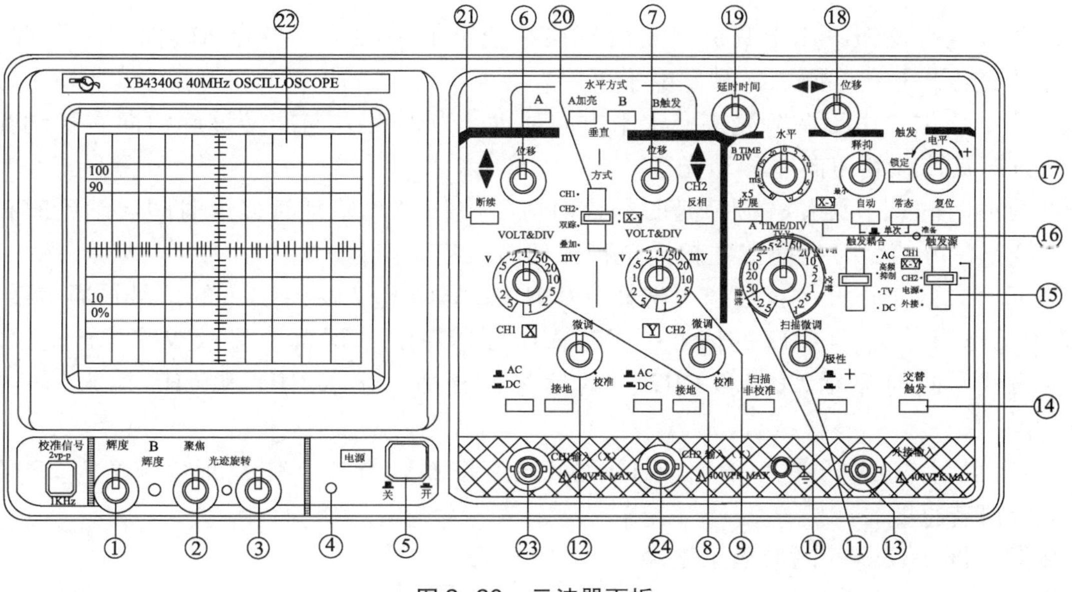

图 2-20　示波器面板

④ 电源指示灯：电源接通时，指示灯亮。

⑤ 电源开关，将电源开关按键弹出即为“关”，按入即为“开”。

⑥ X 轴位置（X 轴移位）：控制荧光屏上的光点或信号波形在水平方向的左、右位置。

⑦ Y 轴位置（Y 轴移位）：控制荧光屏上的光点或信号波形在垂直方向的上、下位置。

⑧ CH1（X 轴）轴衰减器旋钮：用于选择偏转系数，用来衰减 CH1（X 轴）向的输入信号。(VOLT&DIV）值与屏幕刻度相对应，即每格电压值，共 12 挡。

⑨ CH2（Y 轴）轴衰减器旋钮：用于选择偏转系数，用来衰减 CH2（Y 轴）向的输入信号。(VOLT&DIV）值与屏幕刻度相对应，即每格电压值，共 12 挡。

⑩ 主扫描时间系数选择旋钮：可使屏上显示的被测信号波形在 X 向展宽或收缩。TIME/DIV 值与屏幕刻度相对应，即每格时间值，共 20 挡，在 0.1 μs ~ 0.5 s/div 范围内选择扫描速率。

⑪ 扫描微调旋钮：此旋钮以顺时针方向旋转到底时，处于校准位置。

⑫ 微调旋钮：垂直微调用于连续改变电压偏转系数。此旋钮在标准状态应位于顺时针方向旋到底的位置。将旋钮逆时针旋到底，垂直方向的灵敏度下降到 2.5 倍以上。

⑬ 外接输入插座：用于外部触发信号的输入。

⑭ 交替触发：在双踪交替显示时，触发信号分别来自两个垂直通道信号，此方式可用于同时观察两路不相关的信号。

⑮ 触发源选择开关：有 CH1 通道的输入信号为触发信号，当工作方式在 X－Y 方式时，拨动开关应设置于此挡；有 CH2 通道的输入信号为触发信号，外触发输入端信号是由外部信号输入，用于特殊信号的触发。

⑯ X-Y 控制键：按入此键，垂直偏转信号接入 CH2 输入端，水平偏转信号接入 CH1 输入端。

⑰ 触发电平旋钮：用于调节被测信号在某选定电平触发，当旋钮转向“＋”时显示波形的触发电平上升；反之，触发电平下降。

⑱ 水平移位：用于调节光迹在水平方向移动。顺时针方向旋转该旋钮向右移动光迹，逆时针方向旋转该旋钮向左移动光迹。

⑲ 延时时间调节旋钮：调节延时扫描对应于主扫描起始延时多少时间启动延时扫描，调节该旋钮，可使延时扫描在主扫描全程任何时段启动。

⑳ 垂直方式工作开关：通道 1 选择（CH1），屏幕上仅显示 CH1 的信号；通道 2 选择（CH2），屏幕上仅显示 CH2 的信号；双踪选择（DUAL），屏幕上显示双踪，自动以交替或断续方式，同时显示 CH1 和 CH2 上的信号；叠加，显示 CH1 和 CH2 输入信号的代数和。

㉑ 断续工作方式开关：CH1、CH2 两个通道按断续方式工作，断续频率为 250 kHz，适用于低扫描速度。

㉒ 显示屏：仪器的测量显示终端。

㉓、㉔ CH1（X）CH2（Y）输入接口。垂直微调误差为 ±5%。

2. VAS 5051 数字式万用表、示波器功能

（1）使用 VAS 5051 数字式万用表测电压

使用 VAS 5051/9 检测钳插到 U/R/D 接线柱孔，VAS 5051 诊断仪后面接线如图 2-21 所示，将搭铁接线接到 COM 接线柱上如图 2-22 所示。

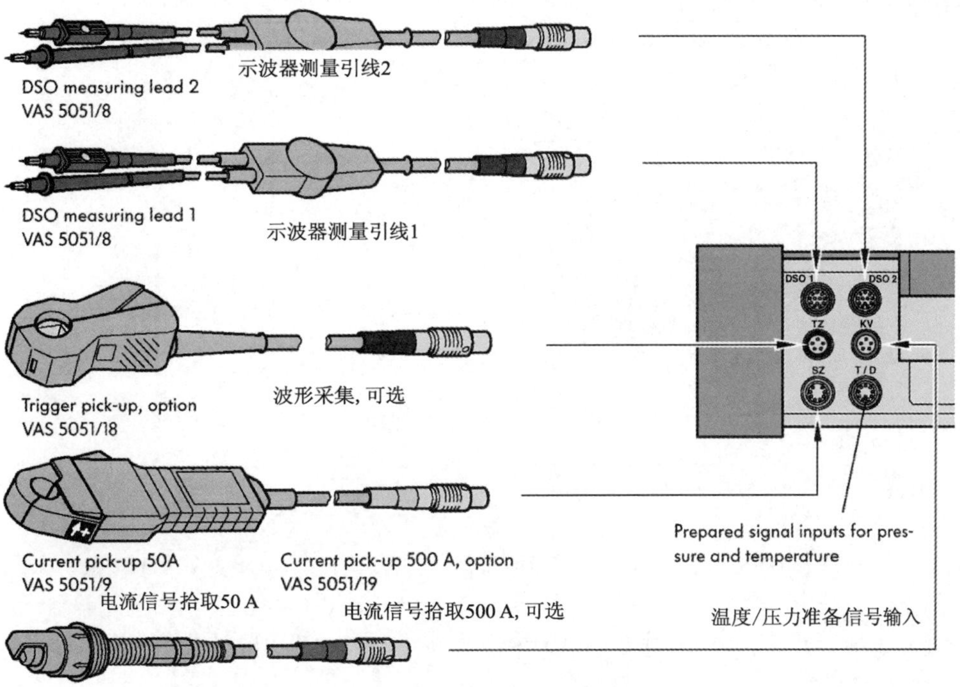

图 2-21　VAS 5051 诊断仪后面接线

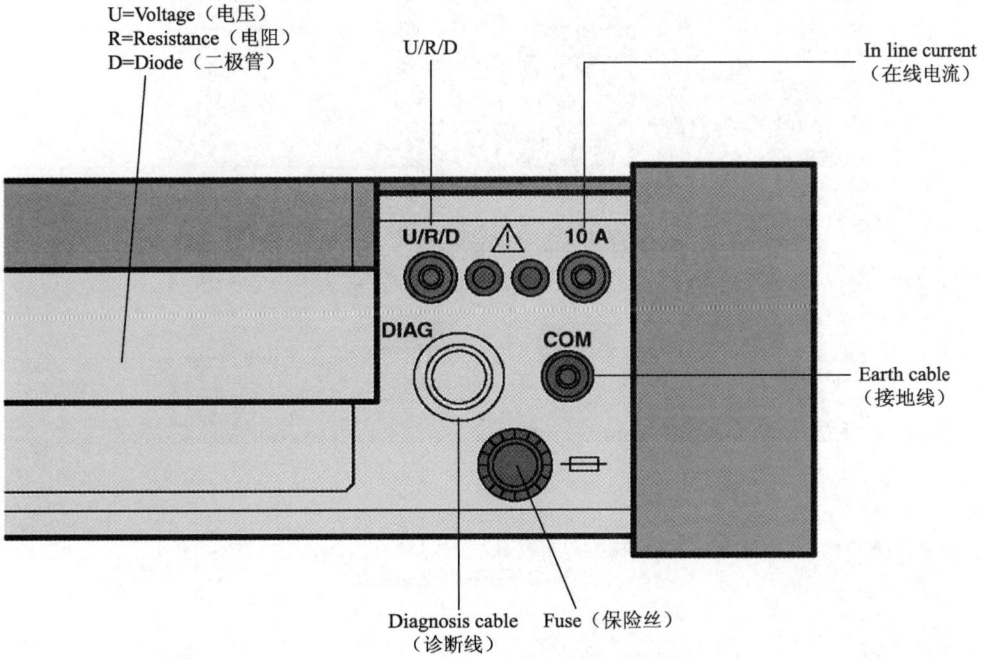

图 2-22　VAS 5051 诊断仪后面接线孔

按图 2-23 所示电路连接汽车起动线路。

测电钳在连接好后，其量程由 VAS 5051 自动设置，这个识别过程是通过相应插头内的编码电阻器实现的。这个测量过程是在 DSO 通道 A 或通道 B 中进行的。与此同时，在没有使用的那个通道内还可以测量电压。测量波形如图 2-24 所示。

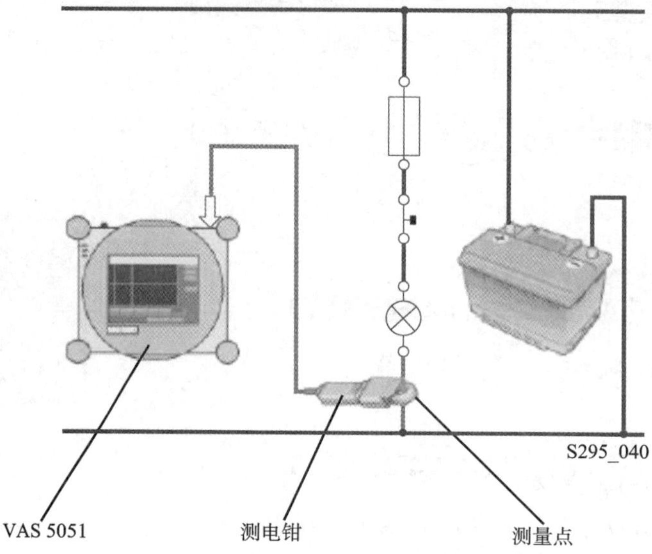

图 2-23　VAS 5051 测量起动连接电路

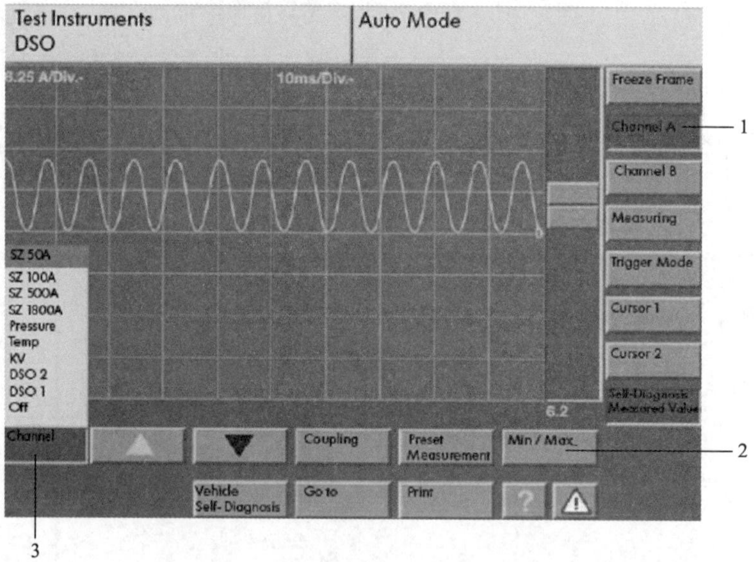

图 2-24　测量波形

1—通道 A 按键（用于 DSO 通道 A 中测量电流）；2—用于在波形图的下边缘显示最大值和最小值；3—通道按键用于选择测量接线

（2）VAS 5051 电压、电流显示

用 VAS 5051 直流电压、电流、电阻的测量，如图 2-25 所示。直流电压的测量值最高为 50 V，如图 2-25（a）所示；在线的直流和交流测量值最高为 10 A，如图 2-25（b）所示；用测电钳来进行直流和交流电流测量时，最高测量值为 50 A，100 A，500 A 或 1 000 A，如图 2-25（c）所示；电阻测量可自动或手动选择量程，如图 2-25（d）所示。

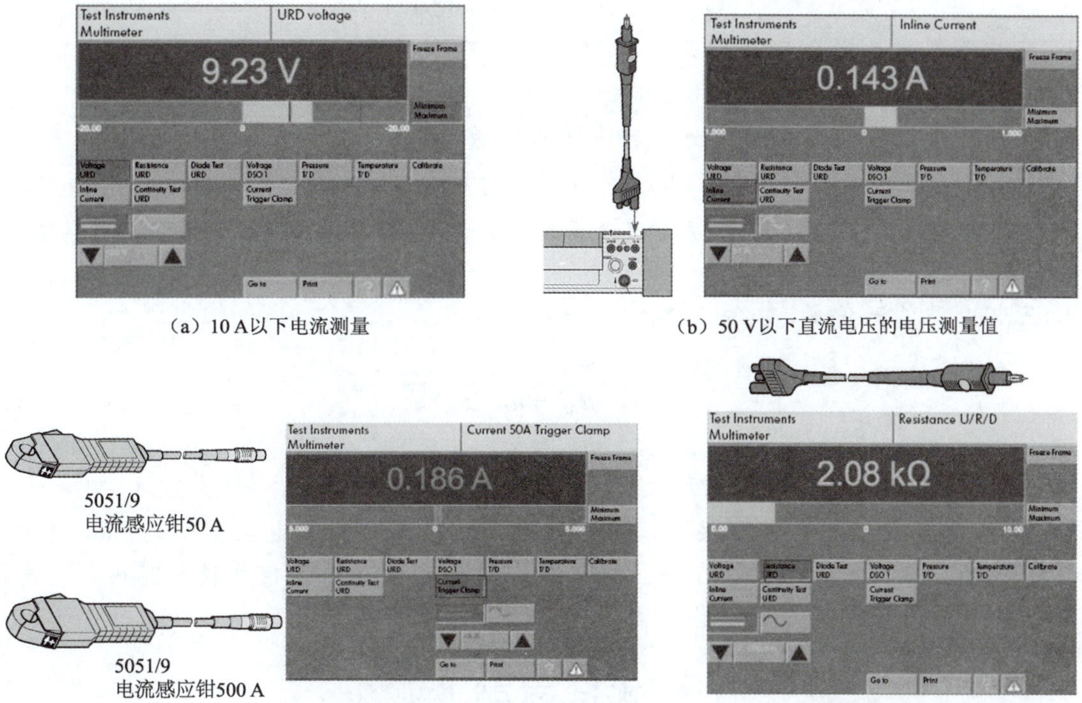

（a）10 A以下电流测量　　（b）50 V以下直流电压的电压测量值

（c）大电流的测量　　（d）电阻测量可自动或手动选择量程

图 2-25　VAS 5051 显示

小　　结

1. 大小和方向随时间按正弦函数规律变化的电流或电压为正弦交流电。正弦交流电的参考方向为正半周的实际方向。

2. 选定了电流的参考方向后，正弦电流可用三角函数式表示，其一般形式为 $i=I_m\sin(\omega t+\varphi_i)$，式中 I_m 为电流的幅值，ω 为角频率，φ_i 为初相位。幅值、频率、初相位是确定一个正弦量的三要素。

频率 f 与周期 T、角频率 ω 的关系为

$$T=\frac{1}{f},\quad \omega=2\pi f=\frac{2\pi}{T}$$

3. 电阻元件的正弦交流电路：电压电流关系 $U=RI$，功率 $P=UI=R^2I=\frac{U^2}{R}$。

4. 电感元件的正弦交流电路：电压电流关系 $U=X_LI$，无功功率 $Q_L=UI=X_LI^2$。

5. 电容元件的正弦交流电路：电压电流关系 $U=X_CI$，无功功率 $Q_C=UI=X_CI^2$。

6. 三相对称电源供给三个幅值、频率相同，而相位互差120°的正弦电压。三相对称电源作星形连接，可以构成三相四线制供电系统。若以 u_A 为参考正弦量，且设每相电压的有效值为 U_P，则三相对称电压可表示为

$$u_A=\sqrt{2}U_P\sin\omega t$$
$$u_B=\sqrt{2}U_P\sin(\omega t-120°)$$

$$u_C = \sqrt{2}U_P\sin(\omega t + 120°)$$

7. 三相负载有星形和三角形两种连接方式，至于采用哪种方式，则应根据负载的额定电压和三相电源的电压值而定，应使每相负载承受的电压等于其额定电压。

8. 负载星形连接且有中性线时，若线电压有效值用 U_l 表示，即

$$U_{AN} = U_{BN} = U_{CN} = U_P$$

线电压有效值 U_l 与相电压有效值 U_P 的关系为 $U_l = \sqrt{3}U_P$，因此三相四线制供电系统，可以供给负载两种不同的电压。

9. 三相电源的三角形连接中，电源线电压分别为

$$u_{AB} = u_A$$

$$u_{BC} = u_B$$

$$u_{CA} = u_C$$

而线电压的有效值就等于一相电源的电压有效值，即 $U_l = U_P$。

10. 对称三相负载作星形连接时，可以不用中性线，负载相电压依然对称。对于星形连接的不对称负载，则必须要接中性线，如果中性线断开，则各相负载不能在额定电压下正常工作，甚至可能损坏用电设备。因此中性线上不允许装设开关和熔断器。

测试习题

填空题

已知某正弦电压，在 $t=0$ 时为 220 V，其初相位为45°，那么它的有效值 $U=$________。

判断题

1. $i_1 = 15\sin(100\pi t + 45°)$ A，$i_2 = 10\sin(200\pi t - 30°)$ A，两者的相位差为 75°。(　　)

2. 如果两个同频率的正弦电流在某一瞬时都是 5 A，则两者一定同相，其幅值一定相等。(　　)

分析计算题

1. 在某电路中，$i = 100\sin\left(6\,280t - \frac{\pi}{4}\right)$ mA。(1) 试指出它的频率、周期、角频率、幅值、有效值及初相位各为多少；(2) 试画出波形图；(3) 如果 i 的参考方向选得相反，写出它的三角函数式，画出波形图，并问 (1) 中各项有无变化？

2. 设 $i = 100\sin\left(\omega t - \frac{\pi}{4}\right)$ mA，试求在下列情况下电流的瞬时值：(1) $f = 1\,000$ Hz；$t = 0.375$ ms；(2) $\omega t = 1.25\pi$ rad；(3) $\omega t = 90°$；(4) $t = \frac{7}{8}T$。

3. 已知 $i_1 = 15\sin(314t + 45°)$ A，$i_2 = 10\sin(314t - 30°)$ A。(1) 试问 i_1 和 i_2 的相位差等于多少？(2) 画出 i_1 和 i_2 的波形图；(3) 在相位上比较 i_1 和 i_2 谁超前，谁滞后。

4. 已知复数 $A = -8 + j6$ 和 $B = 3 + j4$，试求 $A+B$，$A-B$，AB 和 A/B。

5. 已知通过线圈的电流 $i = 10\sqrt{2}\sin 314t$ A，线圈的电感 $L = 70$ mH（电阻忽略不计），设电源电压 u、电流 i 及感应电动势 e_L 的参考方向如图 2-26 所示，试分别计算在 $t = \frac{T}{6}$，

$t=\dfrac{T}{4}$和$t=\dfrac{T}{2}$瞬间的电流、电压及电动势的大小，并在电路图上标出它们在该瞬间的实际方向，同时用正弦波形表示出三者之间的关系。

6. 在电容为 64 μF 的电容器两端加一正弦电压 $u=220\sqrt{2}\sin 314t$ V，设电压和电流的参考方向如图 2-27 所示，计算$t=\dfrac{T}{6}$，$t=\dfrac{T}{4}$和$t=\dfrac{T}{2}$瞬间的电流和电压的大小。

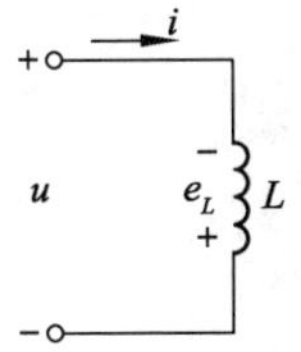

图 2-26　分析计算题 5 题图

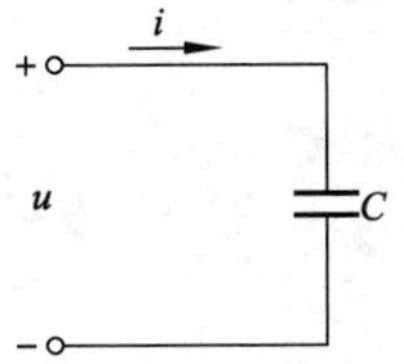

图 2-27　分析计算题 6 题图

7. 有一 CJ0-10A 交流接触器，其线圈数据为 380 V，30 mA，50 Hz，线圈电阻为 1.6 kΩ，试求线圈电感。

8. 一个线圈接在 $U=120$ V 的直流电源上，$I=20$ A；若接在 $f=50$ Hz，$U=220$ V 的交流电源上，则 $I=28.2$ A。试求，线圈的电阻 R 和电感 L。

9. 什么是三相负载、单相负载和单相负载的三相连接？三相交流电动机有三根电源线接到电源的 A、B、C 三端，称为三相负载，电灯有两根电源线，为什么不称为两相负载，而称单相负载？

10. 在图 2-28 所示电路中，为什么中性线中不接开关，也不接熔断器？

11. 为什么电灯开关一定要接在相线上？

12. 有一次某楼灯发生故障，第二层和第三层的所有电灯突然都暗淡下来，而第一层楼的电灯亮度未变，试问这是什么原因？这楼的电灯是如何连接的？同时又发现第三层的电灯比第二层的还要暗些，这又是什么原因？试画出电路图。

13. 在线电压为 380 V 的三相电源上，接两组电阻性对称负载，如图 2-29 所示，试求线路电流 I。

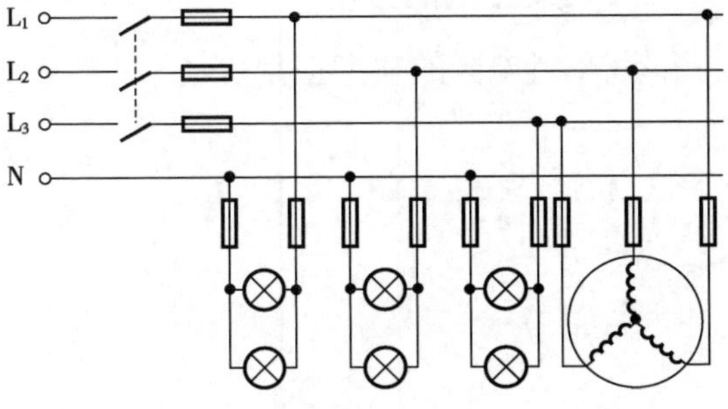

图 2-28　分析计算题 10 题图

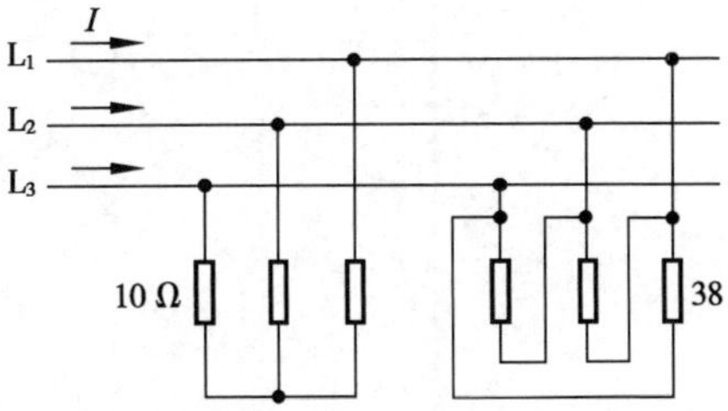

图 2-29　分析计算题 13 题图

项目三
电磁学的应用

3

学习目标

1. 掌握左、右手定则及其应用。
2. 掌握磁场、磁路的基本概念。
3. 掌握变压器结构和工作原理。
4. 掌握电磁铁结构和类型。
5. 掌握电磁继电器的结构。
6. 了解汽车继电器的典型应用。

基本知识

一、电磁学基础知识

1. 电流的磁场

磁石吸铁的性质称为磁性，具有磁性的材料被称为磁性材料，通常所说的磁铁就是一种具有磁性的材料。

一切磁现象都源于电流，永久磁铁磁性起源于分子环流。组成一切物质的分子是一个个的小环形电流，物质被磁化后，分子环流规则排列，从而对外产生磁场。规定小磁针的N极在磁场中任一点所指的方向为该点的磁场方向。在研究磁场时，引入磁感线来形象地描绘磁场分布，磁感线在任一点的切线方向为该点的磁场方向。

2. 磁场的基本物理量

（1）表示磁场的物理量

① 磁感应强度（B）。磁感应强度是表示空间某点磁场强弱与方向的物理量。磁感应强度的方向即为磁场各点的磁场方向，其大小等于单位长度的直导线在该点受到的电磁力。

若在磁场的各个点上，载流导体受到的电磁力大小相等，方向相同，则表明磁场中各点的强弱程度相同，亦即磁感应强度相同，这样的磁场称为均匀磁场。

在国际单位制中，磁感应强度的单位是特［斯拉］（T），$1T = 1Wb/m^2$。

在工程计算中，采用高斯（Gs）作为磁感应强度的单位，$1Gs = 10^{-4}T$。

② 磁通（Φ）。在均匀磁场中，磁感应强度的大小与垂直于磁感应强度的某一截面积的乘积称为磁通。

磁通的计算公式为 $\Phi = BS$，单位是韦［伯］（Wb），在工程上常用麦克斯韦（Mx）作为磁通的单位，并有 $1Mx = 10^{-8}Wb$。

如果把磁感应强度 B 和磁通 Φ 与磁感线联系起来，则可认为磁通在数值上等于垂直穿过该截面的磁感线条数，而磁感应强度等于垂直穿过单位面积的磁感线条数。因此，磁感应强度又称磁通密度。

③ 磁场强度（H）。磁场强度是计算磁场时所引用的一个物理量（矢量），通过它来确定磁场与电流之间的关系。磁场强度的单位是 A/m（安每米）。

④ 磁导率（μ）。磁导率是一个用来表示磁场媒质磁性的物理量，也就是用来衡量物质导磁能力的物理量。它与磁场强度的乘积就等于磁感应强度，磁导率的单位是 H/m（亨每米）。

$$\mu = \frac{B}{H} \tag{3-1}$$

（2）磁路及铁芯线圈

跟导体对于电流相似，一些物质（铁磁性物质）对于磁场具有良好的传导性，磁场在这些物质内遇到较少的阻碍，能够形成像电路一样的磁路。

① 磁路的形成。电动机、变压器、电磁铁等很多电气设备，都用铁磁性材料做成各种形状的闭合铁芯。这是由于铁磁性材料具有很高的磁导率，铁芯线圈中只要通以较小的电流，便能得到较强的磁场或较大的磁通。

由于存在高磁导率铁芯，电流产生的磁通或磁感线基本都被约束在铁芯的闭合路径中，周围弱磁性物质中的磁场则很微弱，这种限定在铁芯范围内的磁通路径，称为磁路。因此，电动机、电气设备中既有电路，又有磁路。图3-1所示的是几种常见的磁路，图3-1（a）所示的是单相变压器的磁路，图3-1（b）所示的是直流电动机的磁路，图3-1（c）所示的是磁电式仪表的磁路，图3-1（d）所示的是电磁型继电器的磁路。

如图3-1所示的磁路，绝大部分磁通通过闭合的磁路（包括空气隙），称为主磁通；少数穿出铁芯，经过磁路周围弱磁性物质而闭合的磁通称为漏磁通。由于漏磁通只占总磁通的很小一部分，所以在磁路分析和计算中，一般略去不计。

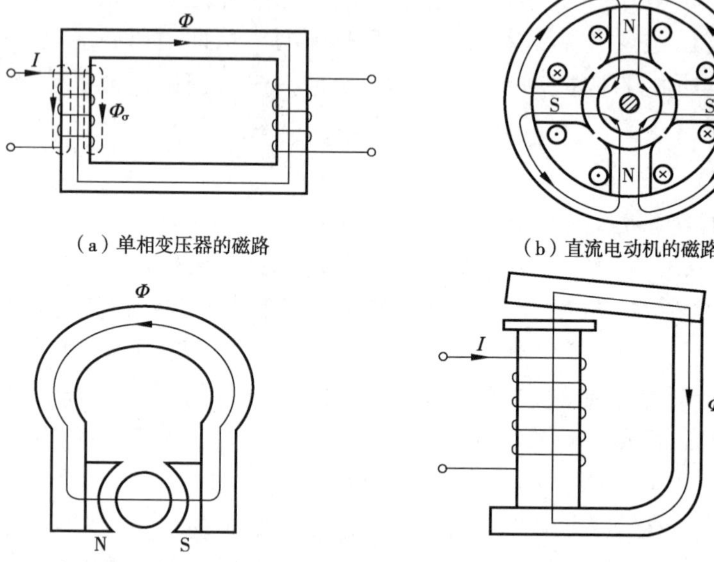

（a）单相变压器的磁路

（b）直流电动机的磁路

（c）磁电式仪表的磁路

（d）电磁型继电器的磁路

图3-1　几种常见的磁路

磁路和电路具有相似之处，电路中的电动势是形成电流的原因，磁路中的磁动势是产生磁通的原因。磁动势为

$$F_m = NI \tag{3-2}$$

式中　F_m——磁动式，A；

N——线圈匝数；

I——通过线圈的电流。

通电线圈产生的磁通与线圈匝数 N 和通过线圈的电流 I 的乘积成正比，电阻电路中有电阻，磁路中亦有磁阻。

磁阻是磁通通过磁路时受 R_m 的阻碍作用，磁阻 R_m 的大小与磁路的长度 L 成正比，与磁路的截面积 S 成反比，并与组成磁路材料的磁导率有关，磁路长度和截面积相同的情况下，铁磁性材料的磁阻比空气的磁阻小得多。

磁通和磁动式磁阻之间的关系为

$$\Phi = \frac{F_m}{R_m} \tag{3-3}$$

一般说来，对于铁磁性材料，其磁导率 μ 不是常数，所以 R_m 不是常数，所以上述公式只能用来定性分析，不能用于磁路计算。

② 铁芯线圈的磁路。铁芯线圈分为两种：直流铁芯线圈通直流来励磁，交流铁芯线圈通交流来励磁。分析直流铁芯线圈比较简单一些。因为励磁电流是直流，产生的磁通是恒定的，在线圈和铁芯中不会感应出电动势来。当线圈中通有交流时，它所产生的磁通也是交变的，在交流铁芯线圈中，除线圈电阻上有功率损耗（铜损）外，铁芯中也有功率损耗（铁损）。磁滞损耗（由磁感应强度滞后于磁场强度变化的性质所引起的损耗）要引起铁芯发热。为了减小磁滞损耗，应选用磁滞损耗较小的磁质材料制造铁芯。硅钢就是变压器和电动机中常用的铁芯材料。

二、电磁感应

电流可以产生磁场，那么反过来，磁场是否能产生电流呢？英国物理学家法拉第于1831年发现，磁在一定条件下能使导体产生电流，这一类电磁现象称为电磁感应。这一发现不仅深刻地揭示了电和磁之间的内在联系，进一步推动了电磁理论的发展，而且在生产技术上具有划时代的意义。根据电磁感应原理，人们设计并制造了发电机、感应电动机和变压器等电力设备。

1. 直导体中的感应电动势

（1）感应电动势的方向

做切割磁感线运动的直导体，其产生感应电动势的方向可用右手定则来确定：平伸右手，拇指与四指垂直，让磁感线垂直穿过手心，拇指指向运动方向，四指所指方向就是感应电动势的方向（或是感应电流方向）。

需要注意的是：判断感应电动势方向时要把导体看成一个电源，在导体内部，感应电动势方向由负极指向正极。感应电流方向与感应电动势方向相同。当直导体没有形成闭合回路时，导体中只产生感应电动势，不产生感应电流。

（2）感应电动势的大小

实验证明：在均匀磁场中，做切割磁感线运动的直导体，其感应电动势 e 的大小与磁感应强度 B、导体的有效长度 l、导体的运动速度 v，以及导体运动方向与磁感线方向之间夹角 α 的正弦值成正比，即

$$e = Blv\sin\alpha \tag{3-4}$$

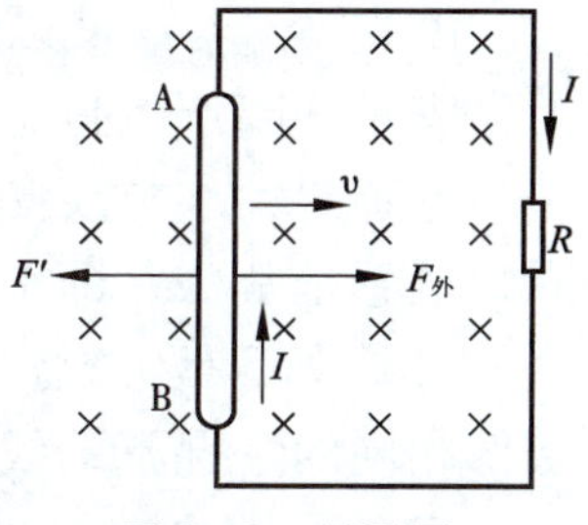

图 3-2　例题图

【例】　如图 3-2 所示，受外力作用的直导体 AB，在匀强磁场中以 $v=20\text{m/s}$ 的速度做匀速直线运动。设 $B=1\ \text{T}$，导体有效长度 $l=0.5\ \text{m}$，导体电阻 $R_0=1\ \Omega$，负载电阻 $R=9\ \Omega$。试求导体 AB 中的感应电动势 e 和电流 I。

解　用右手定则确定的电动势 e 的方向为由下指向上。其大小为

$$e = Blv\sin\alpha = 1\times0.5\times20\times\sin 90^\circ\ \text{V} = 10\ \text{V}$$

电流方向与 e 相同，大小为 $I=\dfrac{e}{R_0+R}=\dfrac{10}{1+9}\ \text{A}=1\ \text{A}$。

2. 线圈中的感应电动势

（1）感应电动势的方向

线圈中的磁通量发生变化时，线圈就会产生感应电动势。感应电动势的方向由楞次定

律和右手螺旋定则来判定：感应电流产生的磁通总是企图阻碍原磁通的变化。也就是说，当线圈中的磁通量要增加时，则感应电流产生的磁通方向与原磁通方向相反；当线圈中原来的磁通量减少时，则感应电流产生的磁通方向与原磁通方向一致。图 3-3 所示为楞次定律实验原理图，两种情况下线圈的感应电动势的方向。

图 3-3（a）中，条形磁铁自上而下插入线圈时，线圈磁通量要增加，根据楞次定律，感应电流产生的磁通自下而上，由右手螺旋定则可确定感应电流的方向自左向右流过检流计。在图 3-3（b）中，可得感应电流的方向为自右向左流过检流计。

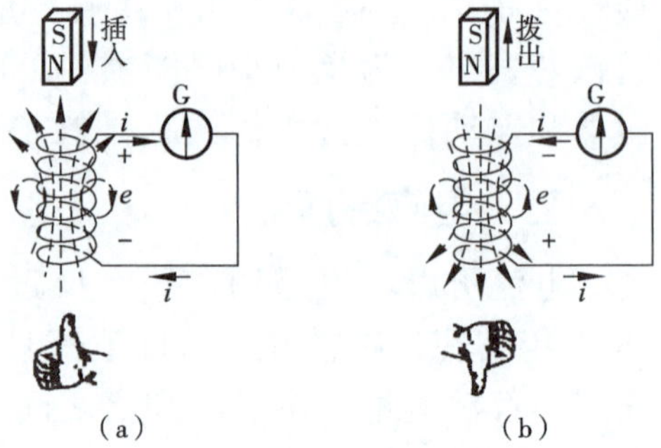

图 3-3　楞次定律实验原理图

（2）感应电动势的大小

法拉第通过大量实验总结出：线圈中感应电动势的大小与线圈磁通量的变化率$\frac{\mathrm{d}\Phi}{\mathrm{d}t}$和线圈匝数 N 成正比。通常把这个规律称为法拉第电磁感应定律，其数学表达式为

$$e = -N\frac{\mathrm{d}\Phi}{\mathrm{d}t} \tag{3-5}$$

3. 自感

（1）自感现象

由通入线圈的电流变化而产生感应电动势的现象称为自感现象。由自感现象产生的感应电动势称为自感电动势。显然，自感现象属于电磁感应现象。

（2）自感系数

自感系数是用来描述线圈产生自感磁通能力的物理量。线圈中的磁通量与产生该磁通的电流的比值称为自感系数，又称电感，用符号 L 表示，单位是亨［利］（H），即

$$L = \frac{\Phi}{i} \tag{3-6}$$

由式（3-6）可以看出，电感表示线圈通过单位外电流所产生的自感磁通。电感越大，表示线圈产生自感磁通的能力越强。

电感的大小与线圈的匝数、形状、大小及周围介质的磁导率有关。对给定的空芯线圈，电感是常数，即不随线圈中电流变化而变化，故称为线性电感。铁芯线圈由于铁磁材料的磁导率不是常数，所以它的电感随外电流的变化而变化，故称为非线性电感。在其他条件相同的情况下，线圈匝数越多，电感越大；有铁芯的电感比空芯线圈的电感大很多。

（3）自感电动势

自感电动势的大小可由法拉第电磁感应定律求得，即

$$e = -\frac{\mathrm{d}\Phi}{\mathrm{d}t}$$

$$\mathrm{d}\Phi = L\mathrm{d}i$$

即

$$e = -L\frac{\mathrm{d}i}{\mathrm{d}t} \tag{3-7}$$

式（3-7）表明，自感电动势的大小与线圈的电感及线圈中外电流的变化率成正比。

负号表示自感电动势的方向总是企图阻碍外电流的变化。

4. 互感

互感现象是指一个线圈中的电流变化而使另一个线圈产生感应电动势的现象，如图3-4所示。互感现象产生的电动势称为互感电动势，也用符号 e 表示。

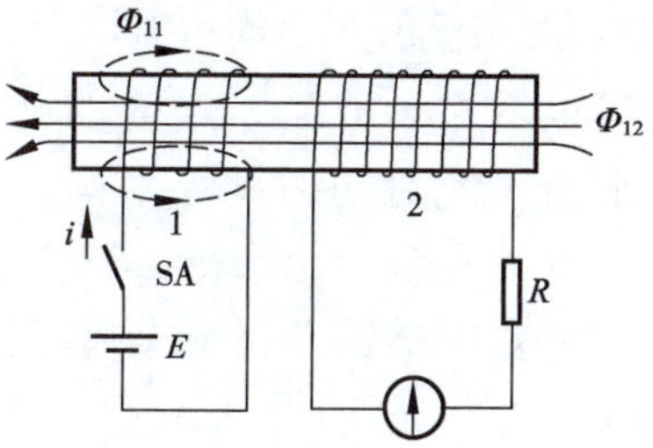

图3-4　互感电路

$$e_1=-N_1\frac{\mathrm{d}\Phi_{11}}{\mathrm{d}t},\ e_2=-N_2\frac{\mathrm{d}\Phi_{12}}{\mathrm{d}t} \tag{3-8}$$

正弦交流电在交流铁芯中，电源电压 $u\approx -e_1$

磁通 $\Phi=\Phi_{\mathrm{m}}\sin\omega t$

$$\begin{aligned} u &\approx N\frac{\mathrm{d}\Phi}{\mathrm{d}t}=N\frac{\mathrm{d}}{\mathrm{d}t}(\Phi_{\mathrm{m}}\sin\omega t)\\ &=N\omega\Phi_{\mathrm{m}}\cos\omega t\\ &=2\pi fN\Phi_{\mathrm{m}}\sin\left(\omega t+\frac{\pi}{2}\right)\\ &=U_{\mathrm{m}}\sin\left(\omega t+\frac{\pi}{2}\right)\end{aligned} \tag{3-9}$$

则电源电压的有效值为 $U=\frac{U_{\mathrm{m}}}{\sqrt{2}}\approx\frac{2\pi fN\Phi_{\mathrm{m}}}{\sqrt{2}}=4.44fN\Phi_{\mathrm{m}}=4.44fNB_{\mathrm{m}}S$。此公式是交流发电机设置电压调节器的理论依据。

三、变压器

1. 变压器的基本结构

变压器的主体结构是由铁芯和绕组两大部分构成的。用硅钢片叠压成的变压器铁芯与电源相接的是一次绕组，与负载相接的是二次绕组。变压器的绕组与绕组之间、绕组与铁芯之间均相互绝缘。图3-5所示为变压器的结构原理图。

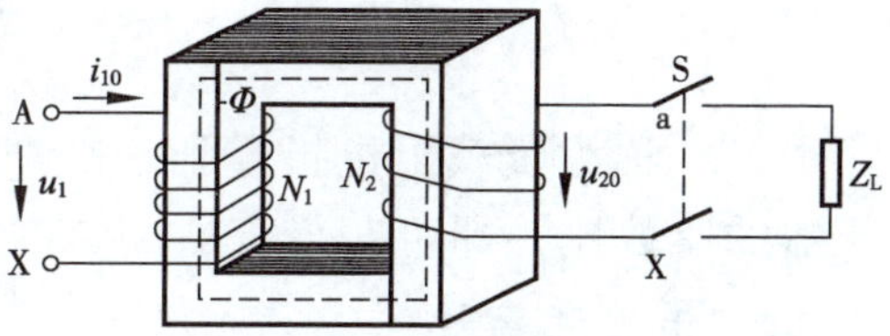

图3-5　变压器的结构原理图

2. 变压器的工作原理

(1) 变压器的空载运行与变换电压原理

交变的磁通穿过 N_1 和 N_2 时，分别在两个线圈中感应电压

$$U_1\approx 4.44fN_1\Phi_{\mathrm{m}}$$
$$U_{20}\approx 4.44fN_2\Phi_{\mathrm{m}}$$
$$\frac{U_1}{U_{20}}\approx\frac{4.44fN_1\Phi_{\mathrm{m}}}{4.44fN_2\Phi_{\mathrm{m}}}=\frac{N_1}{N_2}=k \tag{3-10}$$

式中，k 称为变压比，简称变比，显然，改变线圈绕组的匝数即可实现电压的变换。且 $k>1$ 为降压器；$k<1$ 为升压器。

(2) 变压器的有载运行与变换电流原理

变压器负载运行时，一次电流由 i_0 变为 i_1，二次［侧］产生负载电流，而电压 u_{20} 相应变为 u_2，如图3-6所示。

根据主磁通原理，只要电源电压和频率不变，铁芯中的工作主磁通 Φ 的数值将维持

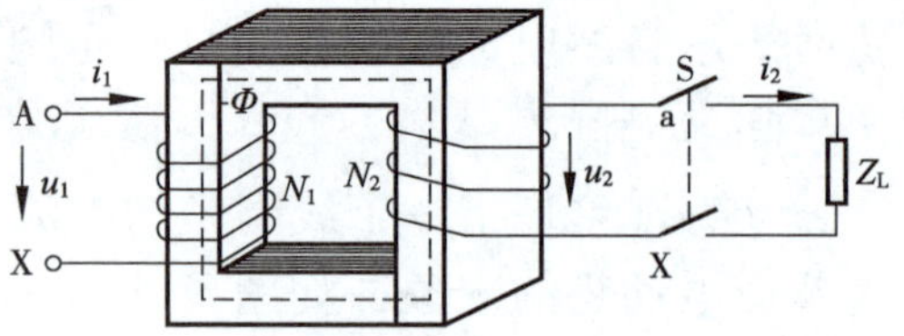

图 3-6　变压器的负载运行

不变。因此，一次电流 i_0 相应增大为 i_1，一次磁动势也增大为 I_1N_1，增大的部分恰好与二次磁动势相平衡。此时的磁动势平衡方程为

$$I_0N_1 = I_1N_1 - I_2N_2$$

变压器铁芯的磁导率很高，因此满足工作主磁通需要的磁动势 I_0N 很小，和 I_1N_1 相比可忽略不计，所以磁动势平衡方程又可改为

$$I_1N_1 - I_2N_2 \approx 0$$

由上式得

$$\frac{I_1}{I_2} \approx \frac{N_2}{N_1} = \frac{1}{k} \tag{3-11}$$

变压器在能量传递过程中损耗很小，因此一次［侧］和二次［侧］的容量近似相等，有

$$I_1U_1 \approx I_2U_2 \tag{3-12}$$

能量传递过程中，变压器在变换电压的同时也变换了电流。

（3）变压器的阻抗变换作用

设变压器二次［侧］所接负载为 $|Z_L|$，一次［侧］等效输入阻抗为 $|Z_1|$，则有

$$|Z_L| = \frac{U_2}{I_2},\quad |Z_1| = \frac{U_1}{I_1}$$

将变压器的变压比公式和变流比公式代入上式得

$$|Z_1| = \frac{U_1}{I_1} = \frac{kU_2}{\frac{I_2}{k}} = k^2\frac{U_2}{I_2} = k^2|Z_L| \tag{3-13}$$

式中，k^2 称为负载阻抗折算到一次［侧］时的变换系数。式（3-13）表明，只要改变变压器的匝数比，即可获得合适的二次［侧］对一次侧的反射阻抗 $|Z_1|$。

3. 车用变压器

汽车上最常见的变压器就是点火线圈，它能将汽车电源系统提供的低压，变为高达几千伏甚至上万伏的高压，用于点燃发动机内的汽油混合气。

图 3-7 为汽车点火电路原理图，点火电路中一次线圈 2 有 300 多匝，二次线圈 1 却有 20 000 匝以上。当触点 4 断开的瞬间，由于一次线圈 2 中的电流变化，会在二次线圈 1 中产生高达 10 kV 以上的互感电动势。这么高的电压加在火花塞电极两端，会引起火花塞极间跳火，点燃缸中的可燃混合气，使发动机工作。

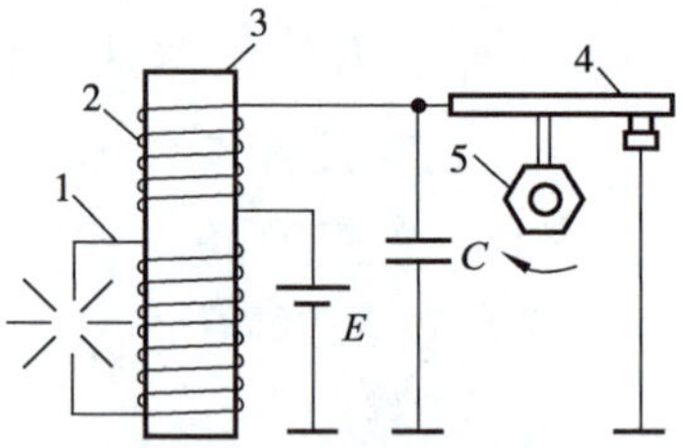

图 3-7　汽车点火电路原理图

1—二次线圈；　2—一次线圈；
3—铁芯；　4—触点；　5—凸轮

四、电磁铁和继电器

1. 电磁铁

电磁铁的作用是利用通电的铁芯线圈吸引衔铁或保持某种机械零件、工件于固定位置的一种电器。电磁铁可分为线圈、铁芯及衔铁三部分。它的结构形式通常有图 3-8 所示的几种形式。衔铁的动作可使其他机械装置发生联动。当电源断开时，电磁铁的磁性随着

消失，衔铁或其他零件被释放。工业上利用电磁铁完成起重、制动、吸持等机械动作。在自动控制系统中经常利用电磁铁附上触点等相应部件制成各种继电器、接触器、调整器及驱动器。

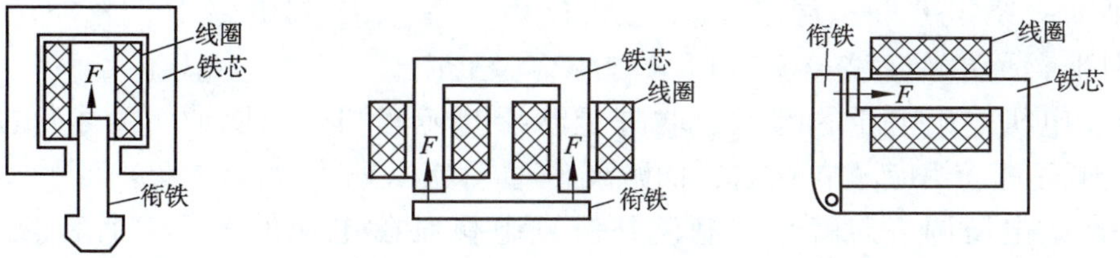

（a）（b）（c）

图 3-8 电磁铁的几种形式

电磁铁可分为直流电磁铁和交流电磁铁。在直流电磁铁中，铁芯是用整块软钢制成的，而在交流电磁铁中，为了减小铁损（磁滞损失和涡流损失），铁芯是由硅钢片叠成的。

2. 电磁铁的工作原理

电磁铁的线圈通电后铁芯磁化将衔铁吸引，铁芯吸引衔铁的力称为电磁铁的吸力，吸力是电磁铁的重要参数之一。在图 3-9所示电磁铁的线圈两端加以直流电压 U，则铁芯线圈通电电流为 I 时，电磁铁的吸力为

$$F=\frac{10^7}{8\pi}SB^2 \tag{3-14}$$

式中，F 为电磁铁的吸力；B 为气隙处的磁感应强度；S 为铁芯与衔铁吸合处的截面积。

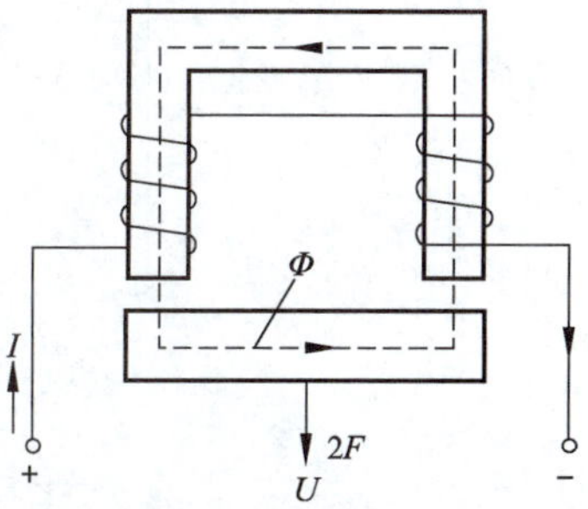

图 3-9 电磁铁的吸力作用

必须指出，由于直流电磁铁的线圈中流过的是直流电流，线圈的电阻要承受全部外加电压，所以直流电磁铁的线圈匝数很多、电阻较大。

3. 电磁铁在汽车上的应用

利用电磁铁的特点，可制成许多控制部件或执行部件应用到汽车上，其中比较典型的应用就是触点式电压调节器和汽车电喇叭。触点式电压调节器利用电磁铁在不同电流下的磁力变化使衔铁触点断开或吸合，控制发电机励磁电路的闭合与断开，达到调节发电机输出电压的目的。汽车电喇叭利用衔铁触点控制电磁铁电路的通断，使电磁铁不断吸合和断开，产生振荡，发出鸣叫声。下面分别具体说明。

（1）触点式电压调节器

以双级触点式电压调节器为例进行说明。其结构原理图如图 3-10 所示。动触点在两个静触点中间形成一对动断的低速触点 K_1 和一对动合的高速触点 K_2，能调节两级电压，故称为双

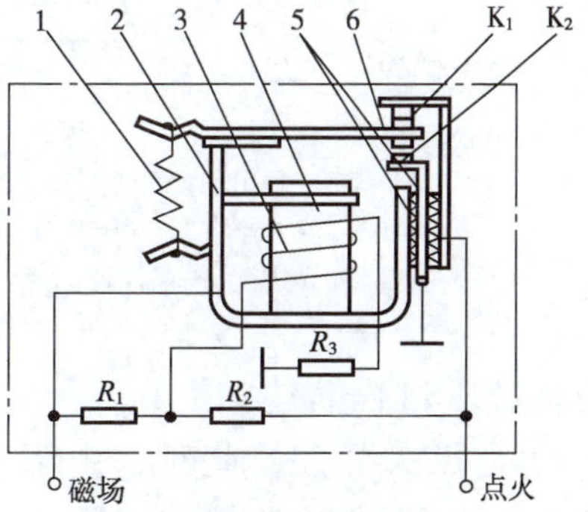

图 3-10 双级触点式电压调节器原理图

1—拉力弹簧；2—磁扼；3—电磁线圈；4—电磁铁芯；5—绝缘板；6—活动触点臂；K_1—低速触点；K_2—高速触点；R_1—加速电阻（1 Ω）；R_2—调节电阻（8.5 Ω）；R_3—温度补偿电阻（13 Ω）

级触点式。高速静触点与金属底座直接搭铁。对外只有点火（或相线、电枢、A、S、+）和磁场（或 F）两个接线柱。

低速触点 K_1 和加速电阻（助振电阻）R_1，调节电阻（附加电阻）R_2 并联；高速触点 K_2 与发电机励磁绕组并联；温度补偿电阻 R_3 串入磁化线圈电路中。另外，还有电磁铁芯、电磁线圈、活动触点臂（衔铁）、拉力弹簧等。

硅整流发电机输出电压的高低，取决于转子的转速和磁极磁通。为了保持电压恒定，只能在转速升高时，相应减弱磁通，而减弱磁通只能以减小励磁电流来实现。

双级触点式电压调节器就是控制硅整流发电机励磁电流的大小来控制发电机输出电压的。双级触点式电压调节器与发电机的接线原理图如图 3-11 所示。

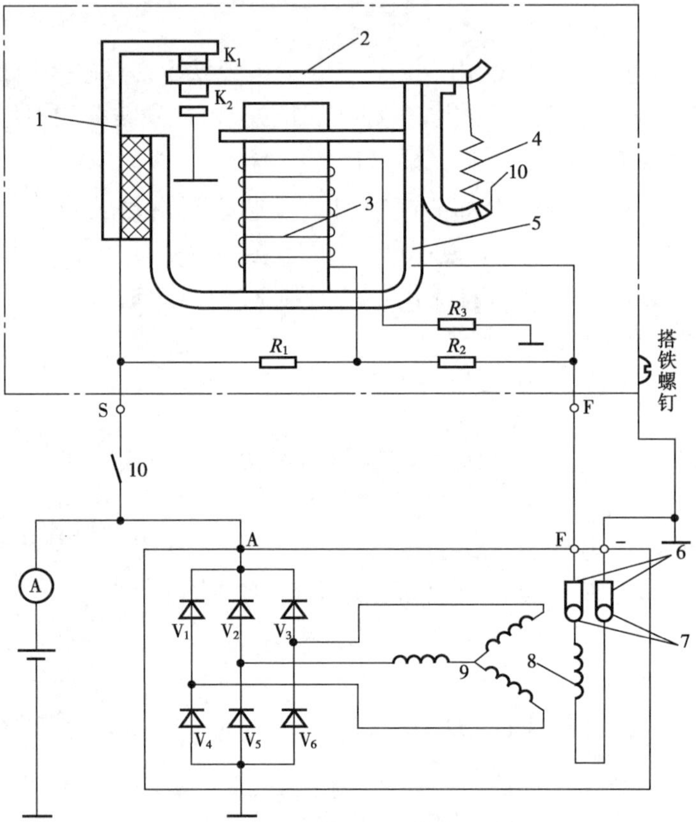

图 3-11　调节器和发电机接线图

1—低速触点支架；2—活动触点臂；3—电磁线圈；4—拉力弹簧；5—磁扼；6—电刷；7—滑环；8—励磁绕组；9—三相定子绕组；10—点火开关；S—点火接线柱；F—磁场接线柱；R_1—加速电阻

现将稳压过程简述如下：

① 闭合点火开关，此时，由于发电机转速很低，点火线接线柱对地的电压小于 14 V，电流流入电磁线圈 3 产生的电磁力不能克服拉力弹簧 4 的拉力。所以，低速触点 K_1 仍然闭合。

此时，由蓄电池向励磁绕组 8 提供励磁电流，励磁电流回路为：蓄电池正极→电流表→点火开关 10→点火接线柱 S→低速触点支架 1→低速触点 K_1→活动触点臂 2→磁扼 5→

磁场接线柱 F→发电机 F 接线柱→电刷和滑环→励磁绕组 8→滑环和电刷→发电机负极接线柱→搭铁→蓄电池负极。

发电机低速运转时，由于磁场电流由蓄电池供给，使转子磁场增强，于是电压很快升高。

② 发电机转速升高，使发电机电压高于蓄电池电压时，则磁场电流和电磁线圈中的电流均由发电机供给。发电机自身向励磁绕组 8 提供励磁电流，自激电流由发电机 A 端输出。

③ 随着发电机转速升高，当发电机电压达到一级工作电压 14 V 时，电磁线圈 3 的电磁力增强，克服弹簧拉力，将活动触点臂 2 吸下，使 K_1 打开，处于中间悬空位置。

此时励磁电流回路为：发电机正极 A→点火开关 10→点火接线柱 S→加速电阻 R_1→调节电阻 R_2→磁场接线柱 F→发电机 F 接线柱→励磁绕组 8→搭铁。

由于电路中串入了 R_1、R_2，使磁场电流减小，发电机电压降低。

当发电机电压下降而略低于工作电压 14 V 后，通过电磁线圈 3 的电流减小，电磁吸力减弱，K_1 在拉力弹簧作用下重新闭合，R_1、R_2 被短路，使磁场电流增加，发电机电压再度升高；当发电机电压升至略高于工作电压 14 V 时，K_1 又被打开，处于悬空位置，如此重复上述过程，发电机电压又降低。如此重复，K_1 不断振动，使发电机电压保持在一级调压值 14 V 工作。

④ 发电机高速运转时，即使 K_1 打开，串入 R_1、R_2 因其数值很小，发电机电压仍会继续升高，此时电压升到二级调压值 14. 5 V，因电磁吸力远远大于弹簧弹力，使 K_2 闭合。K_2 闭合，励磁绕组的两端均搭铁而短路，于是发电机电压急剧下降。与此同时，电磁线圈吸力减小，衔铁又使活动触点位置悬空，K_1、K_2 均打开，磁场电路中又串入 R_1、R_2，电压重又升高。如此重复，K_2 不断振动，使发电机电压保持在二级调压值 14. 5 V 稳定工作。

（2）汽车电喇叭

为了警告行人和来往车辆，保证安全行车，汽车上都装有电喇叭。汽车电喇叭靠电磁原理使膜片振动而发出声音报警信号。汽车电喇叭由电磁铁、可动的衔铁、膜片和动断的触点等构成，如图3-12（a）所示。触点与磁场线圈串联连接，其中一个触点依附于衔铁。当电流流过励磁线圈时，线圈便建立起吸引可动衔铁的磁场，周边被固定的膜片，随着衔铁移动，衔铁移动导致触点打开，如图 3-12（b）所示，从而断开电路，膜片回到它的原来位置，触点再次闭合而重复上述动作。这便引起膜片以每秒数次的频率来回振动。膜片振动，引起电喇叭里面的空气柱振动，从而发出声音。

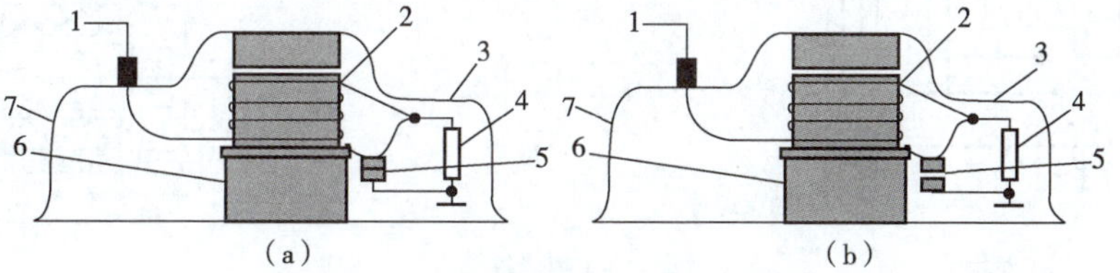

图 3-12　汽车电喇叭结构示意图

1—接蓄电池正极；2—磁场线圈；3—部分外壳；4—内装电阻；5—触点；6—衔铁；7—膜片

五、继电器

1. 继电器的基本概念

继电器是自动控制电路中常用的一种元件，它是用较小的电流来控制较大电流的一种自动开关，在电路中起着自动操作、自动调节、安全保护等作用。在工业控制中使用的中间继电器、热继电器等体积较大，线圈通过的电流或承受的电压较大，触点允许通过的电流较大。

在汽车电气系统中所使用的继电器体积较小，触点控制的电流也较小，属于小型继电器。本节主要讨论小型继电器。

2. 继电器的类型和结构

（1）继电器的类型

继电器的种类很多，常用的有电磁式和干簧管式两种。电磁式继电器成本较低，便于控制电路采用；干簧管式继电器反应灵敏，多作为信号采集使用。汽车控制电路大多采用电磁式继电器作为控制执行部件，采用干簧管式继电器作为传感器。

（2）继电器的结构

① 电磁式继电器。电磁式继电器是以电磁系统为主体构成的，图 3-13 所示为电磁式继电器的结构和图形符号，当继电器线圈通以电流时，在铁芯、轭铁、衔铁和工作气隙中形成磁通回路，从而使衔铁受到电磁吸力的作用而吸向铁芯，此时衔铁带动支杆而将板簧推开，使一组或几组动断触点断开（也可以使动合触点接通）。

当切断继电器线圈的电流时，电磁力失去，衔铁在板簧的作用下恢复原位，触点又闭合。

② 干簧管式继电器。干簧管式继电器与电磁式继电器的主要区别就是，干簧管式继电器的触点是一个或几个干簧管，图 3-14 为干簧管式继电器结构示意图，它的图形符号与电磁式继电器一样。当继电器线圈通以电流时，在线圈中心工作气隙中形成磁通回路，从而使干簧管的一对触点吸合。除了电磁式继电器和干簧管式继电器之外，随着电子技术的不断发展，电子继电器越来越多地应用到汽车上，电子继电器相当于一个大电流的开关晶体管，其结构和原理在晶体管中讨论。另外，在有些汽车电路中还应用到一些结构和原理比较简单的双金属继电器，这里就不进行讨论了。

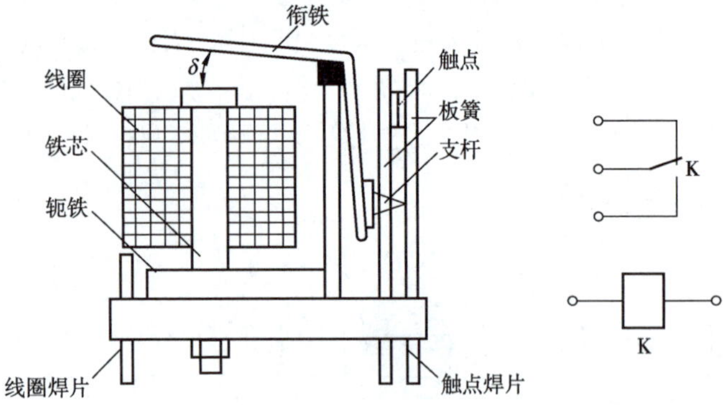

（a）结构　（b）图形符号

图 3-13　电磁式继电器结构示意图

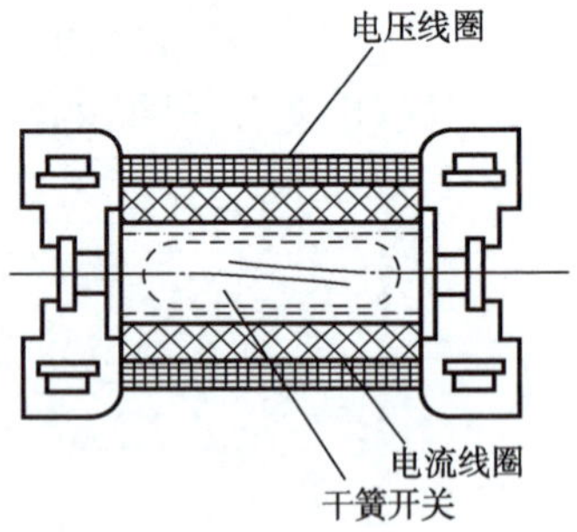

图 3-14　干簧管式继电器结构示意图

（3）继电器符号

① 继电器的一般符号。在电路中，表示继电器时只要画出它的线圈和与控制电路有关的接点组就可以了。继电器的线圈用一个长方框符号表示，同时在长方框内或框旁标上这个继电器的文字符号“K”。表 3-1 中列出了继电器的常用符号和三种触点的符号。

表 3-1 继电器的常用符号

继电器线圈	继电器触点的符号	
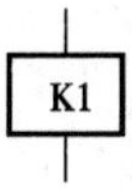	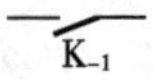	动合触点（常开触点）
	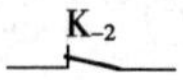	动断触点（常闭触点）
	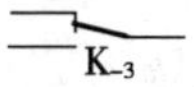	切换触点（转换触点）

② 汽车用继电器的图形符号与接线柱标记。图 3-15 所示为汽车常见的继电器图形符号，表 3-2 所示为汽车用继电器的接线柱标记。

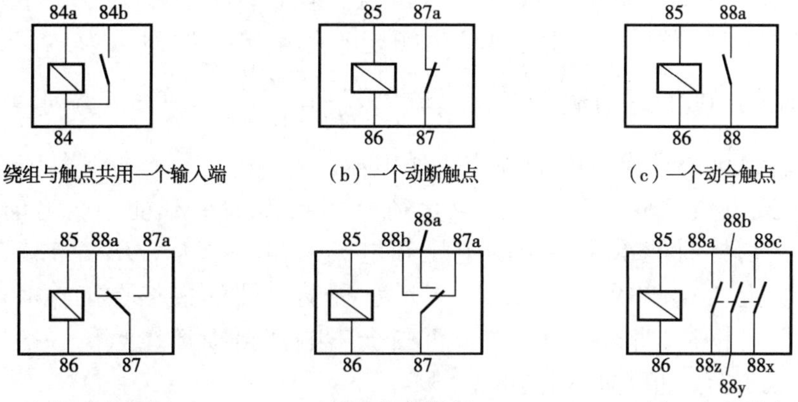

（a）绕组与触点共用一个输入端 （b）一个动断触点 （c）一个动合触点
（d）一组转换触点 （e）两组转换触点 （f）三个动合触点

图 3-15 汽车常见的继电器图形符号

表 3-2 汽车用继电器的接线柱标记

电器	接线柱标记		接线柱标记的含义	接线图
	标记	下标		
继电器	84		继电器上，绕组始端和触点共同输入接线柱；	图 3-15（a）
		84a	继电器上，绕组末端输出接线柱；	
		84b	继电器上，触点输出接线柱	
	85		继电器上，绕组末端输出接线柱	图 3-15（b）
	86		继电器上，绕组始端输入接线柱	
	87		继电器上，动断触点和转换触点的输入接线柱；	
		87a	继电器上，动断触点第一输出接线柱（转换触点在动断触点一侧）；	
		87b	继电器上，动断触点第二输出接线柱（转换触点在动断触点一侧）；	
		87c	继电器上，动断触点第三输出接线柱（转换触点在动断触点一侧）；	
		87z	继电器上，动断触点和转换触点第一输入接线柱（单独电流回路）；	
		87y	继电器上，动断触点和转换触点第二输入接线柱（单独电流回路）；	
		87x	继电器上，动断触点和转换触点第三输入接线柱（单独电流回路）	
	88		继电器上，动合触点的输入接线柱；	图 3-15（a）～图 3-15（f）
		88a	继电器上，动合触点第一输出接线柱；	
		88b	继电器上，动合触点第二输出接线柱；	
		88c	继电器上，动合触点第三输出接线柱；	
		88z	继电器上，动合触点第一输入接线柱（单独电流回路）；	
		88y	继电器上，动合触点第二输入接线柱（单独电流回路）；	
		88x	继电器上，动合触点第三输入接线柱（单独电流回路）	

(4) 继电器的主要电气参数

① 功率。功率指继电器线圈消耗的额定功率。如 JZC-21F 型继电器，它的线圈电源为直流，线圈消耗的额定功率为 0.36 W。

② 线圈电压。指继电器正常工作时线圈需要的电压值。一种型号的继电器的构造大体是相同的，为了使一种型号的继电器能适应不同的电路，它有多种额定工作电压或额定工作电流以供选用，并用规格号加以区别。如型号为“JZC-21F/006-1Z”的继电器，其中“006”是规格号，表示额定工作电压为 6 V；如型号为“JZC-21F/048-1Z”的继电器，其中“048”是规格号，表示额定工作电压为 48 V。汽车继电器的电压均与汽车电源电压相一致，分 12 V、24 V 两种。

③ 线圈电阻。线圈电阻是指线圈的电阻值。有时，手册中只给出继电器额定工作电压和线圈电阻，这时可根据欧姆定律求出额定工作电流。如型号为“JZC-21F/006-1Z”的继电器的电阻为 100 Ω，则额定工作电流 $I=\dfrac{U}{R}=\dfrac{6\ \text{V}}{100\ \Omega}=60\ \text{mA}$。同样，根据线圈电阻和额定工作电流也可以求出线圈的额定工作电压。

④ 寿命（接点负荷）。寿命（接点负荷）指接点的负载能力，有时又称接点容量。继电器的接点在切换时能承受一定的电压和电流，如型号为“JRX-13F”的继电器的寿命（接点负荷）是 1A×28V（DC），它表示这种继电器的接点在工作时的电压和电流值不超过该值时，可正常工作 1×10^6 次，否则会影响甚至损坏接点。一般同一型号的继电器的寿命（接点负荷）值都是相同的。

⑤ 选用继电器应注意的问题。选用继电器时，一般应注意以下几点：

a. 继电器的额定工作电压应小于或等于控制电路（继电器线圈所在电路）的工作电压。当继电器是用晶体管或集成电路来驱动时，还应计算一下继电器额定工作电流是否在晶体管或集成电路的输出电流范围之内，必要时应增添一只中间继电器。

b. 接点负荷的选择。加在接点上的电压和电流值不应超过该继电器的接点负荷。

c. 接点的数量和种类。同一种型号的继电器一般有多种接点的形式可供选用，使用时应充分利用各组接点。

d. 继电器的体积应合乎电路的要求。

e. 查阅有关手册，找出合乎要求的继电器。在电气参数和体积都满足的情况下，应选用性能价格比高的产品。

3. 汽车应用的几种典型继电器

汽车上许多电气部件需要用开关进行控制。由于汽车电气系统电压较低，具有一定功率的电气部件的工作电流较大，一般在几十安以上，这样大的电流如果直接用开关或按键进行通断控制，开关或按键的触点将无法承受大电流的通过而烧毁。继电器是一种用小电流控制大电流的器件，继电器本身的触点可以做得很大，能够承受大电流的冲击。所以，在汽车上经常利用开关控制继电器的吸合与断开，而利用继电器的触点控制电气部件的通断。在汽车上常用的继电器有：起动继电器、喇叭继电器、闪光（转向）继电器、刮水继电器等。下面以喇叭工作电路和制动信号灯电路予以说明。

(1) 喇叭工作电路

在汽车上常装有两个不同音频的喇叭，有时甚至装有三种不同音频的喇叭。当装用双喇叭时，由于其消耗的电流较大，用按钮直接控制时，按钮容易烧坏，故常采用喇叭继电器控制，其构造与接线电路如图 3-16 所示。当按下喇叭按钮 5 时，喇叭继电器线圈 3 通电产生电磁力，触点 1 闭合，大电流通过支架 4、触点臂 2、触点 1 流到喇叭。由于喇叭继电器线圈的电阻很大，因此通过喇叭按钮 5 的电流很小，故可起到保护按钮作用。

（2）制动信号灯断线报警装置

图 3-17 为制动信号灯断线报警装置电路图。汽车制动时，踩下制动踏板，制动灯开关接通，电流分别经电磁线圈 4 和 6 使左右制动信号灯亮。此时，两线圈所产生的磁场相互抵消，干簧开关 5 保持断开，报警灯不亮。当某一制动信号灯不亮时，电磁线圈 4（或 6）无电流通过，则通电线圈产生电磁吸力使干簧开关闭合，报警灯 3 亮。

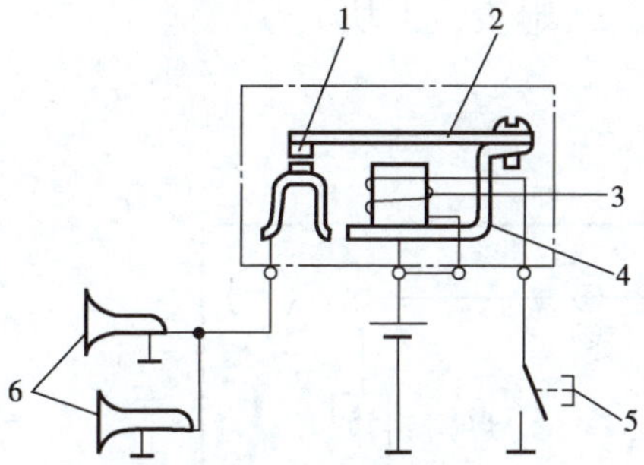

图 3-16 喇叭继电器

1—触点；2—触点臂；3—线圈；
4—支架；5—喇叭按钮；6—喇叭

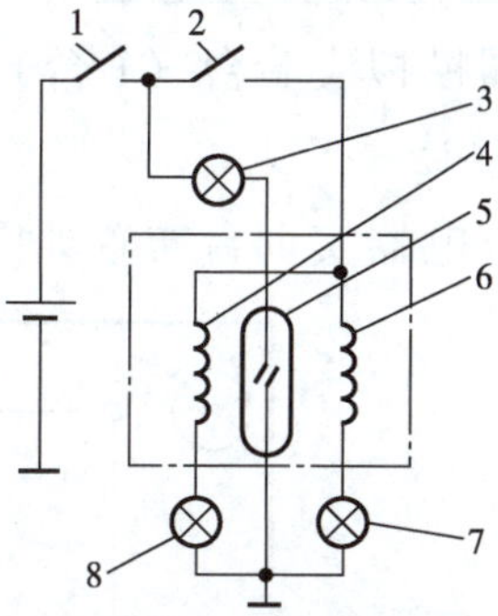

图 3-17 制动信号灯断线报警装置电路图

1—点火开关；2—制动灯开关；3—报警灯；
4、6—电磁线圈；5—干簧开关；7、8—制动信号灯

项目实施

实施目的及要求：

① 通过本项目的实施，应能够掌握继电器的工作原理。

② 掌握继电器的应用。

任务 继电器电路认识

【任务要求】

① 通过该项目的实施，应能够掌握继电器的工作原理。

② 正确选用继电器。

【任务指导】

1. 设备与工具

设备与工具见表 3-3。

表 3-3 设备与工具

序号	部件名称	图形	数量
1	实验台	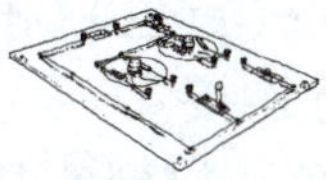	1

续表

序　号	部件名称	图　形	数　量
2	备用继电器	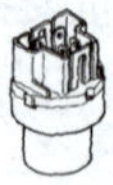	2（M4 的 1 个，B4 的 1 个）
3	电源线	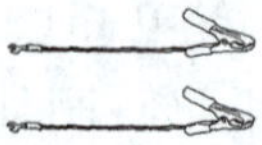	红，1 根 黑，1 根
4	连接导线	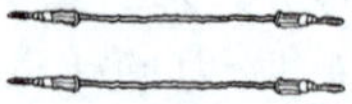	红，1 根 黑，1 根

继电器模拟实验台（1 台）、蓄电池（1 个）、欧姆表（1 块）。

2. 线路连接

电气继电器实训台布置如图 3-18 所示。

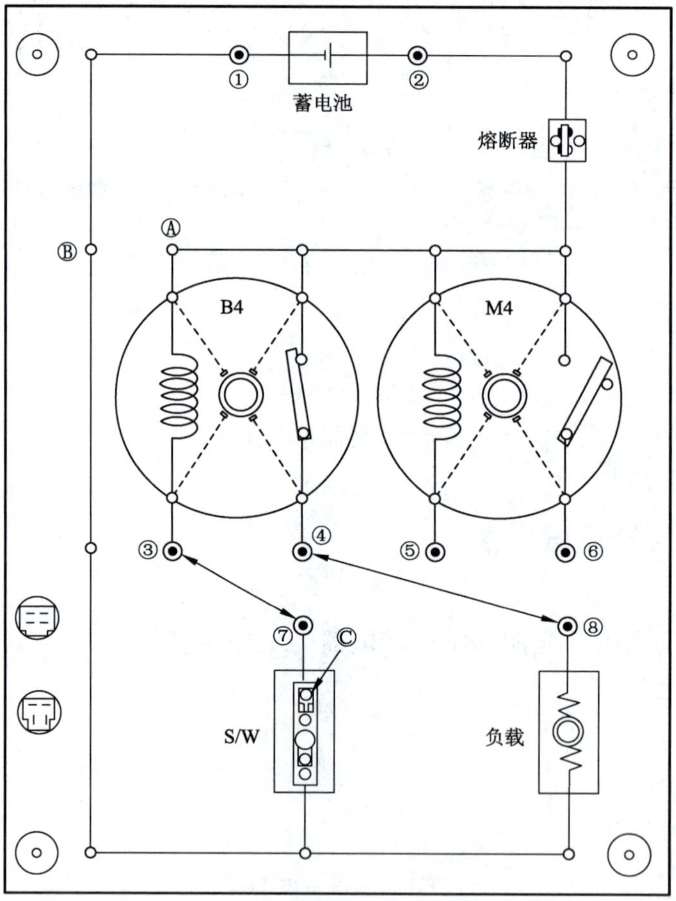

图 3-18　电气继电器实训台布置（一）

① 用颜色相同的导线将接线柱③（黄色）和接线柱⑦（黄色）进行连接，将接线柱④（红色）和接线柱⑧（红色）进行连接。

② 利用接线夹子将接线柱①（黑色）接到蓄电池的负极，接线柱②接到蓄电池的正极。

③ 操纵手动开关（闭合、打开），将继电器触点、负载（灯泡）发生的动作记入表3-4中。

表3-4 手动开关、继电器触点、负载（灯泡）的动作情况

手动开关	继电器触点	负载（灯泡）
闭合		
打开		

④ 用电压表测C点的电压及负载所处状态，记入表3-5中。

表3-5 C点的电压及负载所处状态

手动开关	电压表在C点测得的电压	负载（灯泡）
打开		
闭合		

⑤ 用颜色相同的导线将接线柱⑤（黄色）和接线柱⑦（黄色）进行连接，将接线柱⑥（红色）和接线柱⑧（红色）进行连接。

⑥ 用接线夹子将接线柱①（黑色）接到蓄电池的负极，接线柱②接到蓄电池的正极（见图3-19）。

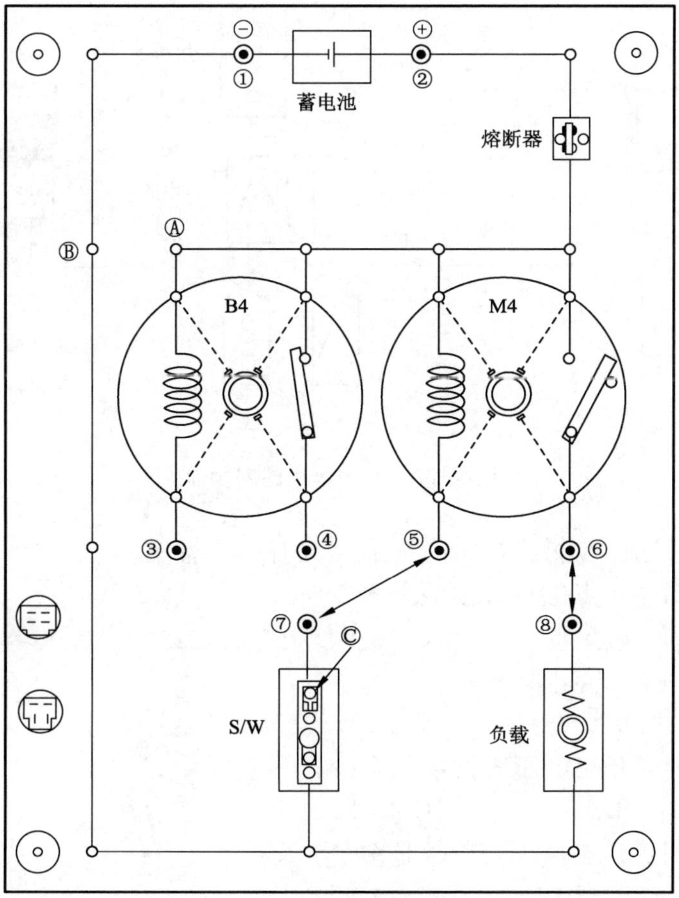

图3-19 继电器实训台（二）

⑦ 操纵手动开关（闭合、打开），将继电器触点、负载（灯泡）发生的动作记入表 3-6中。

表 3-6　继电器触点、负载（灯泡）发光的动作

手动开关	继电器触点	负载（灯泡）
闭合		
打开		

⑧ 用电压表测 C 点的电压及负载所处状态，记入表 3-7 中。

表 3-7　C 点的电压及负载所处状态

手动开关	电压表在 C 点测得的电压	负载（灯泡）
打开		
闭合		

⑨ 继电器电路图实训如图 3-20 所示。

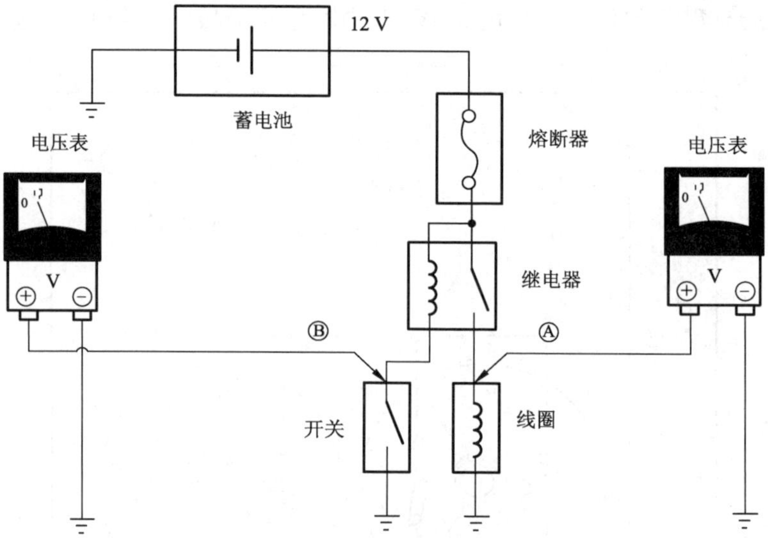

图 3-20　继电器电路图实训

根据上述对电路进行检测选择正确答案（只有一个答案）

a. 当开关打开时，A 点电压表读数是多少？

A. 0 V　　B. 6 V　　C. 12 V　　答案：（　　）

b. 当开关闭合时，A 点电压表读数是多少？

A. 0 V　　B. 6 V　　C. 12 V　　答案：（　　）

c. 当开关打开时，B 点电压表读数是多少？

A. 0 V　　B. 6 V　　C. 12 V　　答案：（　　）

d. 当开关关闭时，B 点电压表读数是多少？

A. 0 V　　B. 6 V　　C. 12 V　　答案：（　　）

小　结

1. 电流的磁场：磁石吸铁的性质称为磁性，具有磁性的材料被称为磁性材料，通常所说的磁铁就是一种具有磁性的材料。

2. 磁场的基本物理量：磁感应强度 B、磁通 Φ、磁场强度 H、磁导率 μ。

3. 磁路及铁芯线圈：跟导体对于电流相似，一些物质（铁磁性物质）对于磁场具有良好的传导性，磁场在这些物质内遇到较少的阻碍，能够形成像电路一样的磁路。

4. 直导体中的感应电动势：感应电动势的大小为 $e=Blv\sin\alpha$；方向用右手定则判断。

5. 线圈中的感应电动势：$e=-N\dfrac{\mathrm{d}\Phi}{\mathrm{d}t}$。

6. 自感现象：由通入线圈的电流变化而产生感应电动势的现象称为自感现象，由自感现象产生的感应电动势称为自感电动势。

7. 自感系数：$L=\dfrac{\Phi}{i}$。

8. 互感现象：指一个线圈中的电流变化而使另一个线圈产生感应电动势的现象，交流电源电压的有效值为 $U=\dfrac{U_{\mathrm{m}}}{\sqrt{2}}\approx\dfrac{2\pi fN\Phi_{\mathrm{m}}}{\sqrt{2}}=4.44fN\Phi_{\mathrm{m}}=4.44fNB_{\mathrm{m}}S$，此公式是交流发电机设置电压调节器的理论依据。

9. 变压器的基本结构：变压器的主体结构是由铁芯和绕组两大部分构成的。用硅钢片叠压成的变压器铁芯与电源相接的为一次绕组，与负载相接的为二次绕组。

10. 变压器的空载运行与变换电压原理：$\dfrac{U_1}{U_{20}}\approx\dfrac{4.44fN_1\Phi_{\mathrm{m}}}{4.44fN_2\Phi_{\mathrm{m}}}=\dfrac{N_1}{N_2}=k$，式中，$k$ 称为变压比，简称变比，显然，改变线圈绕组的匝数即可实现电压的变换。且 $k>1$ 为降压器；$k<1$ 为升压器。

11. 变压器的有载运行与变换电流原理：$\dfrac{I_2}{I_1}\approx\dfrac{N_2}{N_1}\approx\dfrac{1}{k}$，$I_1U_1\approx I_2U_2$。

12. 变压器的阻抗变换作用：$|Z_1|==k^2|Z_{\mathrm{L}}|$。

13. 汽车上使用变压器：汽车上最常见的变压器就是点火线圈，它能将汽车电源系统提供的低压，变为高达几千伏甚至上万伏的高压，用于点燃发动机内的汽油混合气。

14. 电磁铁：电磁铁的作用是利用通电的铁芯线圈吸引衔铁或保持某种机械零件、工件于固定位置的一种电器。电磁铁可分为线圈、铁芯及衔铁三部分。

15. 直流电磁铁的工作原理：电磁铁的线圈通电后，铁芯磁化将衔铁吸引，铁芯吸引衔铁的力称为电磁铁的吸力，吸力是电磁铁的重要参数之一，$F=\dfrac{10^7}{8\pi}SR^2$。

16. 电磁铁在汽车上的应用：一般用作继电器接触器和一些电磁元件，例如电压调节器和电喇叭等。

测试习题

填空题

1. 线圈电感的单位是__________________。

2. 若一通电直导体在匀强磁场中受到的磁场力最大，这时通电直导体与磁感线的夹角为________________。

3. 感应电流的方向总是要使________的变化，这就是楞次定律，即若线圈中磁通增加，感应电流的磁场方向与原磁通方向________；若线圈中磁通减少，感应电流的磁场方向与原磁通方向________。

4. 如果在磁场中每一点的磁感应强度大小________、方向________，这种磁场称为匀强磁场。在匀强磁场中磁感线是一组________。

5. 如图3-21所示，六根导线互相绝缘，所通电流均为I，区域A、B、C、D均为相等的正方形。那么，指向纸面内的磁通最大的区域是________。

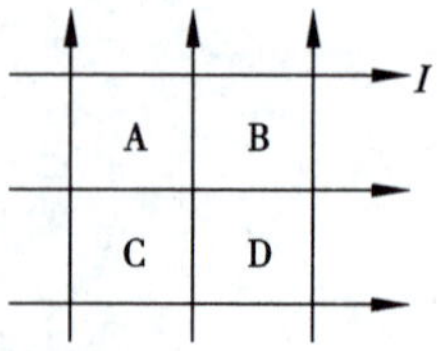

图3-21　填空题5题图

判断题

1. 磁体上的两个极一个称为N极，一个称为S极，若把磁体截成两段，则一段为N极，另一段为S极。(　　)

2. 如果通过某一截面的磁通为零，则该截面处的磁感应强度一定为零。(　　)

3. 感应电流的方向总是跟原磁场的方向相反。(　　)

4. 线圈中感应电动势的大小与穿过线圈的磁通的变化量成正比，这个定律称为法拉第电磁感应定律。(　　)

5. 磁感应强度是矢量。(　　)

分析计算题

1. 试判断图3-22中通电线圈的N、S极或根据已标明的磁极极性判断线圈中的电流方向。

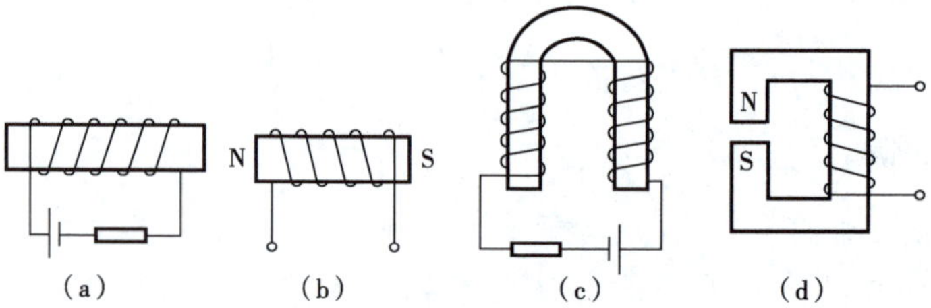

图3-22　分析计算题1题图

2. 根据楞次定律，画出图3-23中感应电流的方向。

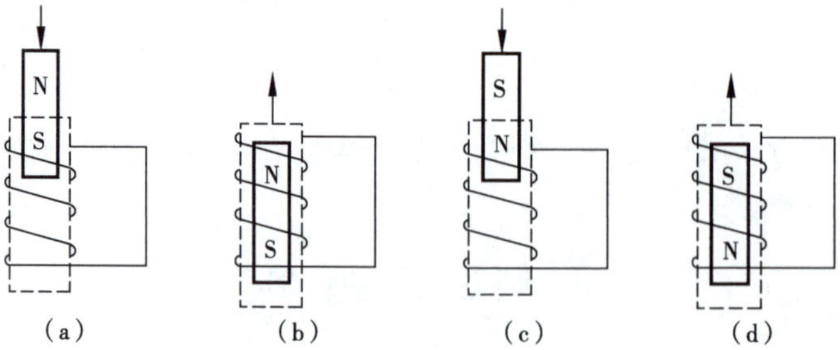

图3-23　分析计算题2题图

3. 在图 3-24 中，当开关 SA 合上以后，电路中的电流由零逐渐增大到 $I = E/R$，图中的 R 代表线圈的电阻。

（1）画出开关 SA 闭合后一瞬间线圈中自感电动势的方向。

（2）画出开关 SA 打开一瞬间线圈中自感电动势的方向。

（3）当开关 SA 闭合，线圈电流达到稳定值以后，线圈中的自感电动势有多大？

4. 如图 3-25 所示，在 $B = 0.05$ T 的均匀磁场中，有一长 1 m 的金属棒 AB，在金属线 EC、FD 上滑动，$v = 4$ m/s。试求回路中的感应电动势。若回路中的电阻 $R = 0.2\ \Omega$，且恒定不变，求感应电流的大小和方向。此时金属棒 AB 受多大的电磁力？其方向如何？

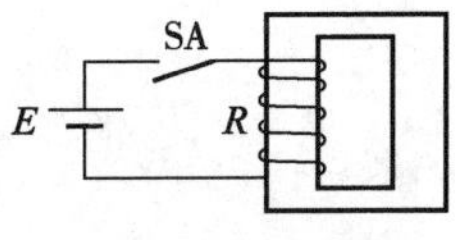

图 3-24　分析计算题 3 题图

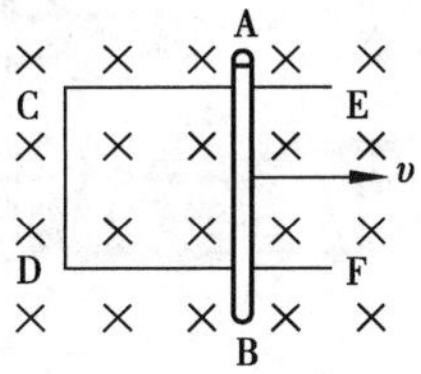

图 3-25　分析计算题 4 题图

5. 一矩形导电框架两端各串一电阻，$R_1 = 1\ \Omega$，$R_2 = 2\ \Omega$，放在匀强磁场中，其磁感应强度 $B = 5$ T，方向如图 3-26 所示。导体 AB 长 0.2 m，以 1 m/s 的速度在框架上向右滑动，求通过 R_1、R_2 的电流大小及磁场对导体 AB 的作用力。

6. 自感线圈的截面积为 20 mm²，共 1 000 匝，通入如图 3-27 所示的电流，如在前 2 s 内产生的感应电动势为 1 V，则自感系数是多少？1 s 末线圈内部的磁感应强度是多少？第 3 ~ 4 s 内线圈的自感电动势是多少？第 5s 内线圈中自感电动势是多少？

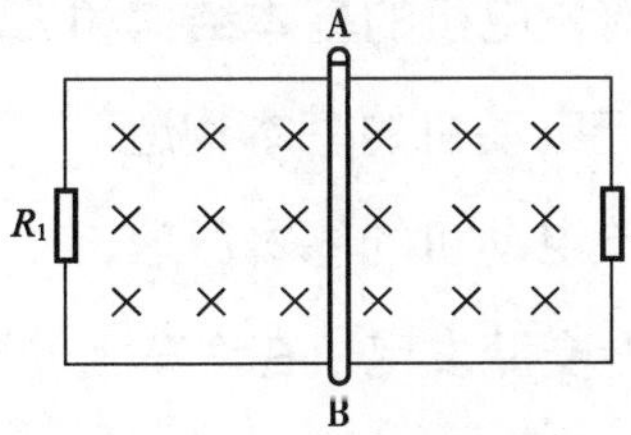

图 3-26　分析计算题 5 题图

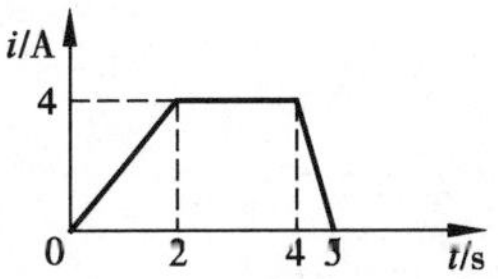

图 3-27　分析计算题 6 题图

项目四

发电机与电动机的结构与检测 4

学习目标

1. 掌握交流发电机的基本结构和工作原理。

2. 掌握直流电动机的基本构造。

3. 掌握直流电动机的基本原理。

4. 能够掌握交流发电机在汽车上的应用。

5. 对直流电动机的电路进行分析，并对电动机进行安装。

基本知识

一、交流发电机

1. 交流发电机的工作原理

（1）电磁感应

图 4-1 所示为交流发电机的简化模型。交流发电机利用电磁感应原理产生的电流受以下因素影响：

① 磁场强度；

② 导体切割磁感线的速度；

③ 通过磁场的导体数量。

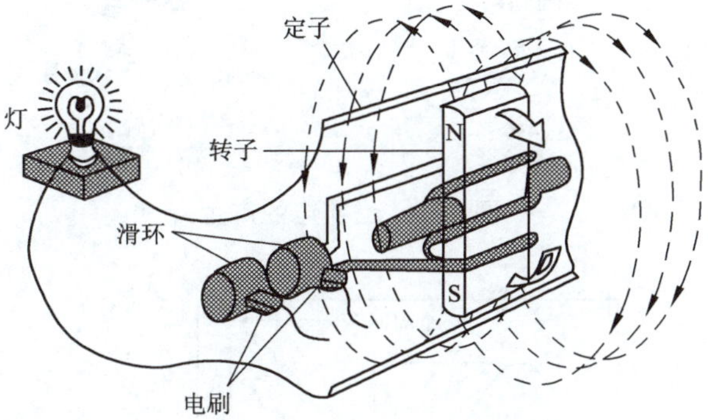

图 4-1　交流发电机的简化模型

（2）交流电的产生

图 4-2 所示为交流电产生的过程。

① 当磁场与导线平行时，导线没有切割磁感线，如图 4-2（a）所示，导线产生的电压和电流均为零。

② 磁场顺时针方向转 90°，磁场与导线成直角，如图 4-2（b）所示，导线切割的磁感线最多，导线产生的电压和电流为正的最大值。

③ 磁场再转 90°，磁场反向而与导线平行，如图 4-2（c）所示，导线不切割磁感线，电压和电流降到零。

④ 磁场再转 90°，磁场反向，如图 4-2（d）所示，导线切割的磁感线最多，导线产生的电压和电流为负的最大值。

⑤ 磁场转完一圈，返回到与导线平行，如图 4-2（e）所示，电压和电流返回到零。

（3）交流电波形

磁场转一圈，单匝导线产生的正弦波称为单相电压，波形如图 4-3 所示。在实际交流发电机中，由传动带带动转子转动，产生交变磁场。

2. 交流发电机的结构

下面以汽车交流发电机为例予以说明。汽车用的交流发电机多是由三相同步交流发电机和三相桥式全波整流器组成。

交流发电机的主要部件有：转子、电刷、定子、整流器、外壳、冷却风扇。交流发电机转子如图 4-4 所示。

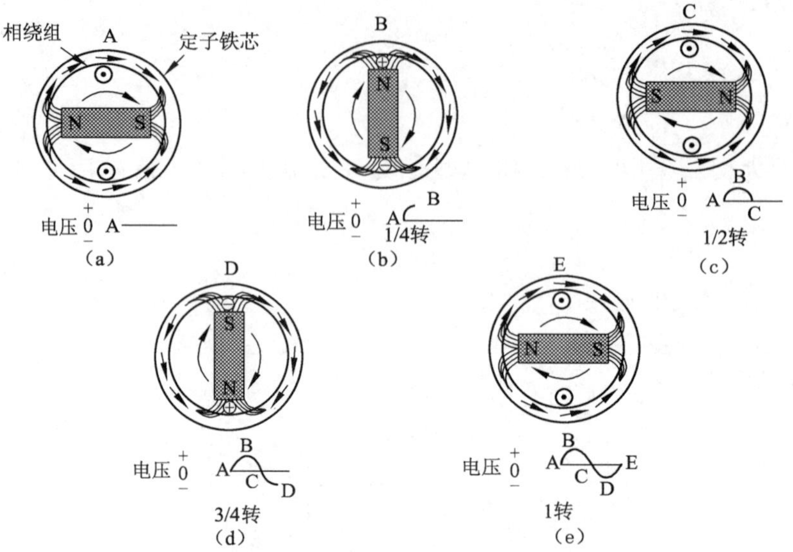

图 4-2　交流电的产生

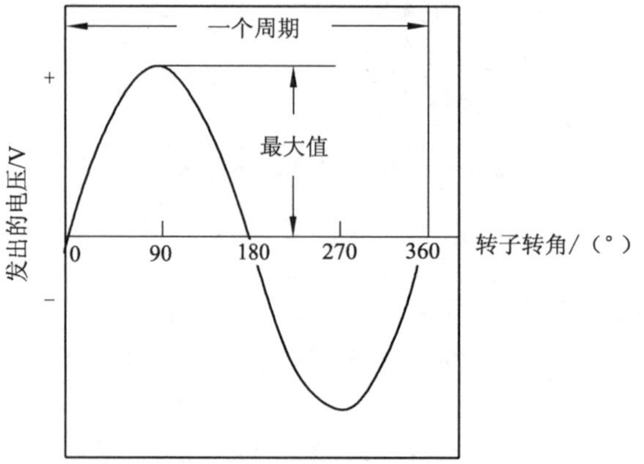

图 4-3　交流发电机产生正弦波形

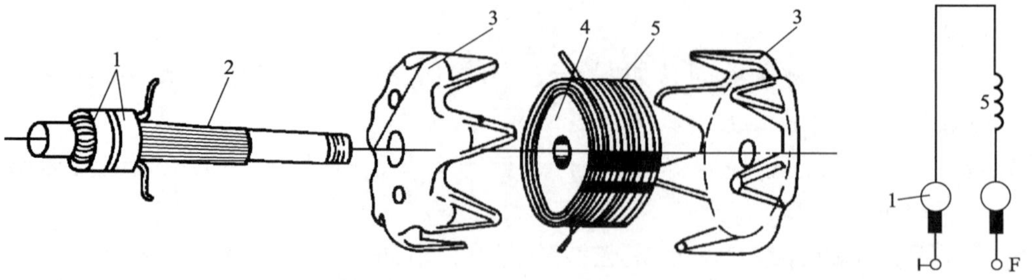

图 4-4　交流发电机转子

1—滑环；2—转子轴；3—磁爪；4—磁轭；5—磁场绕组

(1) 转子

转子用来建立磁场，使定子中产生相应的交变电动势。

交流发电机的转子是发电机的磁场部分，它主要由两块磁爪、磁场绕组、滑环及转子轴等组成。

两块磁爪被压装在转子轴上，且内腔装有磁轭，其上绕有磁场绕组。绕组两端的引线分别焊在与轴绝缘的两个滑环上。两个电刷装在与端盖绝缘的电刷架内，通过弹簧力使其与滑环保持接触。当发电机工作时，两电刷与直流电源连通，可为磁场绕组提供定向电流并产生轴向磁通。使两块磁爪被分别磁化为 N 极和 S 极，从而形成犬牙交错的磁极对并沿圆周方向均匀分布。磁极对数可为 4 对、5 对、6 对和 7 对。国产发电机大多采用 6 对磁极。磁爪凸缘的外形像鸟嘴，这种形状可以使定子感应的交流电动势近似于正弦波形。转子每转一周，定子的每相电路上就能产生周波个数等于磁极对数的交变电动势。

(2) 定子

定子是产生和输出交流电的部件，又称电枢，由定子铁芯和定子绕组组成。定子铁芯由相互绝缘的内圆带槽的环状硅钢片叠成。定子槽内置有三相对称绕组，三相绕组连接方法大多数为Y（星形）如图 4-5（a）所示，也有用△（三角形）连接的，如图 4-5（b）所示。

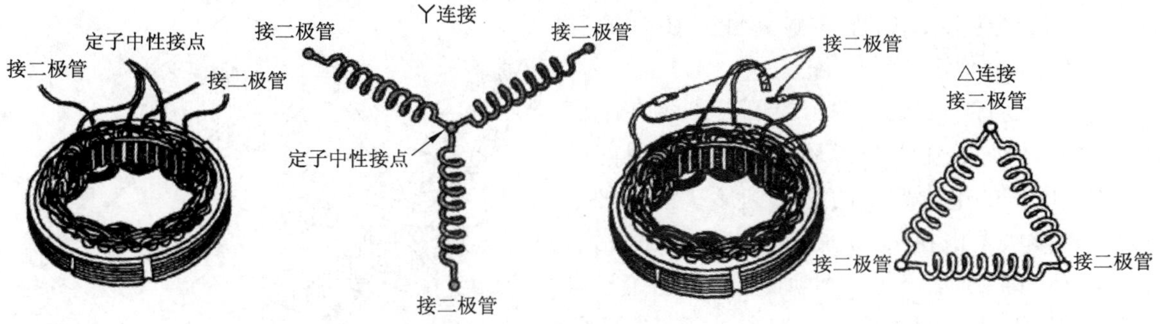

(a) Y（星形）接法　　(b) △（三角形）接法

图 4-5　三相绕组连接接法

(3) 整流器

交流发电机的整流器大多由 6 个、9 个、11 个硅二极管组成。外壳为正极、中心引线为负极的二极管，称为负极管或反烧管，管壳底上注有黑字标记；外壳为负极，中心引线为正极的二极管，称为正极管或正烧管，管壳底上注有红色标记。

安装二极管的散热板称为整流板（又称“元件板”），通常用合金制成以利散热。汽车用交流发电机都有两块整流板，安装三只正极管的整流板（装在外侧）称为正整流板，安装三只负极管的整流板（装在内侧）称为负整流板，两块板子绝缘地安装在一起（老式发电机只有正整流板，负整流板用发电机外壳代替，由于维修不便，已逐渐淘汰），与后端盖用尼龙或其他绝缘材料制成的垫片隔开且固定在后端盖上。

安装在正整流板上并与之绝缘的三个接线柱分别固装有正、负极管的引线和来自三相绕组某一相的端头。与正整流板连接在一起的螺栓引至后端盖外部作为发电机的电源输出端，并标记为“B”（或“+”或“A”或“电枢”），如图 4-6 所示。

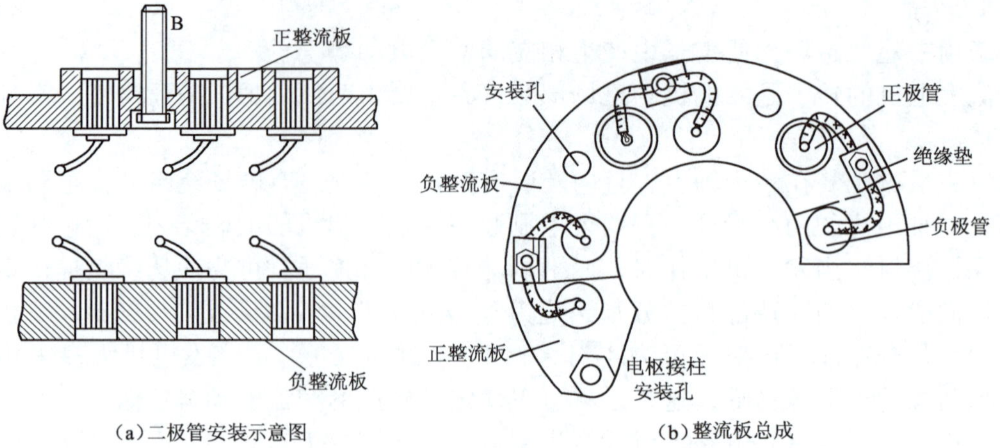

图 4-6　整流板及二极管的安装

(4) 端盖与电刷总成

端盖包括驱动端盖、整流端盖，以及安装在其上的轴承、轴承盖等零部件。端盖由铝合金制成。

因为铝合金为非导磁材料，可减少漏磁并具有轻便、散热性能良好等优点。为了提高轴承孔的机械强度，增加其耐磨性，在有的发电机端盖的轴承座内镶有钢套。

后端盖装有电刷架。两个电刷分别装在电刷架的孔内，借弹簧压力与滑环保持接触。目前国产交流发电机的电刷架有两种结构形式：一种电刷架可直接从发电机外部进行拆装，即外装式，如图 4-7（a）所示；另一种则不能直接在发电机外部进行拆装，即内装式，如图 4-7（b）所示，若需要更换电刷，则必须将发电机拆开。

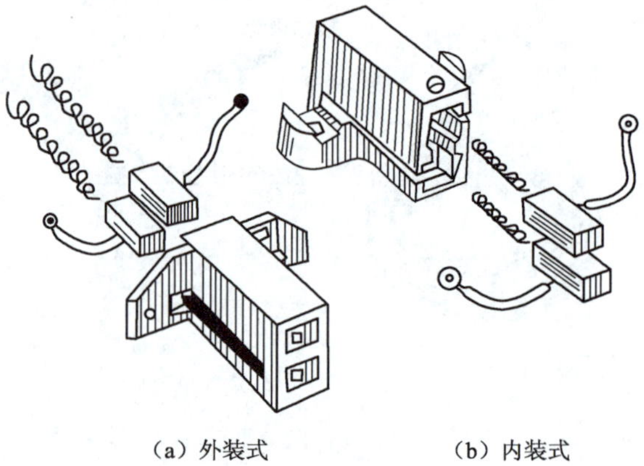

图 4-7　电刷架的结构

3. 三相交流电电动势的产生

交流发电机定子的三相绕组按一定的规律排列在发电机的定子槽内，依次相差 120° 电角度，工作原理如图 4-8 所示。

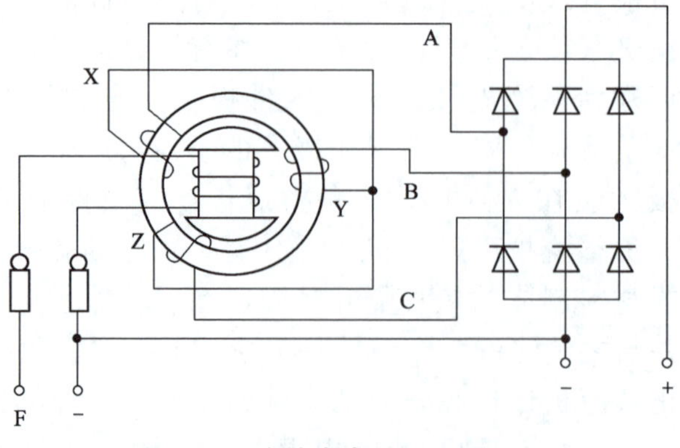

图 4-8　交流发电机工作原理图

当磁场绕组接通直流电源时即被激励，转子的磁爪被磁化为 N 极和 S 极。其磁感线由 N 极出发，穿过转子与定子之间很小的气隙进入定子铁芯，最后又通过气隙回到相邻的 S 极。

当转子旋转时，由于定子绕组与磁感线有相对的切割运动，所以在三相绕组中产生频率相同、幅值相等、相位相差 120°的正弦电动势 e_A、e_B、e_C，三相绕组中所产生的感应电动势可用式（4-1）表示，即

$$
\begin{aligned}
e_A &= E_m \sin \omega t = \sqrt{2} E_\Phi \sin \omega t \\
e_B &= E_m \sin(\omega t - 120°) = \sqrt{2} E_\Phi \sin(\omega t - 120°) \\
e_C &= E_m \sin(\omega t - 240°) = \sqrt{2} E_\Phi \sin(\omega t - 240°)
\end{aligned} \tag{4-1}
$$

式中 E_m——相电动势的最大值；

E_Φ——相电动势的有效值；

ω——电角速度（$\omega = 2\pi f$）。

发电机每相绕组所产生的电动势的有效值为

$$E_\Phi = 4.44KfN\Phi$$

式中 K——定子绕组系数，一般小于 1；

f——感应电动势的频率，Hz，$f = Pn/60$（P 为磁极对数，n 为转速，单位 r/min）；

N——每相绕组的匝数；

Φ——磁极的磁通，Wb。

上式表明，使用中的交流发电机，其交变电动势的有效值取决于转速和转子的磁通量，这一性质将直接决定着交流发电机的输出电压值。

二、三相异步电动机

1. 三相异步电动机的构造

三相异步电动机主要由定子（固定部分）和转子（转动部分）两部分组成，如图 4-9 所示。

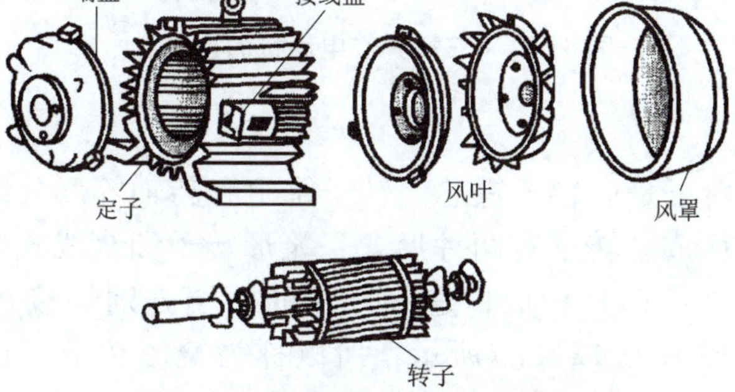

图 4-9 三相异步电动机的结构

（1）定子

三相异步电动机的定子部分包括机座、定子铁芯和定子绕组。机座用铸铁或铸钢制成，它支承着定子铁芯。定子铁芯由互相绝缘的硅钢片叠成。铁芯的表面上分布有与轴平

行的槽，如图 4-10（a）和图 4-10（b）所示，槽内嵌有三相对称绕组。绕组是根据电动机的磁极对数和槽数按照一定规则排列与连接的。

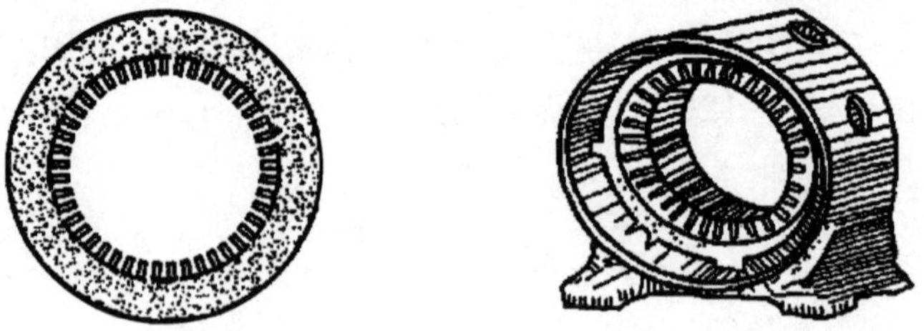

（a）定子硅钢片　　（b）未装绕组的定子

图 4-10　定子铁芯

定子绕组可以接成星形或三角形。为了便于改变接线，三相绕组的六根相线都接到定子外面的接线盒内。

盒中接线柱的布置：图 4-11（a）所示为定子绕组星形接法，图 4-11（b）所示为定子绕组三角形接法。

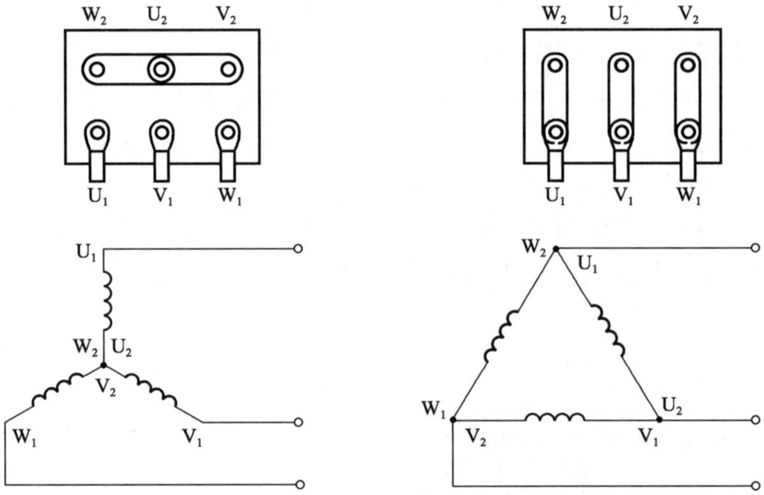

（a）定子绕组星形接法　　（b）定子绕组三角形接法

图 4-11　三相异步电动机的接线盒

（2）转子

三相异步电动机的转子是由转子铁芯、转子绕组和转轴等部分组成的。转子铁芯由外圆有槽孔的硅钢片叠制而成。转子有两种形式：笼形转子和绕线式转子。笼形转子的绕组由安放在槽内的铜条（或铸铝）构成，这些导体的两端分别焊接在两个端环上。因为它的形状像个松鼠笼子，如图 4-12（a）所示，所以称为笼形转子。具有笼形转子的异步电动机称为笼形异步电动机。

线绕式转子的绕组与定子绕组相似，也是三相对称绕组。通常接成星形，三根相线分别与三个铜制滑环连接。环与环以及环与轴之间都彼此绝缘，如图 4-12（b）所示为绕线式转子。具有这种转子的异步电动机称为绕线转子异步电动机。

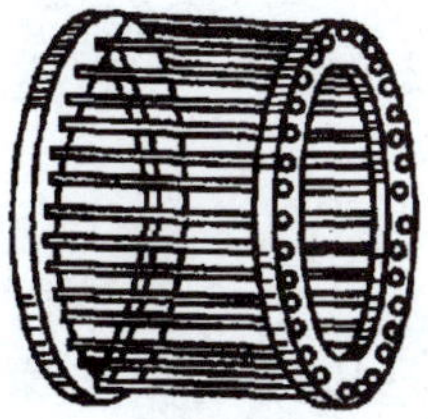

（a）笼形转子

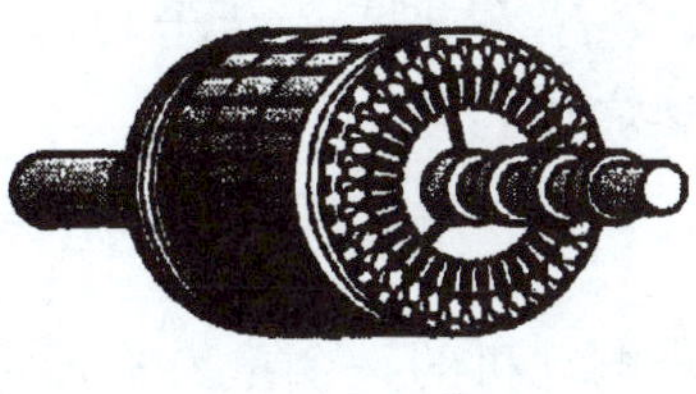

（b）绕线式转子

图 4-12　异步电动机的转子

2. 三相异步电动机的工作原理

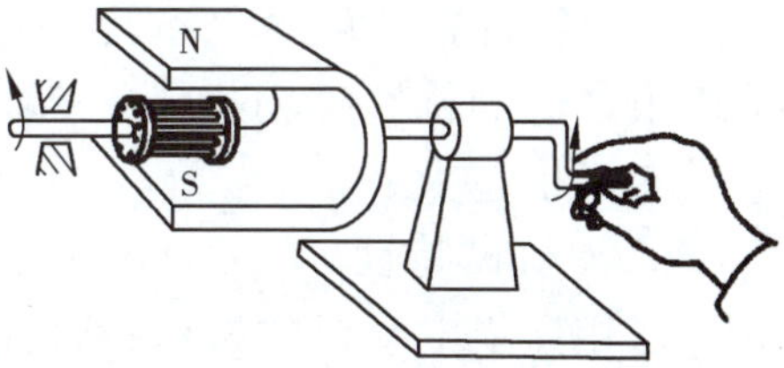

图 4-13　旋转磁场带动笼型转子旋转

下面通过一个例子来说明三相异步电动机的工作原理。图 4-13 所示为一个装有手柄的蹄形磁铁，在磁极中间放置一个可以自由转动的导电的笼形转子。转子和磁极之间没有机械联系。当摇动手柄使蹄形磁铁旋转时，会看到笼形转子跟着磁铁转动。手柄摇得快，转子也转得快；手柄摇得慢，转子也转得慢。若改变磁铁的转向，笼形转子的转向也随之改变。由此可见，转子转动的必要条件是要有一个旋转的磁场。三相异步电动机就是利用三相交流电通入三相对称绕组所产生的旋转磁场来使转子旋转的。

在三相异步电动机内，旋转磁场是由定子铁芯中放置的三相绕组产生的。当定子绕组中通入三相电流后，它们产生的合成磁场是随着三相电流时序的变化在空间不断地旋转着。旋转磁场的方向与三相电流的顺序有关，也称相序。改变相序可以改变三相异步电动机的转向。旋转磁场的转速称为同步转速 n_0，n_0 与定子的磁极对数有关，当旋转磁场有 p 对磁极时，其旋转磁场的转速为

$$n_0=\frac{60f}{p} \tag{4-2}$$

按照国家标准规定，工频 $f=50$ Hz，由式（4-2）可得出对应于不同磁极对数 p 的旋转磁场转速 n，不同磁极对数 p 的同步转速 n_0 的数值，见表 4-1。

表 4-1　不同磁极对数 p 的同步转速 n_0 的数值

p	1	2	3	4	5	6
n_0/（r/min）	3 000	1 500	1 000	750	600	500

当旋转磁场按顺时针方向旋转时，其转子导条将切割磁感线（此时转子由于惯性不能马上随旋转磁场一起转动），导条中就产生电动势，在电动势的作用下，闭合的导条中就有电流，这个电流又受旋转磁场作用而产生电磁力 F，电磁力 F 产生电磁转矩而使转子转动起来。当旋转磁场反转时，三相异步电动机也反转。三相异步电动机转子的转向与旋转磁场相同。但转子转速 n 不能与旋转磁场转速相同，即 $n\neq n_0$，因为，如果两者相等，则转子与旋转磁场之间就没有相对运动了，因而转子导条就不会切割磁感线，转子电动势和转子电流及电磁力和电磁转矩就不存在了。因此转子转速与旋转磁场转速之间必须要有差值，这就是异步电动机名称的由来。

用转速差 $\Delta n = n_0 - n$ 来表示转子转速 n 与同步转速 n_0 之间的转速差，则转差率 s 为转速差与同步转速之比，即

$$s = \frac{\Delta n}{n_0} = \frac{n_0 - n}{n_0} \tag{4-3}$$

转差率是异步电动机的一个重要物理量，转子转速 n 越接近同步转速 ，转差率越小，跟随性越好。一般异步电动机的转差率很小，通常用百分数表示，一般为 1% ~9% 。

3. 三相异步电动机的转矩和机械特性

（1） 转矩特性

转矩特性描述的是电磁转矩与转差率之间的关系。三相异步电动机的电磁转矩是由定子绕组产生的旋转磁场与转子绕组的电流相互作用而产生的，磁场越强转子电流越大，则电磁转矩也越大。

（2） 机械特性

三相异步电动机的机械特性是指转速与电磁转矩的关系，机械特性曲线如图 4-14 所示。

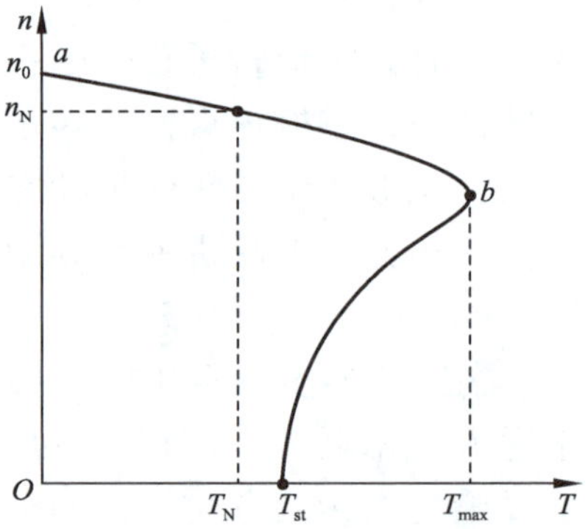

图 4-14　三相异步电动机的机械特性曲线

① 额定转矩 T_N。额定转矩是电动机在等速运行时，电动机的电磁转矩 T 必须与负载转矩 T_L 及空载转矩 T_0 相平衡，即 $T = T_L + T_0$。由于空载转矩 T_0 很小，常可以忽略不计，所以 $T = T_L + T_0 \approx T_L$，并由此得

$$T_N = T_L = \frac{1\,000 P_N}{2\pi n_N/60} = 9\,550\,\frac{P_N}{n_N} \tag{4-4}$$

式中　P_N——三相异步电动机轴上输出的机械功率，kW；

n_N——三相异步电动机的额定转速，r/min。

由式（4-4）计算得到的额定转矩单位为 N · m。

当三相异步电动机的负载转矩增加时，在最初的瞬间三相异步电动机的电磁转矩 $T < T_L$，所以它的转速开始下降，随着转速的下降，电磁转矩增加，三相异步电动机在新的稳定状态下运行，这时的转速较前为低，但是，图 4-14 所示曲线 ab 比较平坦，当负载在空载与额定负载之间变化时，三相异步电动机的转速变化不大，这种特性称为硬机械特性，在应用中非常适用于金属的切削加工。

② 最大转矩 T_{max}。从机械特性曲线上看，转矩有一个最大值，称为最大转矩中的临界转矩。当负载转矩超过最大转矩时，三相异步电动机就带不动负载了，发生了堵转（闷车）现象。此时三相异步电动机的电流迅速升高到额定电流的 7 ~8 倍，三相异步电动机会严重过热导致烧毁。另外，也说明三相异步电动机最大负载转矩可以接近最大转矩，如果过载时间较短，三相异步电动机不至于马上过热，是允许的。

通常用 $\lambda' = \frac{T_{max}}{T_N}$ 表示三相异步电动机的过载能力，称为过载系数。一般三相异步电动机的过载系数为 1. 8 ~2. 2，在选用三相异步电动机时，必须考虑可能出现的最大负载转矩，而后根据所选三相异步电动机的过载系数算出最大转矩。

③ 起动转矩 T_{st}。三相异步电动机起动时的转矩称为起动转矩，起动转矩与电源电压的二次方成正比，当电源电压降低时，起动转矩会明显降低。

三、直流电动机

1. 直流电动机的结构

直流电动机由定子和转子构成，外形如图 4-15（a）所示。

（1）定子

定子由主磁极、换向极、机座、端盖和电刷装置等组成，如图 4-15（b）所示。主磁极由铁芯和励磁绕组组成，励磁绕组通以励磁电流产生主磁场，它可以是一对、两对或多对磁极。换向磁极由换向磁极铁芯和绕组组成，位于两主磁极之间，并与电枢串联，通以电枢电流，产生附加磁场，以改善电动机的换向条件，减小换向器上的火花。在小功率直流电动机中不装换向磁极。机座由铸钢或原钢板制成，用以安装主磁极和换向器等部件，并保护电动机，它既是电动机的外壳又是电动机磁路的一部分。在机座两端各有一个端盖，端盖中心处装有轴承，用来支撑转子和转轴，端盖上还固定有电刷架，用以安装电刷。

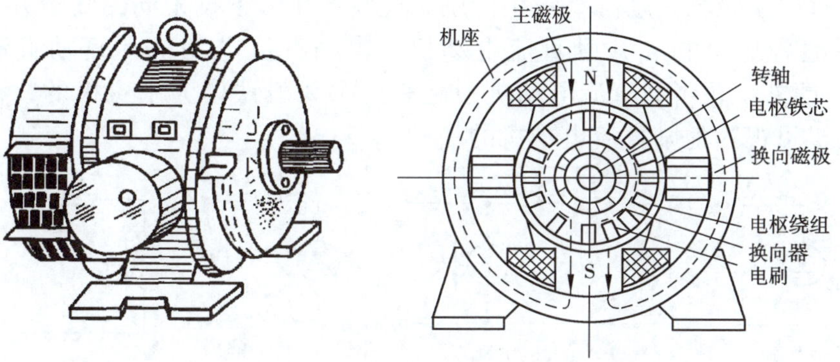

（a）外形　　（b）结构示意图

图 4-15　直流电动机的外形和结构

（2）转子

直流电动机的转子与其连接部件通称电枢，如图 4-16 所示。它主要由电枢铁芯、电枢绕组、转轴和风扇等部件组成。

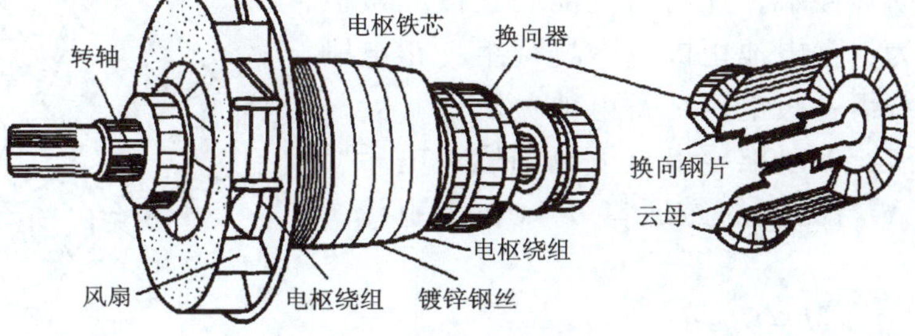

图 4-16　直流电动机转子

电枢铁芯由硅钢片叠压而成，如图 4-17 所示，其表面有许多均匀分布的槽，用来嵌入电枢绕组，电枢绕组由许多相同的线圈组成，按一定规律嵌入电枢铁芯的槽内并与换向器的两片相连。通以电流时在主磁场的作用下产生电磁转矩。

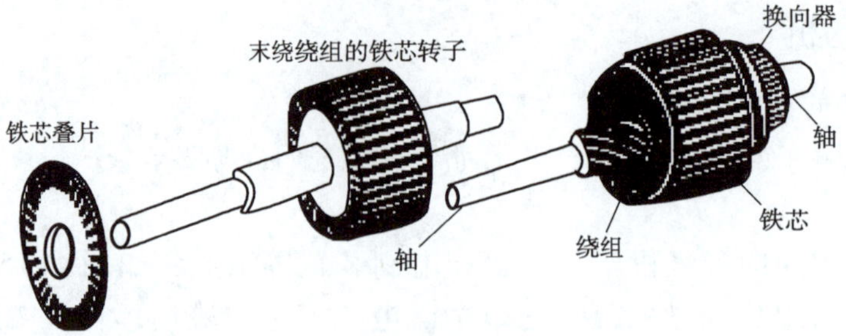

图 4-17　电枢铁芯

换向器又称整流子，是直流电动机的特有装置，它由许多楔形钢片组成，各片间用云母或其他垫片绝缘，外表呈圆柱形，装在转轴上，在换向器表面压着电刷，使旋转的电枢绕组与静止的外电路一直相通，以引入直流电。

（3）直流电动机的分类

直流电动机的主磁场由励磁绕组中的励磁电流产生。根据不同的励磁方式，直流电动机可分为他励直流电动机、并励直流电动机、串励直流电动机和复励直流电动机，如图 4-18所示。此外，在小型直流电动机中也有用永久磁铁作为主磁极的，称为永磁电动机，永磁电动机可视为他励直流电动机的一种。

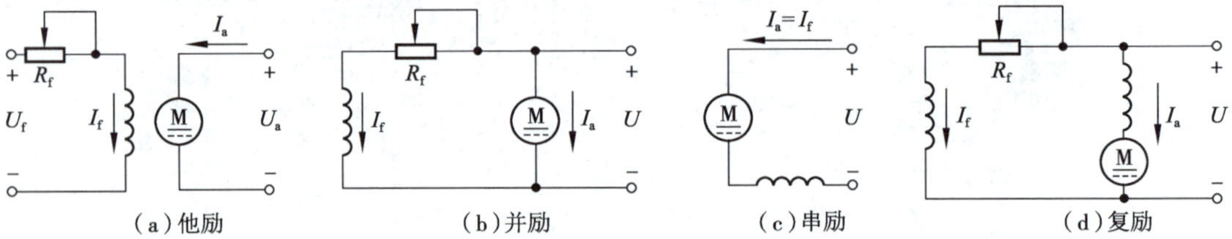

图 4-18　直流电动机的分类

2. 直流电动机的工作原理

直流电动机利用磁场的相互作用将电能转化为机械能。在磁场内，通电导线受到磁场力的作用，而产生移动的倾向。图 4-19 为直流电动机工作原理示意图。在磁场中放置一个线圈，线圈的两点分别与两片换向片连接，两只电刷分别与两片换向片接触，并与蓄电池的正极或负极接通。电流方向为：蓄电池正极→磁场绕组→正电刷→换向片→电枢绕组→负电刷→蓄电池负极。

根据安培定律，可以推导出直流电动机通电后所产生的电磁转矩 M 与磁极的磁通量 Φ 及电枢电流 I_s 之间的关系：

$$M = C_m \Phi I_s \qquad (4-5)$$

式中，C_m 为电动机的结构常数，它与电动机磁极对数 p、电枢绕组导线总根数 Z 及电枢绕组电路的支路对数 a 有关，即 $C_m = pZ/(2\pi a)$。

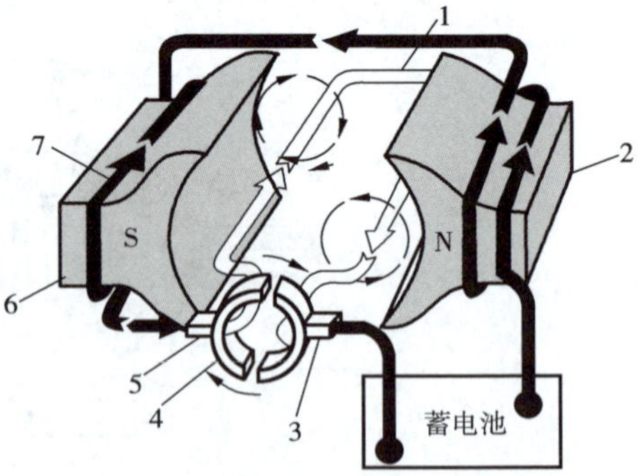

图 4-19　直流电动机工作原理示意图

1—电枢绕组；2、6—极靴；3、5—电刷；4—开口的环形换向器；7—磁场绕组

（1）直流电动机转矩自动调节原理

根据上述原理分析，电枢在电磁转矩 M 作用下产生转动，由于绕组在转动同时切割

磁感线而产生感应电动势，并根据右手定则判定其方向与电枢电流 I_s 的方向相反，故称为反电动势 E_f。反电动势 E_f 与磁极的磁通量 Φ 和电枢转速 n 成正比，即

$$E_f = C_e \Phi n \tag{4-6}$$

式中，C_e 为电动机的结构常数。

由此可推出电枢回路的电压平衡方程式，即

$$U = E_f + I_s R_s \tag{4-7}$$

式中，R_s 为电枢回路电阻，其中包括电枢绕组的电阻和电刷与换向器的接触电阻。

在直流电动机刚接通电源的瞬间，电枢转速 n 为 0，电枢反电动势也为 0，此时，电枢绕组中的电流达到最大值，即 $I_{sm} = U/R_s$，将相应产生最大电磁转矩，即 M_{max}，若此时的电磁转矩大于电动机的阻力矩 M_z，电枢就开始加速转动起来。随着电枢转速的上升，E_f 增大，I_s 下降，电磁转矩 M 也就随之下降。当 M 下降至与 M_z 相平衡（$M = M_z$）时，电枢就以此转速运转。

如果直流电动机在工作过程中负载增大，则出现如下的变化：

$M < M_z \rightarrow n\downarrow \rightarrow E_f\downarrow \rightarrow I_s\uparrow \rightarrow M\uparrow \rightarrow M = M_z$，达到新的稳定。

或直流电动机在工作过程中负载减小，则出现如下的变化：

$M > M_z \rightarrow n\uparrow \rightarrow E_f\uparrow \rightarrow I_s\downarrow \rightarrow M\downarrow \rightarrow M = M_z$，达到新的稳定。

可见，当负载变化时，直流电动机能通过转速、电流和转矩的自动变化来满足负载的需要，使之能在新的转速下稳定工作。因此，直流电动机具有自动调节转矩的功能。

（2）直流电动机的工作特性

直流电动机多为串励直流电动机，这是因为串励直流电动机的特性可满足需要。起动机的转矩、转速、功率与电流的关系称为起动机的特性曲线。起动机的特性取决于直流电动机的特性，而串励直流电动机特性的特点是起动转矩大，机械特性软。

① 转矩特性。对于串励直流电动机，其磁场电流 I_j 与电枢电流 I_s 相同，并且磁极未饱和时，磁通 Φ 与电枢电流成正比，即 $\Phi = C_1 I_s$，所以，串励直流电动机的转矩可表示为

$$M = C_m I_s \Phi = C_1 C_m I_j I_s = C_1 C_m I_s^2 \tag{4-8}$$

可见，在磁极未饱和的情况下，串励直流电动机的电磁转矩 M 与电枢电流 I_s 的二次方成正比。

由直流电动机的转矩特性（见图 4-20）可知，只有在磁场饱和后，串励直流电动机的电磁转矩才与电枢电流成正比。而当电枢电流相同时，串励直流电动机产生的电磁转矩要大得多，这是起动机采用串励直流电动机的原因之一。

② 机械特性。由以上公式可推出串励直流电动机转速 n 与电枢电流 I_s 的关系式，即

$$n = [U - I_s(R_j + R_s)] / (C_1 \Phi) \tag{4-9}$$

相比而言，串励直流电动机在磁极未饱和时，由于 Φ 不为常数，当 I_s 增加，即电磁转矩增大，由于 Φ 与 $I_s(R_j + R_s)$ 同时随之增加。因此，电枢转速 n 随 $I_s(M)$ 的增大下降较快，故具有较软的机械特性，如图 4-21 所示。

从机械特性同样看出，串励直流电动机具有轻载转速高、重载转速低的特点。重载转速低，可以保证电动机在起动时（重载）不会超出许用功率而烧毁，使起动安全可靠。这是起动机采用串励直流电动机的又一原因。但由于其轻载或空载时转速很高，容易造成“飞散”事故，故对于功率较大的串励直流电动机，不允许在轻载或空载下运行。

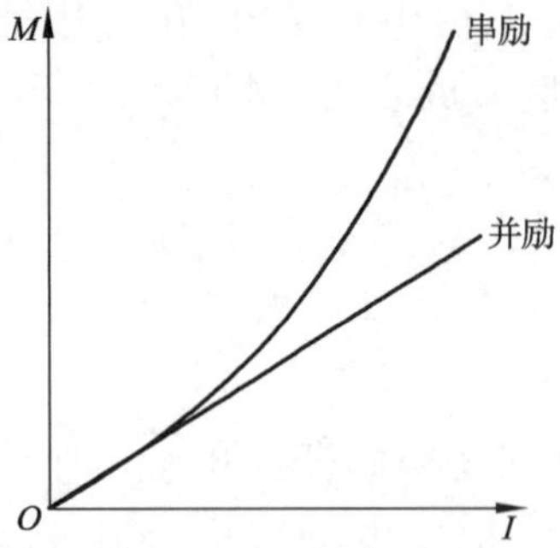

图 4-20　直流电动机的转矩特性

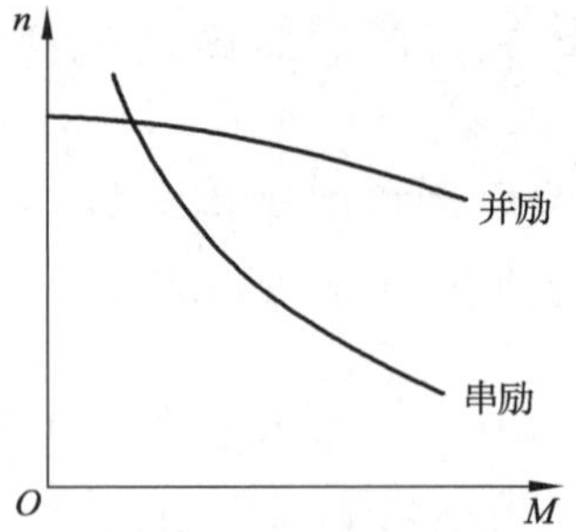

图 4-21　直流电动机机械特性

③ 功率特性。起动机功率由电动机电枢转矩 M 和电枢转速 n 来确定，即

$$P=Mn/9\,550 \tag{4-10}$$

由转矩特性、机械特性及式（4-10）可得到起动机特性曲线，如图 4-22 所示。

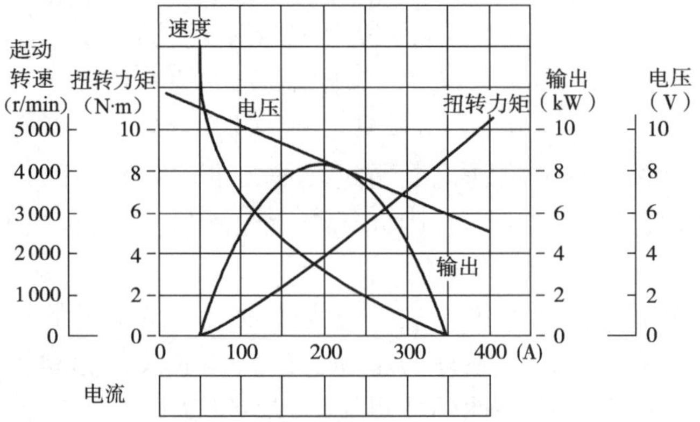

图 4-22　起动机特性曲线

在完全制动状态（$n=0$）和空载（$M=0$）时，起动机的功率等于零，电枢电流接近制动电流的一半时，电动机输出功率最大。由于起动机起动时间很短，起动机可以最大功率运转，因此将其最大功率作为额定功率。

起动机功率必须保证发动机能够迅速可靠起动，若功率不够将会增加起动次数，缩短蓄电池的使用寿命，增加燃料消耗，增加低温下发动机零件的磨损。起动发动机所必须的功率，取决于发动机的最低起动转速和起动阻力矩，即

$$P=M_Q n_Q/9\,550 \tag{4-11}$$

式中　M_Q——发动机的起动阻力矩，N · m；

n_Q——发动机最低起动转速，r/min。

发动机的起动阻力矩是指在最低起动转速时发动机的阻力矩。由摩擦阻力矩、压缩损失力矩、驱动发动机附件的阻力矩三部分组成。而影响上述三种阻力矩的因素主要有：润滑油黏度、气缸的工作容积、压缩比、缸数、转速、温度及附件数等。由于柴油机压缩比较大，驱动附件的功率也较大，柴油机的阻力矩一般比汽油机大一倍，各型发动机阻力矩可由实验方法确定。

3. 汽车车用电动机

（1）车用起动机

汽车起动机用直流电动机，现代汽车都是依靠起动机带动发动机旋转进行起动的，而起动机的主要部件就是直流电动机。起动机正是依靠蓄电池向直流电动机供电，而带动曲轴旋转，起动发动机的。汽车车用起动机如图 4-23 所示，它的电枢绕组与磁场绕组串联，所以它属于串励直流电动机。

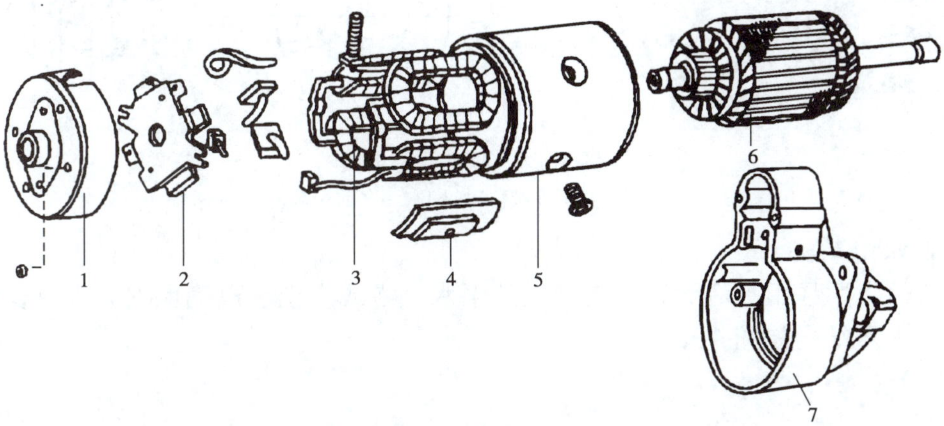

图 4-23　汽车车用起动机

1—端盖；2—电刷和刷架；3—磁场绕组；4—磁极铁芯；5—机壳；6—电枢；7—后端盖

① 机壳。起动机机壳的一端有四个检查窗口，中部只有一个电流输入接线柱，并在内部与励磁绕组的一端相连。

② 磁场绕组。磁场绕组由绕在极靴上的线圈构成，如图 4-24（a）所示。磁场绕组固定到起动机外壳里面如图 4-24（b）所示。用铸钢制造的极靴和起动机外壳连接在一起，可增加磁场绕组的磁场强度如图 4-25所示。

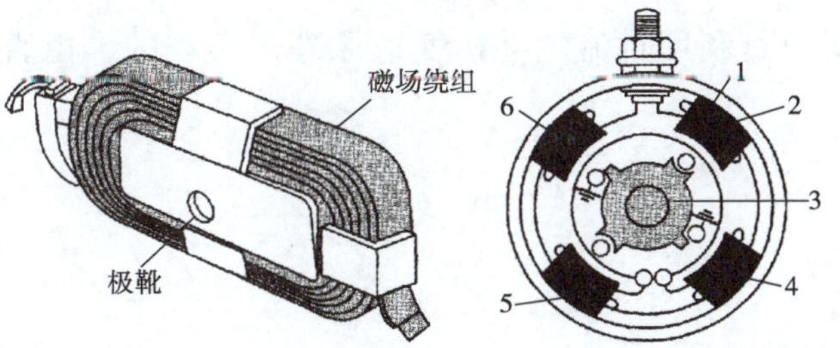

（a）磁场绕组　　（b）磁场绕组与机壳的组装

图 4-24　磁场绕组

1、4、5、6—磁场绕组；2—外壳；3—电枢

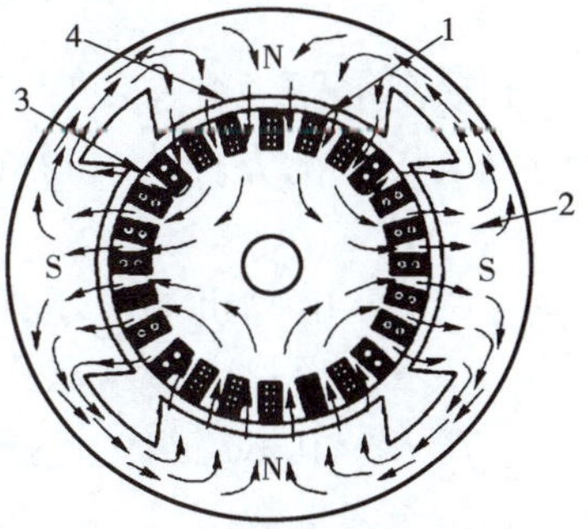

图 4-25　磁场绕组形成的磁场

1—电枢绕组；2—极靴；3—电枢；4—气隙

③ 电枢。电枢由若干薄的、外圆带槽的硅钢片叠成的铁芯和电枢绕组组成。铁芯的叠片结构可以减小涡流电流。电枢绕组安装在叠片外径边缘的槽内，绕组线匝分别接到换向器铜片上，电枢安装在电枢轴上。

④ 换向器及电刷。电刷架一般为框式结构，其中正极刷架与端盖绝缘地固装，负极刷架直接搭铁。电刷置于电刷架中，电刷由铜粉与石墨粉压制而成，呈棕红色。电刷架上

装有弹性较好的盘形弹簧，换向器及电刷，如图 4-26 所示。

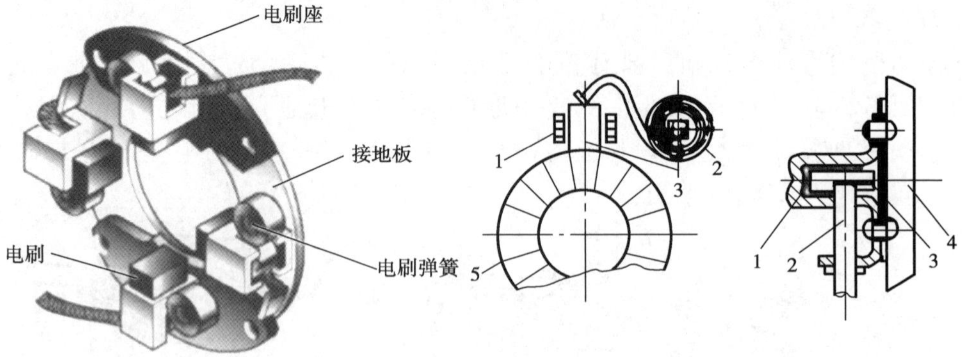

图 4-26　换向器及电刷

1—框式刷架；2—盘形弹簧；3—电刷；4—前端盖；5—换向器

（2）刮水电动机

刮水器的作用是用来清除风窗玻璃上的雨水、雪或尘土，以确保驾驶人有良好的能见度。电动刮水器结构如图 4-27 所示。

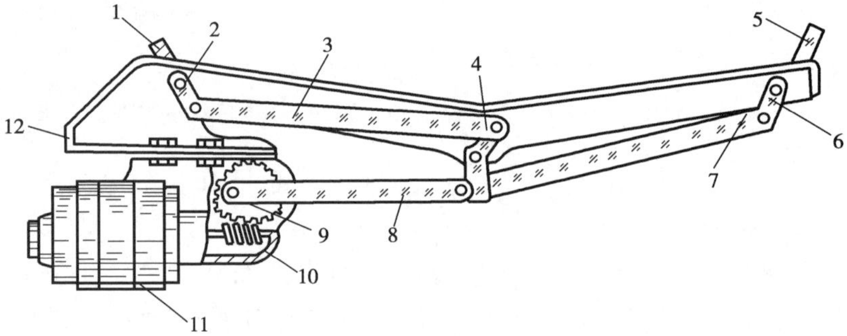

图 4-27　电动刮水器结构

1、5—刷架；2、4、6—摆杆；3、7、8—拉杆；9—蜗轮；10—蜗杆；11—电动机；12—底板

电动刮水器的变速原理：刮水器的变速是利用直流电动机变速原理来实现的，由直流电动机电压平衡方程式可得转速公式为

$$n = (U - IR) / (KZ\Phi)$$

式中　U——电动机端电压；

I——通过电枢绕组中的电流；

R——电枢绕组的电阻；

K——常数；

Z——正、负电刷间串联的导体数；

Φ——磁极磁通。

在电压 U 和直流电动机定型的条件下，即 I、R、K 均为常数，当磁极磁通 Φ 增大时转速 n 下降；反之，则转速上升。若两电刷之间串联的导体数增加时，转速 n 也下降；反之，则转速上升。所以，刮水器变速是在直流电动机变速的理论基础上，采取改变电动机磁极磁通的强弱，或者改变两电刷之间的导体数（绕组数）多少来实现的。

① 改变磁通变速。采用改变电动机磁极磁通变速的方法，只适合于线绕式直流电动机。线绕式电动刮水器的工作原理如图 4-28 所示。

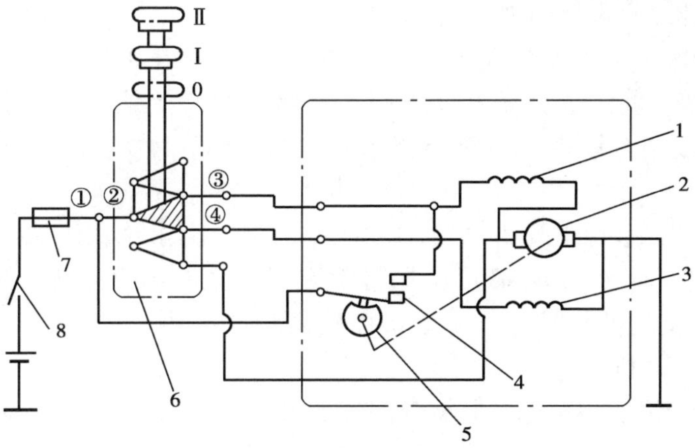

图 4-28　线绕式电动刮水器的工作原理

1—串励绕组；2—电枢；3—并励绕组；4—触点；5—凸轮；
6—刮水器开关；7—熔断器；8—电源开关

当刮水器开关在Ⅰ挡位置（低速）时，电流由蓄电池正极经电源开关、熔断器、接线柱①、接触片，然后分两路：一路通过接线柱③、串励绕组 1、电枢 2 至蓄电池负极形成回路；另一路通过接线柱④、并励绕组 3 至蓄电池负极形成回路。此时，在串励绕组 1 和并励绕组 3 的共同作用下，磁场增强，电动机以低速运转。

当刮水器开关在Ⅱ挡位置（高速）时，电流由蓄电池正极经电源开关、熔断器、接线柱①、接线柱②、接触片、接线柱③、串励绕组 1、电枢 2 至蓄电池负极形成回路。此时由于并励绕组 3 被隔除，磁场减弱，电动机以高速运转。

② 改变电刷间的导体数变速。改变电刷间导体数变速的方法只能通过永磁电动机（三刷永磁式直流电动机）来实现，它的磁极为铁氧体永久磁铁，具有不易退磁的优点。能够实现高、低转速，其工作原理如图 4-29 所示。

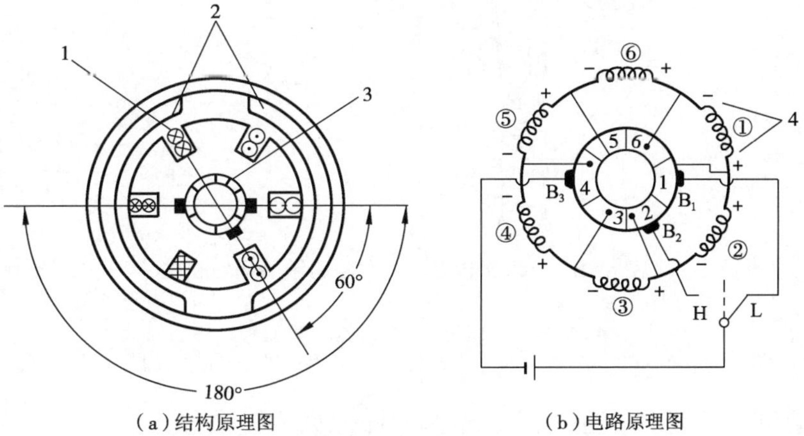

图 4-29　永磁式刮水电动机的工作原理

1—电枢绕组；2—永久磁铁；3—换向器；4—反电动势

B_1 为低速运转电刷，B_2 为高速运转电刷，B_3 为公共电刷。B_1、B_2 安装位置相差 60°。

当电动机工作时，在电枢内同时产生反电动势，其方向与电枢电流的方向相反。如要使电枢旋转，外加电压 U 必须克服反电动势 e 的作用，即 $U>e$，当电枢的转速上升时，反电动势也相应上升，只有当外加电压 U 几乎等于 e 时，电枢的转速才趋于稳定。

图 4-28（b）中，当开关拨向 L 时，电源电压 U 加在 B_1 和 B_3 之间，由于线圈①、⑥、⑤和线圈②、③、④组成两条并联支路，支路中串联的线圈（导体）均为有效线圈，串联线圈（导体）数相对较多（每条支路串联三组绕组），故反电动势较大，电动机以较低转速运转。

当开关拨向 H 时，电源电压 U 加在 B_2 和 B_3 之间，由于线圈①和线圈②产生方向相反的电动势，互相抵消，故组成两条并联支路中串联线圈（导体）数相对较少（每条支路串联两组绕组），故反电动势较小，电动机以较高转速运转。

（3）电动门锁电动机

利用控制直流电动机的正反转来实现门锁的开、关动作。直流电动机式中控门锁主要由双向电动机、导线、继电器、门锁开关及连杆操纵机构组成，直流电动机式中控门锁的操纵机构，如图 4-30 所示。

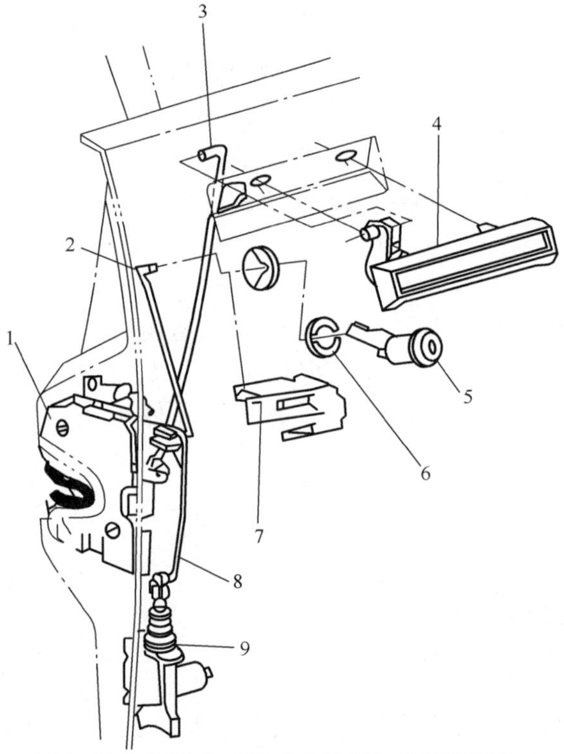

图 4-30　直流电动机式中控门锁的操纵机构

1—门锁总成；2—锁芯至门锁连杆；3—外门锁把手至门锁连杆；
4—外门锁把手；5—锁芯；6—垫圈；
7—锁芯定位架；8—电动机至门锁连杆；9—门锁电动机

当门锁电动机 9 运转时，通过门锁操纵连杆操纵门锁动作，电动机的旋转方向由经过电动机电枢的电流方向决定。若锁门时，电动机电枢流通的是正向电流；开锁时，电动机电枢流通的则为反向电流，电动机即反向旋转。这样利用电动机的正转或反转，就可完成车门的闭锁和开锁动作。

（4）步进电动机

步进电动机是一种利用电磁铁的作用原理将电脉冲信号转换为线位移或角位移的电动

机。图 4-31 所示是反应式步进电动机的原理图。它的定子具有均匀分布的六个磁极，磁极上绕有绕组，两个相对的磁极组成一相。假定转子具有均匀分布的四个齿，有单三拍、六拍及双三拍三种工作方式。

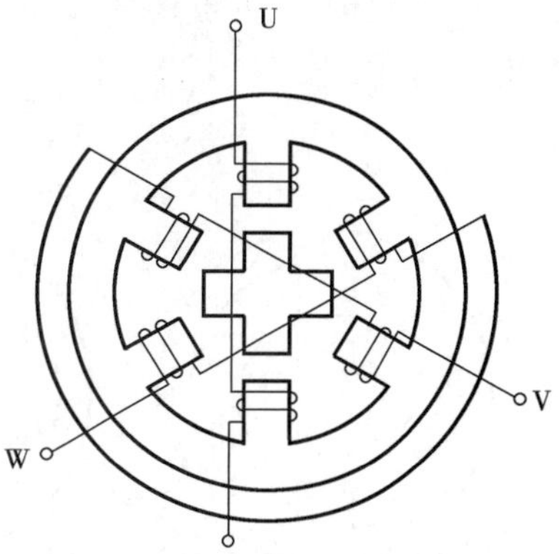

图 4-31　反应式步进电动机的原理图

① 单三拍。设 U 相首先通电（V、W 两相不通电），产生 U-U′轴线方向的磁通，并通过转子形成闭合回路。这时 U、U′极就成为电磁铁的 N 、S 极。在磁场的作用下，转子总是力图转到磁阻最小的位置，也就是要转到转子的齿对齐 U、U′极的位置，如图 4-32（a）所示；接着 V 相通电（U、W 两相不通电），转子便顺时针方向转过 30°，它的齿和 V、V′极对齐，如图 4-32（b）所示，随后 W 相通电（ U 、V 两相不通电），转子又顺时针方向转过 30°，它的齿和 W、W′极对齐，如图 4-32（c）所示。不难理解，当脉冲信号一个一个发来，如果按 U→V→W→U……的顺序通电，则电动机转子便顺时针方向一步一步地转动。每一步的转角为 30°（称为步距角）。电流换接三次，磁场旋转一周，转子前进了一个齿距角（转子四个齿时为 90°）。如果按 U→W→V→U…… 的顺序通电，则电动机转子便逆时针方向转动，这种通电方式称为单三拍方式。

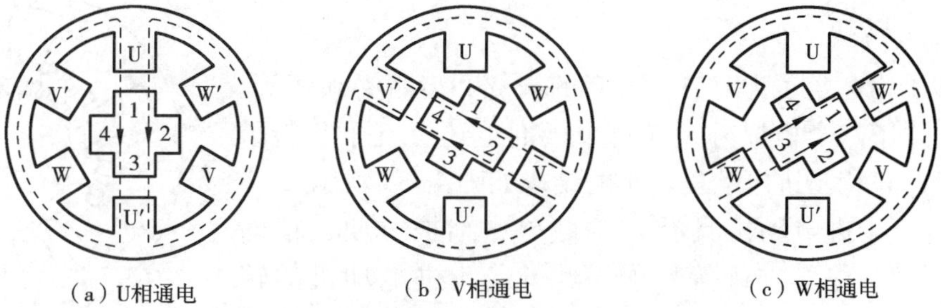

图 4-32　单三拍通电方式时转子的位置

② 六拍。设 U 相首先通电，转子齿和定子 U、U′极对齐，如图 4-33（a）所示；然后 U 相继续通电的情况下接 V 相，这时定子 V、V′极对转子齿 2、4 有磁拉力，使转子顺时针方向转动，但是 U、U′极继续拉住转子齿 1、3。因此，转子转到两个磁拉力平衡时为止，这时转子的位置，如图 4-33（b）所示，即转子从图4-33（a)所示的位置顺时针方向转过了 15°。接着 U 相断电，V 相继续通电。这时转子齿 2、4 和定子 V、V′极对齐，如图 4-33（c）所示，转子从图 4-33（b）所示的位置又转过了 15°。而后接通 W 相，V 相仍然继续通电，这时转子又转过了 15°，其位置如图 4-33（d）所示。这样，如果按 U→U、V→V→V、W→W、U→U→……的顺序通电，则转子便顺时针方向一步一步地转动，步距角为 15°，电流换接六次，磁场旋转一周，转子前进了一个齿距角。如果按 U→U、W→W→W、V→V→V、U→U→……的顺序通电，则转子逆时针方向转动，这种通电方式称为六拍方式。

③ 双三拍。如果每次都是两相通电，即按 U、V→V、W→W、U→U、V→……的顺序通电，则称为双三拍方式。

从图 4-33（b）和图 4-33（d）可见，步距角也是 30°。由上述可知，采用单三拍方式和双三拍方式时，转子走三步前进了一个齿距角，每走一步前进了三分之一齿距角；采用六拍方式时，转子走六步前进了一个齿距角，每走一步前进了六分之一齿距角。因此步距角 θ 可用式（4-12）计算

$$\theta = \frac{360°}{Z_r m} \tag{4-12}$$

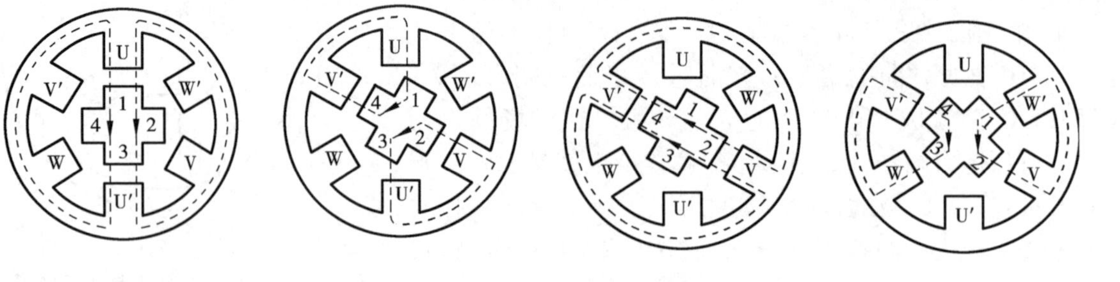

（a）U相通电　（b）U、V相通电　（c）V相通电　（d）V、W相通电

图 4-33　六拍通电方式时转子的位置

式中　Z_r——转子齿数；

m——运行拍数。

实际上，一般步进电动机的步距角不是30°或15°，而是3°或1.5°。由式（4-12）可知，转子上不止4个齿（齿距角360°/4 = 90°），而有40个齿（齿距角为9°）。

为了使转子齿和定子齿对齐，两者的齿宽和齿距必须相等。因此，定子上除了六个极以外，在每个极面上还有五个和转子齿一样的小齿，三相步进电动机转子的结构如图4-34所示。

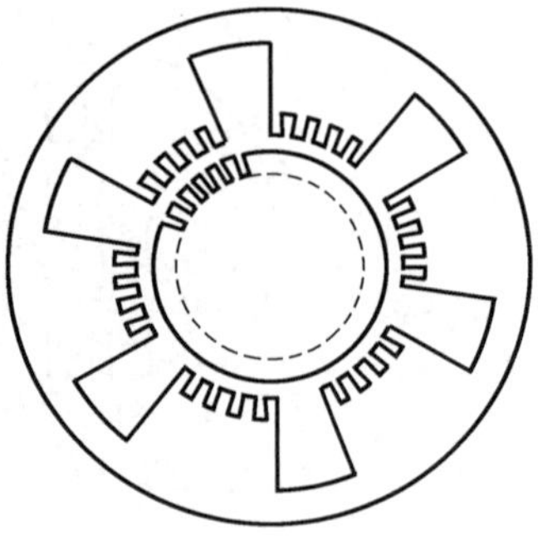

图 4-34　三相步进电动机转子的结构

可以看出，步进电动机具有结构简单、维护方便、精确度高、起动灵敏、停车准确等性能。此外，步进电动机的转速决定于脉冲频率，并与频率同步。需要指出的是，电脉冲不能直接用来控制步进电动机，必须采用脉冲分配器先将电脉冲按通电工作方式进行分配而后经脉冲放大器放大到具有足够的功率，才能驱动电动机工作，步进电动机的工作过程如图4-35所示。

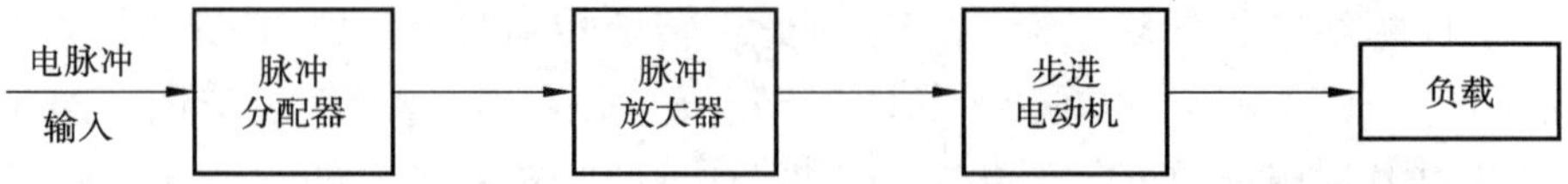

图 4-35　步进电动机的工作过程

④ 步进电动机在汽车上的应用。当发动机怠速运转时，由于空调压缩机、动力转向助力泵、发电机等负载的变化会引起怠速转速发生波动，因此需要对发动机怠速转速进行调整。燃油喷射系统的怠速控制阀分为步进电动机式、脉冲电磁阀式和真空阀式三种。目前大多采用步进电动机式怠速控制阀，怠速控制阀安装在发动机节气门体上或节气门体附近，安装位置如图4-36所示。

（5）永磁转子式步进电动机

永磁转子式步进电动机的转子是一个具有N极和S极的永久磁铁，定子有两相独立的绕组，如图4-37（a）所示。当从 V_1 到V向绕组输入一个电脉冲信号时，绕组产生一个

磁场，在磁力同性相斥、异性相吸的原理作用下，使转子 S 极在右、N 极在左。

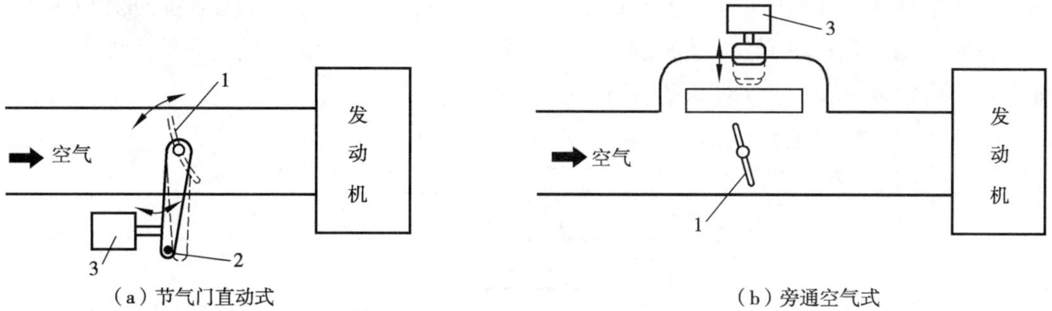

图 4-36　怠速空气量的控制方式

1—节气门；2—节气门操纵臂；3—怠速控制阀

当从 V_1 到 V 输入的脉冲信号消失后，再从 U 到 U_1 向绕组输入另一个脉冲信号时，绕组产生一个磁场，N 极在上、S 极在下，如图 4-37（b）所示。在同性相斥、异性相吸的原理作用下，转子就会沿逆时针方向转动 90°，如图 4-37（c）所示。

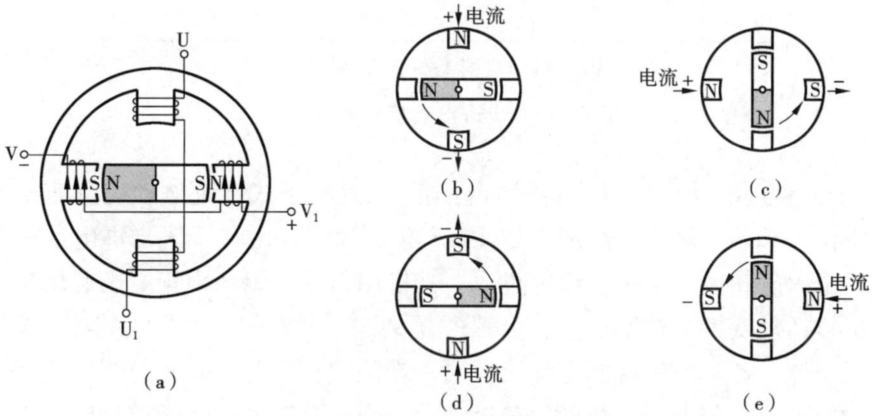

图 4-37　永磁转子式步进电动机基本结构与步进原理

当从 U 到 U_1 输入的脉冲信号消失后，再从 V 到 V_1 向绕组输入另一个脉冲信号时，绕组产生一个磁场，N 极在左、S 极在右，如图 4-37（c）所示。在同性相斥、异性相吸的原理作用下，转子就会沿逆时针方向转动 90°，如图 4-37（d）所示。

当从 V 到 V_1 输入的脉冲信号消失后，再从 U_1 到 U 向绕组输入另一个脉冲信号时，绕组产生一个磁场 N 极在下、S 极在上，如图 4-37（d）所示。在同性相斥、异性相吸的原理作用下，转子就会沿逆时针方向转动 90°，如图 4-37（e）所示。如果依次按 $V_1 \to V$、$U \to U_1$、$V \to V_1$、$U_1 \to U$ 的顺序向绕组输入四个脉冲信号，如图 4-38（a）所示，电动机就会沿逆时针方向转动一圈。同理，如果依次按 $U_1 \to U$、$V_1 \to V$、$U \to U_1$、$V \to V_1$ 的顺序向绕组输入四个脉冲信号，如图 4-38（b）所示，电动机就会沿顺时针方向转动一圈。

① 步进角。每输入一个脉冲信号使电动机转动的角度，称为步进电动机的步进角。步进电动机定子磁爪越多，步进角越小，转角的控制精度就越高，所需定子绕组的数量和控制脉冲的组数就越多。步进电动机的转速取决于控制脉冲的频率，频率越高，转速越快。常用步进电动机的步进角有 30°、15°、11.25°、7.5°、3.75°、2.5°、1.8°等。如丰田皇冠 3.0 型轿车 ZJZ-GE 发动机采用的永磁式步进电动机，其转子设有 8 对磁极，定子

设有 32 个磁爪，转子转动一圈前进 32 步，步进角为 11.25°，该步进电动机的工作范围为 0～125 步（大约转动 4 圈）。奥迪 200 型轿车采用的永磁转子式步进电动机设有两个线圈，转子转动一圈前进 24 步，每前进一步约需 4 ms，步进角为 15°，该步进电动机的工作范围为 0～128 步（大约转动 5.3 圈）。

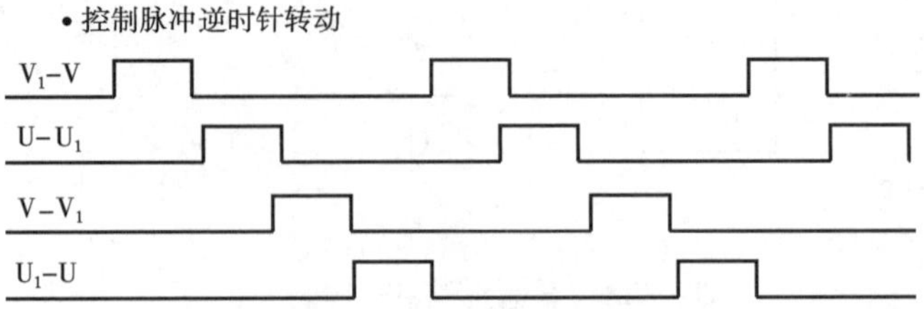

（a）逆时针步进转动控制脉冲

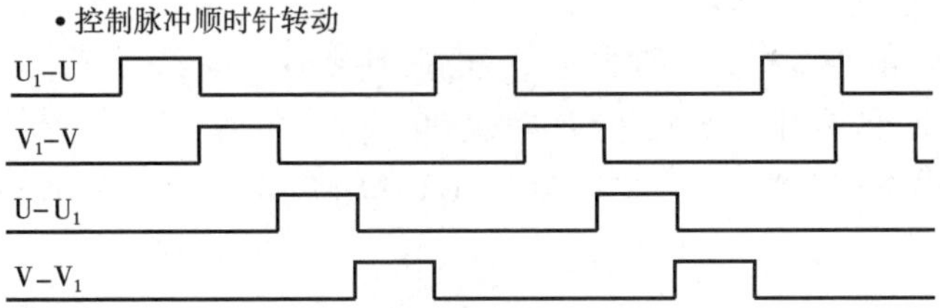

（b）顺时针步进转动控制脉冲

图 4-38　步进电动机控制脉冲

② 永磁转子式步进电动机怠速控制阀的结构。永磁转子式步进电动机怠速控制阀由步进电动机、螺旋机构、阀芯、阀座等组成，如图 4-39 所示。永磁转子式步进电动机的结构与其他电动机一样，由永磁转子、定子绕组等组成，其作用是产生驱动力矩。螺旋机构的作用是将步进电动机的旋转运动变换为往复运动，由螺杆（又称“丝杠”）和螺母组成。螺母与步进电动机的转子制成一体，螺杆的一端制有螺纹，另一端固定有阀芯，螺杆与阀体之间为滑动花键连接，只能沿轴向做直线移动，不能做旋转运动。当步进电动机的转子转动时，螺母将带动螺杆做轴向移动。转子转动一圈，螺杆移动一个螺距。因为阀芯与螺杆固定连接，所以螺杆将带动阀芯开大或关小阀门开度。ECU 通过控制步进电动机的转动方向和转动角度来控制螺杆的移动方向和移动距离，从而达到控制怠速阀开度，调整怠速转速的目的。

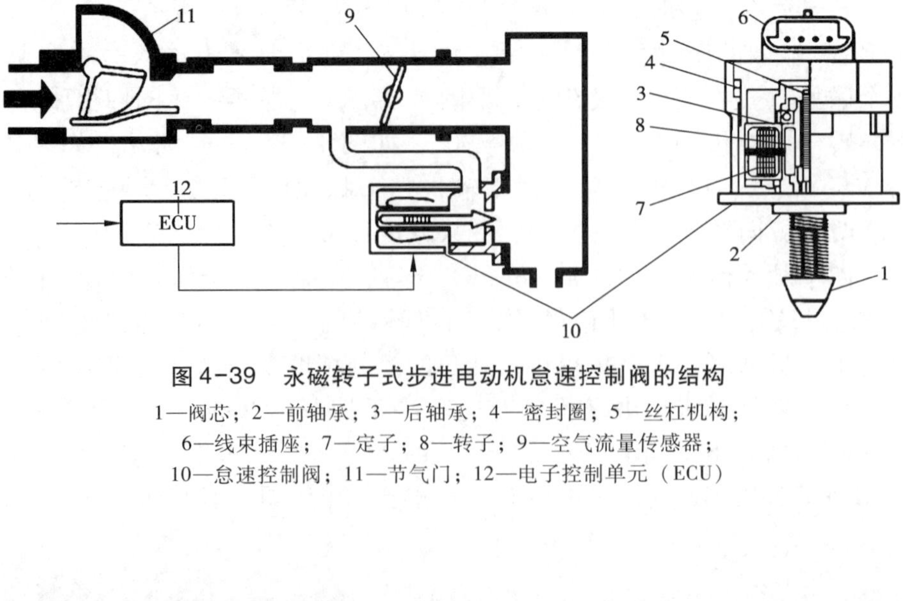

图 4-39　永磁转子式步进电动机怠速控制阀的结构

1—阀芯；2—前轴承；3—后轴承；4—密封圈；5—丝杠机构；
6—线束插座；7—定子；8—转子；9—空气流量传感器；
10—怠速控制阀；11—节气门；12—电子控制单元（ECU）

项目实施

实施目的及要求：

① 通过本项目的实施，对汽车电路有初步认识，会设计简单直流电路。

② 能够正确使用万用表对电压、电阻、电流等参数进行测量。

③ 能够正确使用电工工具。

任务　起动机拆装与检测

【任务要求】

① 了解起动机的结构。

② 直流电动机的检测。

【任务指导】

1. 起动机的拆解

从车上拆下起动机后，首先要清洁外部的油污和灰尘，然后按下列步骤进行解体：

① 旋出防尘盖固定螺钉，取下防尘盖，用专用钢丝钩取出电刷；拆下电枢轴上止推圈处的卡簧，如图 4-40 所示。

② 用扳手旋出两紧固穿心螺栓，取下前端盖，抽出电枢，如图 4-41 所示。

图 4-40　拆卸电刷

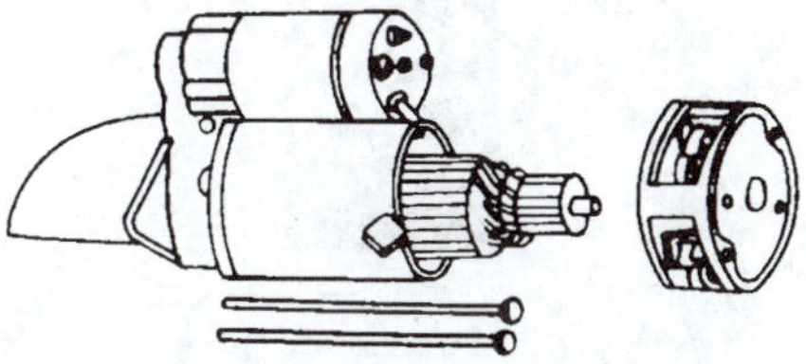
图 4-41　拆卸前端盖和电枢

③ 拆下电磁开关主接线柱与电动机接线柱间的导电片；旋出后端盖上的电磁开关紧固螺钉，使电磁开关后端盖与中间壳体分离，如图 4-42 所示。

④ 从后端盖上旋下中间支承板紧固螺钉，取下中间支承板，旋出拨叉轴销螺钉，抽出拨叉，取出离合器，如图 4-43 所示。

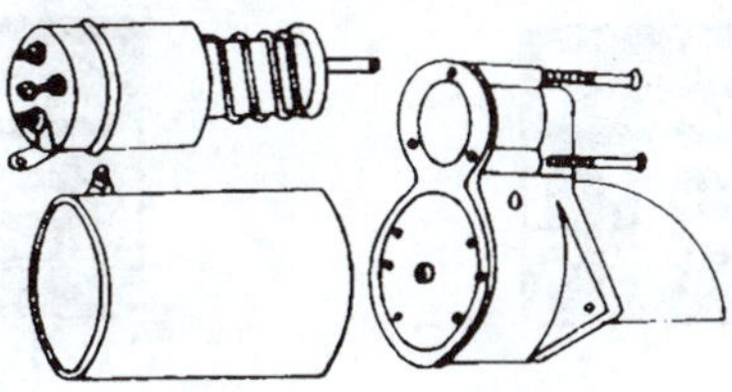
图 4-42　拆卸电磁开关

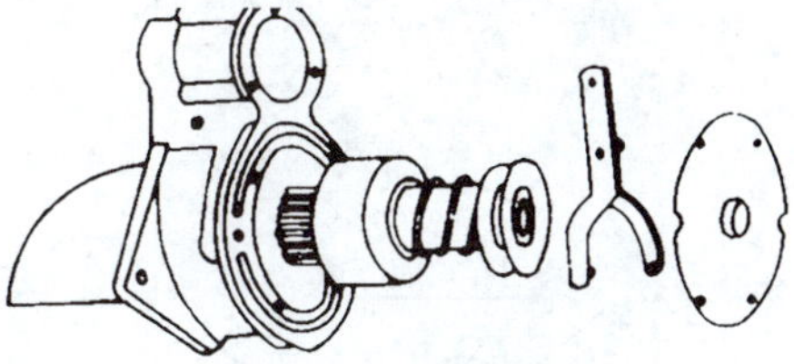
图 4-43　拆卸离合器

⑤ 将已解体的机械部分浸入清洗液中清洗，电器部分用棉纱蘸少量汽油擦拭干净。必要时，可分解电磁开关，其步骤如下：

a. 拆下电磁开关前端固定螺钉，取下前端盖。

b. 取下接触盘锁片、触盘、弹簧，抽出铁芯。

c. 取下固定铁芯卡簧及固定铁芯，抽出铜套及吸引线圈和保持线圈。

2. 起动机的检修

(1) 直流电动机的检修

① 定子（磁场部分）的检修。用万用表测量磁场绕组的电阻，如图 4-44 所示，若电阻与图 4-44 中所示不符，说明磁场绕组有故障。

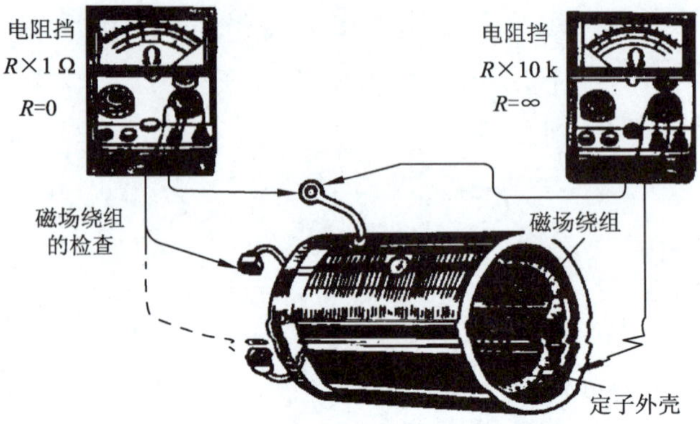

图 4-44　磁场绕组及其外壳的检修

② 转子（电枢部分）的检修。用万用表测量转子绕组与转子轴之间的电阻，检查转子绕组的电阻，电阻值应符合要求，如图 4-45、图 4-46 所示。电枢轴跳动的检查如图 4-47所示，其跳动量不大于 0.08 mm，否则应更换或校正电枢。

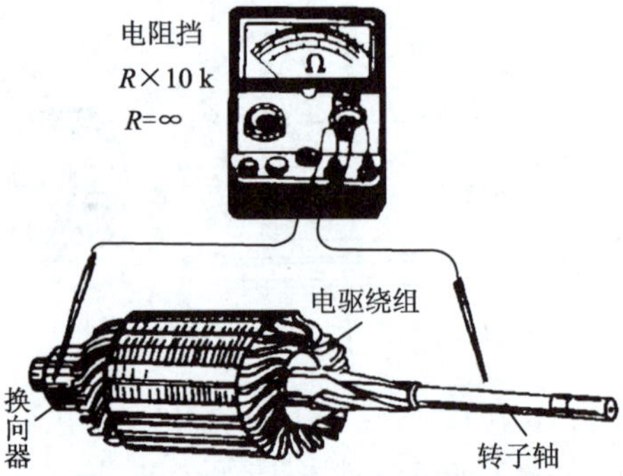

图 4-45　换向器与转子轴间的检修

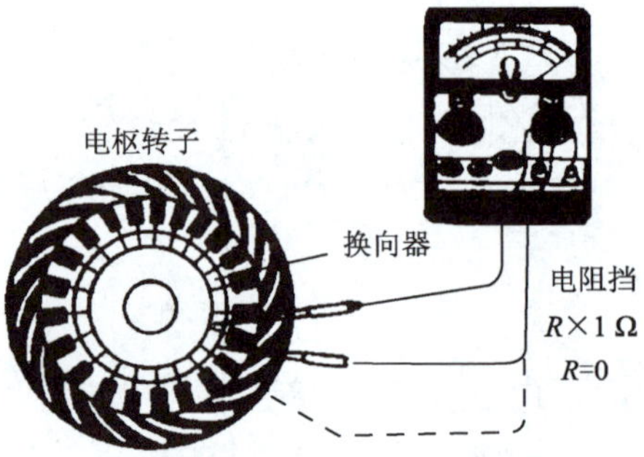

图 4-46　电枢绕组（换向片与换向片间）的检修

③ 电刷架的检修，如图 4-48 所示。

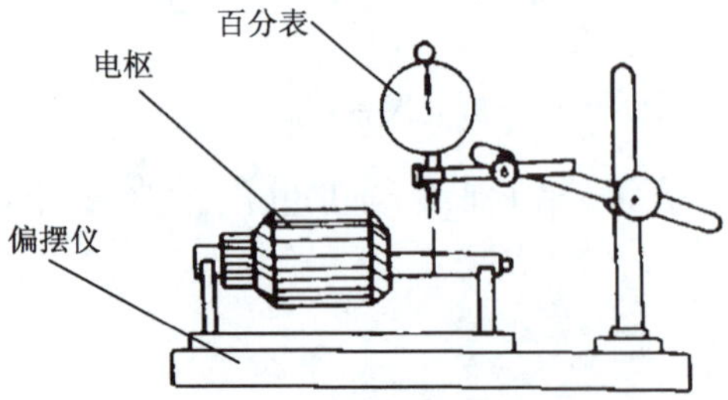

图 4-47　电枢轴跳动的检修

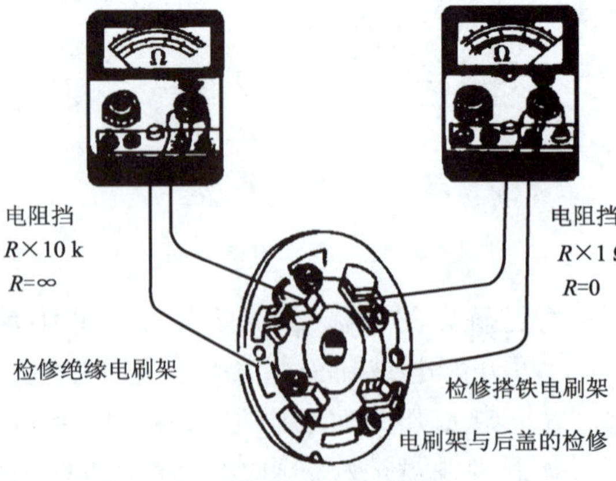

图 4-48　电刷架的检修

（2）传动机构的检修

① 单向离合器的检修。将单向离合器及驱动齿轮总成装到电枢轴上，握住电枢，当转动单向离合器外座圈时，驱动齿轮总成应能沿电枢轴自如滑动，如图 4-49 所示。握住外离合器座圈，转动驱动齿轮，应能自由转动；反转时，不应转动，否则就有故障，应更换单向离合器。

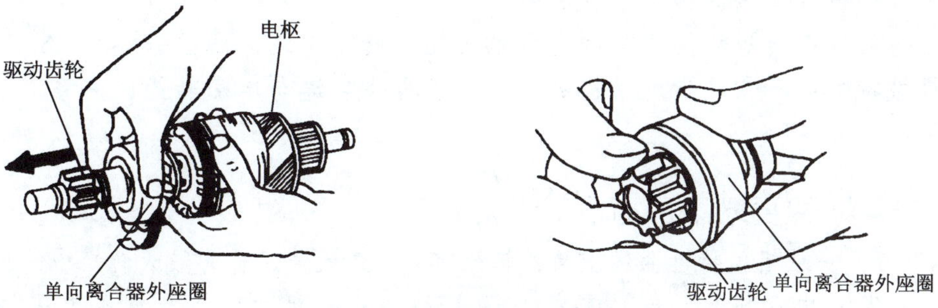

图 4-49　单向离合器的检修

② 驱动齿轮位置的调整。将驱动齿轮推到离电枢最远的位置上，检查驱动齿轮与驱动端端盖内端面的间隙，其间隙应在 0. 3 ~ 2. 5 mm 之间。若达不到，则应调整电磁开关的滑动阀上的调整螺母或增减电磁开关与驱动端端盖之间的垫圈。

③ 控制装置的检修。电磁开关的检查：测量吸引线圈的电阻值，应为（0. 97 ± 0. 01）Ω，如图 4-50 所示；测量保持线圈的电阻值，应为（0. 6 ± 0. 05）Ω，如图 4-51 所示。

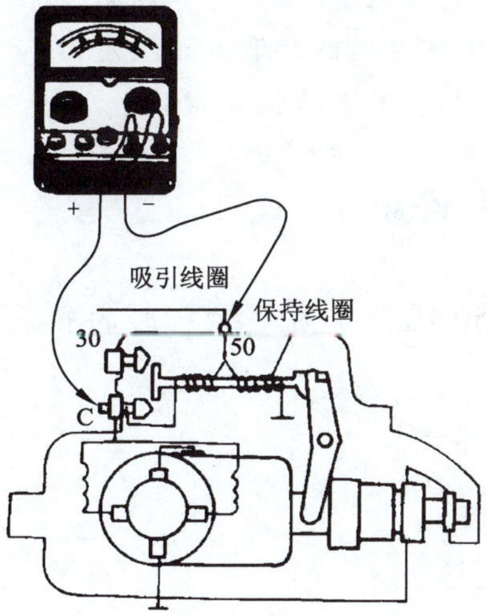

图 4-50　吸引线圈电阻的测量

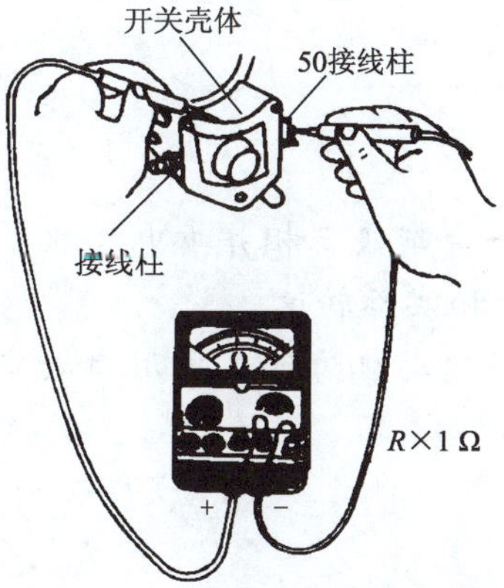

图 4-51　保持线圈电阻的测量

小　结

1. 交流发电机的工作原理：交流发电机利用电磁感应原理产生的电流工作。
2. 交流发电机的主要部件有：转子、电刷、定子、整流器、外壳、冷却风扇。
3. 发电机每相绕组所产生的电动势的有效值为：$E_{\Phi} = 4.44KfN\Phi$。
4. 异步电动机的构造：异步电动机主要由定子（固定部分）和转子（转动部分）两部分组成。

5. 三相异步电动机的工作原理：在三相异步电动机内，旋转磁场是由定子铁芯中放置的三相绕组产生的。旋转磁场的转速称为同步转速 n_0，n_0 与定子的磁极对数有关，当旋转磁场有 p 对磁极时，其旋转磁场的转速为

$$n_0 = \frac{60f}{p}$$

6. 三相异步电动机的转矩和机械特性

(1) 转矩特性：转矩特性描述的是电磁转矩与转差率之间的关系。

(2) 机械特性：三相异步电动机的机械特性是指转速与电磁转矩的关系。

三个主要转矩：

额定转矩：$T_N = T_L = \dfrac{P_N}{20\pi n_0/60} = 9\,550\dfrac{P_N}{n_N}$。

最大转矩 T_{max}：从机械特性曲线上看，转矩有一个最大值，称为最大转矩中的临界转矩。

起动转矩 T_{st}：电动机起动时的转矩称为起动转矩，起动转矩与电源电压的二次方成正比，当电源电压降低时，起动转矩会明显降低。

7. 直流电动机的结构主要由电枢铁芯、电枢绕组、换向器转轴和风扇等部件组成。

8. 直流电动机根据磁场和电枢的连接方式不同可分为：他励、并励、串励、复励。

9. 电枢回路的电压平衡方程式：$U = E_f + I_s R_s$。

10. 直流电动机的工作特性：

(1) 转矩特性：$M = C_m I_s \Phi = C_1 C_m I_s^2$。

(2) 机械特性：串励直流电动机转速 n 与电枢电流 I_s 的关系为 $n = [U - I_s(R_j + R_s)]/(C_1\Phi)$。

(3) 功率特性：起动机功率由电动机电枢转矩 M 和电枢的转速 n 来确定，$P = Mn/9\,550$。

11. 汽车车用电动机：车用起动机、刮水电动机、电动门锁电动机、步进电动机。

测试习题

1. 有一台四极三相异步电动机，电源频率为 50 Hz，带负载运行时的转差率为 0.03，求同步转速和实际转速。

2. 车用起动机为什么采用串励直流电动机？

项目五
安全用电

5

学习目标

1. 掌握发电、输电的基本知识。
2. 掌握安全用电的基本知识。
3. 懂得触电急救知识。
4. 能够预防触电及触电情况下救助。

基本知识

一、电流对人体的伤害和触电方式

1. 电流对人体的伤害

（1）电流对人体的伤害及触电引起的损伤的分类

电流对人体的伤害及触电引起的损伤可分为电伤和电击两种。

① 电伤。电伤是指电对人体外部造成的局部伤害，如电弧烧伤及熔化的金属微粒渗入皮肤的伤害等。

② 电击。电击是指电流通过人体内部，影响及破坏人体内部组织，例如使呼吸困难、神经系统麻痹、心脏功能障碍等。绝大多数触电事故是由电击造成的。但在高压触电事故中，这两类伤害也会同时发生。

通常所说的触电事故基本上都是指电击而言，电击伤害的严重程度与通过人体电流的大小、频率，通电时间长短，电流通过人体的途径以及人的身体状况等多种因素有关。

通过人体的工频交流为 1 mA 或直流 5 mA 时，就会有麻痛的感觉；工频交流超过 25 mA 或直流超过 80 mA 时，就会使人感到剧痛且呼吸困难，自己不能摆脱电源，有生命危险；工频交流达到 100 mA，只要很短的时间就会使人窒息、心脏停止跳动，失去知觉而死亡。

一般工频危险电流规定 50 mA。电流频率为 40 ~ 60 Hz，对人体的伤害最严重。通电的持续时间越长就越危险，这是因为电流在人体内持续时间增加，人体发热出汗，人体电阻会减小，电流随之增大，故后果越严重。

电流通过人体的途径以从手到脚，或从一手到另一手最危险，因为这种情况下电流从心脏流过。人体的身体状况是指皮肤的干燥程度，清洁与否，接触面积以及人的健康状况与精神状况。患有心脏病、肺病、精神病、内分泌器官疾病及酒醉的人，触电引起的危害程度会更严重。

（2）安全电压

在一定电压下，人体的电阻决定了通过人体的电流。但人体的电阻变化范围很大，高时可达 $10^4 \sim 10^5 \Omega$，低时只有 $10^3 \Omega$ 左右，特别是当人的健康状况不好，精神状况欠佳，皮肤流汗，潮湿有灰尘的情况下，人体电阻很低，触电时也最危险。皮肤干燥时，触电电压在 50 V 以上是危险的，若皮肤潮湿，则触电电压超过 36 V 就有危险。我国根据不同的环境条件，规定安全电压为：在干燥、无导电粉末等危险程度较低的建筑物中为 50 V；一般情况下是 36 V；在特别潮湿的环境或金属构架上工作时为 24 V 或 12 V。工厂的机床局部照明灯及行灯的额定电压一般都在 36 V 以下。国外的安全电压值的规定各不相同，如美国为 40 V；法国为 24 V（交流），50 V（直流）；荷兰和瑞典为 24 V。

2. 触电方式

人体触电的方式有两种，即单相触电和两相触电。

（1）单相触电

单相触电是指人体在地面或其他接地体上触及一相带电体的触电。根据三相电源中性点是否接地，单相触电可分为两种情况来分析。图 5-1（a）所示为三相电源中性点接地时单相触电的情况。

单相事故电流由相线（火线）经人体、大地、变压器中性点接地体而构成回路，其大小为

$$I_d = \frac{U_P}{r_d + r_0}$$

式中　U_P——相电压；

r_d——人体电阻；

r_0——电源中性点接地电阻。通常 $r_0 \leqslant 4\ \Omega$ ，比人体电阻均小得多，可略去不计。

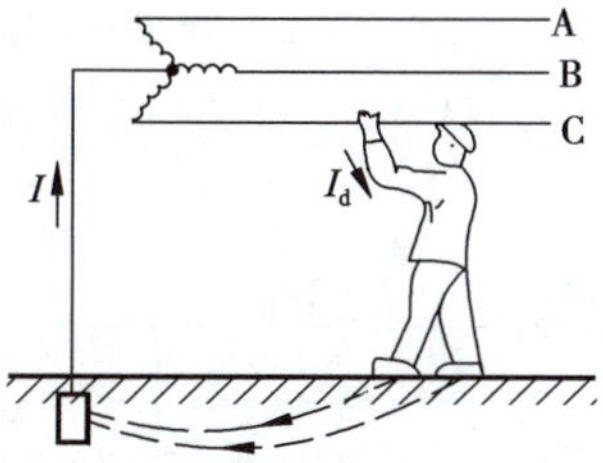

（a）电源中性点接地

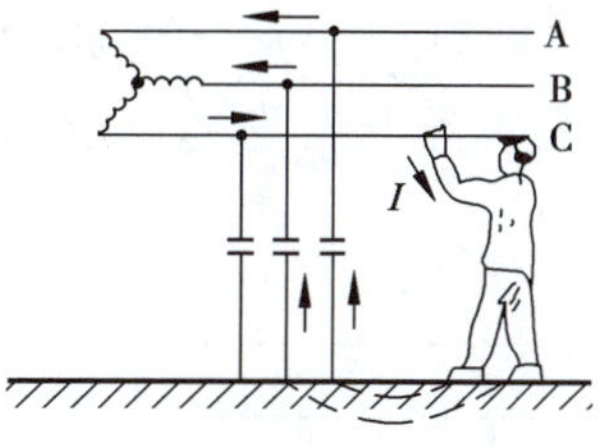

（b）电源中性点不接地

图 5-1　单相触电

图 5-1（b）所示为三相电源中性点不接地时单相触电的情况。这时事故电流由相线（火线）经人体、大地再经其他两相对地电容及绝缘电阻而构成回路。从而对人体构成危害，特别是当线路较长，绝缘状况不良等情况，其危险程度更大。

（2）两相触电

两相触电是指人体两处同时触及两相带电体的触电，如图 5-2所示。这时加在人体上的电压是线电压。在 380 V/220 V 电网中是 380 V。两相触电时通过人体的电流较大，故危险性也大。

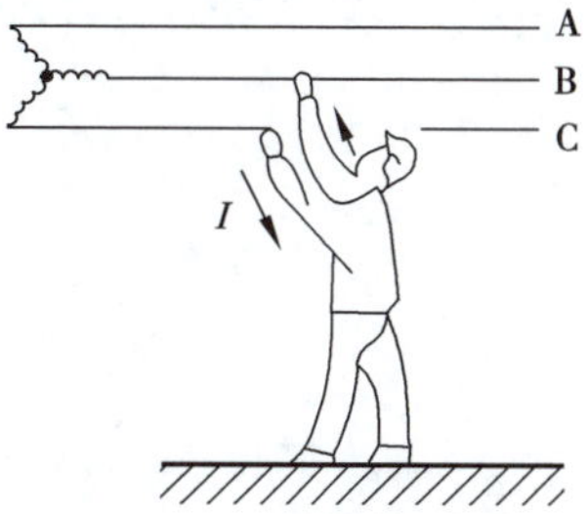

图 5-2　两相触电

二、电气设备的接地与接零

接地：将电气设备的某一部分与大地作良好的电气连接。用来实现接地的装置称为接地装置，它包括接地体和接地线两部分。与大地紧密接触的金属体或金属体组称为接地体，连接接地体与电气设备的金属导线称为接地线。

保护接零：将电气设备在正常情况下不带电的金属部分（如外壳）与中性线（或称零线）紧密相连接，称为接零，或称保护接零。

在供配电系统中，为了保证电气设备的正常运行和安全用电，电气设备必须接地或接零。按其作用的不同，可分为工作接地、保护接地、保护接零和重复接地等。

1. 工作接地

工作接地为了保证电气设备在正常或发生事故的情况下能可靠地运行，将电路中的某一点接地，称为工作接地。例如三相变压器三相绕组星形连接时中性点接地，能维持相电压恒定，可降低人体的接触电压和电气设备及线路的绝缘水平；又如避雷设备（避雷针、避雷器）的接地，能将雷击时的雷电流泄入大地，以确保电气设备的安全。

2. 保护接地

在中性点不接地的三相电源系统中，为了防止因绝缘损坏而遭受触电的危险，将电气设备带电部分相绝缘的金属外壳或金属构架与大地可靠连接（接地电阻不得超过 4 Ω），称为保护接地。例如电动机、变压器的外壳接地。保护接地的作用可用图 5-3 来说明。

在图 5-3（a）中，电动机外壳未接地，当电动机发生一相碰壳（B 相）时，其外壳带电。人体一旦接触到外壳，就相当于前述单相触电，在导线对地绝缘不良及对地电容较大的情况下，这是很危险的。在图 5-3（b）中，电动机外壳保护接地，当电动机发生一相碰壳时，人体触及外壳，接地短路电流将同时沿着接地装置和人体两条通路流过。设人体电阻为 r_d，接地装置电阻为 r_0，通常 $r_0 \ll r_d$，故流经人体的电流很小，从而避免了触电的危险。

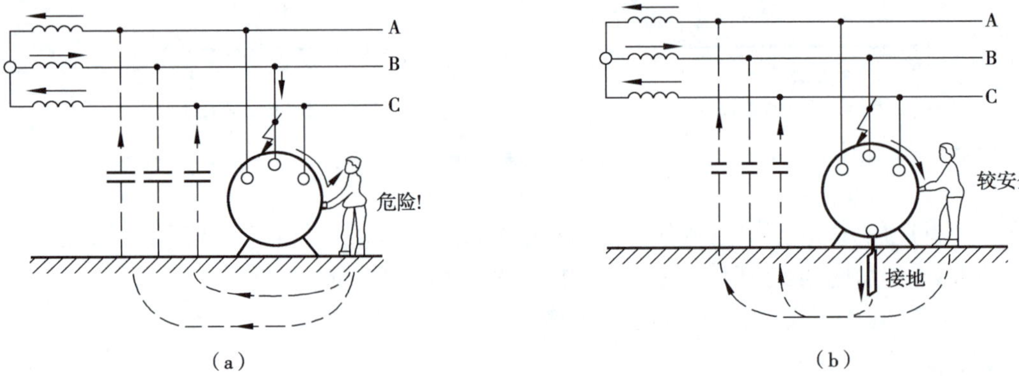

图 5-3　保护接地

3. 保护接零

中性点接地的三相电源系统，例如 380 V/220 V 三相四线制供电系统中，将电气设备的金属电源的零线（中性线）直接连接，称为保护接零，如图 5-4（a）所示。

当电动机发生一相碰壳事故时，即形成单相短路，短路电流从事故相到外壳、零线、电源中性线形成回路。回路中阻抗很小，故短路电流很大，能使线路上的保护设备（如熔断器）迅速动作，断开电源和事故设备的联系，避免人体触电及设备损坏的危险。

对于各种单相用电设备，例如各种家用电器（电冰箱、洗衣机等）常用三眼插座和三脚插头与电源连通，如图 5-4（b）所示。使用时，应将用电设备外壳用导线连接到三脚插头中间那个较粗的插脚上，然后通过插座接到电源的零线，以实现保护接零。插座上的这根保护接零线连接牢固可靠，不允许装设开关或熔断器。插座的其他两根线接到电源的相电压上，即一根接相线（火线），另一根接零线，这称为工作接零。在这两根线上应同时装设开关或熔断器。可以增加熔断器熔断的机会，有利于缩短短路事故的持续时间；另外，如果只在一根线上或熔断器熔断，当相线和零线互相接错时，相线就会处于无保护状态。

还应注意，绝不允许用一根接零线来取代工作接零线和保护接零线，如图 5-5 所示。这样，一旦零线断开，设备外壳就会带电，这是很危险的。另外，采用这种接法，如果电源零线和相线互相接错，就会把电气设备的外壳连接到相线上，会出现更大的危险，造成触电事故。

我国用电规程中规定：在电压低于 1 000 V 的中性点接地的三相四线制供电系统中，例如 380 V/220 V 系统，不允许采用保护接地，只能采用保护接零。为什么不能采用保护接地？这可用图 5-6 来说明。

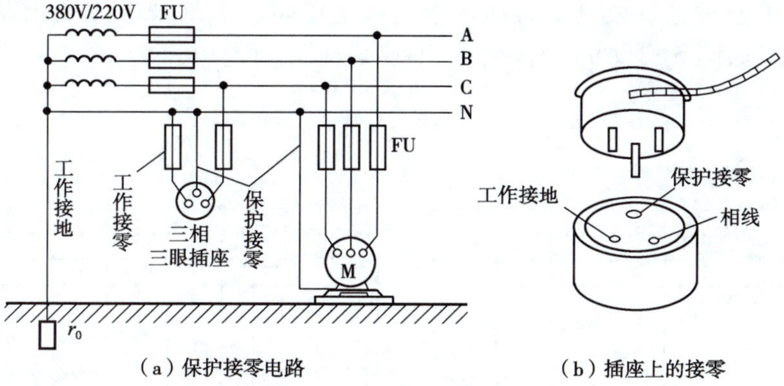

（a）保护接零电路　　（b）插座上的接零

图 5-4　保护接零

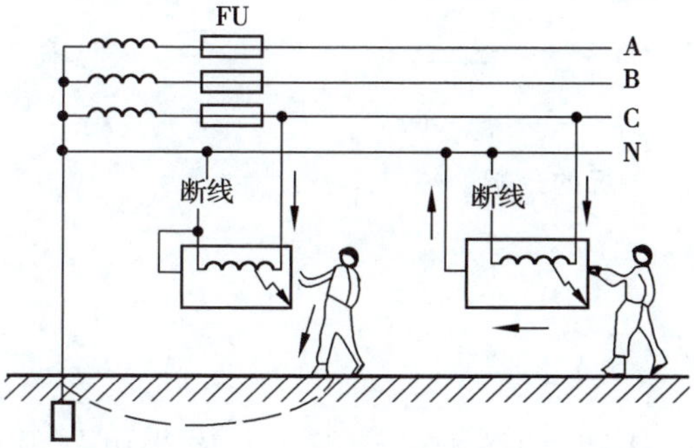

图 5-5　错误的接零法

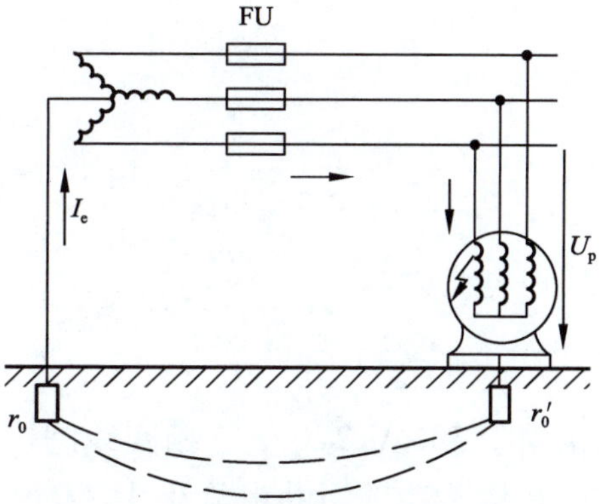

图 5-6　采用保护接地不安全的原理

图 5-6 中电动机设有保护接地装置，其接地电阻约为 4 Ω。当电动机绝缘损坏，一相碰壳时，事故电流 I_e 经大地及电源中性点工作接地电阻 r_0 形成回路，$r_0 = r_0' = 4\ \Omega$。所以，事故接地电流为

$$I_e = \frac{U_P}{r_0 + r_0'} = \frac{220}{4+4}\ \text{A} = 27.5\ \text{A}$$

若此电流小于熔断器的熔断电流，则熔断器不断，外壳将继续带电，其外壳对地电压为

$$U_e = I_e r_0' = 27.5 \times 4\ \text{V} = 110\ \text{V}$$

如果人体电阻为 1 000 Ω，则当人接触外壳时，通过人体的电流 $I_d = \frac{110}{1\,000}\ \text{A} = 0.11\ \text{A} = 110\ \text{mA}$，这个电流对人来说是非常危险的。

4. 重复接地

在三相四线制供电系统中，为了确保保护接零可靠，除了在电源中性点进行工作接地外，还必须在零线的其他地方，按一定的间距进行多次接地，这称为重复接地。若不进行

重复接地，一旦在零线某处断线时，接在它后面的用电设备只要有一处发生碰壳、外壳带电，则所有的设备外壳都会通过零线带电，如图 5-7（a）所示，这是非常危险的。如果采用重复接地，设其接地电阻 r'_0 也是 4 Ω，当零线某处断线，且接在后面的某台设备发生碰壳事故使外壳带电时，事故电流将通过重复接地电阻、大地及电源变压器中性点工作接地电阻构成回路，如图 5-7（b）所示，这时带电外壳对地电压为

$$U_e = \frac{U_P}{r_0 + r'_0} r'_0 = \frac{220}{4+4} \times 4\ \text{V} = 110\ \text{V}$$

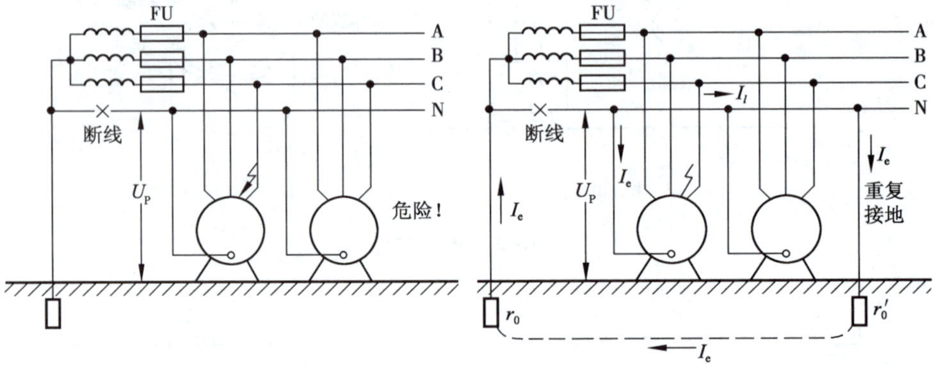

（a）　　　　（b）

图 5-7　重复接地工作情况的分析

接地电流为

$$I_e = \frac{110}{4}\ \text{A} = 27.5\ \text{A}$$

相当于 380 V/220 V 三相四线制供电系统中采用保护接地的情况。只有当电气设备容量较小，熔断器的熔断电流小于 27.5 A 时，才能起到保护作用。对于大容量的电气设备，其熔断器不能熔断，设备外壳将持续带电，这仍然是很危险的。所以，实际上，尽管有重复接地，仍应防止零线断线的情况发生。故规定零线上不得装设熔断器或开关设备，应保证零线的安装质量，应定期进行检查。

项目实施

实施目的及要求：

① 通过本项目的实施掌握安全用电的基本知识。

② 出现触电事故的施救方法。

任务　安全用电与触电急救

【任务要求】

① 了解安全用电知识。

② 掌握触电救护基本知识。

【任务指导】

1. 安全用电常识

各种触电事故的发生，主要是由于疏忽大意，缺乏安全用电常识，违反安全用电操作

规程所致。因此，应该学习安全用电的基本常识和规定，了解触电事故发生时的急救办法。

① 正确选用导线、电缆、电气设备及其保护电器，按规定采取必要的接地、接零措施。

② 对于人们经常接触的电气设备，如机床局部照明灯、行灯等应根据其工作环境的特点，选定的安全电压一般为36 V。在潮湿、有导电灰尘和腐蚀性气体的场所，则应选用24 V、12 V甚至更低的供电电压。

③ 定期对电气设备进行安全检查，如发现有异常现象应及时找出异常原因，排除故障。

④ 严格执行安全操作规程。在安装或检修电气设备时，应用验电笔检测设备或导线是否带电，不可用手来触摸鉴定。

⑤ 照明线路的开关应与相线串联，安装螺旋口灯头时，螺旋套应接零线，以免换灯泡时触电。

⑥ 不得随意加大熔丝规格。更换熔丝时，应先切断电源，切勿带电操作。

⑦ 不乱拉电线，不在电线上晒衣物。晒衣物的铁丝不能和电线交叉搭线或绕在一起，以防电线绝缘皮磨损而发生触电事故。

⑧ 检修线路或设备时，应先断开电源开关，取下熔断器的熔件，并在断开的开关上悬挂“有人工作，不准合闸”的警告牌。有时还应将线路或设备临时接地，工作完毕再拆除接地线。

⑨ 电气设备着火时应首先切断电源，然后使用二氧化碳灭火器、四氯化碳灭火器或干燥的黄沙灭火。

2. 触电急救常识

① 遇到有人触电时，应立即拉开电源开关或拔下熔丝，切断电源。如附近无开关，则用干燥的木棒、竹竿等绝缘物体拨开电源线，也可用绝缘钳、木柄斧等切断电源线。在切断电源前，勿用手接触触电人，以免再次发生触电。同时还应防止触电人脱离电源后从高处摔下，发生意外事故。

② 触电者脱离电源后，必须立即抢救。如触电者尚有呼吸和心跳，未失去知觉，则应将触电者抬到空气新鲜的地方，解开其衣扣，使其静卧休息并请医务人员来诊治。

③ 如果触电者已失去知觉，呼吸困难，有痉挛现象，但心脏还在跳动，则应使触电者舒适安静地平卧，周围不要围人，使空气流通。解开其衣扣，以利呼吸。如天气寒冷，还要注意保暖，同时马上进行人工呼吸，并速请医生诊治。如果触电者呼吸、脉搏、心跳均已停止，则应立即进行人工呼吸及心脏按压，促使心脏恢复跳动，人工呼吸方法如图5-8所示。这两种方法可以单独应用，也可配合进行。在医务人员赶到之前，不能中断急救工作。

（a）清理口腔阻塞　（b）鼻孔朝天头后仰　（c）贴嘴吹气胸扩张　（d）放开嘴鼻好换气

图5-8　口对口人工呼吸法

a. 口对口人工呼吸法：

- 将触电者仰卧，松开衣、裤，以免影响呼吸时胸部及腹部的自由扩张；再将颈部伸直，头部尽量后仰，掰开口腔，清除口中阻塞，应拉出舌头，使进出人体的气流畅通无阻，如图5-8（a）所示。如果触电者牙关紧闭，可用木片、金属片从嘴角处伸入牙缝，慢慢撬开。
- 救护者位于触电者头部一侧，将靠近头部的一只手捏住触电者的鼻子（防止吹气时气流从鼻孔漏出），并将这只手的外缘压住额部，另一只手托其颈部，将颈上抬，如图5-8（b）所示，这样可使头部自然后仰，解除舌头后缩造成的呼吸阻塞。
- 救护者深呼吸后，将嘴紧贴触电者的嘴（中间也可垫一层纱布或薄布）大口吹气，如图5-8（c）所示，同时观察触电者胸部的隆起程度，一般应以胸部略有起伏为宜。胸腹起伏过大，则说明吹气太多，容易吹破肺泡；胸腹无起伏或起伏太小，则说明吹气不足，应适当加大吹气量。
- 吹气至触电者可换气时，应迅速离开触电者的嘴，同时放开捏紧的鼻孔，让其自动向外呼气，如图5-8（d）所示。这时应注意观察触电者胸部的复原情况，倾听口鼻处有无呼气声，从而检查呼吸道是否阻塞。按照上述步骤反复进行，对成年人吹气，频率为14～16次/min，大约每5 s一个循环，吹气时间稍短，约2 s，呼气时间要长，约3 s；对儿童吹气，频率为18～24次/min，这时不必捏紧鼻孔，可让一部分空气漏掉。对儿童吹气时，一定要掌握好吹气量的大小，不可让其胸腹过分膨胀，防止吹破肺泡。

b. 胸外心脏压挤法：在触电者心脏停止跳动时，可以有节奏地在胸外压挤以代替心脏的收缩与扩张，从而达到维持血液循环的目的，具体操作过程如图5-9所示。下面照图介绍其操作步骤与要领：

- 将触电者仰卧在硬板上或平整的硬地面上，解松衣、裤，救护者跪跨在触电者腰部两侧。
- 救护者将一只手的掌根按于触电者胸骨以下横向二分之一处，中指指尖对准颈根凹膛下边缘，另一只手压在那只手的背上呈两手交叠状，肘关节伸直，靠体重和臂与肩部的用力，向触电者脊柱方向慢慢压迫胸骨下段，使胸廓下陷3～4 cm，由此对心脏进行挤压，心室的血液被压出，流至触电者全身各部。
- 双掌突然放松，依靠胸廓自身的弹性，使胸腔复位，让心脏舒张，血液流回心室。放松时，交叠的两掌不要离开胸部，只是不加力而已。重复上一步骤和本步骤，约60次/min。

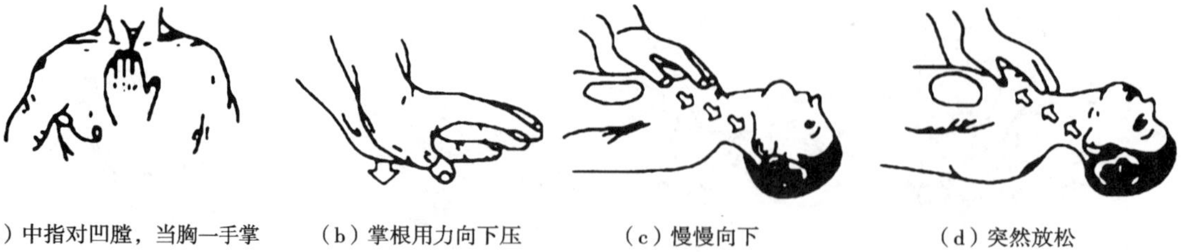

（a）中指对凹膛，当胸一手掌　（b）掌根用力向下压　（c）慢慢向下　（d）突然放松

图5-9　胸外心脏压挤法

在做胸外心脏压挤时，应注意以下几点：

- 压挤位置和手掌姿势必须正确，下压的区域用力时要对脊柱方向下压，要有节奏，有一定冲击性，但不能用大的爆发力，否则将造成胸部骨骼损伤。
- 挤压时间和放松时间大体一样。
- 对心跳和呼吸都已停止的触电者，如果救护者有两人，则可以同时进行口对口人工呼吸和胸外心脏压挤，效果更好，但两人必须配合默契。如果救护者只有一人，也可两种方法交替进行，其做法如下：先用口对口向触电者吹气两次，立即在胸外压挤心脏两次，再吹气两次，再压挤 15 次，如此反复进行，直到将人救活或医生确诊已无法抢救为止。
- 对小孩，只用一只手的根部加压，并酌情掌握压力的大小，以 100 次/min 左右为宜。

无论是施行口对口人工呼吸法或胸外心脏压挤法，都要不断观察触电者的面部动作，如果发现其眼皮、嘴唇会动，喉部有吞咽动作时，则说明他自己有一定呼吸能力，应暂时停止几秒，观察其自动呼吸的情况。如果呼吸不能正常进行或者很微弱，则应继续进行人工呼吸和胸外心脏压挤，直到能正常呼吸为止。在触电者呼吸未恢复正常以前，无论什么情况，包括送医院途中、雷雨天气（雷雨时可移至室内）或时间已进行得很长而效果不甚明显等，都不能中止这种抢救。事实上，用人工呼吸法抢救的触电者中，有的长达 7 ~ 10 h 才能救活。

小　结

1. 人体触电有电击和电伤两类。触电的方式有单相触电、两相触电、跨步电压触电。

2. 安全电压根据场所的不同分为 12 V、24 V 和 36 V 三个等级。

3. 触电的常见原因是线路架设不合规格，电气操作制度不严格、不健全，用电设备不合要求，用电不谨慎等。预防触电的措施分为预防直接触电措施和预防间接触电措施两大类。

4. 触电急救包括触电的现场抢救措施、口对口人工呼吸法和胸外心脏压挤法。

5. 雷电的一些常识性知识。

测试习题

1. 人体触电有哪几种类型？有哪几种方式？在电气操作和日常用电中，哪些因素会导致触电？电流伤害人体与哪些因素有关？各是什么关系？试分析触电事故的一般规律。

2. 什么是安全电压？为什么安全电压常用 12 V、24 V 和 36 V 三个等级？

3. 在电气操作和日常用电中，常采用哪些预防触电的措施？

4. 发现有人触电，你可用哪些方法使触电者尽快脱离电源？

5. 哪些情况下可将口对口人工呼吸法和胸外心脏压挤法同时使用？有哪些好处？两人怎样同时进行？

项目六 二极管的工作原理及应用

6

学习目标

1. 掌握二极管的工作特性。
2. 掌握整流电路。
3. 能够使用万用表对二极管的极性进行检测。
4. 能够分析整流电路波形。

基本知识

一、半导体及二极管基础知识

1. 半导体基础知识

（1）本征半导体

纯净的不含任何杂质的半导体称为本征半导体。常温时，本征半导体仅有极少数价电子能够挣脱共价键的束缚成为自由电子，同时在共价键相应位置处留下一个空位，称为空穴。自由电子和空穴都称为载流子，即自由电子载流子和空穴载流子。

（2）半导体

半导体是导电性能介于导体和绝缘体之间的物质。常用的半导体材料有硅（Si）、锗（Ge）和硒（Se）等。一般半导体材料为四价元素，例如硅原子，最外层的四个价电子分别和周围四个硅原子的价电子形成共用电子对，构成共价键结构，如图 6-1 所示。

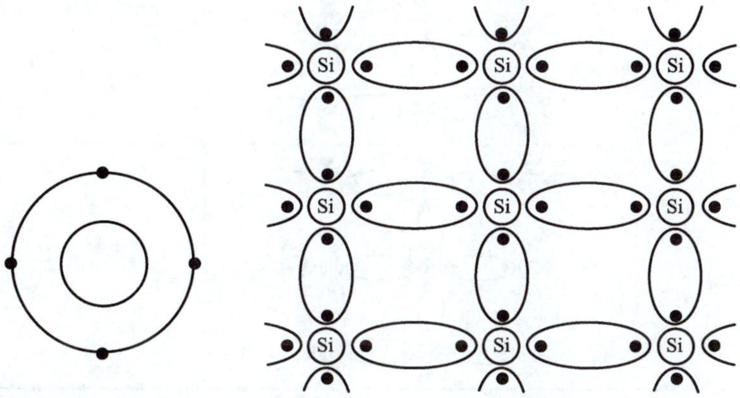

（a）硅原子简化模型　　（b）共价键

图 6-1　硅原子模型

半导体具有光敏、热敏和掺杂特性，见表 6-1。

表 6-1　半导体的特性

半导体的特性	描　　述
热敏特性	温度升高，半导体材料的导电能力增强
光敏特性	受到光照，半导体材料的导电能力增强
掺杂特性	本征半导体中掺入某种微量元素（杂质）后，它的导电能力增强，利用该特性可形成杂质半导体

在本征半导体中掺入微量五价元素，比如磷元素，就形成了 N 型半导体。在本征半导体中掺入微量三价元素，比如硼元素，就形成了 P 型半导体。N 型半导体和 P 型半导体结构示意图如图 6-2 所示。N 型半导体和 P 型半导体结构，如表 6-2 所示。

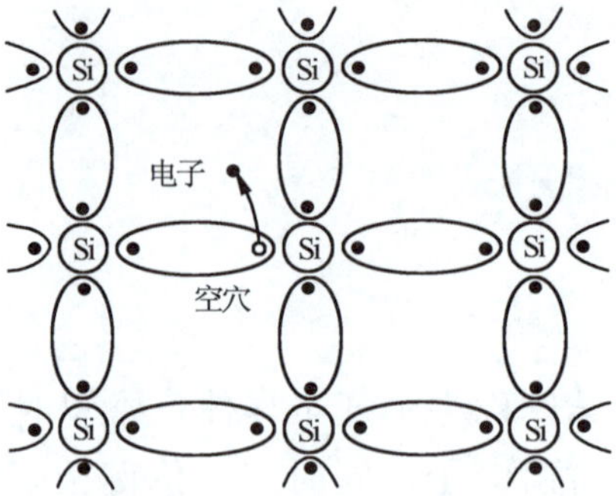

图 6-2　硅原子中的载流子

表 6-2　N 型半导体和 P 型半导体结构

类　　型	结构示意图	描　　述
N 型半导体 （N-type semiconductor）	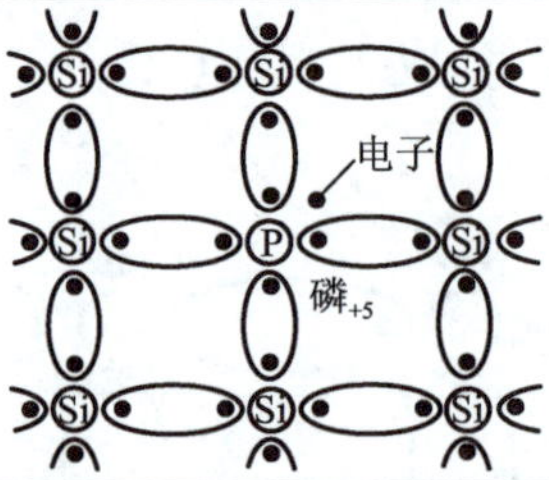 	N 型半导体中自由电子是多子，空穴是少子
P 型半导体 （P-type semiconductor）	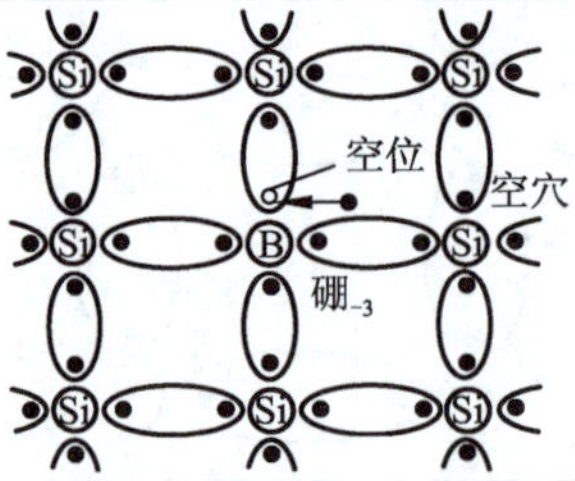 	P 型半导体中空穴是多子，自由电子是少子

2. 二极管基础知识

P 型或 N 型半导体的导电能力虽然大大增强，但必须用特殊工艺将它们结合起来，即在一块 N 型（或 P 型）半导体局部掺入高浓度的三价（或五价）杂质元素。这样在 N 型半导体和 P 型半导体的分界面就形成了 PN 结。

（1）PN 结的形成

当 P 型半导体和 N 型半导体结合在一起时，在交界面处就出现自由电子和空穴的浓度差，P 型区空穴浓度大，N 型区自由电子浓度大，由于浓度差别，自由电子和空穴都要从浓度高的区域向浓度低的区域扩散。于是在交界面附近形成了自由电子和空穴的扩散运动，N 型区有一些自由电子向 P 型区扩散并与空穴复合，而 P 型区也有空穴向 N 型区扩散并与电子复合。扩散运动的结果是在交界面附近的 P 型区一侧失去了一些空穴而留下带负电的杂质离子（电子），N 型区一侧失去了一些自由电子而留下了带正电的杂质离子（空穴）。这样，在 P 型半导体和 N 型半导体交界面的两侧形成了一个空间电荷区，这个空间电荷区称为 PN 结，或称内电场，其方向是由 N 型区指向 P 型区，如图 6-3所示。

空间电荷区的形成对进一步的扩散运动起到了阻挡作用，所以空间电荷区又称阻挡层。但另一方面，内电场对少数载流子（P 型区中的自由电子和 N 型区中的空穴）则可推动它们越过空间电荷区，进入对方区域。少数载流子在内电场的作用下有规则的运动称为漂移运动。扩散运动和漂移运动是相互矛盾的，少数载流子的漂移运动使空间电荷区变窄，在 PN 结形成过程中，初期空间电荷区电荷较少，内电场不强，扩散运动占优势。随着多数载流子的不断扩散，空间电荷区不断加宽，内电场也加强，这就使多数载流子的扩散运动减弱，而少数载流子的漂移运动逐渐加强。最后，当扩散运动和漂移运动达到动态平衡时，空间电荷区的宽度基本确定，PN 结处于基本稳定状态。

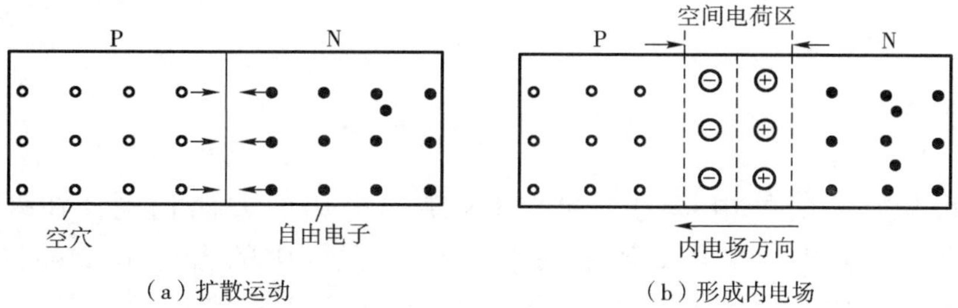

图 6-3　PN 结的形成

（2）PN 结的单向导电性（正偏）

① PN 结正向偏置（正偏）。当 PN 结的 P 型区接外电源正极，N 型区接外电源负极时，称为正向偏置，如图 6-4 所示。

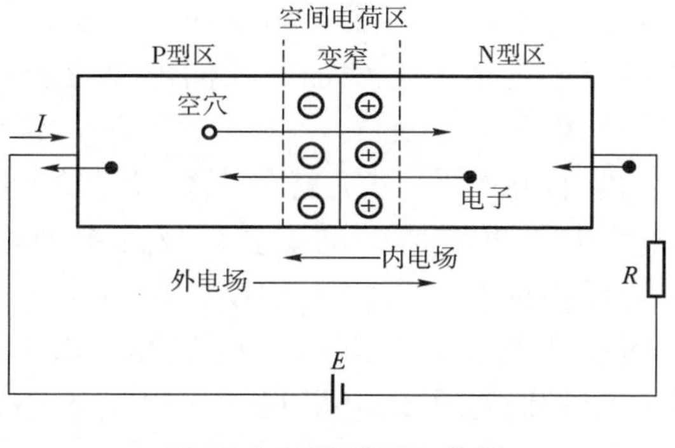

图 6-4　PN 结正向偏置

由图 6-4 可见，外电压在 PN 结上形成外电场，此时外电场与 PN 结内电场的方向相反。在外电场的作用下，载流子的扩散运动和漂移运动的平衡被打破，外电场驱使 P 型区中的多数载流子（空穴）和 N 型区中的多数载流子（自由电子）都向 PN 结运动。

当 P 型区空穴进入 PN 结后，就要与 PN 结中 P 型区的负离子复合，使 P 型区的电荷减少；同时，当 N 型区自由电子进入 PN 结后，就要与 PN 结中 N 型区的正离子复合，使 N 型区中的电荷减少。结果 PN 结变窄，于是 N 型区的自由电子不断地扩散到 P 型区，形成扩散电流。然而，当外电压较小时，并不能完全削弱内电场，此时，只有很小的电流，只有外电压增加到某一值时，才产生较大的扩散电流，该电压称为 PN 结的死区电压，一般硅材料为 0.7 V，锗材料为 0.3 V。由上可知，PN 结正向偏置时导通电流很大（外加电压大于死区电压时）。

② PN结反向偏置（反偏）。当PN结的P型区接外电源负极，N型区接外电源正极时，称为反向偏置，如图6-5所示。

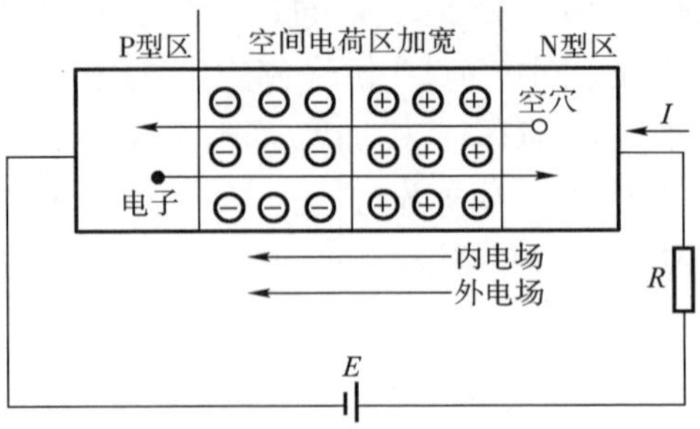

图6-5　PN结反向偏置

由图6-5可见，此时外电场的方向与PN结内电场的方向相同，在外电场作用下，多数载流子将背离PN结。即P型区中的空穴和N型区中的自由电子都将从原来的PN结附近移去，使空间电荷区变宽，内电场增强，因此P型区和N型区的多数载流子就更难越过PN结，但是由于内电场增强，使少数载流子更容易产生漂移运动，这样PN结原来的扩散运动与漂移运动也被打破，此时扩散电流趋近于零，而在内电场的作用下，N型区中的少数载流子（空穴）越过PN结进入P型区；P型区中的少数载流子（自由电子）越过PN结进入N型区，于是在外电源的作用下形成了连续不断的由N型区流向P型区的电流，称为反向电流，反向电流是由少数载流子在反向电压作用下的漂移运动形成的。由于少数载流子的浓度很小，形成反向电流也很小，一般为微安级。但是，随着环境温度的升高，少数载流子的浓度会增加，反向电流也会增加，所以反向电流的数值取决于温度，即几乎与外加电压大小无关。这是因为在一定温度下，少数载流子的数量是一定的，只要在一定的反向电压作用下就可以使所有的少数载流子全部都漂移过PN结而形成反向电流，即使电压再增加，也不会使反向电流增加，因而反向电流趋于恒定，此时的反向电流称为反向饱和电流。由于反向电流很小，所以在PN结反向偏置时，可以认为基本上不导通或称截止，表现很大电阻性。由上述可知，PN结正偏时导通，电阻很小，电流很大；反偏时截止，电阻很大，电流很小，这就是PN结的单向导电性。

（3）二极管的结构和类型

以PN结为管芯，在P型区和N型区均接上电极引线，并以外壳封装，就制成了半导体二极管，简称二极管。二极管的结构及图形符号如图6-6所示。与P型区相连的引线称为阳极，用“+”表示；与N型区相连的引线称为阴极，用“-”表示。

按结构分，二极管有点接触型和面接触型。点接触型二极管一般为锗管，如图6-6（a）所示，它的PN结面积很小，因此结电容很小，所谓结电容是PN结的P型区和N型区带有不同电荷，可以看成电容器的两个极板，所以把PN结的电容称为结电容。一般点接触型二极管适用于小功率或数字电路中的开关元件。面接触型二极管一般为硅管，如图6-6（b）所示，它的PN结面积很大（结电容大），故可通过较大电流。但工作频率较低，一般用作整流，而不宜用于高频电路中。图6-6（c）是硅工艺面接触型二极管的结构图，是集成电路中常见的一种形式。二极管的图形符号如图6-6（d）所示。

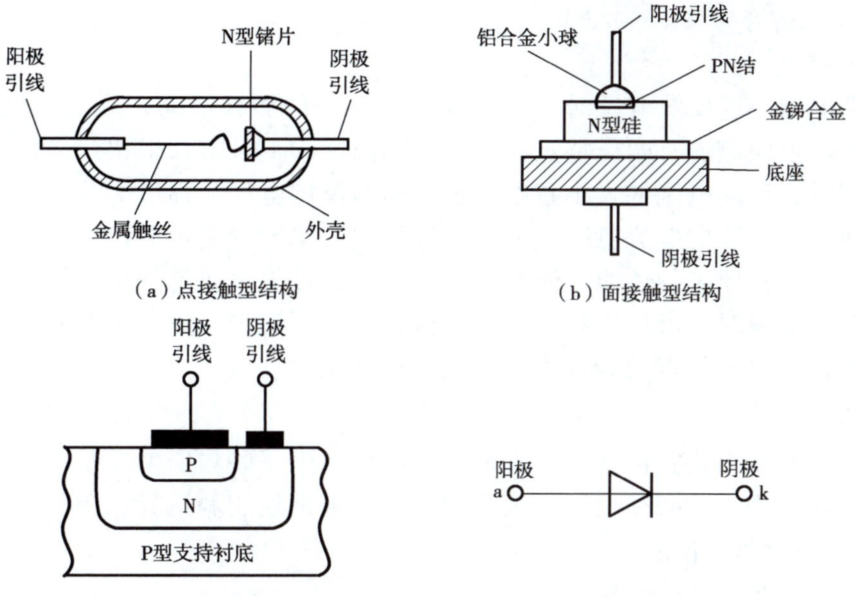

（a）点接触型结构　（b）面接触型结构

（c）硅工艺面接触型二极管结构　（d）图形符号

图 6-6　半导体二极管的结构及图形符号

3. 二极管的伏安特性

二极管本质上就是一个 PN 结，因此，它在正向偏置下容易导电（导通状态），在反向偏置时基本不导电（截止状态），这一单向导电性可用伏安特性表达，如图 6-7 所示。所以，伏安特性就是二极管两电极间所加的电压与其流过的电流之间的关系曲线。电压的单位为伏（V），电流的单位为安（A）、毫安、微安等。

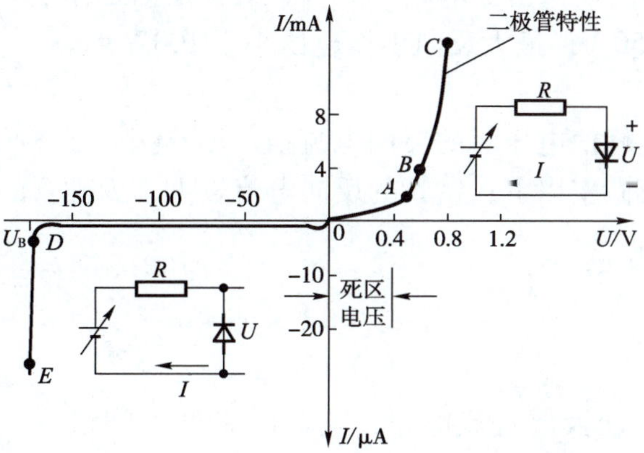

图 6-7　二极管伏安特性曲线

（1）正向特性

当外加正向电压很低时，由于外电场还不能克服 PN 结内电场对多数载流子（除少量能量较大者除外）扩散运动的阻力，故正向电压低于某一数值时，正向电流很小，几乎为零。只有当正向电压高于某一值时，内电场被大大削弱，二极管才有明显的正向电流，这个电压称为导通电压，又称门限电压或死区电压，其大小与材料及环境温度有关。通常，硅管的死区电压约为 0.5 V，锗管约为 0.1 V。在室温下，导通时的正向压降，硅管为0.6~0.8 V，锗管为0.1~0.3 V。

（2）反向特性

在二极管上加一定反向电压时，由于少数载流子的漂移运动，形成的反向电流很小，而且变化不大。反向电流有两个特点：一是它随温度的上升增长很快；二是在反向电压不超过某一范围时，反向电流的大小基本恒定，而与反向电压的高低无关。而当外加反向电压大于某一数值时，反向电流急剧变大，二极管失去单向导电性而产生击穿。二极管被击穿后，一般不能恢复原来的性能，便失效了。运用二极管主要是利用它的单向导电性。对于理想二极管，导通时，可用短线来代替；截止时，可认为断路。当输入信号电压在一定范围内变化时，输出电压也随着输入电压相应地变化。

4. 二极管主要参数

二极管的特性除用伏安特性曲线表示外，还可以用一些数据来说明，这些数据就是二极管的参数。在工程上，必须根据二极管的参数合理地使用和选择二极管，只有这样才能充分发挥每个二极管的作用。

（1）最大整流电流 I_{OM}

它是二极管长时间使用时，允许通过二极管的最大正向平均电流。点接触型二极管的最大整流电流在几十毫安以下。面接触型二极管的最大整流电流较大，如2CP10型硅二极管的最大整流电流为100 mA。当电流超过允许值时，将会使PN结过热而导致二极管损坏。

（2）最大反向工作电压 U_{RM}

它是指二极管在工作中能承受的最大反向电压，也是使二极管不致反向击穿的电压极限值。在一般情况下，最大反向工作电压应小于反向击穿电压，应是反向击穿电压的1/2或2/3。选用二极管时，还要以最大反向工作电压为准，并留有适当余量，以保证二极管不致损坏。例如：2AP21型二极管的反向击穿电压为15 V，最大反向工作电压小于10 V；2AP26型二极管的反向击穿电压为150 V，最大反向工作电压小于100 V。

（3）最大反向电流 I_{RM}

它是指二极管上加工作峰值电压时的反向电流值。I_{RM}越小，二极管的单向导电性越好。硅管的反向电流较小，在几微安以下；锗管的反向电流较大，为硅管的几十到几百倍。

二、二极管的应用

1. 整流电路

（1）单相半波整流电路

整流电路是将交流电路变换成直流电路，整流电路分为单相半波整流电路、单相全波整流电路、三相全波整流电路。

图6-8所示为单相半波整流电路。由整流变压器、整流元件及负载电阻组成。

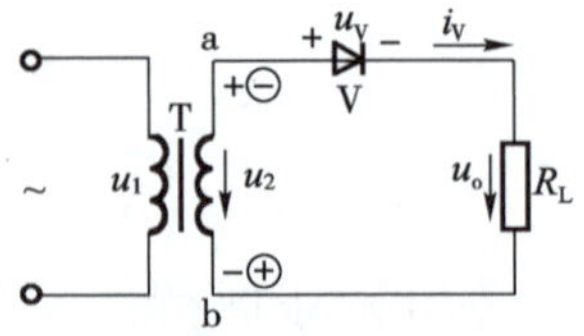

图6-8 单相半波整流电路

由于二极管具有单向导电性，只有它的阳极电位高于阴极电位时才能导通。在变压器二次电压的正半周时，其极性为上正下负，二极管因承受正向电压而导通。这时，负载电阻上的电压为 $u_o = u_2$，通过的电流为 i_V。在二次电压的负半周时，二极管因承受反向电压而截止，负载电阻上的电压为零。因此，在负载电阻上得到的是半波电压。二极管导通时正向压降很小，可以忽略不计，因此，可以认为这个半波电压

和变压器二次电压的正半波是相同的，如图 6-9 所示。单相半波整流电路的电压为

$$u_o = \sqrt{2}U_2 \sin \omega t (0 \leqslant \omega t \leqslant \pi)$$
$$U_o = 0 \tag{6-1}$$

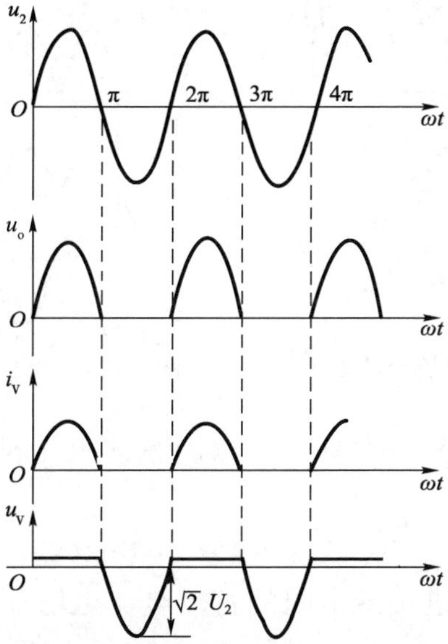

图 6-9　单相半波整流电路电压与电流的波形

负载电阻上得到的整流电压 U_o 是大小变化的单向脉动直流电压，U_o 的大小常用一个周期的平均值来表示，单相半波整流电路电压的平均值为

$$u_o = \frac{1}{2\pi}\int_0^{\pi} \sqrt{2}U_2 \sin \omega t \, d(\omega t)$$
$$U_o = \frac{\sqrt{2}U_2}{\pi} \approx 0.45U_2 \tag{6-2}$$

流过二极管的平均电流为

$$I_0 = \frac{U_0}{R_L} \approx \frac{0.45U_2}{R_L} \tag{6-3}$$

在二极管不导通期间，承受反向电压的最大值就是变压器二次电压的最大值，即

$$U_{Rmax} = \sqrt{2}U_2 \tag{6-4}$$

单相半波整流电路的特点是结构简单，但输出电压的平均值低、脉动大，电路损失大。

（2）单相桥式全波整流电路

单相半波整流电路的优点是使用元件少、电路简单，它的缺点是只利用了电源电压的半个周期，整流输出电压的脉动较大。为了克服这些缺点，多采用单相桥式全波整流电路。它由四个二极管接成电桥形式构成。如图 6-10（a）所示，设电源变压器二次电压波形如图 6-11 所示。在图 6-10 所示电路中，当变压器二次电压 u_2 为上正下负时，二极管 V_1 和 V_3 导通，V_2 和 V_4 截止，电流 i_1 的通路为 $a \to V_1 \to R_L \to V_3 \to b$，这时负载电阻 R_L 上得到一个正弦半波电压如图 6-11 中（0～π）段所示。当变压器二次电压 u_2 为上负下正时，二极管 V_1 和 V_3 截止，V_2 和 V_4 导通，电流 i_2 的通路为 $b \to V_2 \to R_L \to V_4 \to a$，同样，在

负载电阻上得到一个正弦半波电压，如图 6-11 中（π ~ 2π）段所示。

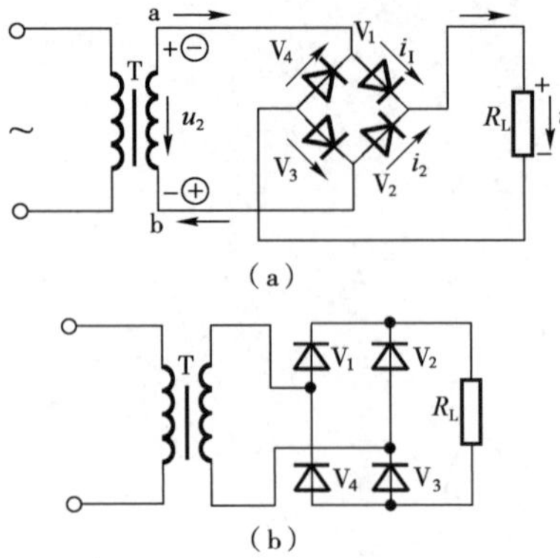

图 6-10　单相桥式全波整流电路图

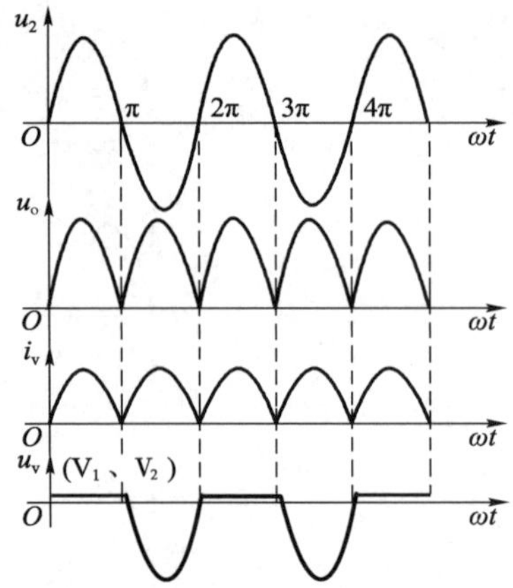

图 6-11　单相桥式全波整流电路波形图

由以上分析可知，单相桥式全波整流电路的整流电压平均值 U_0 比半波整流时增加一倍，即

$$U_0 = 2 \times 0.45U_2 = 0.9U_2 \tag{6-5}$$

单相桥式全波整流电路通过负载电阻的直流电流也增加一倍，即

$$I_0 = \frac{U_0}{R_L} = 0.9\frac{U_0}{R_L} \tag{6-6}$$

因为每两个二极管串联轮换导通半个周期，因此，每个二极管中流过的平均电流只有负载电流的一半，即

$$i_D = \frac{1}{2}I_0 = 0.45\frac{U_0}{R_L} \tag{6-7}$$

当 V_1 和 V_3 导通时，如果忽略二极管正向压降，此时，V_2 和 V_4 的阴极接近于 a 点电位，阳极接近于 b 点电位，二极管由于承受反向电压而截止，其最高反向电压为 u_2 的峰值为

$$U_{Rmax} = \sqrt{2}U_2 \tag{6-8}$$

由以上分析可知，单相桥式全波整流电路，在变压器二次电压相同的情况下，输出电压平均值高、脉动小，二极管承受的反向电压和半波整流电路一样。虽然二极管用了四只，但小功率二极管体积小，价格低廉，因此单相桥式全波整流电路得到了广泛的应用。

（3）三相桥式整流电路

前述两种单相整流电路的输出功率较小，一般应用于电子仪器及家用电器中。如在大功率电路中采用单相整流电路，将会造成三相供电线路负载不对称，且输出电压脉动也较大，影响供电质量。因此可采用三相半波和三相桥式整流电路。下面介绍常用的三相桥式整流电路。

① 工作原理。图 6-12 为三相桥式整流电路原理图。整流用的变压器 T_e 的一次侧接成三角形，二次侧接成星形。用六个整流二极管，其中 V_1、V_3、V_5 的阴极连在一起成为一组，而 V_2、V_4、V_6 的阳极连在一起成为另一组。负载电阻 R_L 接在阴极连接点与阳极连接点之间。

三相桥式整流电路变压器二次电压 u_2 是一组相间电压相位差为 120°的正弦波，如图 6-13（a）所示。在 u_2 作用下，整流二极管导通应遵守的规律是：在共阴极的一组二极管中，哪个二极管阳极电位最高，哪个二极管导通；在共阳极的一组二极管中，哪个二极管的阴极电位最低，哪个二极管导通。根据这个规律便可分析出二极管的导通次序及电路的输出电压 u_o 的波形，如图6-13（b）所示。

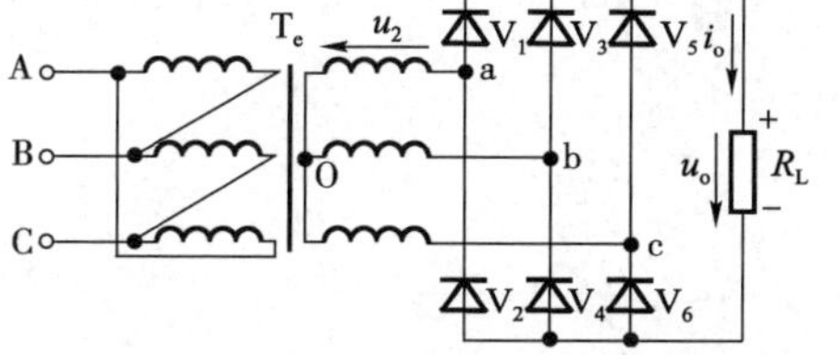

图6-12　三相桥式整流电路原理图

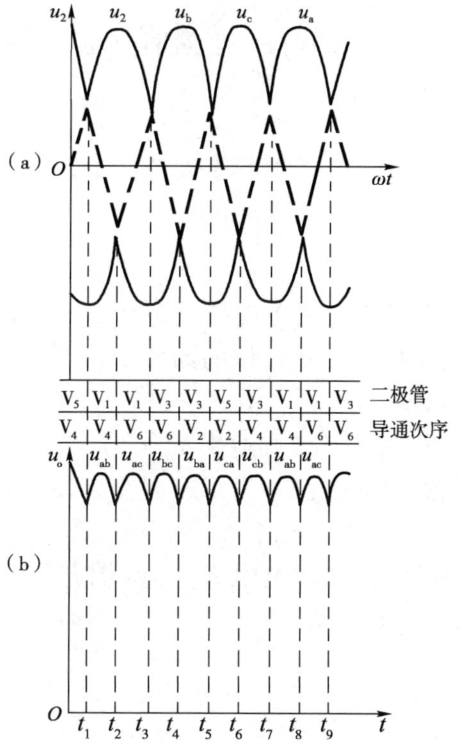

图6-13　三相桥式整流电路电压波形图

在 $0\sim t_1$ 这段时间内，a、b、c 三相中 c 相电压 u_c 最高，b 相电压 u_b 最低，即 c 点电位最高，b 点电位最低，使 V_5 和 V_4 导通。V_5 和 V_4 导通后，使 V_1、V_2、V_3、V_6 承受反向电压而截止。如果忽略二极管的正向压降，此时，加到负载电阻 R_L 上的电压 u_o 就是线电压 U_{cb}，电流的通路是 c→V_5→R_L→V_4→b。

在 $t_1\sim t_2$ 这段时间内，a、b、c 三相中 a 相电压 u_a 最高，b 相电压 u_b 最低，即 a 点电位最高，b 点电位最低，使 V_1 和 V_4 导通。V_1 和 V_4 导通后，使 V_2、V_3、V_5、V_6 承受反向电压而截止，如果忽略二极管的正向压降，此时，加到负载电阻 R_L 上的电压 u_o 就是线电压 U_{ab}，电流的通路是 a→V_1→R_L→V_4→b。

在 $t_2\sim t_3$ 这段时间内，u_a 仍然最高，电压 u_c 最低，即 V_1、V_6 导通。这时电流的通路是 a→V_1→R_L→V_6→c，输出电压 u_o 近似为 u_{ac}。

在 $t_3\sim t_4$ 这段时间内，V_3、V_6 导通，电流的通路为 b→V_3→R_L→V_6→c 输出电压 u_0 近似为 u_{bc}。以此类推，便可获得输出电压 u_o 的波形，如图 6-13（b）所示。

脉动近似直流电压，故比单相桥式整流输出电压的波形要平滑得多，其脉动程度大大减小。

② 整流电压和电流平均值的计算。由数学推导可知，负载电阻 R_L 上电压 U_o 与三相变压器二次绕组相电压有效值 U_2 的关系如下：

$$U_o = 2.34U_2 \tag{6-9}$$

整流电流平均值

$$I_0 = \frac{U_0}{R_L} = 2.34\frac{U_2}{R_L} \tag{6-10}$$

由于每个二极管在一个周期内连续导通 1/3 周期，故通过二极管的电流平均值：

$$I_V = \frac{1}{3}I_0 = 0.78\frac{U_2}{R_L} \tag{6-11}$$

各个二极管所承受的最大反向电压 U_{DRM} 是变压器二次电压的最大值，即

$$U_{DRM} = \sqrt{2} \times \sqrt{3}U_2 = 2.45U_2 \tag{6-12}$$

2. 滤波电路

整流电路输出的单向脉动电压含有交流分量，不能适应各种要求直流电压平稳的电子设备、电气装置正常工作的需要。解决办法是在整流电路之后再加接滤波电路，以改善直流电压的脉动程度。

根据电容器有隔直通交的作用，电感器直流电阻很小，交流电阻大的特点。将电容器、电感器和电阻器适当组合起来，便可得到各种形式的滤波电路。

（1）电容滤波电路

在整流电路负载电阻 R_L 的两端并联一个容量较大的电容器，即构成电容滤波电路，如图6-14（a）所示。

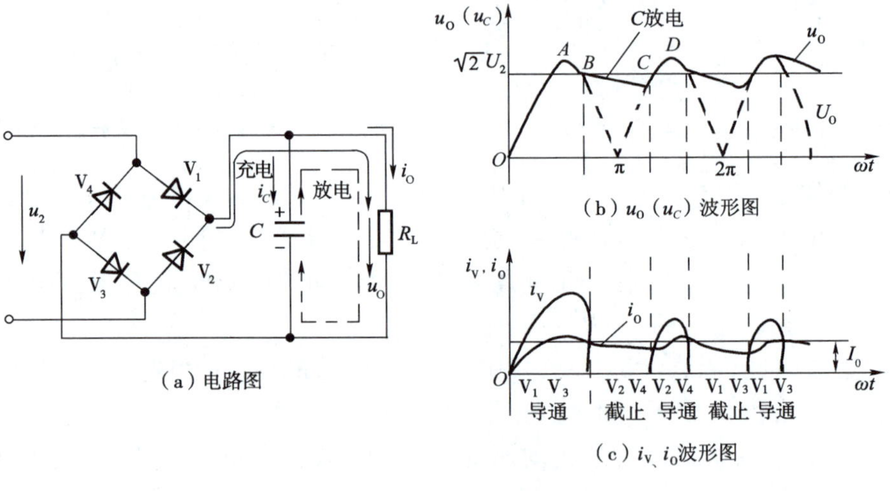

图6-14　电容滤波电路

① 滤波原理。设 $\omega t=0$ 时，电源电压 u_2 的初相为零，电容器上的初始电压等于零。电路与电源接通，在 u_2 正半周开始后，二极管 V_1、V_3 导通，电源给负载电阻 R_L 供电的同时也给电容器 C 充电，如图6-14（a）中实线所示。如忽略二极管的正向压降，则负载两端电压 u_o、电容器两端电压 u_C 及变压器二次绕组输出电压 u_2 三者完全相等，u_o（u_C）将跟着 u_2 按正弦规律上升到 u_2 的最大值 $\sqrt{2}U_2$，即图6-14（b）中的 OA 段波形所示，在 A 点达到最大值。在 A 点以后，u_2 开始下降，电容器 C 也开始对负载电阻 R_L 放电，如图6-14（a）中虚线所示，u_O（u_C）也相应地下降。但在 AB 段，u_2 按正弦规律下降，由于电容器放电电流较小，二极管

V_1、V_3 仍然受正向电压作用而继续导通，u_O（u_C）也被迫跟着 u_2 一起按正弦规律下降。到 B 点后，u_2 的下降速率加快，$u_2 < u_C$，整流二极管截止，负载电流完全由电容器 C 放电来维持，即 $i_O = -i_C$，$i_V = 0$，这时，u_O（u_C）按指数规律下降，其下降速率由放电时间常数 τ（$\tau = R_L C$）来决定，如图 6-14（b）中 BC 段所示。当电容器放电到图 6-14（b）中 C 点，u_C 与 u_2 相等，此后 u_2 的负半周使二极管 V_2、V_4 导通，电容器 C 又被充电，如 CD 段所示。如此周期性地重复上述过程，负载电阻 R_L 上便可得到较为平直的输出电压 u_O。

流过二极管的电流 i_V 及输出电流 i_O 的波形如图 6-14（c）所示。因二极管只在较短的时间内导通，故 i_V 是周期性的脉动电流。输出电流 $i_O = \dfrac{u_O}{R_L}$，其波形随 u_O 而变。图 6-14（c）中 I_O 是 i 的平均值。

② 特点：

a. 电路简单。

b. 整流输出电压的波形比较平直。

c. 输出平均电压 U_O 较高，且随负载电阻 R_L 的大小而变化。当负载电阻 R_L 的阻值很大时，放电时间常数 τ（$\tau = R_L C$）大，电容器放电慢，故 u_O 的波形更为平直，U_O 也随之增大。若电路空载，即 $R_L = \infty$，电容器被充电到电源电压幅值 $\sqrt{2}U_2$ 后，不能放电，故 $U_O = u_C = \sqrt{2}U_2$。若 R_L 的阻值减小，负载电流增大。此时放电时间常数 τ 减小，电容器放电快，因而输出电压 u_O 的波形变差，其平均值 U_O 降低。因此电容滤波电路一般只适用于输出电压较高，负载电流较小，即负载电阻 R_L 较大的场合。

输出平均电压 U_O 可根据下面的经验公式计算：

$$U_O = U_2 (\text{半波整流}) \tag{6-13}$$

$$U_O = 1.2U_2 (\text{全波整流}) \tag{6-14}$$

（2）电感滤波电路

在整流电路与负载之间串联一个铁芯电感线圈 L 即为电感滤波电路，如图 6-15 所示。电感滤波的作用是：当负载电流变化时，电感线圈中将产生自感电动势，它将阻止电流的变化，同时进行磁场能量的存储与释放，使输出电压和电流的脉动程度减小，波形较平直。如忽略电感线圈的电阻，则图 6-15 中 R_L 上电压、电流的平均值应为

$$U_O = 0.9U_2 \tag{6-15}$$

$$I_O = \frac{U_O}{R_L} = 0.9\frac{U_2}{R_L}$$

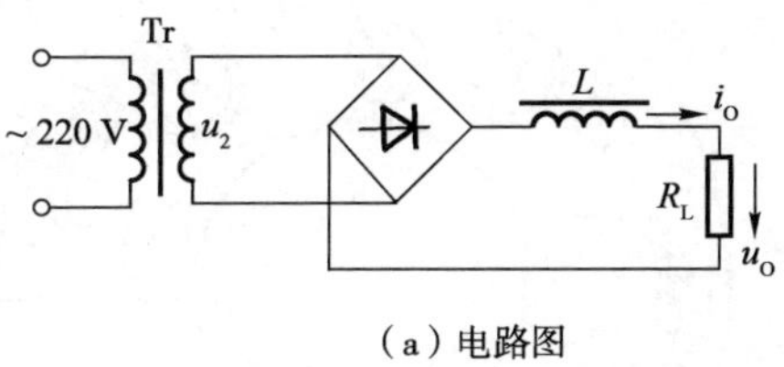

（a）电路图

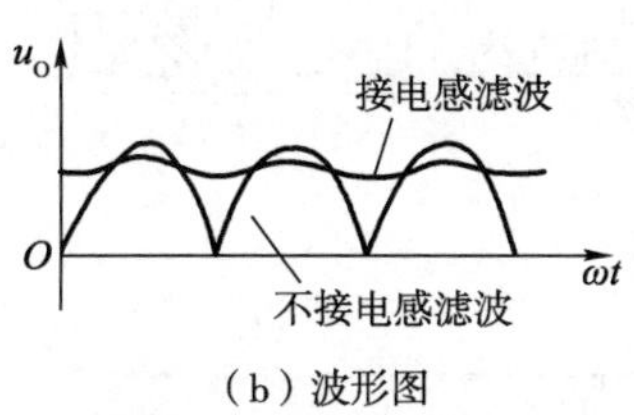

（b）波形图

图 6-15　电感滤波电路

实际上，整流电路和电感线圈中都有不大的直流电阻，当有电流通过时会产生电压降，故 U_O 将随 I_O 的增加而略有下降。

电感线圈的电感 L 为几亨到几十亨。一般说来，L 越大，滤波效果越好。但 L 越大，线圈的体积及质量均增加，而且也不经济。电感滤波适用于负载电流较大，其变化也较大，但对输出电压脉动程度要求不太高的场合，例如晶闸管电路。

(3) 复式 Π 形滤波电路

前述用单一电容器或电感器构成的滤波电路，其滤波效果往往不够理想，在要求输出电压脉动更小的场合，常采用电感电容滤波电路以及由 L、C 和 R 组成的复式 Π 形滤波电路，如图 6-16 所示。

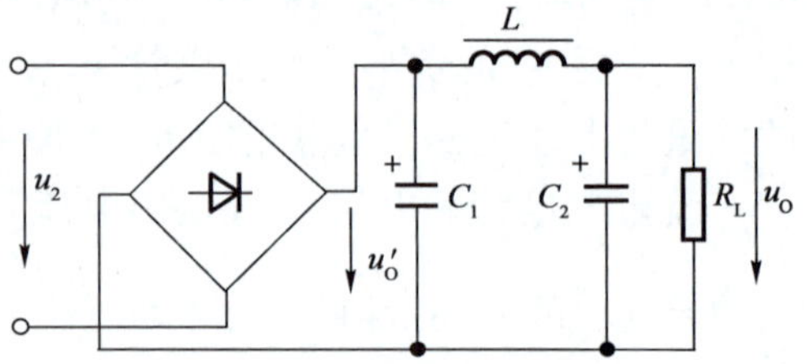

图 6-16　Π 形 LC 滤波电路

此电路由两只电容器 C_1 和 C_2 及电感器 L 组成。C_1 先对整流输出电压进行电容滤波，C_2 与负载电阻 R_L 并联，再与 L 串联。电感线圈 L 对输出电压的交流分量有较大的感抗（$X_L = 2\pi fL$），而电容器 C_2 对交流分量的容抗很小$\left(X_C = \dfrac{1}{2\pi fC}\right)$，具有较强的旁路分流作用，从而可使负载电阻 R_L 上的交流分量很小，输出电压的平直程度大大增加。为了减小设备的体积和质量，常用 R 代替 L，即成为 Π 形 RC 滤波电路，如图 6-17 所示。电阻器对于交、直流电路都具有同样的降压作用，但是当它与电容器 C_2 配合之后，可以使经 C_1 滤波后的整流电压中残存的交流分量较多地降落在电阻器 R 的两端，而较少地分配到电容器 C_2 上（因 C_2 的交流阻抗很小），从而使负载电阻 R_L 两端的输出电压更为平直，起到更好的滤波作用。R 和 C_2 愈大，滤波效果愈好。但 R 太大，将使 R 上的直流压降增加，且电阻要发热，消耗电功率，故应选择 $R \ll R_L$，通常使 R 上的直流电压降 $U_R = I_0R = (0.1 \sim 0.2)\ U_0$，$R$ 取值为几十欧到几百欧。

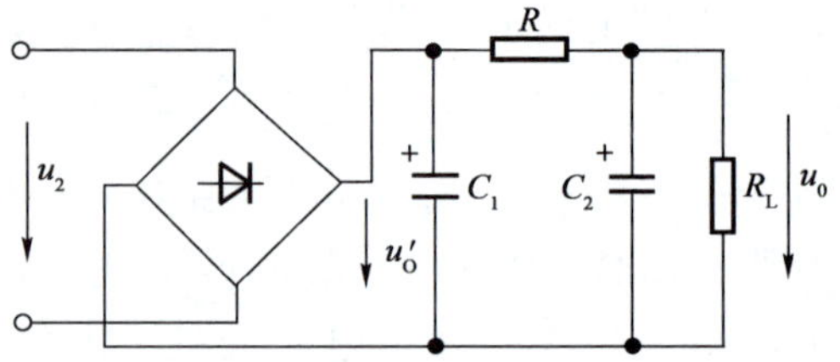

图 6-17　Π 形 RC 滤波电路

3. 二极管在汽车电路中的应用

图 6-18 所示为汽车交流发电机整流器，整流器安装在正、负整流板上，作用是利用二极管将发电机发出的三相交流电整流为直流电。在整流器上安装了正极管（红色标记）和负极管（黑色标记）。

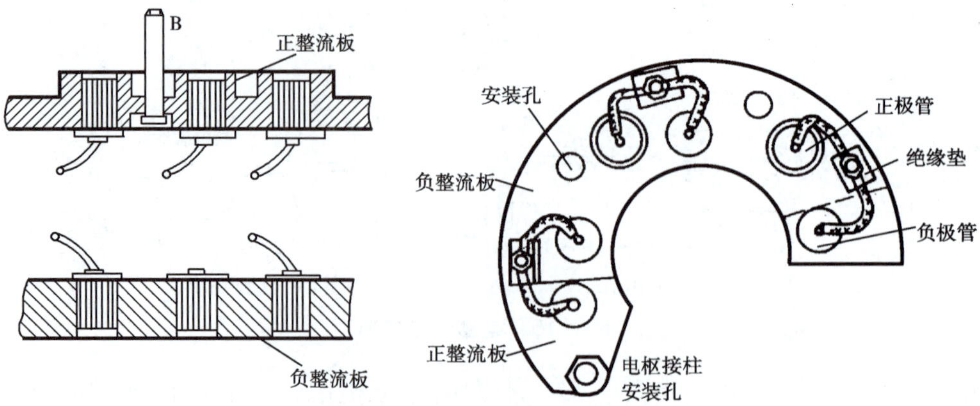

图 6-18　汽车交流发电机整流器

在负极搭铁的硅整流发电机中，三个正极管的外壳压装在散热板的三个座孔内，共同组成发电机的正极，由一个与发电机后端盖绝缘的整流板固定螺栓通至机壳外，作为发电机的输出接线柱“B”。三个正极管和三个负极管构成的整流电路称为三相桥式整流电路，将发电机的交流电变为12 V的直流电，整流电路整流出波形，整流电路的工作过程在这里不再赘述，如图6-19所示。

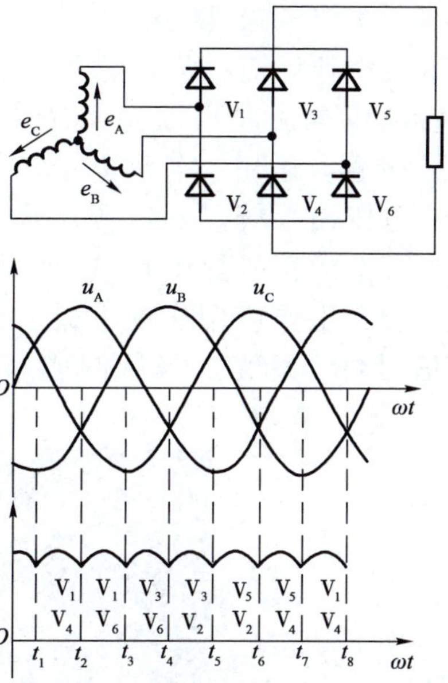

图6-19　汽车交流发电机的整流电路和电压波形

4. 特殊二极管在汽车上的应用

(1) 稳压二极管

稳压二极管是一种特殊的面接触型硅二极管。由于它有稳定电压的作用，故称为稳压二极管。它经常应用在稳压设备和一些电子线路中。稳压二极管又称齐纳二极管。图6-20所示为稳压二极管的伏安特性曲线、图形符号及稳压二极管电路。

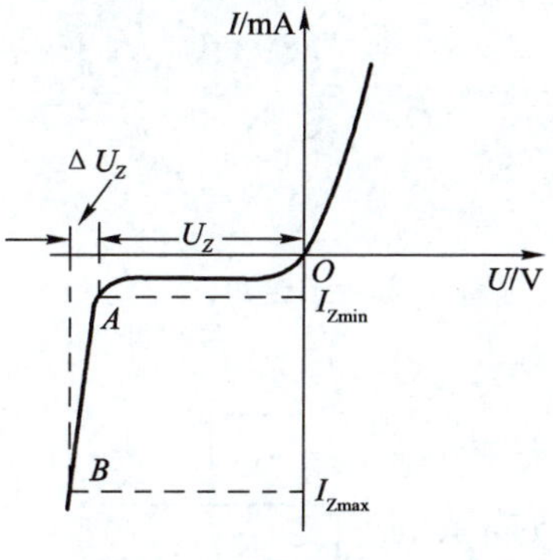

(a) 伏安特性曲线

(b) 图形符号

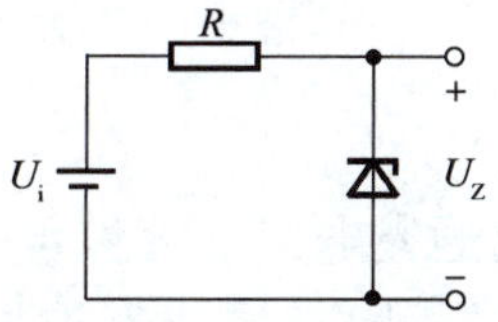

(c) 稳压二极管电路

图6-20　稳压二极管的伏安特性曲线、图形符号及稳压二极管电路

稳压二极管的特性曲线与普通二极管基本相似，只是稳压二极管的反向特性曲线比较陡。稳压二极管是利用二极管的击穿特性，因为二极管工作在反向击穿区，反向电流变化很大的情况下，反向电压变化则很小，从而表现出很好的稳压特性。从二极管的反向特性曲线可知，当反向电压增大到一定的数值（击穿电压）以后，反向电流突然上升，这种现象称为击穿。通常，不希望出现击穿现象，因为这意味着元件要损坏。如果从制造工艺上采取适当的措施，使得接触面上各点的电流比较均匀，并在使用时把反向电流限制在一定的数值范围内，就可以使稳压二极管虽然工作在击穿状态，但其PN结的温度不超过允许的数值而不致损坏。这样就可以利用“击穿特性”达到“稳压”的目的。从图6-20可以看出，稳压二极管工作在击穿区（反向电压大于U_Z），电流在很大的范围内变化时，稳压二极管两端的电压基本上不变，这一特性就能起到稳压作用。

稳压二极管的正常工作范围，是在伏安特性曲线上的反向电流开始突然上升的A点和B点这一段的电流，对于常用的小功率稳压二极管来讲，一般为几毫安到几十毫安。

（2）发光二极管（LED）

LED 由砷化镓、磷化镓等化合物所制成。这种二极管通以电流时将发光。有红、绿、黄、橙色的发光二极管。适用于各种电子仪器、仪表、家用电器的光电传输系统显示电源、状态等。发光二极管的外形及图形符号如图 6-21 所示。在汽车电路中，发光二极管主要应用在仪表板上作为指示信号灯或报警信号灯。发光二极管制成后组合灯如图 6-22 所示。

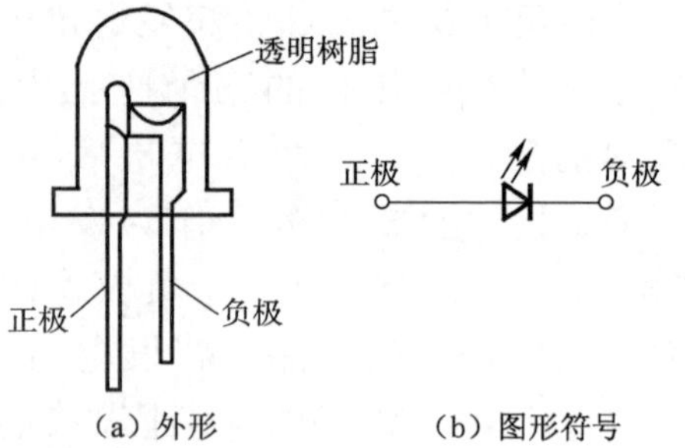

图 6-21　发光二极管外形及符号

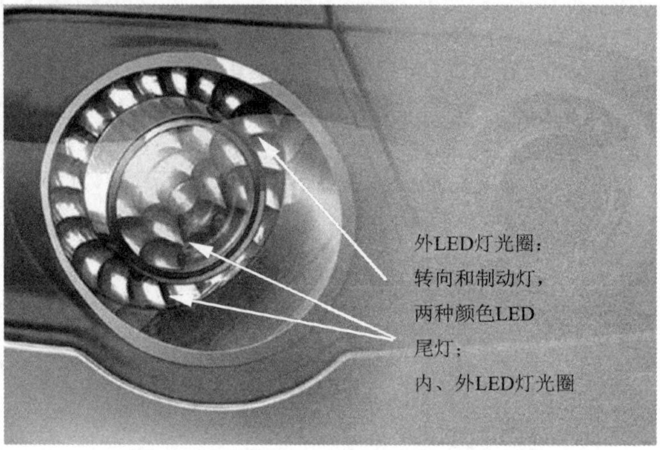

图 6-22　发光二极管制成后组合灯

（3）光电二极管

如图 6-23 所示，普通光电二极管包含一个 PN 结过渡层，它能被光线射透；隔离层位于被强烈掺杂的 P 型层下并几乎融入 N 型层中。在 P 型层上有一个接触环（阳极），N 型层安置在金属底板上（阴极）。光线或红外线渗入 PN 结过渡层中，通过它的能量形成空闲电子和小孔，它们通过 PN 结过渡层形成电流。照射到光电二极管的光线越多，经过光电二极管的电流越强。光电二极管将在反方向有序地依靠电阻器进行切换。由于强光线照射，流经光电二极管的电流升高，电阻器的压降增大，这样光线信号转换为电压信号。结区的反向偏压阻止了电流通过器件，只有当特定波长的光照射到介质上时，才产生电子-空穴对，才允许与入射光强成正比的电流通过 PN 结过渡层的截面。从光电探测角度讲，普通光电二极管并不是最敏感的，但对大多数光系统的要求来讲已经足够了。对于那些高性能系统，当它们灵敏度不够时，可以通过加上一个预放大器来提高灵敏度。

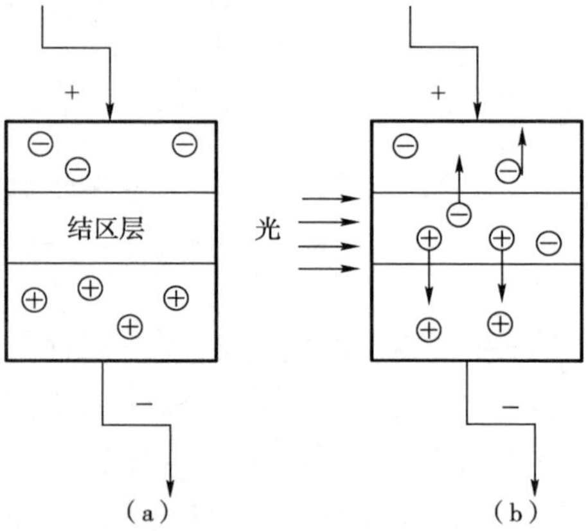

图 6-23　光电二极管原理图

光电二极管的结构和外形如图 6-24 所示。利用光电二极管制成光电传感器，可以把非电信号转变为电信号，以便控制其他电子器件。汽车上的许多传感器就是利用光电二极管制成的。用于汽车自动空调系统的日照强度传感器就是一个光电二极管，如图 6-25 所示。

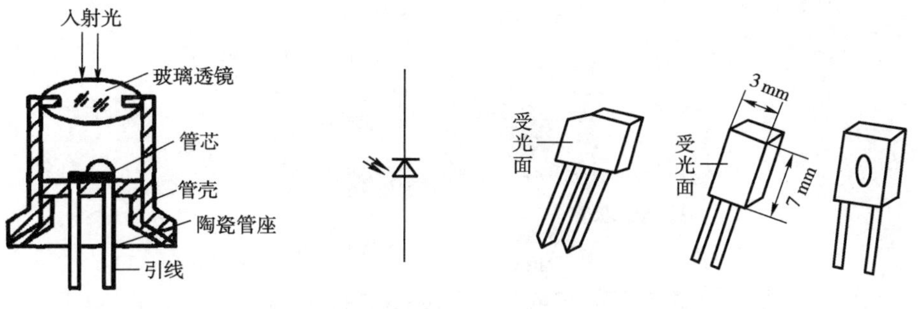

（a）结构　　（b）图形符号　　（c）外形

图 6-24　光电二极管的结构、符号和外形图

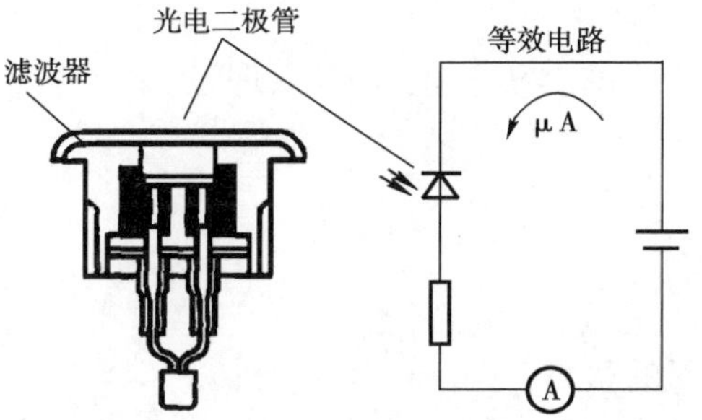

图 6-25　日照强度传感器及其应用等效电路

日照强度传感器可以把太阳的照射情况转换成电流的变化，车内自动空调控制单元对这种变化进行检测，来调节排风量和排风口温度。光电二极管作为光传感器还被应用到汽车灯光自动控制器中，用来检测车辆周围亮、暗程度。

（4）光接收机

光接收机的种类很多，现代汽车光纤网络中通常使用的光接收机主要有两种：普通光电二极管型和雪崩光电二极管型。下面以雪崩光电二极管型予以说明，如图 6-26 所示。

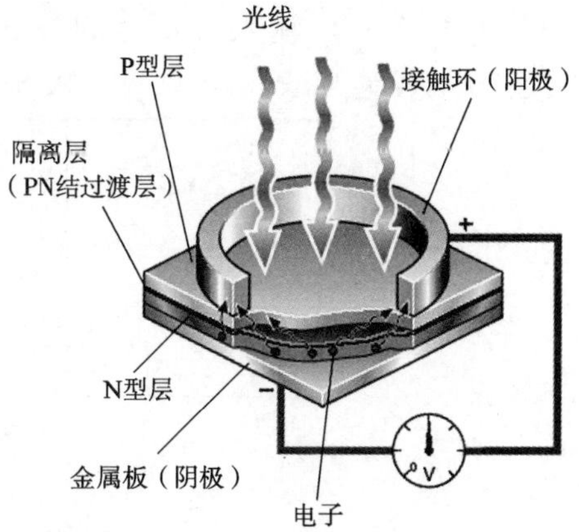

图 6-26　雪崩光电二极管的结构

雪崩光电二极管的工作原理类似于光信号放大器，它是利用强电场来进行雪崩放大。在雪崩光电二极管中，强电场使电流加速，从而使半导体中的原子被激活，产生了如同雪崩效果的电流。这种放大的结果是光的强度可能放大为原来信号的 30 ~ 100 倍。但同时也带来了一些不利的影响，因为这种雪崩效应并非是完全线性的，而且还会产生噪声。雪崩光电二极管对温度较为敏感，因此需要一个很高的电压（30 ~ 300 V）来使其工作，电压的大小与元器件的功率有关。此光电二极管一般用于数据总线系统 MOST（Media Oriented Systems Transport，面向多媒体技术）总线的光纤网络接收器的接收二极管。汽车 MOST 总线的控制单元如图 6-27 所示。

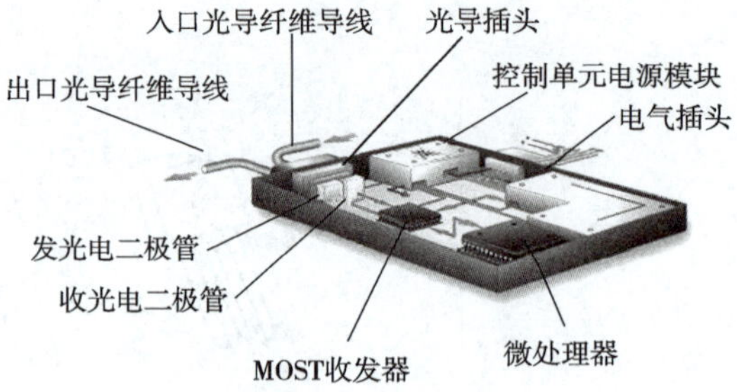

图 6-27　汽车 MOST 总线的控制单元

项目实施

实施目的及要求：

① 通过本项目的实施，掌握二极管的工作原理。

② 能够对二极管进行检测。

任务　二极管的检测

【任务要求】

① 用万用表测量二极管的极性。

② 用万用表检测二极管的好坏。

【任务指导】

1. 用万用表测量二极管的正负极性

（1）用模拟指针式万用表检测

对二极管正负极进行简易测试时，要选用万用表的欧姆挡。测量方法如图 6-28 所示。与万用表"+"输入端相连的红表笔与表内电源的负极相通；而与万用表"-"输入端相连的黑表笔与表内电源的正极相通。

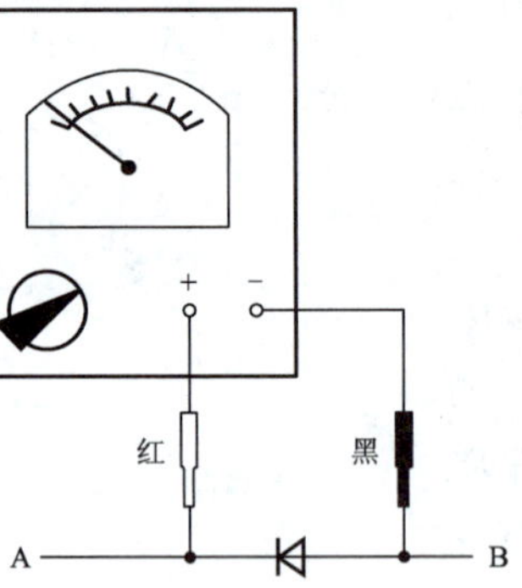

（a）二极管的正负极测量方法之一

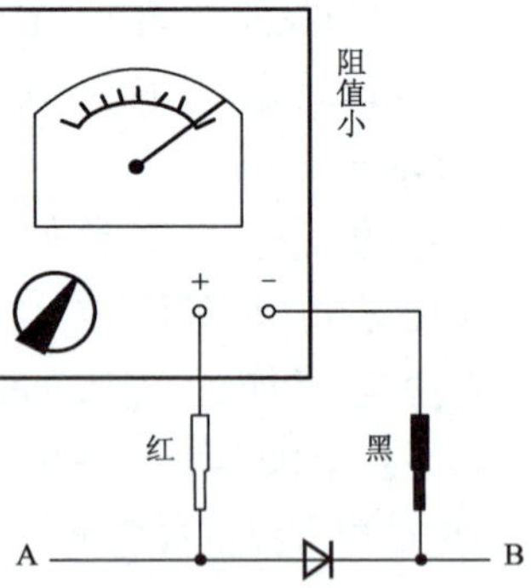

（b）二极管的正负极测量方法之二

图 6-28　二极管的正负极测量方法

测量的方法是先把万用表拨到欧姆挡（通常用 R×100 或 R×1k）然后用万用表分别接到二极管的两个极上。当表内的电源使二极管处于正向接法时，二极管导通，阻值较小（几十欧到几千欧的范围），则黑表笔接触的是二极管的正极；红表笔接触的是二极管的负极；当表内的电源使二极管处在反向接法时，二极管截止，阻值很大（一般为几百千欧），则黑表笔接触的是二极管的负极，红表笔接触的是二极管的正极。

（2）用数字式万用表检测

首先，把万用表拨到二极管挡，然后将万用表的红表笔接二极管的一极，黑表笔接另一极。在测得正向压降值小的情况下，红表笔（表内电池的正极）所接的是正极，黑表笔所接的是负极。一般，所显示的二极管正向压降：硅二极管为0.550～0.700 V，锗二极管为0.150～0.300 V。若显示“0000”，说明二极管已短路；若显示“过载”，说明二极管内部开路或处于反向状态（可对调表笔再测）。

2. 看外壳上的符号标记

通常在二极管的外壳上标有二极管的符号。标有三角形箭头的一端为正极，另一端为负极。

3. 外壳上标记的色点

在点接触型二极管的外壳上，通常标有色点（白色或红色）。除少数二极管（如2AP9、2AP10等）外，一般标记色点的这端为正极。

4. 透过玻璃看触针

对于点接触型玻璃外壳二极管，如果标记已磨掉，则可将外壳上的漆层（黑色或白色）轻轻刮掉一点，透过玻璃看，哪头是金属触针，则其就是N型锗片。有金属触针的那头就是正极。

5. 判断二极管的好坏

判断二极管的好坏可用图6-29所示的方法。

用万用表R×100或R×1k挡测量二极管的正反向电阻，锗点接触型的2AP型二极管正向电阻在1 kΩ左右，如图6-28（a）所示，反向电阻应在100 kΩ以上，硅面接触型的ZCP型二极管正向电阻在5 kΩ左右，反向电阻应在1 000 kΩ以上。总之，正向电阻越小越好，反向电阻越大越好。但若正向电阻太大或反向电阻太小，表明二极管的检波与整流效率不高。如图6-28（b）所示，若正向电阻无穷大（指针不动），说明二极管内部断路；若反向电阻接近零，说明二极管已击穿。内部断开或击穿的二极管均不能使用。

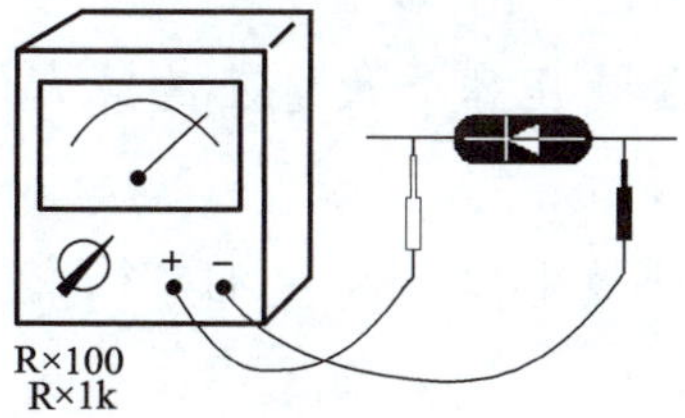

（a）判断二极管好坏的方法之一

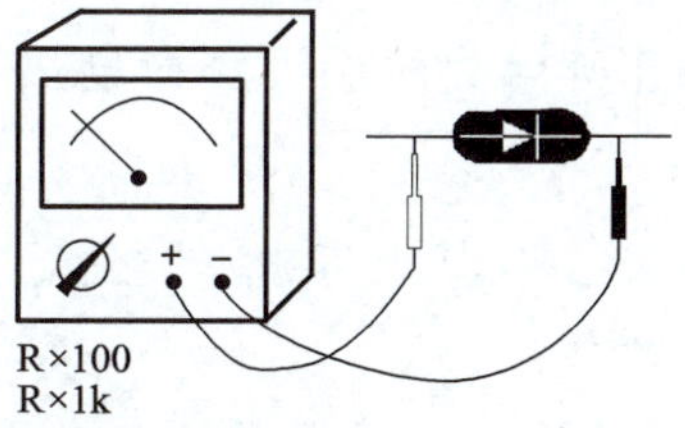

（b）判断二极管好坏的方法之二

图6-29 判断二极管的好坏

小 结

1. 本征半导体：纯净的不含任何杂质的半导体称为本征半导体。

2. 半导体：半导体是导电性能介于导体和绝缘体之间的物质。常用的半导体材料有硅（Si）、锗（Ge）和硒（Se）等。根据掺杂的不同分为N型半导体和P型半导体。

3. 二极管：二极管具有单向导电性，可利用其特性将交流电路转换为直流电路。

4. 整流电路：整流电路是将交流电压、电流变换成直流电压和电流，整流电路分为单相半波整流电路、单相全波整流电路、三相全波整流电路。

5. 单相半波整流电路：

流过二极管的平均电流为

$$I_0=\frac{U_{0(AV)}}{R_L}\approx\frac{0.45U_2}{R_L}$$

在二极管不导通期间，承受反向电压的最大值就是变压器二次电压的最大值，即

$$U_{Rmax}=\sqrt{2}U_2$$

6. 单相桥式全波整流电路：

整流电压平均值 U_0 比单相半波整流时增加一倍，即

$$U_0=2\times0.45U_2=0.9U_2$$

单相桥式全波整流电路通过负载电阻的直流电流也增加一倍，即

$$I_0=\frac{U_0}{R_L}=0.9\frac{U_2}{R_L}$$

每个二极管中流过的平均电流只有负载电流的一半，即

$$i_V=\frac{1}{2}I_0=0.45\frac{U_2}{R_L}U_{Rmax}=\sqrt{2}U_2$$

7. 三相桥式整流电路：

整流电压和电流平均值

$$U_0=2.34U_2$$

整流电流平均值

$$I_0=\frac{U_0}{R_L}=2.34\frac{U_2}{R_L}$$

各个二极管所承受的最大反向电压 U_{DRM} 是变压器二次电压的最大值，即

$$U_{DRM}=\sqrt{2}\times\sqrt{3}U_2=2.45U_2$$

8. 滤波电路：包括电容滤波电路、电感滤波电路、复式 Π 形滤波电路。

电容滤波电路：

输出平均电压 U_0 可根据下面经验公式计算：

$$U_0=U_2\text{（半波整流）}$$

$$U_0=1.2U_2\text{（全波整流）}$$

电感滤波电路：

$$U_0=0.9U_2$$

$$I_0=\frac{U_0}{R_L}=0.9\frac{U_2}{R_L}$$

9. 二极管在汽车上的应用：稳压二极管、发光二极管（LED）、光电二极管。

测试习题

填空题

1. N 型半导体中的________数远大于________数，所以它主要靠________导电；P 型半导体中的________数远大于________数，所以它主要靠________导电。

2. PN 结具有________导电性，即加正向电压时，PN 结________；加反向电压时，PN 结________。

3. 如果在 PN 结两侧，外加一个直流电压，把 P 型区接电源________极，把 N 型区接电源________极，称 PN 结________电压，此时电流能通过 PN 结，称此时 PN 结处于________状态。

4. 从二极管的伏安特性曲线可知，二极管加________时，二极管导通。导通时的正向压降，硅管约为________V，锗管约为________V。

5. 图 6-30 是______整流电路，如果变压器二次电压 U_2 为 20 V，则各整流二极管承受的最大反向电压为______V。

6. 整流是将交流电压转换为________电压，但这种电压的________程度比较大。为了获得平滑的输出电压，可在整流电路后面再加上________电路。

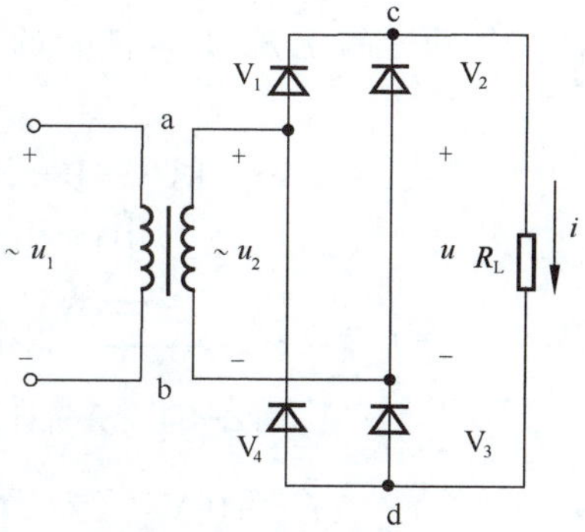

图 6-30　填空题 5 题图

分析计算题

1. 半导体具有哪些主要特性，其中哪个特性最引人注目？

2. 半导体导电的基本特性是什么？PN 结的单向导电性指的是什么？

3. N 型半导体中自由电子多于空穴，P 型半导体中空穴多于自由电子，是否 N 型半导体带负电？P 型半导体带正电？

4. 在图 6-31 的几个电路中，$U_i = 10$ V，二极管正向压降为 0.7 V，试求输出电压 U_o。

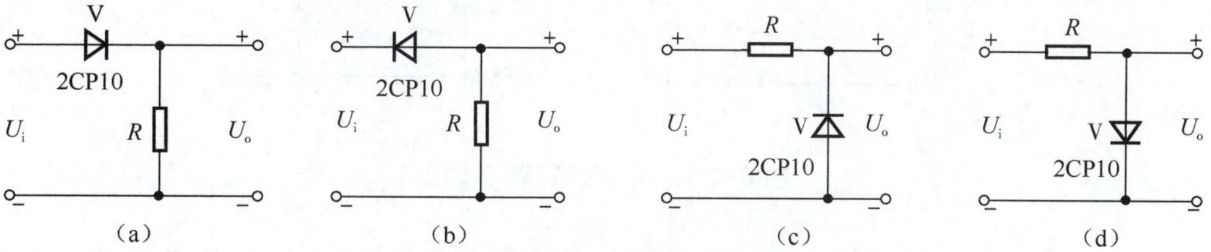

图 6-31　分析计算题 4 题图

5. 试求图 6-32（a）、（b）所示电路的输出电压 U_o，设二极管的正向压降为 0.7 V。

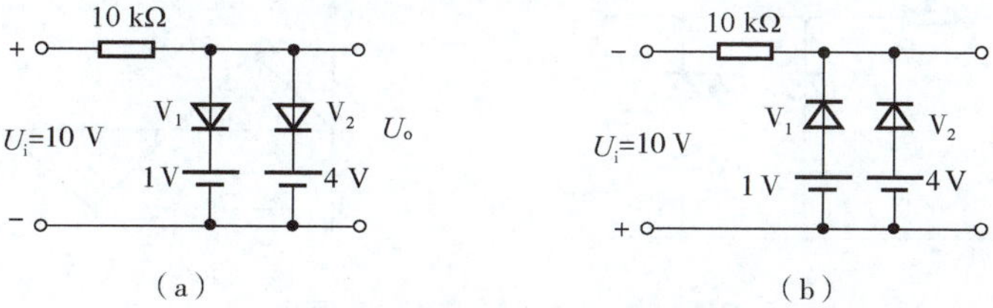

图 6-32　分析计算题 5 题图

6. 图 6-33 所示电路，设二极管的正向压降为 0.7 V，在下列几种情况下，试求 U_o、I_1、I_2 与 I。(1) $U_A=10$ V，$U_B=10$ V；(2) $U_A=U_B=5$ V。

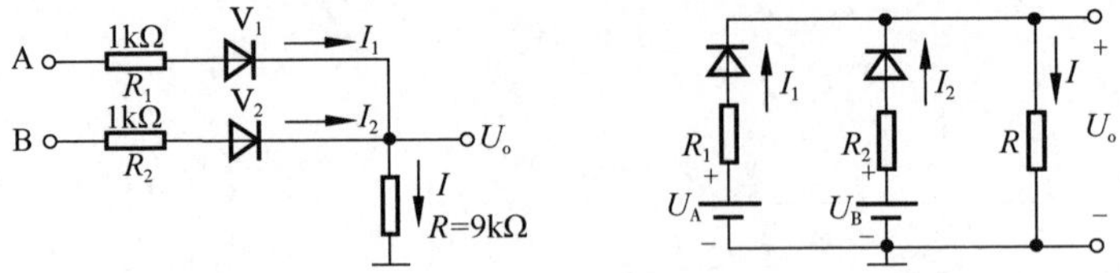

(a)　　(b)

图 6-33　分析计算题 6 题图

7. 试判断图 6-34 所示电路中，当 $U_i=3$ V 时哪些二极管导通？当 $U_i=0$ V 时，哪些二极管导通？(设二极管正向压降为 0.7 V)

8. 图 6-35 所示电路中，试求下列几种情况下输出端 Y 的电位 V_Y 及各元件（R、V_A、V_B）中通过的电流（二极管的正向压降忽略不计）。

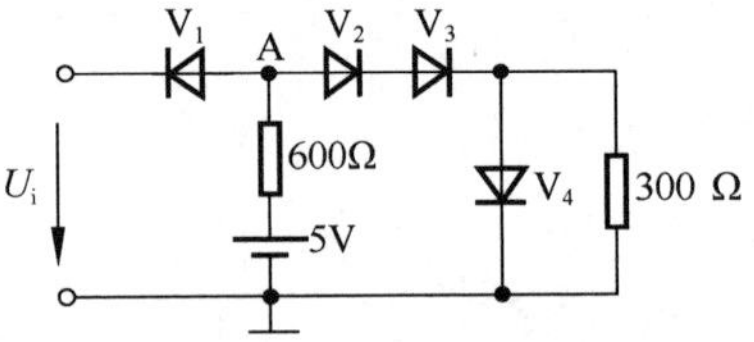

图 6-34　分析计算题 7 题图

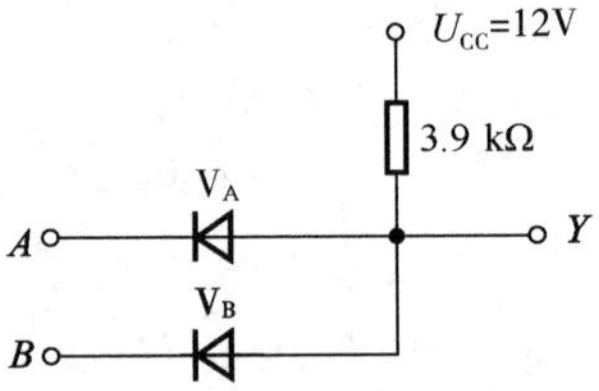

图 6-35　分析计算题 8 题图

(1) $U_A=U_B=0$ V；(2) $U_A=3$ V，$U_B=0$ V；(3) $U_A=U_B=3$ V。

9. 二极管电路如图 6-36 所示，试判断二极管是导通还是截止，并求电路输出电压 U_{AB}。

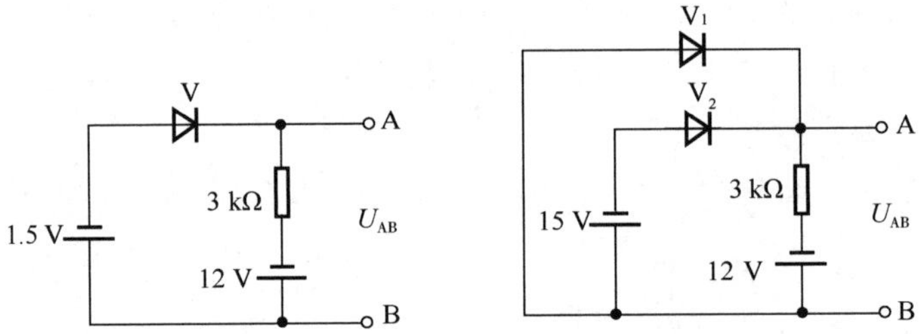

(a)　　(b)

图 6-36　分析计算题 9 题图

10. 在图 6-37 (a) 中，V_1、V_2 为理想二极管，图 6-37 (b) 所示为输入电压 u_i 的波形。试画出对应于 u_i 的输出电压 u_o 的波形。

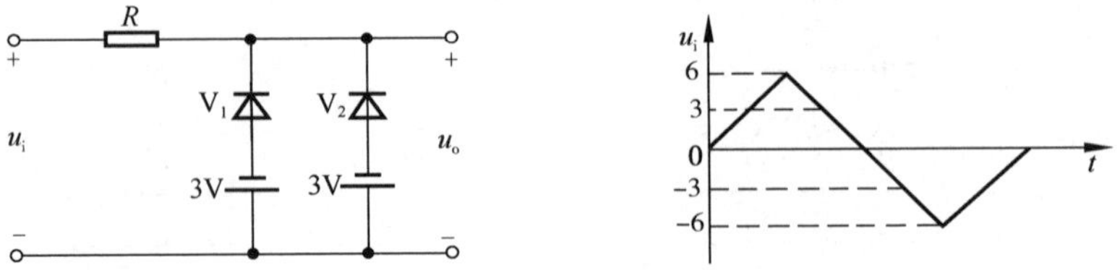

(a)　　(b)

图 6-37　分析计算题 10 题图

项目七 晶体管的工作原理及应用

7

学习目标

1. 掌握三极管的工作特性。
2. 掌握三极管的放大电路。
3. 能够使用万用表对三极管的极性进行检测。
4. 能够分析共集电极放大电路。

基本知识

一、晶体管的结构

晶体管又称三极管，具有放大和开关作用，是重要的半导体元件，它可以用来组成各种功能的电子电路。

1. 晶体管的基本结构

晶体管是在一块很小的半导体基片上，用一定的工艺制作出两个反向的PN结，这两个PN结基片分成三个区，从三个区分别引出三根电极引线，再用管壳封装而成。图7-1为常用晶体管的外形图。晶体管的三个区分别称为发射区、基区和集电区。由它们引出的三根电极引线分别称为发射极（E）、基极（B）、集电极（C）。发射区与基区间的PN结称为发射结，集电区与基区间的PN结称为集电结。

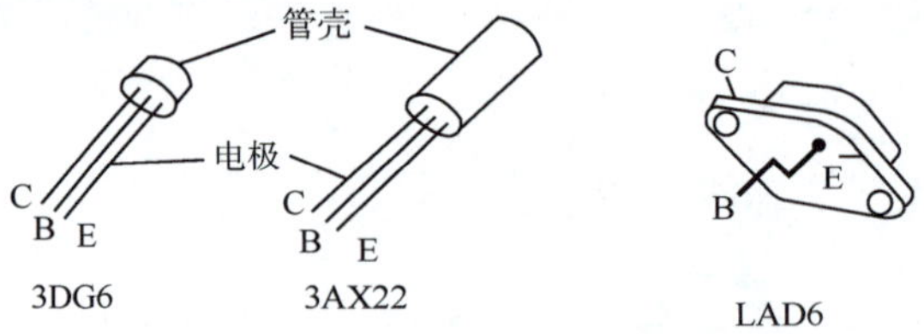

图7-1　常用晶体管的外形图

发射区用来发射载流子，故其杂质浓度较大；集电区用来收集从发射区发射过来的载流子，故其结面积较大；基区位于发射区与集电区之间，用来控制载流子通过，以实现电流放大作用，其厚度很薄（几微米），且杂质浓度很低，目的是减小基极电流，增强基极的控制作用。

根据基片的材料不同，晶体管分为锗管和硅管两大类。根据三层半导体的组合方式，又分PNP型和NPN型，其结构和图形符号如图7-2所示。NPN型和PNP型晶体管的工作原理类似，仅在使用时电源极性不同而已。下面以NPN型晶体管为例进行以下分析讨论。

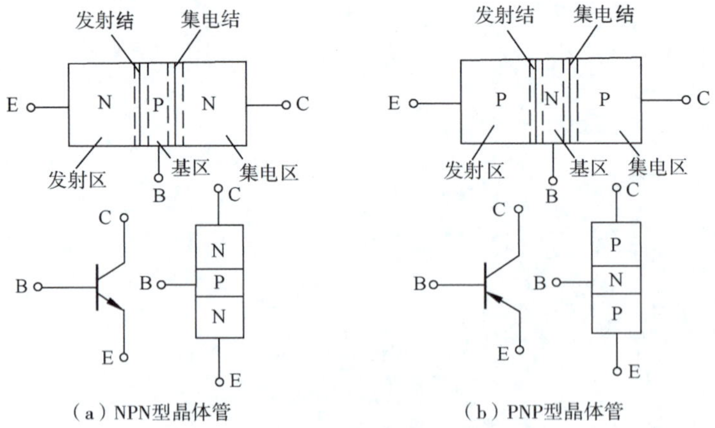

图7-2　晶体管的结构和图形符号

2. 电流放大原理

为了定量地了解晶体管的电流分配关系和放大原理，先做一个实验，实验电路如图7-3所

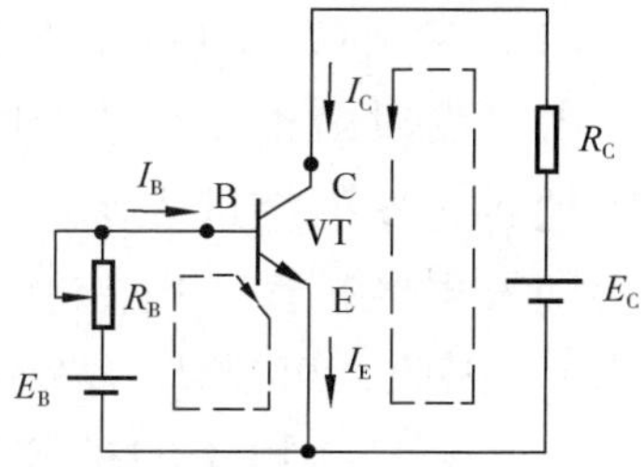

图 7-3 晶体管电流放大的实验电路

示。图中 VT 为 NPN 型晶体管，基极电源 E_B（一般为几伏）串联一个可调电阻器 R_B 接到发射结的两端，正极接到基极（B），负极接发射极（E），使发射结加正向电压（正偏）。集电极电源 E_C（一般为几伏到十几伏）的正极经电阻 R_C 接到集电极（C），负极接发射极（E）。因 $E_C > E_B$，故集电结加的是反向电压（反偏）。这种电路包含两个回路，其中，由基极电源 E_B、基极电阻 R_B 和晶体管发射结组成的回路称为输入回路。由集电极电源 E_C、集电极电阻 R_C、晶体管集电极和发射极组成的回路称为输出回路。发射极是两个回路的公共端，故称为共发射极电路。

改变可调电阻器 R_B 的阻值，使基极电流 I_B 为不同的数值，测出相应的集电极电流 I_C 和发射极电流 I_E，结果如表 7-1 所示。

表 7-1 晶体管的各极电流

$I_B/\mu A$	0	20	30	40	50	60
I_C/mA	≈0	1.4	2.3	3.2	4	4.7
I_E/mA	≈0	1.42	2.33	3.24	4.05	4.76
I_C/I_B	0	70	76	80	80	78

将表 7-1 中数值进行比较分析，可得出如下结论：

① $I_E = I_C + I_B$，三个电流之间的关系符合基尔霍夫电流定律。

② I_C 稍小于 I_E，而远大于 I_B，I_C 与 I_B 的比值远大于 1，且在一定范围内基本不变。特别是当基极电流有微小的变化时，集电极电流将发生较大的变化。例如，I_B 由 40 μA 增加到 50 μA 时，I_C将从 3.2 mA 增大到 4 mA 即

$$\frac{\Delta I_C}{\Delta I_B} = \frac{(4-3.2)\times 10^{-3}}{(50-40)\times 10^{-6}} = 80$$

这就是晶体管的电流放大作用，基极电流 I_B 微小变化就会引起集电极电流 I_C 较大变化。换句话说，微小的基极电流就会控制较大的集电极电流，所以晶体管也是控制元件。

晶体管各极电流之间为什么具有这样的关系呢？这可以通过晶体管内部载流子的运动规律来解释。图 7-4 为晶体管内部载流子运动和电流分配示意图。

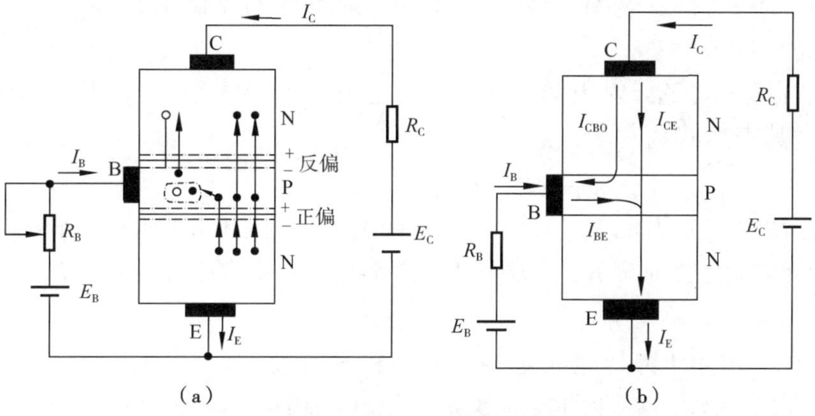

图 7-4 晶体管内部载流子运动和电流分配示意图

（1）发射区向基区扩散电子

由于发射结正偏，使内电场削弱发射区多数载流子——自由电子在外电场作用下源源不断地越过发射结进入基区，形成发射极电流 I_E。与此同时，基区的多数载流子——空穴也会向发射区扩散，但由于基区杂质浓度很低，空穴很少，故可略去不计（图 7-4 中未画出）。因此，可以认为晶体管的发射极电流主要是电子流。

（2）基区中电子的扩散与复合

电子进入基区后，由于靠近发射结附近的电子浓度高于集电结附近的电子浓度，形成电子浓度差。在浓度差的作用下，促使电子在基区中继续向集电结扩散，当扩散到集电结附近时，被集电区电场拉入集电区，形成集电极电流 I_C。与此同时，在扩散过程中，电子中的很小一部分将与基区中空穴相遇而复合。基区中因复合而失去的空穴将由基极电源 E_B 来不断补充，形成基极电流 I_B。

在基区中，扩散到集电区的电子数与复合的电子数的比例决定了晶体管的放大能力。为了提高放大能力，就应加强扩散，抑制复合。办法就是前面提到的，将基区做得很薄，同时，减少掺杂浓度。

（3）集电区收集电子

由于集电结加有较大的反向电压，这个反向电压产生的电场力将阻止集电区的多数载流子——电子向基区扩散，同时将扩散到集电结附近的电子拉入集电区而形成较大的集电极电流 I_C。显然，集电区的少数载流子——空穴也会产生漂移运动，流向基区而形成反向饱和电流，用 I_{CBO} 表示，如图 7-4（b）所示。其数值很小，但对温度却非常敏感。

以上分析的是 NPN 型晶体管的电流放大原理。对于 PNP 型晶体管，其工作原理相同，只是晶体管各极所接电源极性相反，发射区发射的载流子是空穴而不是电子。

3. 晶体管的特性曲线

和二极管一样，晶体管极间电压和电极电流的关系也可用伏安特性曲线来表示。由于晶体管有三个电极，输入、输出两个回路，故需要用两组特性曲线来表示，即输入特性曲线和输出特性曲线。

晶体管的伏安特性与晶体管的接法有关，这里所讨论的是共发射极接法时，晶体管伏安特性曲线，简称共射特性。图 7-5 为晶体管共射特性的测试电路。

（1）输入特性曲线

输入特性是指晶体管集-射极间电压 U_{CE} 一定时，基极电流 I_B 与基-射极间电压 U_{BE} 之间的关系曲线。其表达式为

$$I_B = f(U_{BE})\big|_{U_{CE}=\text{常数}}$$

测量输入特性时，先固定 U_{CE} 为某一值，调节 R_{P1}，测出相应的 I_B 和 U_{BE} 值，便可得到一条输入特性曲线。然后调节 R_{P2}，改变 U_{CE} 值测出另一条输入特性曲线，如图 7-5 所示。现具体讨论如下：

① 当 $U_{CE}=0$，相当于晶体管集电极（C）和发射极（E）直接短接，集电结和发射结两个 PN 正向并联，故输入特性曲线的变化规律和二极管的正向伏安特性相似，如图 7-6 中曲线①所示。

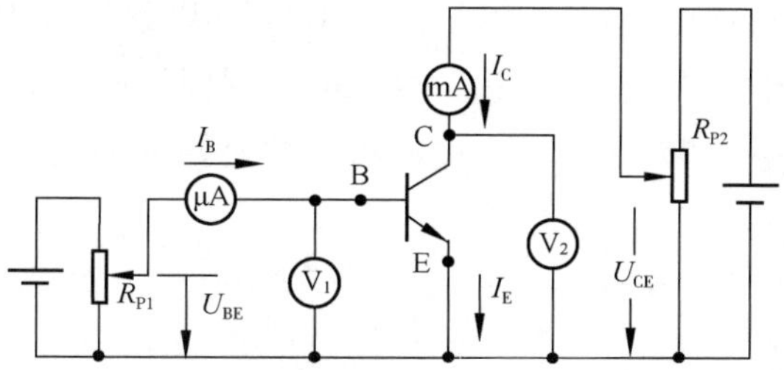

图 7-5 晶体管共射特性的测试电路

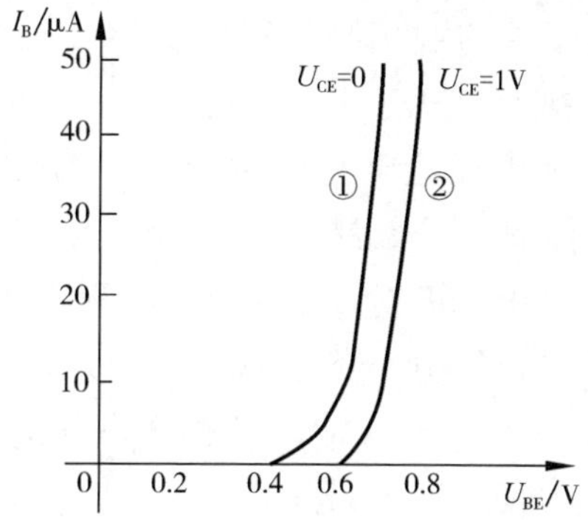

图 7-6 晶体管的输入特性曲线

② 增大 U_{CE}，使 $U_{CE}=1$ V，晶体管集电结已反偏，其电场已足以把从发射区扩散到基区的绝大部分电子吸收到集电区，形成集电极电流 I_C。因此，在相同的 U_{BE} 作用时，I_B 减少，特性曲线右移，如图 7-6 中曲线②所示。在基区中除与空穴复合以外的电子都吸收到了集电区，故在增大 U_{CE}，也不能使 I_B 再明显减小。因此 $U_{CE}\geqslant 1$ V 以后的输入特性曲线基本是重合的，通常只画出 $U_{CE}\geqslant 1$ V 的一条输入特性曲线即可。

从图 7-6 所示输入特性曲线可以看出：

a. 输入特性是非线性的，与二极管正向伏安特性相似。

b. 输入特性也有一段死区，锗管约为 0.1 V，硅管约为 0.5 V。

c. 晶体管正常工作时，锗管的 U_{BE} 为 0.2～0.3 V，硅管为 0.6～0.7 V。如 U_{BE} 过大，将导致 I_B 急剧增大，使晶体管过热而损坏，所以通常在基极电路中串联一个限流电阻器 R_B。

（2）输出特性曲线

输出特性是指晶体管基极电流 I_B 为常数时，其集-射极间电压 U_{CE} 与集电极电流 I_C 之间的关系曲线，其表达式为

$$I_C=f\ (U_{CE})\big|_{I_B=\text{常数}}$$

如图 7-5 所示，先调节 R_{P1}，使 I_B 为某一定值；然后调节 R_{P2}，使 U_{CE} 由零开始逐渐增大，就可作为 $I_B=40$ μA 输出特性曲线，如图 7-7（a）所示。当 U_{CE} 很小时，$U_{CE}<U_{BE}$，$U_C<U_B$，集电结正偏，限制基区电子向集电区扩散，故 I_C 很小，并随 U_{CE} 的增加而直线上升。当 $U_{CE}=U_{BE}$（0.6～0.7 V），$U_C=U_B$，曲线上升到 A 点，这时集电结零偏；再进一步增大 U_{CE}，$U_{CE}>U_{BE}$，$U_C>U_B$，集电结反偏，这时已基本上能把注入基区的电子全部拉入集电区，I_C 基本保持不变，输出特性曲线为水平线。分别将 I_B 调整为不同的数值，就可得到一组输出特性曲线，如图 7-7（b）所示。在曲线水平区，I_C 基本上与 U_{CE} 的大小无关，I_C 随 I_B 变化，I_B 增加，I_C 也增加，这表明了 I_B 对 I_C 的控制作用。

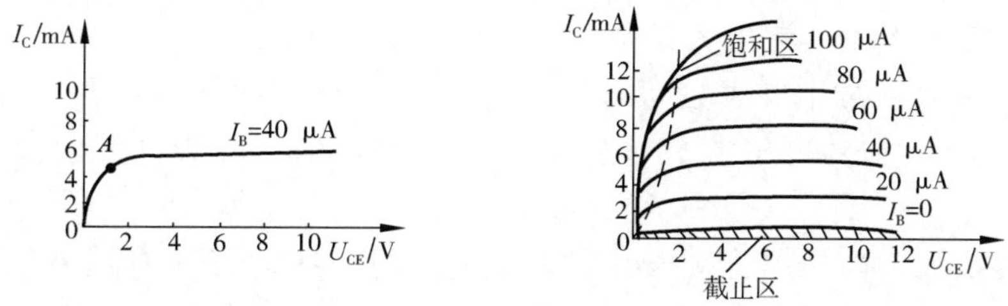

（a）　　（b）

图 7-7 晶体管的输出特性曲线

晶体管的输出特性可以分为三个区域，对应晶体管有三种工作状态。

① 截止状态。输出特性 $I_B = 0$ 的曲线以下的区域称为截止区。当 $I_B = 0$ 时，$I_C = I_{CEO} = 0$（I_{CEO}称为穿透电流）晶体管的集电极和发射极之间接近开路，相当于开关的断开状态，此时晶体管截止，无放大作用。对 NPN 型硅管而言，当 $U_{BE} < 0.5$ V（死区电压）时，即已开始截止，但为了使晶体管截止得更可靠，常使 $U_{BE} < 0$。故晶体管处于截止状态时，其发射结和集电结都反偏。

② 放大状态。输出特性 $I_B = 0$ 的曲线上方，各输出特性曲线近似水平的区域称为放大区，晶体管工作在放大状态。其特点如下：

a. U_{CE}在 1 V 以上，I_C 基本上不随 U_{CE}变化，在 I_B 一定时，晶体管具有近似恒流源的特性。

b. I_C 基本上只受 I_B 控制，I_B 增大，I_C 也随之增大，I_C 与 I_B 之间具有线性（正比）关系，所以放大区也称为线性区。

c. 在不同的 I_B 值下，各输出特性曲线近似平行，其间隔的大小可反映出晶体管电流放大能力的强弱。

d. 晶体管工作在放大状态时，其发射结正偏，集电结反偏。

③ 饱和状态。输出特性曲线近似直线上升（包括弯曲处）的区域称为饱和区。晶体管工作在饱和导通状态。这时晶体管的 U_{CE}值很小（小功率硅管约为 0.3 V），小于发射结的正向压降 U_{BE}（0.6～0.7 V），即 $U_{CE} < U_{BE}$，限制了基区电子向集电区扩散。一定的 U_{CE} 对应一定的 I_C，I_C 基本上不随 I_B 变化，晶体管失去电流放大作用。

晶体管饱和时的 U_{CE}值称为饱和管压降，用 U_{CES}表示。因 U_{CES}值很小，晶体管的 C、E 两极之间接近于短路，相当于开关的接通状态。晶体管饱和时，其发射结和集电结均为正偏。

综上所述，晶体管工作在放大区，具有电流放大作用，常用来构成各种放大电路；晶体管工作在截止区和饱和区，相当于开关的断开和接通，具有开关作用，常用于开关控制和数字电路。

4. 晶体管的参数

晶体管的参数有特性参数和极限参数两种，用来表征晶体管的性能优劣和应用范围。这是选用晶体管的重要依据。

（1）表示晶体管性能的特性参数

① 电流放大系数（β）。电流放大系数表示晶体管的电流放大能力。由于制造工艺的离散性，同一型号的晶体管的 β 值也有很大差别，一般在 20～200 之间。选用晶体管时可查阅有关的参考手册。

电流放大系数分为直流电流放大系数和交流电流放大系数。

直流电流放大系数：对于共发射极放大电路，在静态（无输入信号）情况下，集电极电流 I_C（输出电流）和基极电流 I_B（输入电流）的比值，称为共发射极直流（静态）电流放大系数。

交流电流放大系数：当晶体管接成共发射极电路时，在动态（有输入信号）情况下，基极电流变化量为 ΔI_B，它引起集电极电流的变化量为 ΔI_C，ΔI_C 与 ΔI_B 的比值，称为共发射极交流（动态）电流放大系数，用 β 表示，即

$$\beta=\frac{\Delta I_C}{\Delta I_B}\approx\frac{I_C}{I_B} \qquad (7-1)$$

直流电流放大系数和交流电流放大系数意义不同，但通常在输出特性曲线近于平行等距，并且 I_{CEO} 较小的情况下，两者数值近，所以，在近似估算时，可以不作严格区分。

② 穿透电流（I_{CEO}）。穿透电流是当 $I_B=0$ 时，集电极与发射极之间的反向电流。在选用晶体管时，I_{CEO} 愈小，晶体管的温度稳定性愈好。

（2）限制三极管运用范围的极限参数

① 集电极最大允许电流（I_{CM}）。集电极电流 I_C 增加到一定值时，晶体管的 β 值就要降低，影响电路的放大能力。为了使 β 值下降不超过正常规定，所允许的集电极电流最大值就是集电极最大允许电流。

② 集-射极反向击穿电压（$U_{CE(BR)}$）。基极开路时，允许加在集-射极之间的最大电压称为集-射极反向击穿电压。当 U_{CE} 超过 $U_{CE(BR)}$ 时，晶体管将被击穿而损坏。

③ 集电极最大允许耗散功率（P_{CM}）。集电极电流通过晶体管时要产生功耗，使集电结发热，结温升高。为了限制温度不超过允许值，而规定的集电结功耗的最大值，称为集电极最大允许耗散功率。

在选用晶体管时，为确保晶体管安全可靠工作，必须同时考虑以上三个极限参数，即满足

$$I_C<I_{CM}$$
$$U_{CE}<U_{CE(BR)}$$
$$I_CU_{CE}<P_{CM}$$

二、共发射极放大电路

1. 电路组成

晶体管放大电路的基本要求是电路中的晶体管应处于放大工作状态，即其发射结应加正向电压，集电结加反向电压。同时要求电路既能放大输入信号，又应使输出的信号不产生失真，如图 7-8所示，是一个以 NPN 型晶体管为核心的基本共发射极交流放大电路。

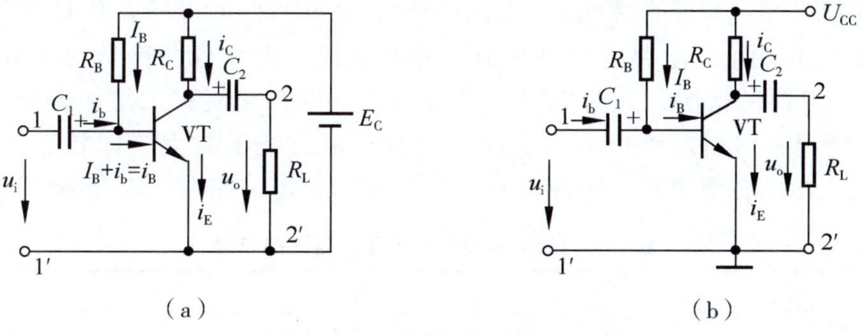

图 7-8　基本共发射极交流放大电路

先看图 7-8（a），它与图 7-3 的主要区别是：

① 用一个电源代替图 7-3 中的两个电源以使电路简化。基极偏置电流 I_B 直接从集电极电源 E_C 取得，因 $E_C>E_B$，故应将 R_B 的阻值增大。

② 输入交流信号电压 u_i 及负载电阻 R_L，分别用耦合电容器 C_1、C_2 与放大电路连接。

图7-8（a）中1、1′为输入端，外接交流信号电压 u_i、经电容器 C_1 加到晶体管的基-射极间，这是输入回路；2、2′是输出端，交流输出信号电压 u_o 由晶体管的集-射极间经电容器 C_2 传送给负载电阻 R_L，这是输出回路。显然，发射极是输入回路和输出回路的公共端，这就是共发射极放大电路。

在放大电路中，信号源、放大电路、负载和直流电源的公共点接“地”，通常设“地”点的电位为零，作为电路中其他各点电位的参考点。习惯上，常不画出电源 E_C 的符号，而只在其正极的一端标出它对“地”的电压数值 U_{CC} 和极性，如图7-8（b）所示。如忽略电源 E_C 的内阻，则 $U_{CC}=E_C$。

下面具体分析电路中各元件的作用：

（1）晶体管VT

晶体管是电路中的放大元件，利用其电流放大作用。

（2）耦合电容器 C_1、C_2

C_1、C_2 的作用是隔断直流信号、传输交流信号。

（3）集电极直流电源 U_{CC}

U_{CC} 有两个作用：其一是保证晶体管发射结正向偏置，集电结反向偏置，以使晶体管具有放大作用；其二是给放大电路提供能源。必须注意，从能量的观点看，晶体管输入信号的能量很小，而放大电路输出能量较大，这个能量不是来自晶体管，而是由直流电源 U_{CC} 供给的。晶体管只是起控制作用，输入信号通过晶体管去控制直流电源供给的能量，以在输出端获得一个能量较大的信号，故晶体管也是一个控制元件。U_{CC} 一般为几伏到几十伏。

（4）集电极负载电阻 R_C、基极偏置电阻 R_B

R_C 简称集电极电阻，R_C 能将集电极电流 i_C 的变化转换成集-射极间电压 u_{CE} 的变化（$u_{CE}=U_{CC}-i_CR_C$），以实现电压放大。R_C 的阻值一般为几千欧到几十千欧。

R_B 简称基极电阻，它使发射结正向偏置，并向晶体管提供适当大小的基极电流 I_B，以保证放大电路有较好的工作性能，R_B 的阻值为几十千欧到几百千欧。

2. 电路的静态分析

从前面所述可知，晶体管交流放大电路是交、直流共存的电路，在直流电源 U_{CC} 及交流输入信号 u_i 的作用下，电路中既有直流，又有交流。现在分两种情况来分析：一是交流输入信号 $u_i=0$ 时的情况，这时电路中只有直流，没有交流；二是加入交流输入信号，即 $u_i\neq0$ 时的情况，这时电路中既有直流，又有交流，处于放大工作状态。为了便于分析，下面对放大电路各级电压、电流的符号作如下的规定，如表7-2所示。

表7-2　放大电路各级电压、电流的符号

名　称	直　流　量	交　流　量		脉动直流总量	关　系　式
		瞬时值	最大值		
基极电流	I_B	i_b	I_{bm}	i_B	$i_B=I_B+i_b$
集电极电流	I_C	i_c	I_{cm}	i_C	$i_C=I_C+i_c$
发射极电流	I_E	i_e	I_{em}	i_E	$i_E=I_E+i_e$
集-射极电压	U_{CE}	U_{ce}	u_{cem}	u_{CE}	$u_{CE}=U_{CE}+U_{ce}$
基-射极电压	U_{BE}	U_{be}	u_{bem}	u_{BE}	$u_{BE}=U_{BE}+U_{be}$

放大电路无输入信号（$u_i=0$），相当于信号源被短接，电路中只有直流电压和电流，如图 7-9 所示。电路的这种工作状态称为直流状态，又称静态。电路中的电容器 C_1 和 C_2 被充电，$U_{C1}=U_{BE}$，$U_{C2}=U_{CE}$（如接入 R_L），对直流而言，电容器 C_1、C_2 可视为开路。图 7-9 中实线部分为直流通路。

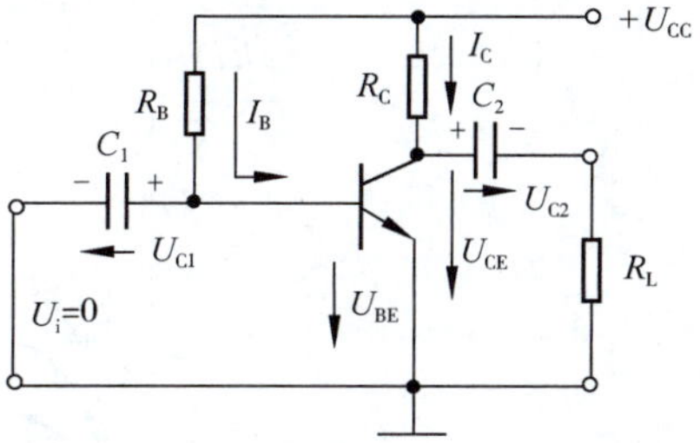

图 7-9　静态时电路中的电压和电流

（1）估算电路中的电压和电流

由图 7-9，可得

$$U_{CC}=I_BR_B+U_{BE}\text{或 }I_B=\frac{U_{CC}-U_{BE}}{R_B}\approx\frac{U_{CC}}{R_B} \tag{7-2}$$

式中，U_{BE}是晶体管发射结的直流导通压降，硅管为 0.6 ~ 0.7 V，锗管为 0.2 ~ 0.3 V，因 $U_{BE}<<U_{CC}$，故常忽略不计。由 I_B 即可求得

$$I_C\approx\beta I_B \tag{7-3}$$

$$U_{CE}=U_{CC}-I_CR_C \tag{7-4}$$

由 I_B、I_C、U_{CE}这三个静态值，可在晶体管的特性曲线上找到一个对应点，这个点称为晶体管的静态工作点，常用字符 Q 表示，如图 7-10 所示。Q 点的位置反映了放大电路无输入信号时的工作状态。

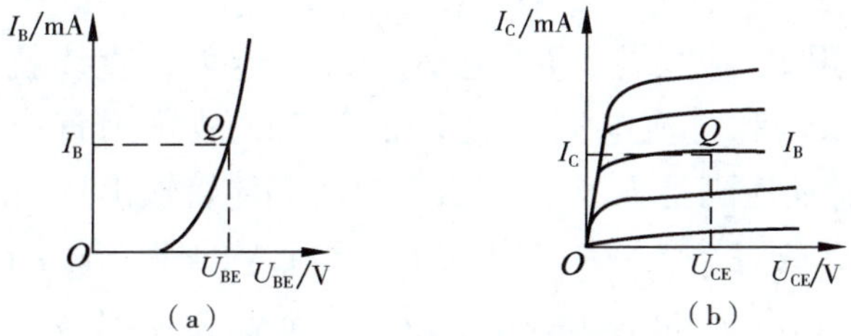

图 7-10　静态工作点

【例 7-1】电路如图 7-9 所示，设 $U_{CC}=12$ V，$R_C=3$ kΩ，$R_B=240$ kΩ，$\beta=40$，试计算电路中的 I_B、I_C 和 U_{CE}。

解　由式（7-2）~式（7-4）可得

$$I_B\approx\frac{U_{CC}}{R_B}=\frac{12}{240}\ \mu\text{A}=50\ \mu\text{A}$$

$$I_C\approx\beta I_B=40\times50\ \mu\text{A}=2\ 000\ \mu\text{A}=2\ \text{mA}$$

$$U_{CE}=U_{CC}-I_CR_C=(12-2\times3)\ \text{V}=(12-6)\ \text{V}=6\ \text{V}$$

（2）用图解法确定静态工作点

放大电路的静态工作点也可用图解法来确定。所谓图解法，是利用晶体管的特性曲线，通过作图来分析放大电路工作性能的方法。下面仍以图 7-9 所示电路及例 7-1 所列数据来分析。图 7-11所示为晶体管的输出特性曲线。当交流输入信号 $u_i=0$ 时，电路中只有直流分量。其输出回路的电压方程式为 $U_C=U_{CC}-I_CR_C=12-3I_C$。

这是一个直流方程，此直线在图 7-11 横轴上的截距 ON 应为 $I_C=0$，$U_{CE}=U_{CC}=12$ V；在纵轴上的截距 OM 应为

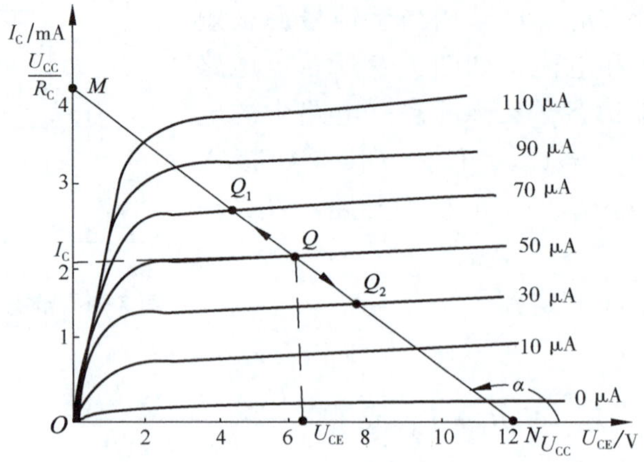

图 7-11　晶体管的输出特性曲线

$$U_{CE}=0, I_C=\frac{U_{CC}}{R_C}=\frac{12}{3}\text{ mA}=4\text{ mA}$$

这样可画出直线 MN，其斜率为

$$\tan\alpha=-\frac{\text{OM}}{\text{ON}}=-\frac{U_{CC}/R_C}{U_{CC}}=-\frac{1}{R_C} \tag{7-5}$$

其数值与集电极负载电阻 R_C 成反比，R_C 越小，$\tan\alpha$ 越大，直线就越陡。此线表示了放大电路输出回路直流电压 U_{CE} 和直流电流 I_C 之间的关系，故称为直流负载线。

放大电路的 I_C 和 U_{CE} 还应满足 I_B 为某一数值时的晶体管输出特性的关系。由例 7-1 可知，$R_B=240\text{ k}\Omega$，$I_B=50\ \mu\text{A}$，故直流负载线 MN 与 $I_B=50\ \mu\text{A}$ 的那条输出特性曲线的交点，即为放大电路的静态工作点 Q，由图 7-11 求得对应的 $I_C=2\text{ mA}$，$U_{CE}=6\text{ V}$，与估算结果相同。

静态工作点 Q 的位置是否合适对放大电路的工作性能有很大影响。Q 的位置可以用改变 I_B 数值的方法来调整。例如，I_B 增大时，静态工作点 Q 沿负载线向左上方移动，如 Q_1 点；I_B 减小时，静态工作点 Q 沿负载线向右下方移动，如 Q_2 点。I_B 称为放大电路的偏置电流，R_B 为偏置电组，图 7-9 所示放大电路的 $I_B\approx\frac{U_{CC}}{R_B}$。$U_{CC}$ 及 R_B 一定时，I_B 也固定不变，故称这个电路为固定偏置共发射极放大电路。

3. 电路的动态分析

在上述直流状态的基础上，在输入端加入交流信号电压 u_i。这时，电路中除了有直流电压，还将产生交流信号电压和电流，如图 7-12 所示。电路的这种状态称为动态。动态分析就是分析交流信号在电路中放大、传输的情况，也就是分析电路中电压、电流随输入信号变化的情况。可采用函数解析法和微变等效电路法。

(1) 函数解析法

为简化分析，先不接入 R_L，图 7-12 中用虚线表示。

① 电路中的电压和电流。设输入的信号电压 u_i 是正弦交流电压，即 $u_i=U_m\sin\omega t$，由于输入耦合电容器 C_1 选得足够大，其静态时的充电电压 $U_{C1}=U_{BE}$，而对于交流信号 u_i 则 C_1 相当于短路。这时晶体管的各极电压和电流为

$$u_{BE}=U_{BE}+U_{be}=U_{BE}+U_m\sin\omega t$$
$$i_B=I_B+i_b=I_B+I_{bm}\sin\omega t$$
$$i_C=I_C+i_c=I_C+I_{cm}\sin\omega t$$

因为 i_C 流过集电极电阻 R_C，将产生电压降，晶体管的集-射极间的电压为

$$u_{CE}=U_{CC}-i_CR_C=U_{CC}-(I_C+i_C)R_C=U_{CE}-i_CR_C$$

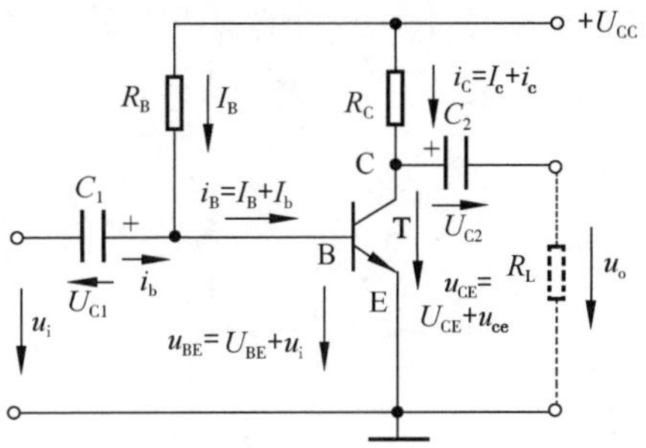

图 7-12　动态时电路中的电压和电流

式中，$-i_CR_C$ 是 u_{CE} 的交流分量，记作 $u_{ce}(=-i_CR_C)$，负号表示其相位与 i_C 的相位相反。因此有输出电压

$$u_o=u_{CE}=U_{CC}-i_CR_C=U_{CE}-i_CR_C=U_{CE}+u_{ce}=U_{CE}+U_{cem}\sin\omega t$$

输入、输出及各极的电压和电流的波形如图 7-13所示。

如果接入 R_L，工作情况基本相同，只是部分输出信号电流 i_C 经 R_L、C_2 形成回路，而 R_C 上的交流信号电流会减少，从而 u_{ce}（u_o）的幅值相应减小。

② 动态电路的特点：

a. 动态时，电路中的电压、电流都包含直流和交流两种分量，是方向不变而大小随输入信号相应变化的脉动直流。直流分量是基础，用来保证放大电路正常工作；交流分量是信号，是放大的对象。交流驮载在直流上，经晶体管放大，并通过输出耦合电容器 C_2 还原成交流，从而得到不失真的放大信号。

b. 放大电路在放大交流信号的过程中，电压 u_{BE} 的极性始终不变，从而保证发射结始终处于正向偏置，而集电结始终处于反向偏置，晶体管总是在放大工作状态。

c. i_b、i_c 与输入信号电压 u_i 相位相同，而 u_{ce}、u_o 则与 u_i 相位相反。输出电压 u_o 与输入电压 u_i 相位相反，这是共发射极放大电路的重要特点。

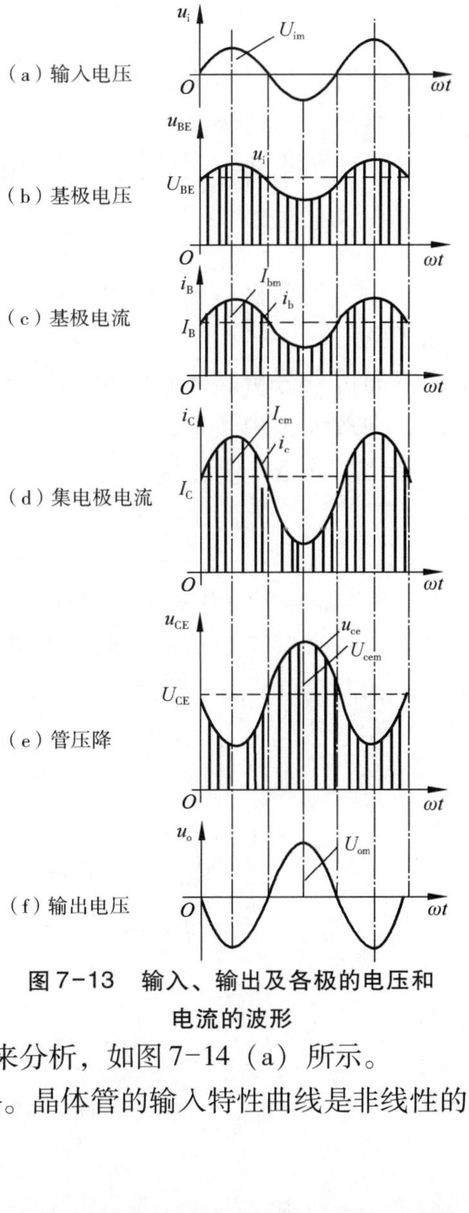

图 7-13　输入、输出及各极的电压和电流的波形

（2）微变等效电路法

微变等效电路，就是把非线性元件晶体管组成的放大电路等效为一个线性电路。这样，就可以像处理线性电路那样来处理晶体管放大电路。在小信号条件下，在静态工作点附近可以把晶体管特性曲线近似看成一条直线，这样就可以把晶体管电路等效为线性电路来分析，如图 7-14（a）所示。

① 晶体管微变等效电路。先分析晶体管的输入回路。晶体管的输入特性曲线是非线性的，

但在输入信号很小的情况下，静态工作点 Q 附近的工作段可认为是一条直线，如图 7-14（b）所示，定义

$$r_{be}=\frac{\Delta U_{BE}}{\Delta I_B}=\frac{u_{be}}{i_b}$$

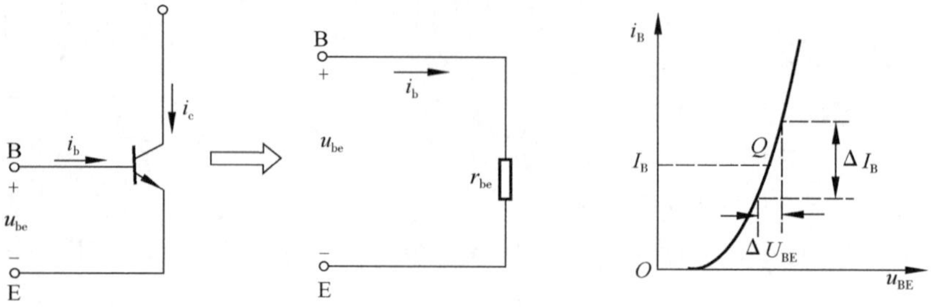

（a）晶体管B–E间的等效电路　　（b）从输入特性曲线求r_{be}

图 7-14　晶体管输入回路的等效微变电路

r_{be}称为晶体管的输入电阻，它是对交流信号而言的一个动态电阻，称为晶体管的输入电阻，其阻值一般为几百欧到几千欧。

对于低频小功率晶体管，r_{be}常用式（7-6）来估算

$$r_{be}=300\Omega+(\beta+1)\frac{26(\text{mV})}{I_E(\text{mV})} \tag{7-6}$$

式中，I_E 为发射极电流的静态值。r_{be}在晶体管手册中常用 h_{ie}代表，其阻值一般为几百欧到几千欧。

下面再来分析晶体管输出端的微变等效电路。从图 7-15（a）所示输出特性曲线可以看出：在放大区内，输出特性是一组近似水平平行和等间隔的直线。忽略 U_{CE}对 I_C 的影响，则 ΔI_C 与 ΔI_B 之比为

$$\beta=\frac{\Delta I_C}{\Delta I_B}=\frac{i_c}{i_b}$$

式中，β 是晶体管的电流放大系数，在小信号条件下是常数。因此，晶体管的电流放大作用可以用一个等效电流源来代替，即 $i_c=\beta i_b$。因 i_c 是由 i_b 控制的，故等效为一个受控电流源，如图 7-15（b）所示。

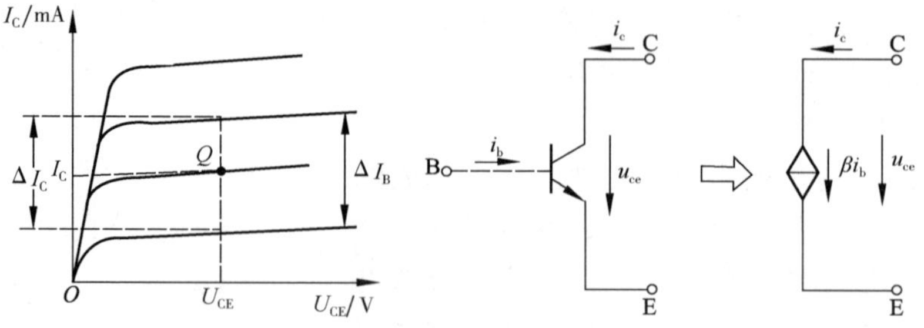

（a）　　（b）

图 7-15　晶体管输出回路的等效电路

综上所述，可以画出晶体管的微变等效电路，如图 7-16 所示。

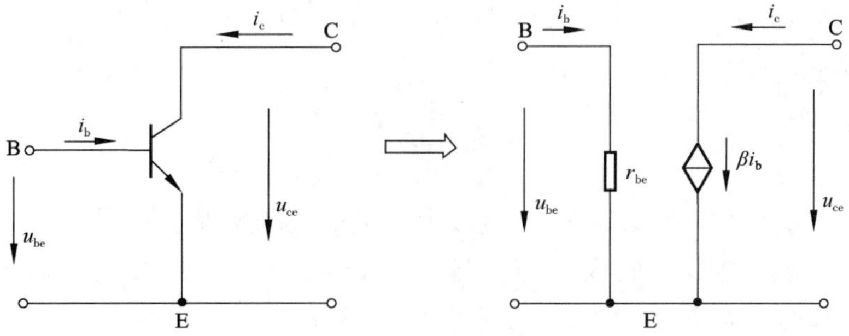

图 7-16　晶体管的微变等效电路

② 放大电路的交流通路和微变等效电路的转化。放大电路工作时，其交流信号电流经过的路径称为放大电路的交流通路。画交流通路的基本方法如下：

a. 对于交流分量，直流电源的电动势应按短路处理，其内阻保留。但由于直流电源内阻一般很小，常忽略不计，故整个直流电源可视为短路。

b. 电路中的耦合电容器，在输入交流信号的频率范围内，其容抗很小，故也可视为短路。图7-17（a）中画出了放大电路的交流电流，图 7-17（b）是其交流通路，设输入信号是正弦量，故电路中的电流、电压可以用相量表示，微变等效电路如图 7-17（c）所示。

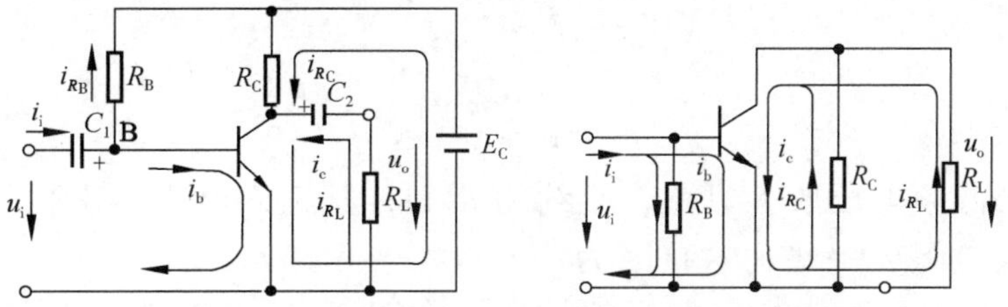

（a）电路中的交流电流　　（b）交流通路

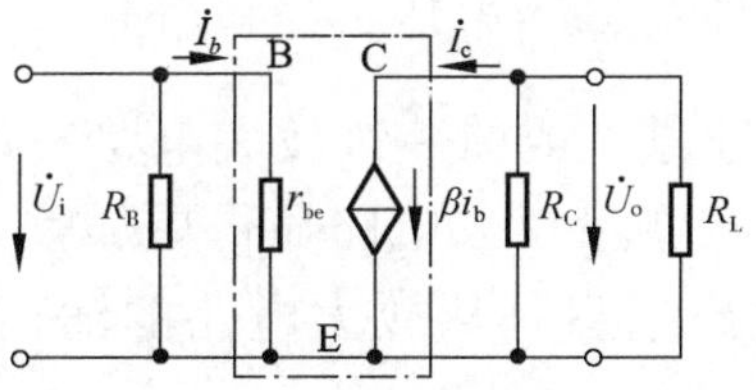

（c）微变等效电路

图 7-17　共发射极放大电路的微变等效电路

③ 电压放大倍数。放大电路的电压放大倍数定义为其输出电压与输入电压的比值，用 A_u 表示，$A_u = \dfrac{\dot{U}_o}{\dot{U}_i}$。由图7-17（c）可知

$$\dot{U}_i = \dot{I}_b r_{be} \dot{U} = -\dot{I}_c R'_L = -\beta \dot{I}_b R'_L$$

式中，$R'_L = R_C /\!/ R_L = \dfrac{R_C R_L}{R_C + R_L}$。

所以
$$A_u = \frac{\dot{U}_o}{\dot{U}_i} = \frac{-\beta \dot{I}_b R'_L}{\dot{I}_b r_{be}} = -\beta \frac{R'_L}{r_{be}} \quad (7-7)$$

如果输出端未接负载，即 $R_L = \infty$，则
$$A_u = -\beta \frac{R_C}{r_{be}} \quad (7-8)$$

式中，负号表示$\dot{U}_o$与$\dot{U}_i$反相。因 $R'_L < R_C$，故放大器接负载电阻 R_L 后，其电压放大倍数下降。

④ 输入电阻和输出电阻。放大电路的输入电路对于信号源来说相当于一个负载，其输出电路对于后面的负载来说，则是一个信号源，如图 7-18 所示。

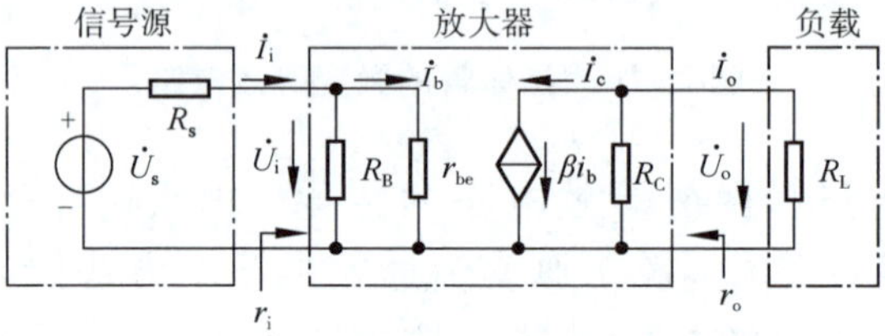

图 7-18　放大电路的输入电阻和输出电阻

放大电路的输入电阻是从放大电路的输入端看进去的等效电阻，定义为输入电压$\dot{U}_i$与输入电流$\dot{I}_i$比值，用符号 r_i，即 $r_i = \frac{\dot{U}_i}{\dot{I}_i}$，由图 7-18 可知，$r_i = R_B /\!/ r_{be}$，通常 $R_B >> r_{be}$，因此有
$$r_i \approx r_{be} \quad (7-9)$$

对于共发射极低频电压放大电路，r_{be}约为 1 kΩ，其输入电阻是不高的。对一般放大电路而言，希望输入电阻大一些，这是因为：

a. r_i 越大，前级信号源的输出电压就越高。由图 7-18，R_s 是信号源的内阻，$\dot{U}_i$是信号源输出电压，也就是放大电路的输入电压，$\dot{U}_i = \dot{I}_i r_i = \dot{U}_s \cdot \frac{r_i}{R_s + r_s}$，故 r_i 愈大，$\dot{U}_i$ 愈大。

b. r_i 越大，放大电路从信号源（或前一级放大电路）取用的电流就愈小，这样对信号源的影响也就愈小。这对于一些测量放大电路显得更加重要，它们常要求输入电阻 r_i 高达 $10^7\Omega$，甚至更高。放大电路输出电阻是从放大电路的输出端看进去的等效电阻，用 r_o 表示。可以在信号源短路（$\dot{U}_s = 0$）的条件下求得。由图 7-18 可知，$\dot{U}_s = 0$ 时，$\dot{I}_b$和 $\beta \dot{I}_b$ 也等于零，相当于 $\beta \dot{I}_b$这条支路开路。故放大电路的输出电阻为
$$r_o \approx R_C \quad (7-10)$$

R_C 一般为几千欧，因此共发射极放大电路的输出电阻是较高的。对于放大电路的输出级，为使输出电压平稳，有较强的带负载能力，应使其输出电阻低一些。

应注意：r_i 和 r_o 都是对交流信号而言的，所以都是动态（交流）电阻，用小写字母 r 表示。它们的大小是衡量放大电路性能的重要指标。

4. 工作点与波形的关系

对放大电路来说，对它的基本要求就是放大后的输出信号波形与输入信号波形尽可能相似，即失真要尽量小。引起失真的原因有多种，其中最基本的一个，就是静态工作点的

位置不合适，使放大电路的工作范围超出了晶体管特性曲线的线性范围，这种失真称为非线性失真。如图 7-19 所示，Q_1 点的位置太低，在 i_{c1} 的负半周造成晶体管发射结处于反向偏置而进入截止区，使 i_{c1} 的负半周和 u_{ce1} 的正半周几乎等于零，形成放大电路的截止失真。如果静态工作点选在图 7-19 所示的 Q_2 点时，由于工作点选择过高，在 i_{b2} 的正半周，放大电路进入饱和区，使 i_{c2} 的正半周电流不随 i_{b2} 而变化，形成放大电路的饱和失真。

所以，要避免产生上述非线性失真，就必须正确选择放大电路静态工作点的位置，通常静态工作点应大致选在交流负载线的中央，如图 7-19 所示的 Q 点。使静态时的集电极电压 U_{CE} 大致为电源电压 U_{CC} 的一半，此时放大器工作于晶体管特性曲线上的线性范围，从而获得较大的输出电压幅度，而波形上下又比较对称，因此可正确地设置静态工作点。此外，输入信号的幅度不能太大，以避免放大电路的工作范围超过晶体管特性曲线的线性范围。在小信号放大电路中，此条件一般都能满足。

5. 静态工作点的稳定

前面已说明，合理设置静态工作点是保证放大电路正常工作的先决条件，Q 点位置过高过低都可能使信号产生失真。但是前述固定偏置共射放大电路，即使静态工作点 Q 的位置原已正确选定，在外界条件发生变化时，它也会移动。这样，就使原来位置合适的静态工作点变成不合适而产生失真。因此，设法稳定静态工作点是一个应该注意的重要问题。

静态工作点不稳定的原因很多，如温度的变化、电源电压的波动、元件因老化而使参数变化等，其中最重要的是温度变化的影响。

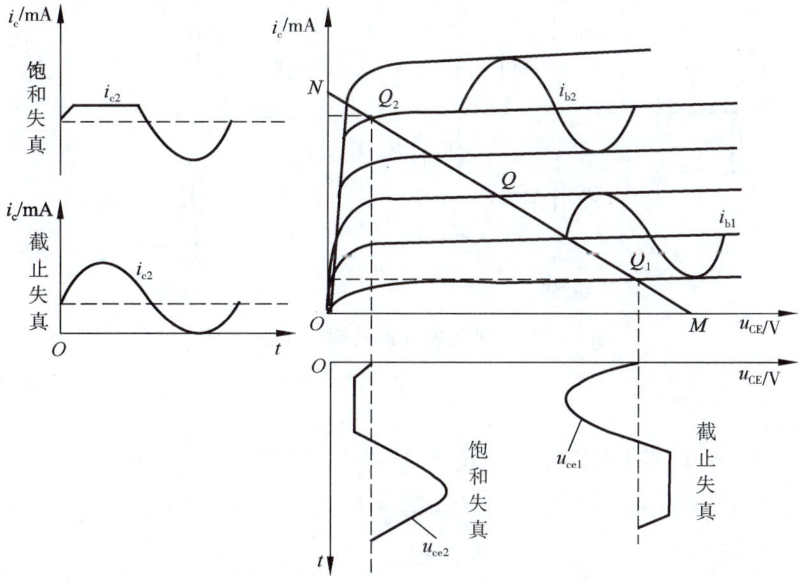

图 7-19　工作点选择不当引起的失真

(1) 静态工作点不稳定的原因

① 温度变化对 I_{CEO} 的影响。I_{CEO} 将随着 I_{CBO} 的增大而增大（I_{CBO} 是晶体管集电结反向饱和电流），I_{CBO} 随温度按指数规律急剧变化。一般说来，温度每升高 12 ℃，锗管的

I_{CBO}的数值增大一倍；温度每升高 8 ℃，硅管的 I_{CBO} 的数值增大一倍。故 I_{CEO} 将随温度更显著地上升，晶体管的输出特性曲线整个向上移动，如图 7-20 所示。图 7-20 中实线为温升前的特性曲线，虚线为温升后的特性曲线。可见，在 $I_B = 40\ \mu A$，并保持不变时，静态工作点 Q 上升到 Q_1 点，集电极电流 I_C 也增加到 I_{C1}。

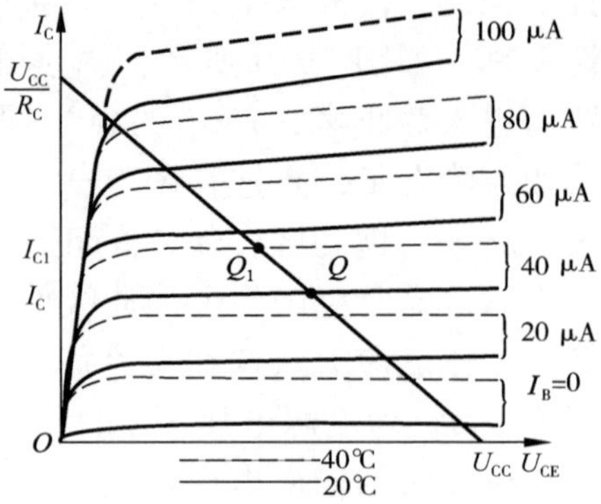

图 7-20　温度对各参数的影响

② 温度变化对发射结电压 U_{BE} 的影响。在 U_{CC} 不变的情况下，温度升高后，载流子运动加剧，发射结导通所需的电压 U_{BE} 减小，随温度上升 U_{BE} 减小，将使 I_B 和 I_C 增大，工作点上移。

③ 温度变化对 β 的影响。温度升高将使晶体管的 β 值增大；相反，温度降低时，β 值将减小。β 值改变相应地使 I_C 也变化。

综上所述，当温度增加时，晶体管的 I_{CEO}、U_{BE}、β 等参数改变的结果都将使 I_C 增大，工作点 Q 上移。如果在电路上采取某些措施，能在温度升高使 I_C 增加的同时使 I_B 下降，反过来就可抑制 I_C 上升，以达到自动稳定静态工作点的目的。这就是下面将要讨论的分压式偏置共射极放大电路稳定静态工作点的基本原理。

（2）分压式偏置共射极放大电路

电路如图 7-21（a）所示，图 7-21（b）是其直流通路。

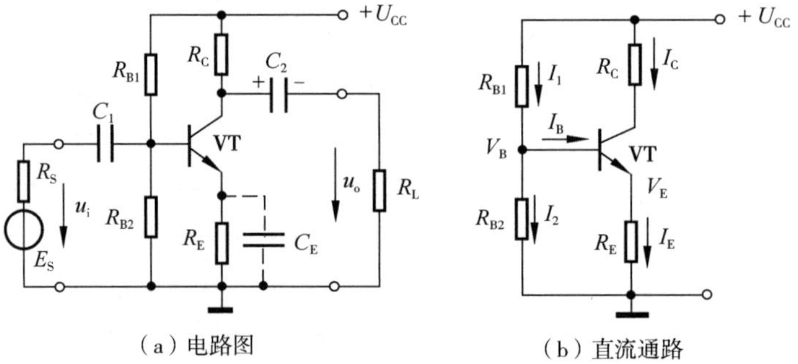

（a）电路图　　（b）直流通路

图 7-21　分压式偏置共射极放大电路

电路的基本特点：

① 利用 R_{B1}、R_{B2} 分压，固定基极电位 V_B，由图 7-21（b）知

$$I_1 = I_2 + I_B$$

$$I_2 >> I_B$$

$$I_1 \approx I_2 \approx \frac{U_{CC}}{R_{B1} + R_{B2}} \tag{7-11}$$

$$V_B = I_2 R_{B2} = \frac{R_{B2}}{R_{B1} + R_{B2}} U_{CC} \tag{7-12}$$

V_B 与晶体管的参数无关，当 U_{CC}、R_{B1}、R_{B2} 均固定不变时，V_B 能保持稳定不变。

② 利用发射极电阻 R_E 产生反映 I_C 变化的电位 V_E，V_E 作用于输入偏置电路，能自动

调节 I_B，使 I_C 保持不变。因为

$$U_{BE}=V_B-V_E=V_B-I_ER_E$$

$$I_C\approx I_E=\frac{V_B-U_{BE}}{R_E}$$

$$V_BT>>U_{BE} \tag{7-13}$$

$$I_C\approx I_E\approx\frac{V_B}{R_E} \tag{7-14}$$

由前述 V_B 是固定不变的，如 R_E 也不变，则 I_C 和 I_E 也能稳定不变。由上可知，只要满足式(7-11)、(7-13) 两个条件，则 V_B、I_C 和 I_E 均与晶体管的参数无关，不受温度变化的影响，保持静态工作点不变。在估算时，$I_2\geqslant(5\sim10)I_B$、$V_B\geqslant(5\sim10)U_{BE}$。电路稳定静态工作点的过程是：

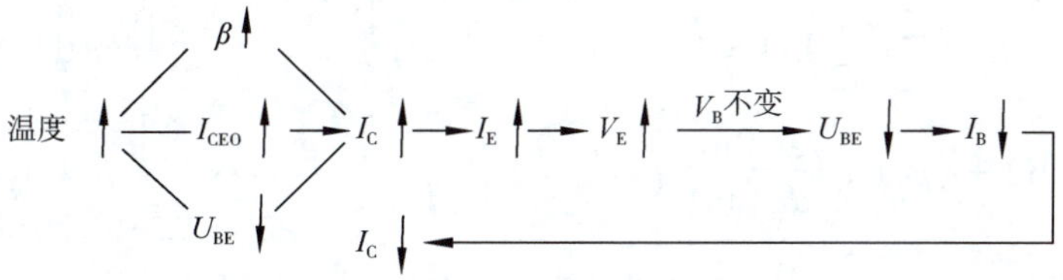

R_E 愈大，稳定性能愈好，但因 $V_E\approx V_B$ 是固定不变的，R_E 大，将使 $I_C\approx I_E\approx\frac{V_E}{R_E}$变小，静态工作点位置下移，影响放大电路的正常工作。一般 R_E 为几百欧到几千欧。与 R_E 并联的电容器 C_E 称为旁路电容器，可为交流信号提供低阻通路，避免交流信号电压放大倍数降低，C_E 的容量为几十微法到几百微法。

（3）静态工作点

因
$$V_B=I_2R_{B2}=\frac{R_{B2}}{R_{B1}+R_{B2}}U_{CC}$$

故可求得
$$I_C\approx I_E=\frac{V_B-U_{BE}}{R_E}$$

$$I_B=\frac{I_E}{1+\beta}$$

$$U_{CE}=U_{CC}-I_CR_C-I_ER_E\approx U_{CC}-I_C(R_C+R_E)$$

（4）电压放大倍数、输入电阻和输出电阻

A_u 的计算公式与固定偏置共射放大电路电压放大倍数的计算公式见式（7-7）、式（7-8）。

输入与输出电阻：$r_i=R_{B1}//R_{B2}//r_{be}\approx r_{be}, r_o=R_C$。

【例 7-2】电路如图 7-21（a）所示，$U_{CC}=12$ V，$\beta=60$，$R_{B1}=75$ kΩ，$R_{B2}=25$ kΩ，$R_C=2$ kΩ，$R_L=2$ kΩ，$R_E=1$ kΩ，$R_s=2$ kΩ，试计算：

① 静态工作点；

② 画出电路的微变等效电路；

③ 不考虑信号源内阻 R_s 时的电压放大倍数；

④ 考虑信号源内阻 R_s 时，输出电压 $\dot{U}_o$ 对信号源的电压放大倍数；

⑤ 输入电阻 r_i 和输出电阻 r_o。

解 ①静态工作点

$$V_B = \frac{R_{B2}}{R_{B1}+R_{B2}}U_{CC} = \left(\frac{25}{75+25}\right)\times 12\ \text{V} = 3\ \text{V}$$

$$I_C \approx I_E = \frac{V_B - U_{BE}}{R_E} = \frac{3-0.3}{1}\ \text{mA} = 2.3\ \text{mA}$$

$$U_{CE} = U_{CC} - I_C R_C - I_E R_E \approx U_{CC} - I_C(R_C + R_E)$$
$$= [12 - 2.3\times(2+1)]\ \text{V} = 5.1\ \text{V}$$

$$I_B = \frac{I_C}{\beta} = \frac{2.3}{60}\ \text{mA} = 0.038\ 3\ \text{mA} = 38\ \mu\text{A}$$

②画出电路的微变等效电路，如图7-22所示。

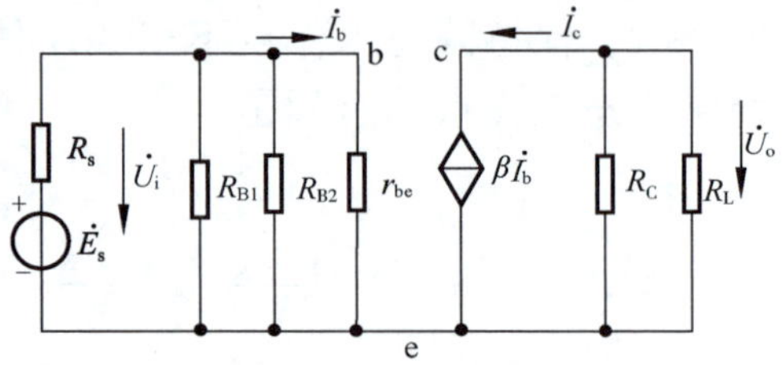

图7-22 例7-2放大电路的微变等效电路

③不考虑信号源内阻 R_s 时的电压放大倍数

$$R'_L = R_C /\!/ R_L = \frac{2\times 2}{2+2}\ \text{k}\Omega = 1\ \text{k}\Omega$$

$$r_{be} = 300\Omega + (\beta+1)\frac{26(\text{mV})}{I_E(\text{mV})}$$
$$= \left(300 + 61\times\frac{26}{2.3}\right)\Omega = 989.57\ \Omega \approx 1\ \text{k}\Omega$$

④考虑 R_s 时 $\dot{U}_o$ 对 $\dot{E}_s$ 的电压放大倍数

$$A_s = \frac{\dot{U}_o}{\dot{E}_s} = \frac{\dot{U}_o}{\dot{U}_i}\cdot\frac{\dot{U}_i}{\dot{E}_s} = A_u\frac{\dot{U}_i}{E_s}$$

将 $r_i \approx r_{be} = 1\text{k}\Omega$ 代入下式

$$\frac{\dot{U}_i}{\dot{E}_s} = \frac{r_i}{R_s + r_i} = \frac{1}{1+2} = \frac{1}{3}$$

故

$$A_s = -60\times\frac{1}{3} = -20$$

⑤输入电阻 r_i 和输出电阻 r_o。

$$r_i = R_{B1} /\!/ R_{B2} /\!/ r_{be} = (75 /\!/ 25 /\!/ 1)\ \text{k}\Omega = 0.95\ \text{k}\Omega$$
$$r_0 = R_C = 2\ \text{k}\Omega$$

三、共集电极放大电路（射极输出器）

1. 电路组成

前面介绍的是共发射极放大电路，本节将讨论共集电极放大电路，简称射极输出器。图7-23（a）所示为射极输出器的电路图，图7-23（b）所示为其微变等效电路。

这种电路结构的特点是发射极电路中接有电阻 R_E，而集电极则直接接到电源 U_{CC} 上，输出电压从发射极（对地）取出，故称为射极输出器。对交流信号而言，U_{CC} 端通过直流电源接地，相当于集电极接地。其输入信号 $\dot{U}_i$ 从基极与地（集电极）之间接入；而输出信号 $\dot{U}_o$ 从发射极与地（集电极）之间取出，集电极是输入与输出的公共端，故这种电路称为共集电极放大电路。

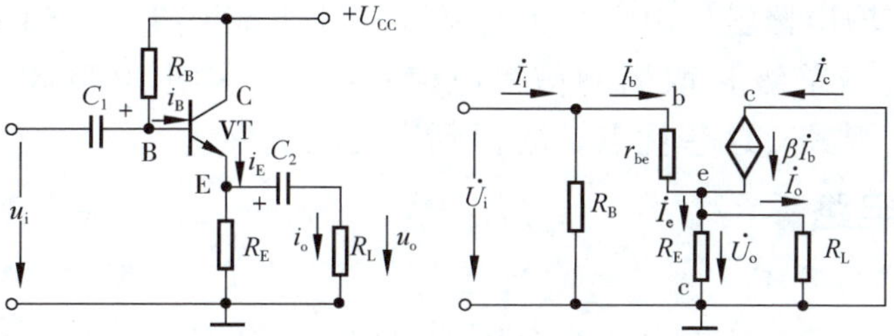

（a）电路图　　（b）微变等效电路

图 7-23　射极输出器

2. 工作原理

（1）静态分析

由图 7-23（a）可得

$$U_{CC}=I_BR_B+U_{BE}+I_ER_E=I_BR_B+U_{BE}+(1+\beta)I_BR_E$$

于是

$$I_B=\frac{U_{CC}-U_{BE}}{R_B+(1+\beta)R_E}\approx\frac{U_{CC}}{R_B+(1+\beta)R_E}$$

$$I_C=\beta I_B\approx I_E$$

$$U_{CE}=U_{CC}-I_ER_E\approx U_{CC}-I_CR_E$$

（2）动态分析

① 电压放大倍数 A_u。由图 7-23（a）可以看出 $u_i=u_{be}+u_o$，因 u_{be}很小，故有 $u_o\approx u_i$，则

$$A_u=\frac{u_o}{u_i}\approx 1 \tag{7-15}$$

实际上 u_o 应略小于 u_i，即 A_u 略小于 1。式（7-15）表明，射极输出器不具有电压放大作用，但它的发射极电流 $I_e=(1+\beta)I_b$，故有电流放大和功率放大作用。因 $\dot{U}_o$ 跟随 $\dot{U}_i$ 变化，说明射极输出器具有电压跟随作用，所以又称射极跟随器。

② 输入电阻。当输入信号电压 u_i 加到放大器的输入端时，放大器就是信号源的负载，其阻抗就是放大器的输入电阻，即等于电路输入端电压与端钮电流的比值 r_i。r_i 越大，信号源的利用率越高。

通过理论分析可知：

$$r_i=R_B//(1+\beta)R_E \tag{7-16}$$

通常，R_B 阻值很大（几十千欧至几百千欧），同时（$1+\beta$）R_E 也比共发射极放大电路的输入电阻($r_i\approx r_{be}$)大得多。可见，射极输出器的输入电阻很高，可达几十千欧以至几百千欧。

③ 输出电阻。放大器带负载时，对负载来说，放大器可看作具有内阻 r_o 的电源。电源的内阻 r_o 称为放大器的输出电阻。r_o 越小，则放大器带负载能力越强。

射极输出器中有 $u_o\approx u_i$，当 u_i 的大小一定时，不论负载怎么变化，u_o 基本保持不变，这表明射极输出器具有恒压输出的特性，即近似于一个恒压源。因此，它的等效内阻（即输出电阻）很低，在几十欧至几百欧之间，比共发射极放大电路的低得多。可以证明，一般情况下，射极输出器的输出电阻可按式（7-17）估算：

$$r_o\approx\frac{r_{be}}{\beta} \tag{7-17}$$

综上所述，射极输出器虽然电压放大倍数小于1并且接近1，但其输入电阻高，可减小放大器从信号源（或前级）取用的信号电流；同时，输出电阻低，可减小负载变动对放大倍数的影响。它因具有这些优点，故得到广泛的应用。

四、多级放大电路

1. 多级放大电路的概述

前面讨论的放大电路，都是由一个晶体管组成的单级放大电路，放大倍数一般只有数十倍。为推动负载工作，必须由多级放大电路对微弱信号进行多级别放大，方可在输出端获得必要的电压幅度或足够的功率。所以，实际上的放大器往往是多级放大器。其中，前面几级称为前置级，主要用作电压放大，以将微弱的输入电压放大到足够的幅度，然后推动功率放大级（末级及末前级）工作，以便输出负载所需要的功率。在多级放大器中，每两个单级放大器之间的连接方式称为耦合。通常采用的耦合方式有阻容耦合、变压器耦合和直接耦合。无论哪种耦合方式，对其基本要求都是：

① 各个级连接以后，要保证各级放大电路的静态工作点互不影响。

② 在信号逐级传递过程中，要尽量减小失真。

③ 尽量减少信号电压在耦合电路上的损失。

在多级放大器的前置放大级中，一般采用阻容耦合方式；在功率输出级中，一般采用变压器耦合方式；而在直流（或极低频）放大器中，常采用直接耦合方式。本节讨论的是阻容耦合放大器。

2. 阻容耦合放大器的特点

（1）电路组成及工作原理

图7-24所示是两级阻容耦合放大电路，两级之间通过耦合电容器 C_2 及偏置电阻 R_{B2} 连接，故称为阻容耦合。

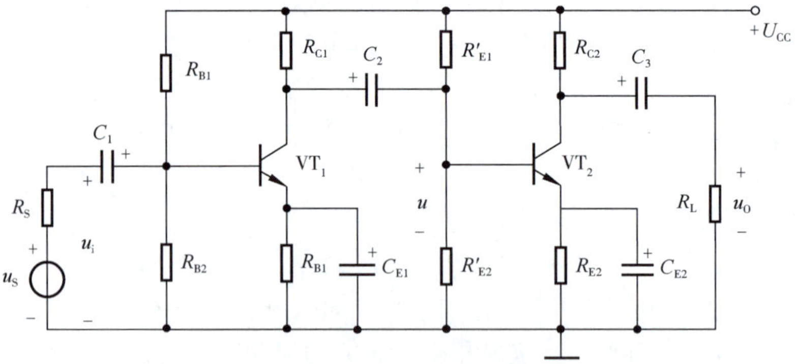

图7-24　两级阻容耦合放大电路

根据对耦合电路的要求，耦合电容器对交流信号的容抗必须很小，以使前级输出信号电压差不多无损失地传送到下一级输入端。信号频率越低，电容值应越大，耦合电容器通常取几微法到几十微法。信号源或前一级放大器的输出信号在耦合电阻上产生压降，作为下一级放大器的输入信号。由于前后级之间通过耦合电容器 C_2 相连，所以各级直流通路是独立的，同时每一级静态工作点也是独立的。这就保证了前后级的静态工作点互不影响。另外，在单级放大电路中输入信号电压与输出信号电压相位相反。在两级放大电路中，由于两次反相，因此输入电压和输出电压相位相同。

（2）多级放大电路电压放大倍数的计算

放大倍数通常是指中频段范围内电路的增益。在小信号情况下，放大电路处于线性工作状态，各项参数均为常数，则多级放大电路也可以用微变等效电路表示，如图 7-25 所示。图 7-25 中每一级放大倍数的计算与单级放大电路相同。

在多级放大电路中，前一级的输出，就是后一级的输入。因此，多级放大电路的电压放大倍数就等于各单级放大电路电压放大倍数的乘积，即 $A_u = A_{u1} \cdot A_{u2} \cdot \cdots \cdot A_{un}$，但在计算各单级的电压放大倍数时，必须考虑后一级输入电阻对它的影响，因后一级的输入电阻即为前一级的负载电阻，$r_{i(n+1)} = R_{Ln}$。

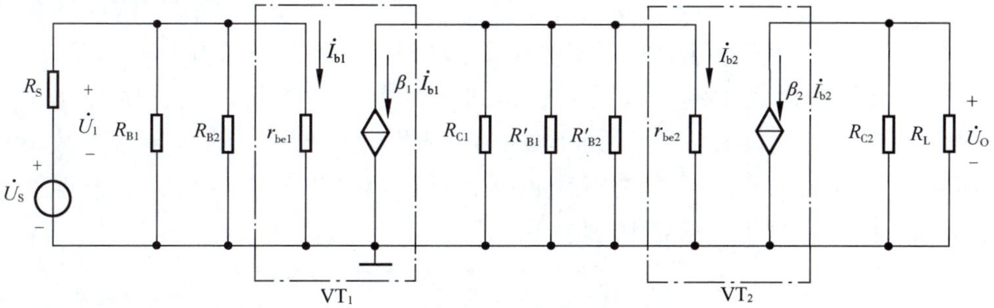

图 7-25　微变等效电路

多级放大电路的输入电阻即为其第一级（输入级）的输入电阻，$r_i = r_{i1}$；多级放大电路的输出电阻，即为其最后一级（输出级）的输出电阻，$r_o = r_{on}$。

【例 7-3】如图 7-24 所示两级阻容耦合放大电路中，已知 $U_{CC} = 12$ V，$R_B = 91$ kΩ，$R_{B2} = 32$ kΩ，$R_{C1} = 5.6$ kΩ，$R_{E1} = 2.2$ kΩ，$R'_{B1} = 82$ kΩ，$R'_{B2} = 43$ kΩ，$R_{C2} = 2.5$ kΩ，$R_E = 1.8$ kΩ，$R_L = 5$ kΩ，$\beta_1 = \beta_2 = 50$，$r_{be} = 1.5$ kΩ，$r_{be2} = 1$ kΩ。试计算电路总的电压放大倍数 A_u、输入电阻 r_i 和输出电阻 r_o。

解　第一级：因为 $R'_{L1} = R_{C1} // r_{i2} = 1$

而
$$r_{i2} = R'_{B2} // R'_{B1} // r_{be} \approx r_{b2} = 1\ \text{k}\Omega$$
$$R_{C1} = 5.6\ \text{k}\Omega$$

故
$$R'_{L1} = \frac{5.6 \times 1}{5.6 + 1}\ \text{k}\Omega = 0.85\ \text{k}\Omega$$

$$A_{u1} = -\beta_1 \frac{R'_{L1}}{r_{be1}} = -50 \times \frac{0.85}{1.5} = -28.3$$

第二级
$$R'_{L1} = R_{C2} // R_L = \frac{2.5 \times 5}{2.5 + 5}\ \text{k}\Omega = 1.67\ \text{k}\Omega$$

所以
$$A_{u2} = -\beta_2 \frac{R'_{L2}}{r_{be2}} = -50 \times \frac{1.67}{1} = -83.5$$

电路总电压放大倍数　$A_u = A_{u1} \cdot A_{u2} = (-28.3) \times (-83.5) = 2\,363$

放大电路的输入电阻　$r_i \approx r_{be} = 1.5\ \text{k}\Omega$

放大电路的输出电阻　$r_0 = R_{C2} = 2.5\ \text{k}\Omega$

五、晶体管在汽车电子电路中的应用

1. 汽车电子电路中的晶体管放大电路

晶体管的最主要的性能是放大。在汽车电子电路中，主要用来对微弱信号进行放大，如图 7-26 所示，就是利用晶体管的放大特性制作的汽车电气线路搭铁（短路）检测器。

汽车在行驶过程中，由于颠簸、振动等原因，电气线束与车体摩擦而损坏其绝缘层，发生搭铁（短路）故障。本检测器就是为了在不拆解导线的情况下，快速查出搭铁故障所发生的部位而设计的。检测器工作原理如下，当导线搭铁后，在搭铁点就会产生短路电流，短路点就会向周围发出高次谐波信号。这个信号就被由线圈和铁芯构成的检测传感器接收到，在传感器中产生交变的电信号。这个信号很微弱，经过晶体管 VT_1 放大后，在 VT_1 的集电极就会得到放大了的交变信号，再送 VT_2 的基极进行放大，使接在 VT_2 集电极的发光二极管闪烁发光，接在 VT_2 发射极的扬声器发出声响。传感器越接近故障点，接收到的信号越强，经过放大后，发光二极管越亮，扬声器发出的声响越大。根据发光二极管亮度变化和扬声器声音变化，就能快速找到故障点。

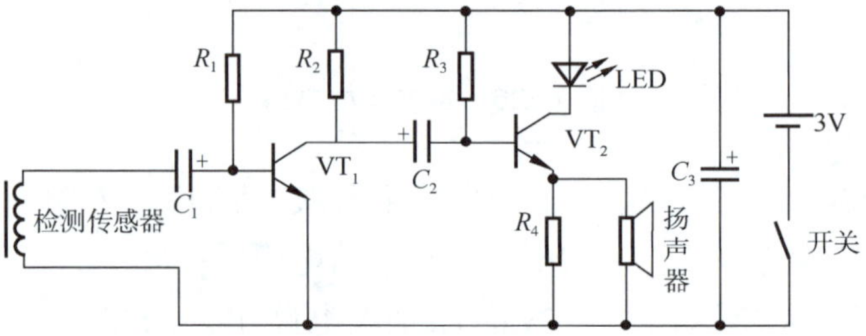

图 7-26　汽车电气线路搭铁检测器电路

2. 晶体管开关电路在汽车电子电路中的应用

利用晶体管饱和导通和截止之间状态转换，将晶体管作为一个电子开关使用，这样的电路一般称为晶体管开关电路。晶体管开关电路在汽车电路中的应用相当广泛，主要用于电子调压器、电子点火器以及各种信号报警电路中，作为电子开关使用。

（1）汽车发电机电压调压器

汽车交流发电机发出的电压随着发动机的转速和负荷会产生波动，发电机输出电压与发电机励磁绕组通过的励磁电流成正比，通过控制励磁线圈线路通断就可以控制流过的励磁电流的平均值的大小，从而使发电机输出电压基本稳定在一个定值。电子调压器就是利用晶体管的开关作用来控制励磁线圈电路的通断，从而达到调节电压的目的。下面以 JFT106 型晶体管电压调节器为例予以说明。

JFT106 型晶体管电压调节器可与 14 V、750 W 的九管交流发电机配套，也可与 14 V、功率小于 1 000 W 的六管交流发电机配套。JFT106 型晶体管电压调节器电路原理图如图 7-27 所示。

该调节器由电压敏感电路和二级开关电路组成。

R_1、R_2、R_3 和稳压管 V_1 构成了电压敏感电路，其中 R_1、R_2、R_3 为分压器，将交流发电机的端电压进行分压后反向加在稳压管 V_1 的两端；稳压管 V_1 为稳压元件，随时感受着发电机端电压的变化。当交流发电机的端电压低于稳压管 V_1 的稳压值时，稳压管 V_1 截止；当交流发电机的端电压高于稳压管 V_1 的稳定电压时，稳压管 V_1 导通。可见，电压敏感电路可以非常灵敏地感受到交流发电机端电压的变化，起到控制开关电路的作用。

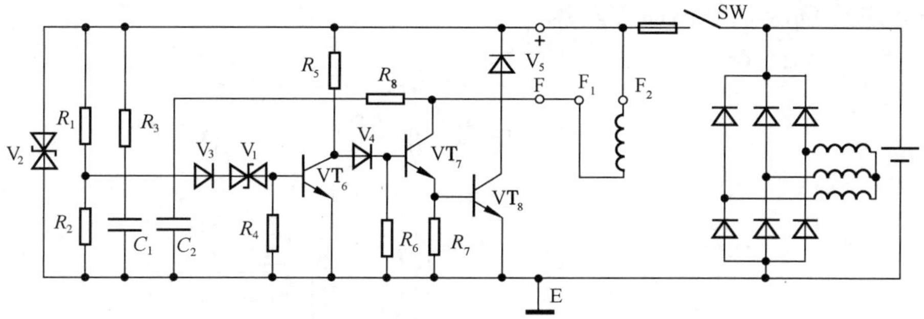

图 7-27　JFT106 型晶体管电压调节器电路原理图

晶体管 VT_6、VT_7、VT_8 组成复合大功率二级开关电路，利用其开关特性控制磁场电路的接通或断开。

① 起动发动机并闭合点火开关时，蓄电池通过分压器将电压加在稳压管 V_1 两端，由于此电压低于稳压管 V_1 的稳定电压值，V_1 截止，使 VT_6 截止，VT_7、VT_8 导通，这时蓄电池经大功率晶体管 VT_8 供给励磁电流，使发电机处于他励状态，建立电动势。

② 发动机带动发电机，转速逐渐升高。当发电机端电压高于蓄电池端电压时，发电机便由他励转为自励的正常发电工作。由于此时转速尚低，输出电压未达到调节电压值，VT_6 仍然截止，VT_7、VT_8 仍然导通，因此发电机的端电压可以随转速和自励电流的增大而升高，逐渐提高输出电压。

③ 当转速升至一定值使输出电压达到调压值时，经分压器加至稳压管 V_1 两端的反向电压达到稳定电压值，V_1 反向击穿导通，使 VT_6 导通，VT_7、VT_8 截止，断开了励磁电路，发电机端电压便下降。当发电机端电压下降到调压值以下时，经分压器加至稳压管 V_1 两端的反向电压又低于稳压值，使 VT_6 又截止，VT_7、VT_8 又导通，又一次接通了励磁电路，发电机端电压又上升。如此循环下去，就能自动调控发电机的端电压恒定在调压值上。

图 7-27 所示晶体管调节器中其他一些电子元件的作用如下：

电阻器 R_4、R_5、R_6、R_7 为晶体管的偏置电阻。

稳压管 V_2 起到过电压保护作用，利用稳压管的稳压特性，可对发电机负载突然减小或蓄电池接线突然断开时，发电机所产生的正向瞬变过电压起保护作用，并可以利用其正向导通特性，对开关断开时，电路中可能产生的反向瞬变过电压起保护作用。

二极管 V_3 接在电压敏感电路中的稳压管 V_1 之前，以保证稳压管安全可靠地工作。当发电机端电压很高时，它能限制稳压管 V_1 电流不致过大而烧坏稳压管；当发电机端电压降低时，它又能迅速截止，保证稳压管 V_1 可靠截止。

二极管 V_4 接在 VT_6 集电极与 VT_7 基极之间，提供一个阈值0.7 V 左右的电压，使 VT_7 导通时迅速导通，截止时可靠截止。

二极管 V_5 反向并联于发电机励磁绕组两端，起续流作用，防止 VT_8 截止时，磁场绕组中的瞬时自感电动势击穿 VT_8，保护晶体管 VT_8。

反馈电阻 R_8，具有提高灵敏度、改善调压质量的作用。

电容器 C_1、C_2 能适当降低晶体管的开关频率。

（2）电子点火器

图 7-28 为汽车常用的磁脉冲式无触点电子点火装置电路图。它由点火信号发生器、电子点火器、点火线圈、分电器等组成。

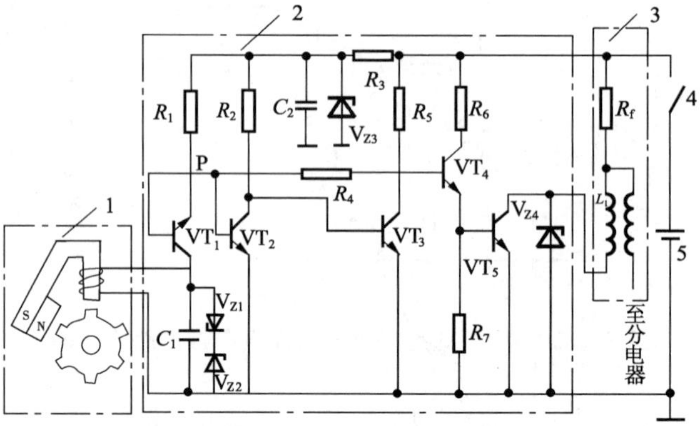

图 7-28　磁脉冲式无触点电子点火装置电路图

1—点火信号发生器；2—电子点火器；3—点火线圈；4—点火开关；5—蓄电池

① 电子点火器的组成。该点火信号发生器（又称传感器）是一个磁脉冲式点火信号发生器，用来产生点火信号，控制电子点火器的工作。它安装在分电器内，由分电器轴带动的信号转子、永久磁铁和绕在支架上的传感线圈等组成，如图 7-29 所示。其信号转子上的凸齿数与发动机的气缸数相同。永久磁铁的磁通经信号转子凸齿、线圈铁芯构成回路。当信号转子由分电器轴带动旋转时，转子凸齿与线圈铁芯间的空气间隙将发生变化，磁路的磁阻随之改变，使通过传感线圈的磁通量发生变化，因而在传感线圈内感应出交变电动势，如图 7-29（c）所示。

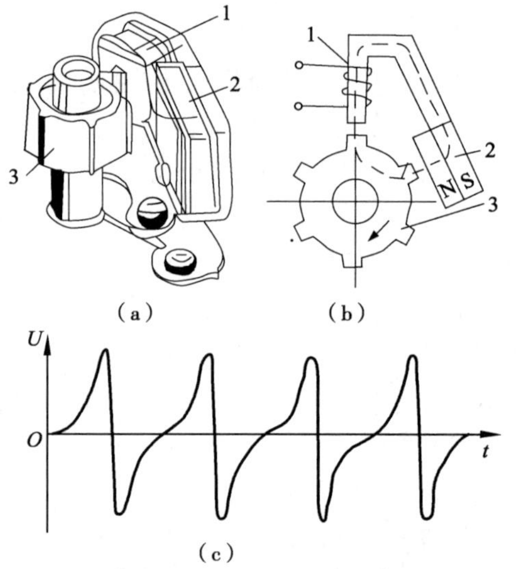

图 7-29　磁脉冲式点火信号发生器的工作原理

1—传感线圈；2—永久磁铁；3—信号转子

该点火信号发生器具有点火信号电压的大小随发动机转速的变化而变化的特点。发动机转速升高时，点火信号发生器磁路的磁阻变化速率提高，相应磁通量的变化速率也提高，传感线圈产生的信号电压也就随之增大。使点火的击穿电压提前到达，点火相应提前。利用这一特点，若将其结构合理设计，使点火提前角随发动机转速的变化正好满足发动机转速变化对点火提前角的实际需要，就可以省去离心点火提前调节器。

② 电子点火器的工作原理。电子点火器（见图 7-28）将从点火信号发生器得到的信号进行整形、放大以控制点火线圈一次电路的通断。它由点火信号检出电路（晶体管 VT_2）、信号放大电路（晶体管 VT_3、VT_4）和功率放大电路（大功率晶体管 VT_5）等组成。其工作原理如下：VT_2 为触发管，当它导通时，其集电极的电位降低，使 VT_3 截止。VT_3 截止时，蓄电池通过 R_5 向 VT_4 提供偏流，使 VT_4 导通。VT_4 导通时，R_7 上的电压降又加在 VT_5 的发射极上，使 VT_5 导通。这样，一次绕组便有电流通过，其电路是：蓄电池

正极→点火开关→附加电阻 R_f→点火线圈一次绕组 L_1→大功率三极管 VT_5→搭铁→蓄电池负极。

当 VT_2 截止时，蓄电池通过 R_2 向 VT_3 提供偏流，使 VT_3 导通。VT_3 导通则 VT_4 截止，VT_5 也截止，于是，点火线圈的一次电流被切断，二次绕组产生高压电，击穿火花塞间隙，点燃混合气。

电路中晶体管 VT_1 的基极和发射极相连，相当于发射极为正、集电极为负的二极管，起温度补偿作用。其原理如下：当温度升高时，VT_2 的导通电压会降低，使 VT_2 导通提前而截止滞后，从而导致点火推迟。VT_1 与 VT_2 型号相同，具有同样的温度特性系数。故在温度升高时，VT_1 的正向导通电压也会降低，使 P 点电位 U_P 下降，正好补偿了温度升高对 VT_2 工作电位的影响，而使 VT_2 的导通和截止时间与常温时相同。

（3）无触点电喇叭

无触点电喇叭是利用晶体管控制电路来激励膜片振动产生声响的。无触点电喇叭主要由多谐振荡电路和功率放大电路组成，如图 7-30 所示，其工作原理如下：

由 VT_1、VT_2、VT_3 和 C_1、C_2 及 R_1 ~ R_9 组成多谐振荡电路。当按下喇叭按钮，电路即通电，由于 VT_1 和 VT_2 的电路参数总有微小差异，两个晶体管的导通程度不可能完全一致。假设在电路接通瞬间 VT_1 先导通，VT_1 的集电极电位首先下降，于是，多谐振荡电路通过 C_1、C_2 正反馈电路形成正反馈过程，使 VT_1 迅速饱和导通，而 VT_2 则迅速截止，VT_3 也截止，电路进入暂时稳态。此时，C_1 充电，使 VT_2 的基极电位升高，当达到 VT_2 的导通电压时，VT_2 开始导通，VT_3 也随之导通。多谐振荡电路又形成正反馈过程，使 VT_2 迅速导通，而 VT_1 则迅速截止，电路进入新的暂时稳态。这时，C_2 的充电又使 VT_1 的基极电位升高，使 VT_1 又导通，电路又产生一个正反馈过程，使 VT_1 迅速饱和导通，而 VT_2、VT_3 则迅速截止。如此周而复始，形成振荡。此振荡电流信号经 VT_4、VT_5 的直流放大，控制喇叭线圈电流的通断，从而使喇叭发出声响。

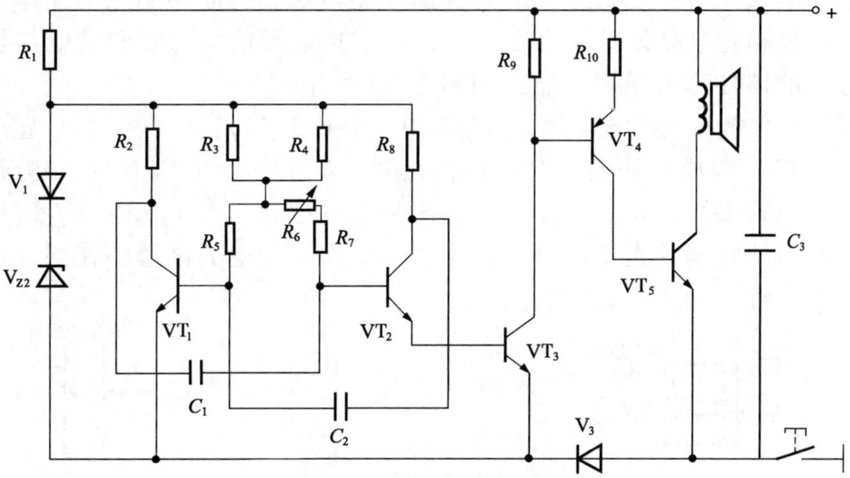

图 7-30　无触点电喇叭电路图

电路中，电容器 C_3 是喇叭的电源滤波电容器，用以防其他瞬变电压的干扰。VT_2、R_1 为多谐振荡器的稳压电路，使振荡频率稳定。VT_1 用作温度补偿，VT_3 起电源反接保护作用。R_6 可用于调节喇叭的音量。

六、特殊晶体管

除了 NPN、PNP 型晶体管外，汽车电子电路中还有一些其他形式的晶体管，如光电晶体管、晶闸管、场效应晶体管等。

1. 光电晶体管

光电晶体管在原理上类似于晶体管，只是它的集电结为光电二极管结构。它的等效电路和图形符号如图 7-31 所示。

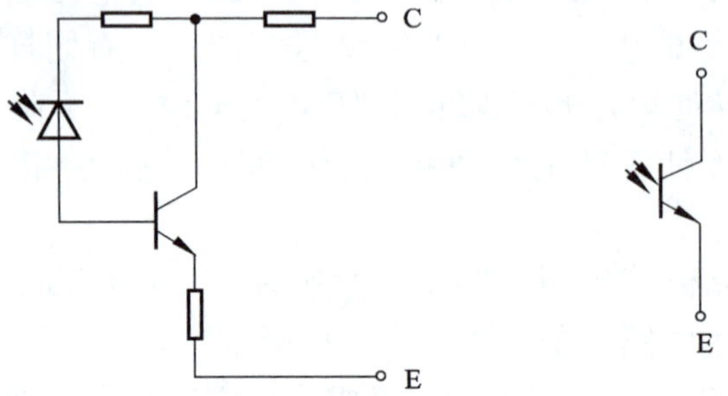

（a）等效电路　　（b）符号

图 7-31　光电晶体管的等效电路和图形符号

光电晶体管的基极电流由光电二极管提供，所以一般没有基极外引线（有些产品为了调整方便，基极有外引线）。如果在光电晶体管的集电极和发射极加上正向电压，则在没有光照时，C、E 间几乎没有电流。有光照射时，基极产生光电流，同时在 C、E 间形成集电极电流流过，大小在几毫安至几百毫安之间。光电晶体管的输出特性与晶体管基本类似，只是用入射光的照度代替基极电流。光电晶体管制成达林顿管形式时，可以获得较大的输出电流而能直接驱动某些继电器。光电晶体管的响应速度比光电二极管慢，灵敏度比较高。在要求响应快，对温度敏感小的场合选用光电二极管而不用光电晶体管。

把发光二极管和光电晶体管组合在一起，可实现以光信号为媒介的电信号的转换，采用这种组合方式的器件称为光耦合器，如图 7-32 所示。

光耦合器一般作为光接收器，内部的结构主要由一只发光二极管（光源）和一只光敏器件（光接收机）组成。其工作原理是，在输入端上加上电压 U 时，电流 I_1 流过发光二极管，发光二极管发光。光电晶体管在接收到光后饱和，产生光电流 I_2，从而实现了电信号的传输。在高档轿车的光学网络中，发光二极管与光电晶体管不在同一模块里，中间的光传播媒介是光纤，如图 7-33 所示。

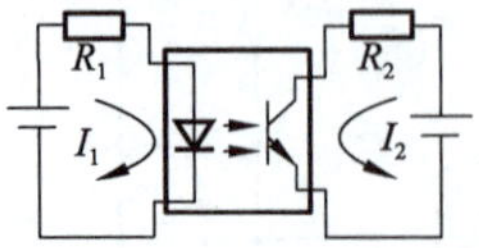

图 7-32　光耦合器

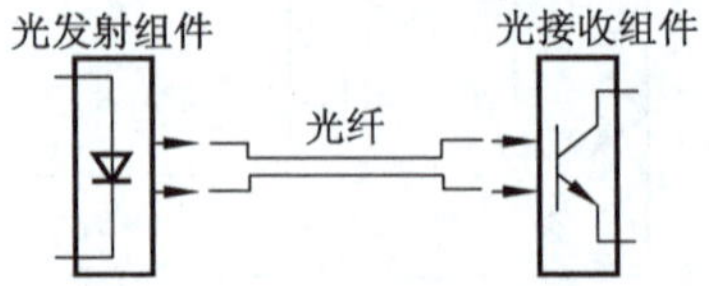

图 7-33　光纤网络传输原理

2. 晶闸管

晶闸管曾称可控硅，是一种大功率半导体可控元件。它主要用于整流、逆变、调压、开关四个方面，应用最多的是晶闸管整流。它具有输出电压可调等特点。晶闸管的种类很多，有普通单向和双向晶闸管、可关断晶闸管、光控晶闸管等。下面主要介绍普通晶闸管的工作原理。

（1）晶闸管的基本结构

晶闸管的基本结构是由 $P_1-N_1-P_2-N_2$ 三个 PN 结四层半导体构成的，如图 7-34 所示。其中，P_1 层引出电极 A 为阳极；N_2 层引出电极 K 为阴极；P_2 层引出电极 G 为控制极，其外形及图形符号如图 7-35 所示。

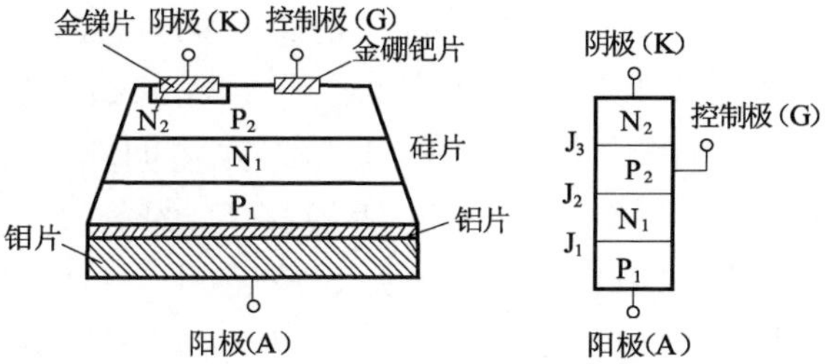

图 7-34　晶闸管的结构

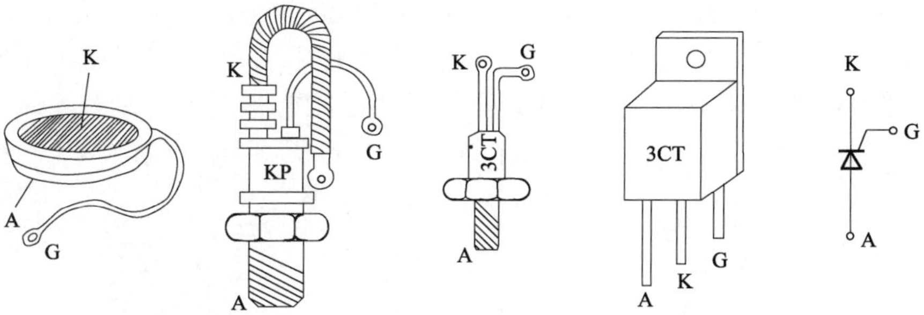

图 7-35　晶闸管的外形及图形符号

（2）工作原理

可以把晶闸管的内部结构看成由 PNP 和 NPN 两个晶体管连接而成，如图 7-36 所示。

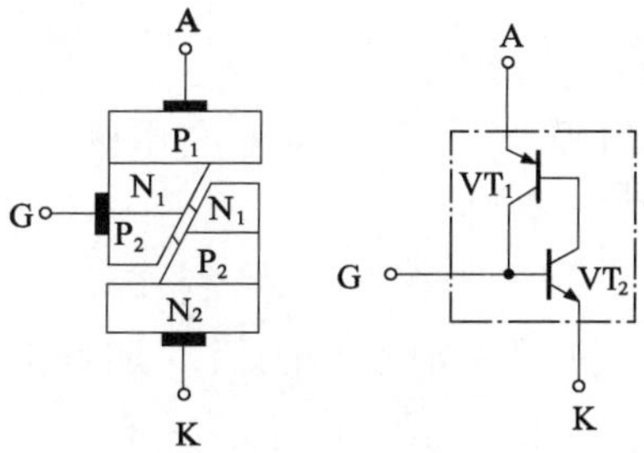

图 7-36　晶闸管内部结构

当在晶闸管的 A、K 两极间加上反向电压时，这时无论在控制极是否有触发信号，晶闸管总是处于反向阻断状态，仅流过很小的反向阻断直流电流。

当在晶闸管的 A、K 两极间加上正向电压时，由于 N_1P_2 组成 PN 结 J_2 反偏，故晶闸管不导通，这时晶闸管处于正向阻断状态。

晶闸管的 A、K 两极间加上正向电压并且在控制极上加一正向控制电压 U_{GK}后，产生

控制电流 I_G，它流入 VT_2 的基极，并经过 VT_2 电流放大，得 $I_{C2}=\beta_1 I_G$；又因为 $I_{C2}=I_{B1}$，所以 $I_{C1}=\beta_1\beta_2 I_G$，$I_{C2}$又流入 VT_2 的基极再经放大形成正反馈，使 VT_1 和 VT_2 迅速饱和导通。饱和压降约为 1 V，使阳极有一个很大的电流 I_A，电源电压 U_{AK}几乎全部加在负载电阻上。这就是晶闸管导通的原理。当晶闸管导通后，若去掉 U_{GK}，晶闸管仍维持导通。

要使晶闸管重新关断，只有使阳极电流小于某一值，使 VT_1、VT_2 截止，这个电流称为维持电流。当晶闸管阳极和阴极之间加反向电压时，无论是否加 U_{GK}，晶闸管都不会导通。

为便于理解，可用实验来说明普通晶闸管的工作原理。如图 7-37（a）所示，将晶闸管的阳极接电源 E_a 的负极，阴极接电源 E_a 的正极，并在回路中串联小灯泡 HL（此回路称为主电路），然后控制极接电源 E_g 的正极，阴极接 E_g 的负极，并通过开关 S 控制（此回路称为控制电路或触发电路）。这时不管开关 S 是否闭合，小灯泡 HL 始终不亮。这说明当晶闸管阳极与阴极间加反向电压时，不管控制极有无正向触发电压，晶闸管均不导通，处于反向阻断状态。

如图 7-37（b）所示，将 E_a 的极性调换，即在晶闸管的阳极与阴极间加正向电压，若 S 断开，HL 不亮，说明晶闸管不导通，处于正向阻断状态。

如图 7-37（c）所示，将开关 S 闭合，即在晶闸管阳极与阴极间加正向电压的同时，给控制极与阴极间加上正向触发电压，HL 亮，说明晶闸管被触发导通。

如图 7-37（d）所示，晶闸管导通后，将开关 S 断开，HL 仍然发光，这说明晶闸管仍然导通，控制极失去作用。

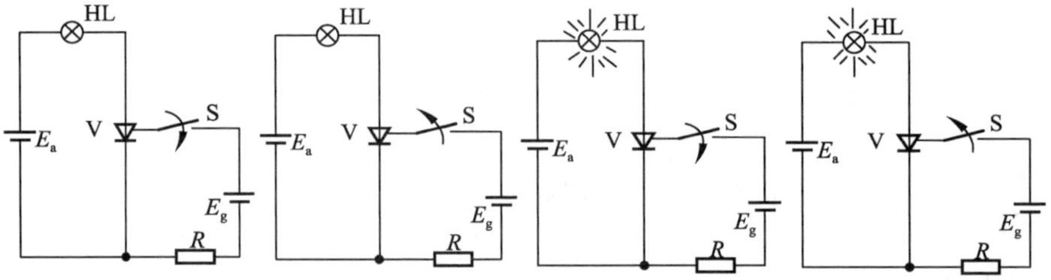

（a）反向阻断　（b）正向阻断　（c）正向导通　（d）去掉触发信号

图 7-37　晶闸管特性实验电路

由以上分析，可得出晶闸管的工作性能：

① 导通条件：在晶闸管的阳极与阴极间加正向电压，同时在控制极与阴极间加正向电压，晶闸管就能导通。两者缺一不可。

② 关断条件：晶闸管导通后，控制极失去控制作用，即使去掉控制极电压，晶闸管仍然导通。若要使晶闸管关断，只有在阳极与阴极间加反向电压，或去掉正向电压，使流过晶闸管的阳极主电流小于某一数值，晶闸管才能关断。

③ 晶闸管导通后，控制极失去控制作用，因此，控制极只需要一个触发脉冲就可触发晶闸管导通。

④ 晶闸管具有单向导电性，且导通时刻是可以通过控制极控制的，所以，晶闸管可以用来构成控制整流电路。

⑤ 晶闸管还可以用作无触点功率静态开关，取代继电器。但晶闸管必须有过电流和过电压保护装置。

3. 场效应晶体管

半导体晶体管是通过改变基极电流来实现对集电极电流的控制，是一种电流控制器件。场效应晶体管是通过改变输入电压的大小来实现对输出电流的控制，是一种电压控制器件。场效应晶体管在控制时基本不需要电流，且受温度、外界辐射影响小，便于制作大规模集成电路。按结构不同，场效应晶体管分为结型场效应晶体管和绝缘栅场效应晶体管两类，制作大规模集成电路主要应用绝缘栅场效应晶体管。绝缘栅场效应晶体管是由金属-氧化物-半导体制成的，简称 MOS（Metal-Oxide-Semiconductor）管。MOS 管分 N 沟道和 P 沟道两类。MOS 管结构示意图及图形符号如图 7-38 所示。

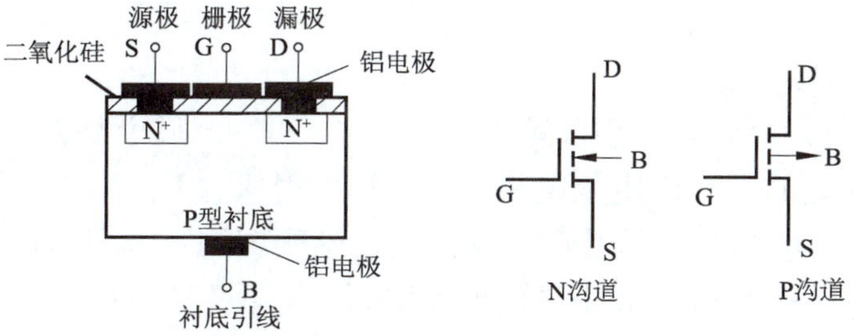

N沟道MOS管结构示意图　　MOS管符号

图 7-38　MOS 管结构示意图及符号

项目实施

实施目的及要求：

① 通过本项目的实施，掌握晶体管的结构及检测方法。

② 能够正确使用万用表对晶体管参数进行测量。

任务　晶体管的检测

【任务要求】

① 了解晶体管的结构。

② 掌握晶体管的检测方法。

【任务指导】

晶体管的管型及引脚的判别是电子技术初学者的一项基本功，为了帮助读者迅速掌握判别方法，笔者总结了四句口诀：“三颠倒，找基极；PN 结，定管型；顺箭头，偏转大；测不准，动嘴巴。”下面逐句进行解释。

（1）三颠倒，找基极

测试晶体管要使用万用表的欧姆挡，并选择 R×100 或 R×1k 挡位。万用表的红表笔所连接的是表内电池的负极，黑表笔则连接着表内电池的正极。（数字式万用表红表笔所连接的是表内电池的正极，黑表笔连接着表内电池的负极。）假定我们并不知道被测晶体管是 NPN 型还是 PNP 型，也分不清各引脚是什么电极。测试的第一步是判断哪个引脚是基极。这时，任取两个电极（如这两个电极为 1、2），用万用表两支表笔颠倒测量它的正、反向电阻，观察指针的偏转角度；接着，再取 1、3 两个电极和 2、3 两个电极，分别颠倒测量它们的正、反向电阻，观察指针的偏转角度。在这三次颠倒测量中，必然有两次测量结果相近，即颠倒测量中指针一次偏转大，一次偏转小；剩下一次必然是颠倒测量前后，指针偏转角度都很小，这一次未测的那只引脚就是要寻找的基极。

（2）PN 结，定管型

找出晶体管的基极后，就可以根据基极与另外两个电极之间 PN 结的方向来确定晶体管的类型。将万用表的黑表笔接触基极，红表笔接触另外两个引脚中的任意一个，若表头指针偏转角度很大，则被测晶体管为 NPN 型；若表头指针偏转角度很小，则被测晶体管为 PNP 型。

（3）顺箭头，偏转大

找出了基极（B），另外两个引脚哪个是集电极（C），哪个是发射极（E）呢？这时，可以用测穿透电流 I_{CEO} 的方法确定集电极（C）和发射极（E）。

① 对于 NPN 型晶体管。用万用表的黑、红表笔颠倒测量两引脚间的正、反向电阻 R_{EC} 和 R_{EC}，虽然两次测量中万用表指针偏转角度都很小，但仔细观察，总会有一次偏转角度稍大，此时电流的流向一定是：黑表笔→C 极→B 极→E 极→红表笔，电流流向正好与晶体管符号中的箭头方向一致（“顺箭头”），所以此时黑表笔所接的一定是集电极（C），红表笔所接的一定是发射极（E）。

② 对于 PNP 型晶体管。对于 PNP 型晶体管，道理类似于 NPN 型晶体管，其电流流向一定是：黑表笔→E 极→B 极→C 极→红表笔，其电流流向也与晶体管符号中的箭头方向一致，所以此时黑表笔所接的一定是发射极（E），红表笔所接的一定是集电极（C）。

（4）测不出，动嘴巴

若在“顺箭头，偏转大”的测量过程中，由于颠倒前后的两次测量指针偏转均太小难以区分时，就要“动嘴巴”了。具体方法是：在“顺箭头，偏转大”的两次测量中，用两只手分别捏住两表笔与引脚的结合部，用嘴巴含住（或用舌头抵住）基极（B），仍用“顺箭头，偏转大”的判别方法即可区分开集电极（C）与发射极（E）。其中，人体起到直流偏置电阻的作用，目的是使效果更加明显。

小　结

1. 晶体管的基本结构。根据基片的材料不同，晶体管分为锗管和硅管两大类。根据三层半导体的组合方式，又分 PNP 型和 NPN 型。

2. 电流放大原理：

（1）发射区向基区扩散电子；

（2）基区中电子的扩散与复合；

（3）集电区收集电子。

3. 晶体管的输出特性可以分为三个区域，对应晶体管有三种状态：

（1）截止状态；

（2）放大状态；

（3）饱和状态。

4. 电流放大系数 $\beta=\dfrac{\Delta I_C}{\Delta I_B}\approx\dfrac{I_C}{I_B}$。

5. 放大电路：共集电极放大电路、共发射极放大电路、功率放大电路、差分放大电路。

6. 放大电路的动态分析：函数解析法、微变等效电路法。

7. 微变等效电路法：$r_{be}=\dfrac{\Delta U_{BE}}{\Delta I_B}=\dfrac{u_{be}}{i_b}$，$r_{be}$称为晶体管的输入电阻。对于低频小功率晶体管，$r_{be}$常用下面的公式来估算：$r_{be}=300\ \Omega+(\beta+1)\dfrac{26(\mathrm{mV})}{I_E(\mathrm{mV})}$。

8. 电压放大倍数：$A_u=\dfrac{\dot{U}_o}{\dot{U}_i}=\dfrac{-\beta\dot{I}_bR'_L}{\dot{I}_br_{be}}=-\beta\dfrac{R'_L}{r_{be}}$。

9. 多级放大电路电压放大倍数：$A_u=A_{u1}\cdot A_{u2}\cdot\cdots\cdot A_{un}$。

10. 特殊晶体管：光电晶体管、晶闸管、场效应晶体管。

测试习题

填空题

1. 按晶体管在电路中的连接方式不同，可组成________、________和________三种基本放大电路。

2. 放大器的种类很多，性能各异，按频率高低可分为________和________、________；按用途可分为________、________、________和功率放大器。

3. 多级放大器的级间耦合方式有________、________和________三种。

4. 某放大器由三级组成，已知每级电压放大倍数为 A，则总的电压放大倍数为________。

5. 射极输出器的主要特点是________、________和________。

6 射极输出器的________极为输入回路和输出回路的公共端，所以，它是一种________放大电路。

判断题

1. 设置静态工作点的目的是为了使信号在整个周期内不发生失真现象。（　　）
2. 单管共射放大器的输出电压与输入电压是反相的关系。（　　）
3. 多级阻容耦合放大电路，各级的静态工作点独立，不互相影响。（　　）
4. 射极输出器是指共射放大电路。（　　）
5. 阻容耦合放大器只能放大交流信号，不能放大直流信号。（　　）
6. 射极输出器的电压放大倍数接近 1。（　　）

分析计算题

1. 测得电路中各晶体管的三个电极的电压（对地）如图 7-39 所示。试指出各晶体管是硅管还是锗管？是 NPN 型还是 PNP 型？是处于放大状态、截止状态还是饱和状态？有哪几只晶体管已损坏？

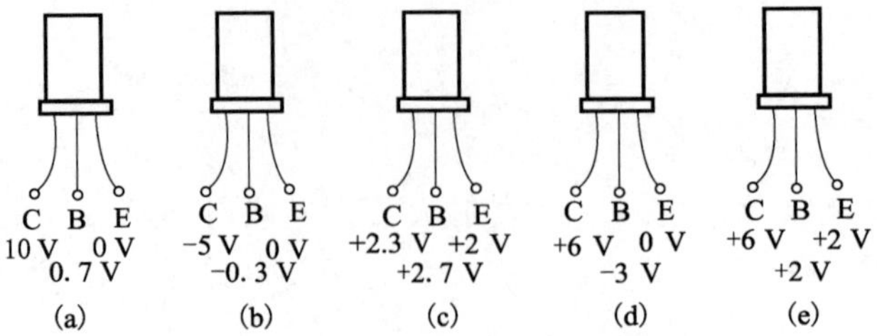

图 7-39　分析计算题 1 题图

2. 在图 7-40 所示电路中，哪个能实现对交流的放大作用？哪个不能？怎样修改？

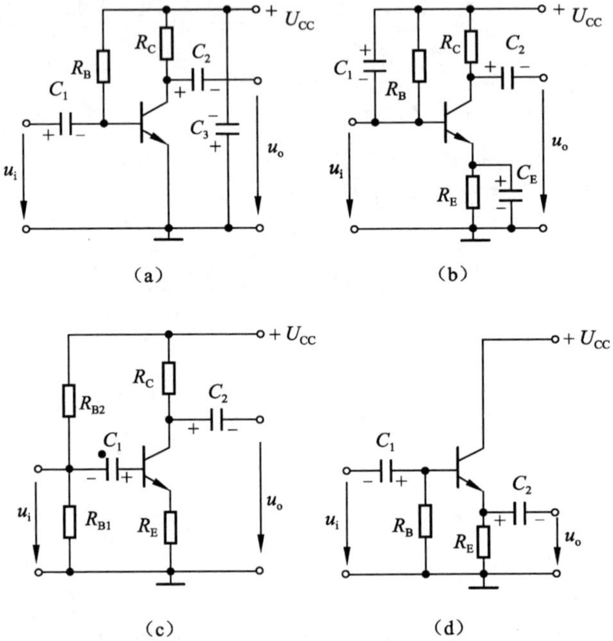

图 7-40　分析计算题 2 题图

3. 如图 7-41 所示，晶体管 3DG6 的 $\beta=80$，试求：

(1) 静态工作点的 I_B、I_C 和 U_{CE}；

(2) 电压放大倍数 A_u；

(3) 输入电阻 r_i 和输出电阻 r_o。

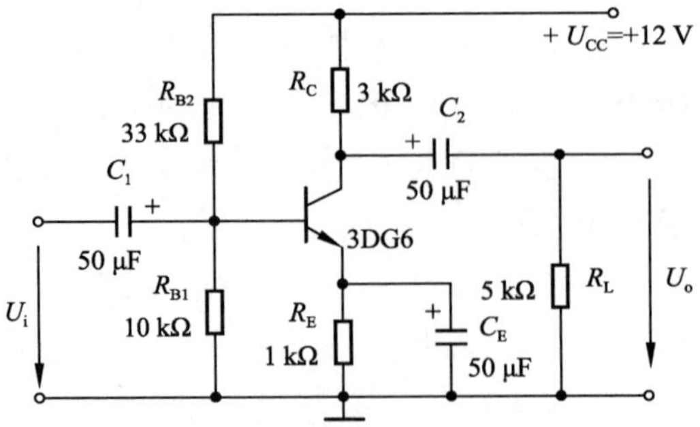

图 7-41　分析计算题 3 题图

项目八

集成运算放大器的原理及应用

8

学习目标

1. 掌握集成运放的主要参数。
2. 会分析集成运算放大电路。

基本知识

一、集成运算放大器概述

集成运算放大器是一种高放大倍数的直接耦合放大器，是用途极为广泛的模拟电子集成电路产品，因它曾在模拟电子计算机中作为各种数学运算器而得名。由于它具有输入阻抗高、放大倍数大、输出阻抗低、性能可靠，且成本较低、体积小、功耗低，又有很强的通用性等许多优点，被广泛用于测量、计算、控制、信号波形的产生和变换等各个领域，有“万能半导体放大器件”之称。

1. 集成运算放大器的结构

集成运算放大器（简称“集成运放”）的外形通常有双列直插式、扁平式及圆筒式等多种，如图 8-1 所示，集成运算放大器内部电路一般由输入级、中间级和输出级组成，级间直接耦合，组成框图如图 8-2 所示。

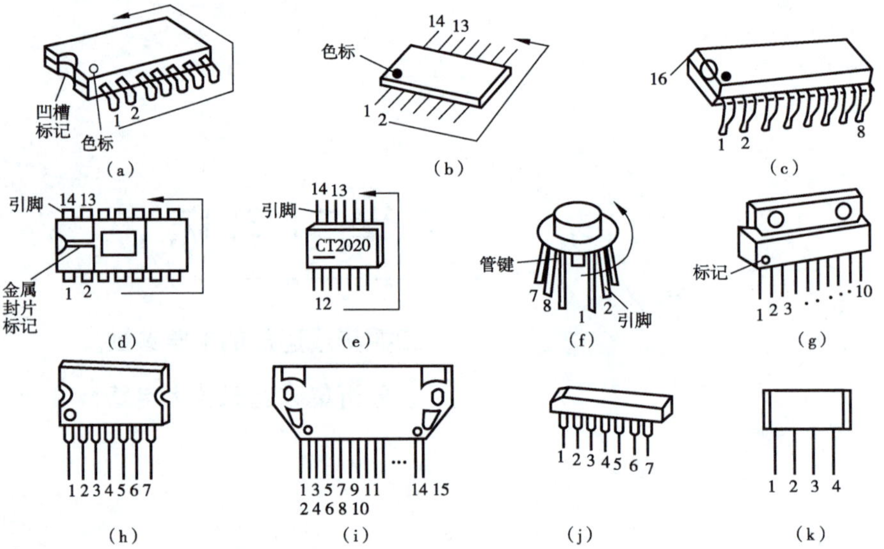

图 8-1 常见集成运算放大器的外形

输入级一般采用差分放大电路，输入电阻高并且可以消除零点漂移；中间级一般采用共射极放大电路，主要提供高的电压放大倍数；输出级多采用无变压器互补对称式功率放大电路，以尽量增大其负载能力，减小输出电阻。

集成运算放大器的图形符号如图 8-3 所示。它具有两个输入端、一个输出端。u_- 为反相输入信号，u_+ 为同相输入信号，u_o 为输出信号。框中的三角形表示放大器，A_o 为集成运放未接反馈电路时的电压放大倍数，称为开环电压放大倍数。

图 8-2 集成运放的组成框图

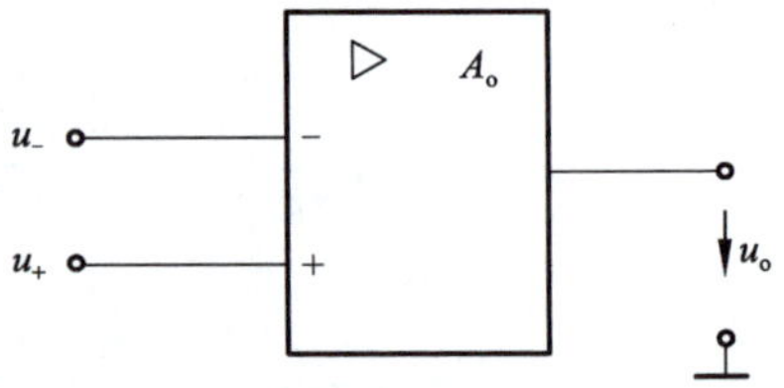

图 8-3 集成运算放大器的图形符号

u_+、u_-、u_o 都是指对“地”电压，在实际工作中，信号可以从这两个输入端中的一个输入，称为单端输入，也可以从两个输入端同时输入，称为双端输入或差分输入，这时输出电压为 $u_o = A_o(u_+ - u_-) = A_o u_i$。

2. 集成运算放大器的主要参数和特性

（1）集成运放的主要参数

集成运放的性能可用一些参数来表示。具体如下：

① 开环电压放大倍数 A_o。在没有外接交流负反馈电路的开环情况下，输出端开路，在两个输入端间加一个很小的低频电压信号时所测出的电压放大倍数，称为开环电压放大倍数，用 A_o 表示，它是决定运算精度的重要因素。A_o 越大，集成运放的运算精度就越高，所构成的运算电路越稳定。

② 差模输入电阻 r_{id}。集成运放开环时从两个输入端看进去的动态电阻，称为差模输入电阻。其值越大，表明集成运放从输入信号源所吸取的电流越小，运算的精度就越高。一般为几十欧到几百千欧，最高可达 10^5 MΩ。

③ 开环输出电阻 r_o。集成运放开环时输出级的输出电阻，称为开环输出电阻。r_o 越小，集成运放带负载的能力就越强。由于集成运放采用互补对称式射极输出电路，其 r_o 较低，一般为几十欧到几百欧。

④ 最大输出电压 U_{OM}。在标称电源电压和额定负载电阻的情况下，能使集成运放输出电压和输入电压保持不失真关系的最大输出电压，称为集成运放的最大输出电压。

⑤ 静态功耗 P_C。在输入信号为零和输出端空载的情况下，集成运放本身所消耗的直流电源功率，称为静态功耗。此值越小越好。

⑥ 输入失调电压 U_{IO}。在集成运放电路中，理想情况下应满足：当输入电压为零时，直流输出电压也为零。但实际上，由于制造时电路中元件参数并不完全对称，$U_I = 0$ 时，$U_O \neq 0$，这称为静态失调。将这个不等于零的输出电压折算为集成运放输入端的等效输入电压，称为输入失调电压，用 U_{IO} 表示，一般为毫伏数量级。显然，其值越小越好。

⑦ 电源电压 U_{CC}。一般都用对称的正、负电源同时供电，其他参数可参考国家标准。

（2）集成运放的主要特性

电压传输特性是指表示集成运放输出电压 u_o 与输入电压 u_i（$u_i = u_+ - u_-$）之间关系的特性曲线，如图 8-4 所示。它有三个工作区：一个线性区和两个饱和区。图中 A、B 两点间为线性工作区，此时集成运放工作在线性放大状态，输出电压 u_o 与输入电压 u_i（$u_i = u_+ - u_-$）的函数关系是线性的，可用式（8-1）表示：

$$u_o = (u_+ - u_-) = A_o u_i \qquad (8\text{-}1)$$

即 u_o 与 u_i 成正比。式中 A_o 是集成运放的开环电压放大倍数，通常 $A_o > 10^5$。在图 8-4 中 A_o 即为直线段 AB 的斜率。在 A、B 两点以外的区域是正、负饱和区，此时集成运放处于饱和工作状态。集成运放的最大输出电压是有限的，为 $\pm U_{OM}$，而其开环电压放大倍数 A_o 很大，即使输入毫伏级以下的信号，也足以使其输出电压达到 U_{OM}，而进入饱和

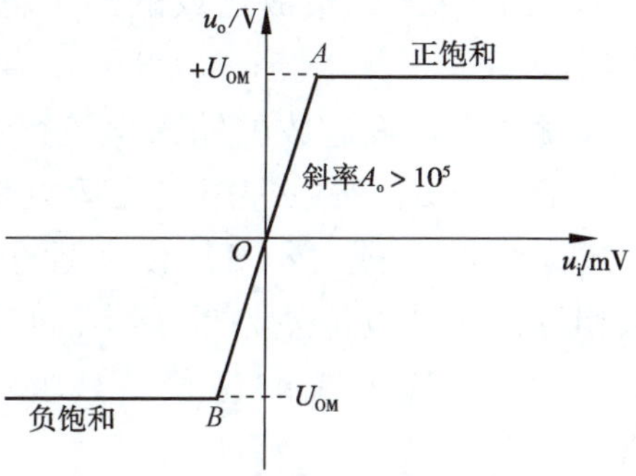

图 8-4　集成运放的电压传输特性

工作状态。当 u_+ 稍高于 u_-，输出电压 u_o 就达到 $+U_{OM}$，并保持恒定不变，这称为正饱和区；反之，当 u_+ 稍低于 u_-，u_o 就达到 $-U_{OM}$，并保持不变，这称为负饱和区。通常集成运放的正、负电源电压相等，$\pm U_{OM}$ 也相等，故其电压传输特性基本上对称于原点。又因其 A_o 很高，故线性工作区很窄。对于一个具体的集成运放电路，它是工作在线性区还是饱和区，主要取决于集成运放外接反馈的性质。一般说来，只有在深度电压负反馈作用下才能使运放工作在线性区；而在开环或正反馈工作时，通常处于非线性限幅状态，工作在饱和区，根据输入信号的极性，可以是正饱和或负饱和。

3. 理想运算放大器

(1) 理想化模型的符号和指标

为了能更方便地分析、计算集成运放的各种应用电路，可以将集成运放的各项技术指标进一步理想化，构成它的理想化模型，如图 8-5 所示，其主要技术指标如下：

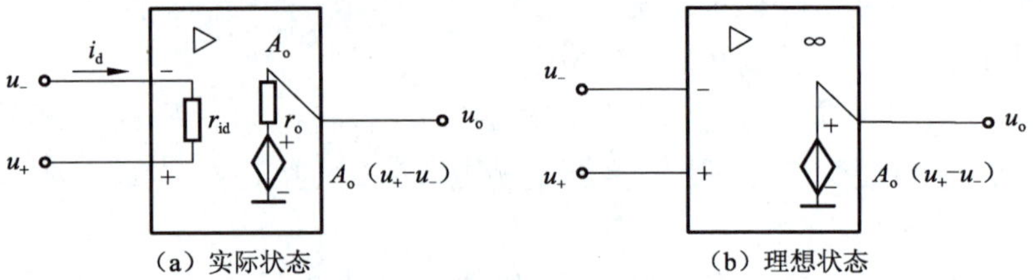

图 8-5 集成运算放大器的电路模型

① 开环电压放大倍数为无穷大，$A_o \to \infty$。

② 运算放大器差模输入电阻为无穷大，$r_{id} \to \infty$。

③ 输出电阻为零，$r_o \approx 0$。

(2) 分析集成运放应用电路的基本原则

① 理想运放工作在线性区（即图 8-4 的 AB 段）由式（8-1）得：$u_o = (u_o - u_-) = A_o u_i$。因输出电压 u_o 受电源电压限制，是一个有限值（$\pm U_{OM}$），当 $A_o \to \infty$ 时，必有：

$$u_i = u_+ - u_- = u_o / A_o \approx 0$$

$$u_+ \approx u_- \text{ 或 } V_+ = V_- \qquad (8-2)$$

即两个输入端的对地电压基本相等，或称两输入端的电位基本相等。

如集成运放工作在饱和区，则式（8-1）不能满足；当 $u_+ > u_-$ 时，$u_o = \pm U_{OM}$；当 $u_+ < u_-$ 时，$u_o = -U_{OM}$；u_+ 与 u_- 不一定相等。

② 因 $r_{id} \to \infty$，集成运放的两个输入端均不流入电流，即

$$i_d \approx 0 \qquad (8-3)$$

这就是说集成运放的输入电流可忽略不计。

③ 因 $r_0 \approx 0$，所以理想集成运放是恒压输出，输出电压 u_o 不受负载变化的影响。

式（8-2）、式（8-3）说明理想集成运放在线性工作状态下，其两个输入端的电位近似相等，即其电位差趋近于零，好像是短路一样；又因 $i_d \approx 0$，这两个输入端又好像是断开一样。两输入端的这种特殊状态，称为虚假短路，简称“虚短”，即不是真正的短路。

必须注意：只有当集成运放工作在线性区，才能运用“虚短”的概念。而一般说来，

只有在深度电压负反馈情况下，集成运放才能工作在线性区。

二、反馈在放大电路中应用

1. 开环、闭环、反馈的概念

集成运放有两个输入端，一个输出端。当输出端和输入端之间不外接电路，即两者之间在外部是断开的，这称为开环状态；当用一定形式的网络（如 R、C 等）在外部将它们连接起来，这称为闭环状态，又称反馈状态。

所谓反馈，就是将放大电路输出信号（电压或电流）的一部分或全部通过一定形式的电路（反馈电路）送回到输入端，和输入信号共同作用于基本放大电路，控制其输出。

图 8-6 所示为反馈放大电路的一般框图，表示了反馈的基本概念。

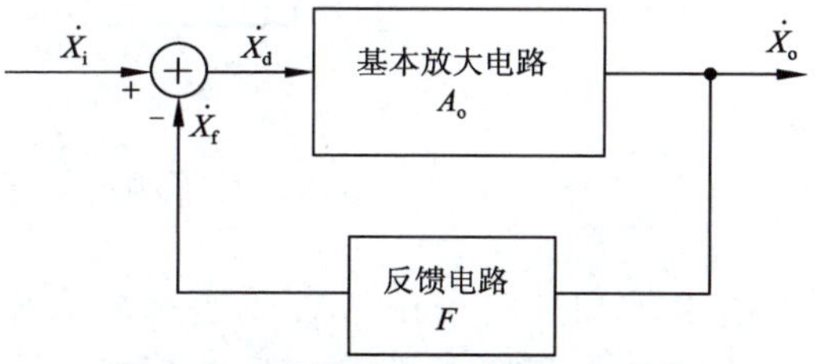

图 8-6　反馈放大电路的一般框图

图 8-6 中基本放大电路和反馈电路构成一个闭合环路。$\dot{X}_i$ 是外加输入信号，$\dot{X}_o$ 是输出信号，$\dot{X}_f$ 是反馈信号，$\dot{X}_d$ 是基本放大电路的净输入信号，它们的量纲可以是电压，也可以是电流。A_o 是基本放大电路的开环放大倍数，$A_o=\dfrac{\dot{X}_o}{\dot{X}_d}$。$F$ 是反馈电路的反馈系数，$F=\dfrac{\dot{X}_f}{\dot{X}_o}$。$\oplus$为比较环节的符号，$\dot{X}_d=\dot{X}_i-\dot{X}_f$，即净输入信号是 $\dot{X}_i$ 和 $\dot{X}_f$ 的差值信号。

如果外输入信号 $\dot{X}_i$ 与 $\dot{X}_f$ 相位相同，则 $X_d=X_i-X_f$，即 $X_d<X_i$，反馈信号使净输入信号削弱，这称为负反馈；如果外输入信号 $\dot{X}_i$ 与 $\dot{X}_f$ 相位相反，则 $X_d=X_i-X_f$，即 $X_d>X_i$，反馈信号使净输入信号加强，这称为正反馈。

正反馈虽在一定程度上提高了整个电路的放大倍数，但会使放大电路的其他性能变坏，工作稳定性变差，它主要用于振荡电路和脉冲数字电路中。负反馈虽会降低电路的放大倍数，但却能显著地改善放大电路的其他性能，广泛应用于各种放大电路中。

下面主要讨论集成运放的负反馈。

2. 正、负反馈电路判断

判断电路是正反馈还是负反馈，常用的方法是瞬时极性法。即首先任意假定外输入信号的瞬时极性，然后根据放大原理确定输出端的瞬时极性，再由反馈电路确定反馈信号的极性。比较外输入信号及反馈信号，即可判断是什么反馈。如反馈信号使外输入信号增强，而使净输入信号增大，则为正反馈；反之，如反馈信号使净输入信号减小，则为负反馈。

如图 8-7（a）所示电路，反馈电阻 R_f 接在输出端与反相输入端之间，与 R_1 一起构成了反馈电路。输入信号 u_i 经 R_2 从同相端输入。现假设在某瞬间 u_i 的极性为正，用符号$\oplus$表示，则 u_o 也为正（$\oplus$）。反馈电流 i_f 的流通途径是由 $u_o\xrightarrow{i_d\approx 0}R_1\rightarrow$地，它在 R_1 上形成反馈电压 $u_f=i_fR$，其极性如图 8-7（a）所示。集成运放的净输入信号电压 $u_d=u_i-u_f$（R_2 上的电流及电压降均近似为零），故 $u_d<u_i$，输入信号被削弱，是负反馈电路。

图 8-7（b）所示电路，输入信号 u_i 经 R_1 从反相端输入。反馈电阻 R_f 接在输出端与同相

输入端之间。现假设在某瞬间 u_i 的极性为正（⊕），输出电压 u_o 为负（⊖），反馈电流 i_f 的流通途径是由地→$R_2 \xrightarrow{i_d \approx 0} R_f \rightarrow u_o$，它在 R_2 上形成反馈电压 u_f，其极性如图 8-7（b）所示。集成运放的净输入信号电压 $u_d = u_i + u_f$（R_1 上的电流及电压降均近似为零），故 $u_d > u_i$，输入信号增强，是正反馈电路。

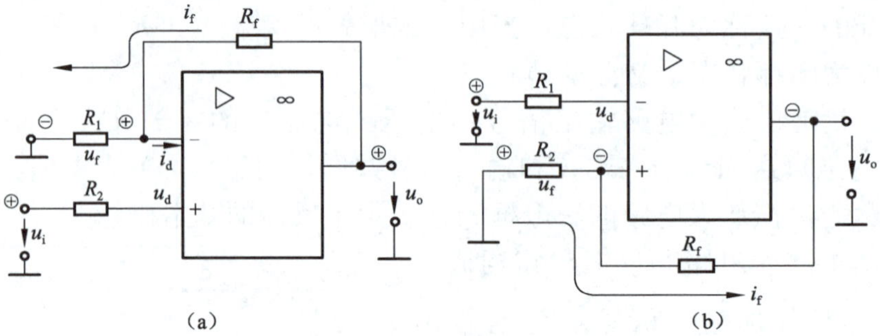

图 8-7　正、负反馈电路的判断

由上可知，对于单级集成运算放大电路，反馈元件（例如 R_f）接到同相输入端是正反馈；接到反相输入端，则是负反馈。

3. 常见放大器

集成运放负反馈放大电路，根据信号输入方式来划分，有两种基本连接方式，即同相输入放大电路和反相输入放大电路。

（1）同相放大器

电路如图 8-7（a）所示，输入信号 u_i 经电阻 R_2 加到同相输入端，输出电压 u_o 与 u_i 同相位，故称为同相输入放大电路。反相输入端经电阻 R_1 接地，反馈电阻 R_f 连接在输出端和反相输入端之间，形成负反馈。

图 8-7（a）中集成运放两个输入端在静态时的外接等效电阻要相等，即 $R_2 = R_1 /\!/ R_f$，其作用是使集成运放输入级（差分放大电路）处于平衡对称的工作状态，以消除静态基极电流对输出电压的影响。

现在分析它的电压放大倍数。因为 $u_i = u_+ \approx u_-$，而 $u_- = \dfrac{R_1}{R_1 + R_f} u_o$

故
$$u_i \approx \frac{R_1}{R_1 + R_f} u_o$$

在开环电压放大倍数足够大时，可以认为同相输入时的闭环电压放大倍数为

$$A_f = \frac{u_o}{u_i} = \frac{R_1 + R_f}{R_1} = 1 + \frac{R_f}{R_1} \qquad (8-4)$$

式（8-4）说明，A_f 是大于或等于 1 的正数，u_o 与 u_i 同相位且成比例关系。当它用于运算的目的时，称为同相输入比例运算放大电路。

在这个电路中，当 $R_1 \rightarrow \infty$（断开）或 $R_f = 0$ 时，则 $A_f = 1$，即 $u_o = u_i$，输出电压与输入电压大小相等，相位相同，u_o 随 u_i 变化，这称为电压跟随器，如图 8-8 所示。

【例 8-1】 在图 8-9 所示放大电路中，设 $R_1 = 10\ \text{k}\Omega$，$R_f = 20\ \text{k}\Omega$，$R_2 = 20\ \text{k}\Omega$，$R_3 = 10\ \text{k}\Omega$，求闭环电压放大倍数 A_f。

解　此例为同相输入放大电路的一种变形电路。在输入端有分压电路，故不能直接应用式（8-4）来求 A_f，而应从 $u_+ \approx u_-$ 的关系入手来求解，如图 8-9 所示。

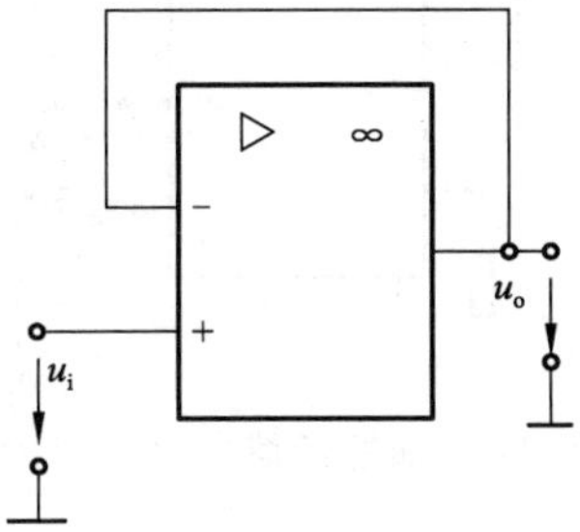

图 8-8　电压跟随器

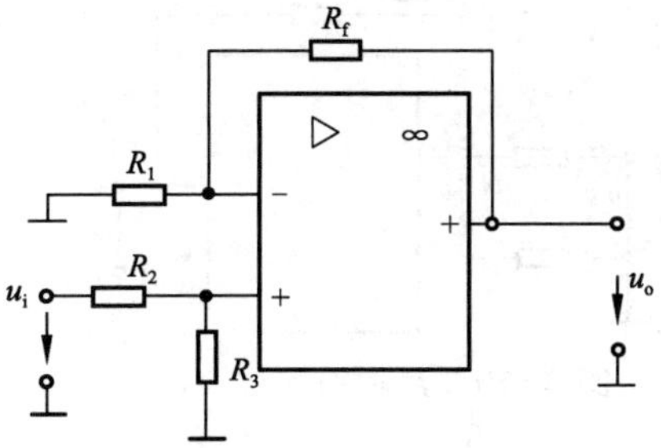

图 8-9　例 8-1 图

$$u_- = \frac{R_1}{R_1 + R_f}u_o ; u_+ = \frac{R_3}{R_2 + R_3}u_i$$

$$u_+ \approx u_-$$

故
$$\frac{R_1}{R_1 + R_f}u_o \approx \frac{R_3}{R_2 + R_3}u_i$$

所以
$$A_f = \frac{u_o}{u_i} \approx \frac{R_3}{R_2 + R_3} \cdot \frac{R_1 + R_f}{R_1} = \frac{10}{20 + 10} \times \frac{10 + 20}{10} = 1$$

（2）反相放大器

电路如图 8-10 所示。输入信号 u_i 经电阻 R_1 加到反相输入端；同相输入端经电阻 R_2 接地。此电路的输出电压 u_o 与输入电压 u_i 是反相的，故称为反相输入放大电路。因输入信号经集成运放放大后，又经 R_f 反馈到输入回路的反相输入端，输入信号与反馈信号相减，即 $i_d = i_1 - i_f$，削弱了净输入电流 i_d，故为负反馈放大电路。又因图 8-10 中同相输入端接“地”，即 $u_+ = 0$，而 $u_- \approx u_+ = 0$，故反相输入端“N”点的电位也接近于“地”电位，N 点是一个不真正接地的“地”电位端，通常称 N 点为“虚地”点。

现在分析电路的电压放大倍数。因 $u_- \approx u_+ = 0$，故

$$i_1 = \frac{u_i - u_-}{R_1} \approx \frac{u_i}{R_1}$$

因
$$i_1 \approx i_f , \frac{u_i}{R_1} = \frac{u_o}{R_f}$$

故
$$A_f = \frac{u_o}{u_i} = -\frac{R_f}{R_1} \tag{8-5}$$

式中的负号说明 u_o 与 u_i 相位相反，A_f 的大小仅取决于 R_f 与 R_1 的比值。此电路用于运算目的时，称为反相输入比例运算放大电路。

在图 8-10 中，如果 $R_f = R_1 = R$，则 $A_f = -1$。此时，u_o 与 u_i 大小相等，相位相反，此电路称为反相电路（反相放大器）。

（3）加法器

如果在集成运放的反相输入端增加若干个输入电路，就可构成反相加法运算电路，如图 8-11 所示。

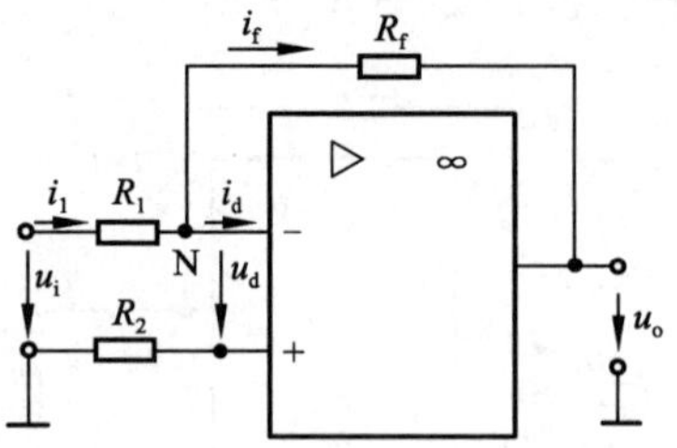

图 8-10　反相输入放大电路

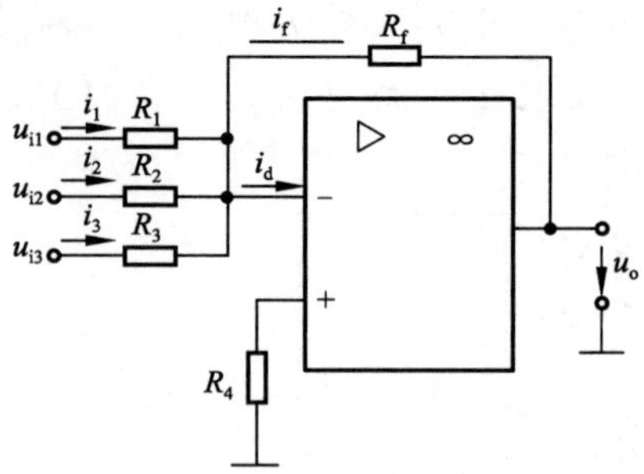

图 8-11　加法运算电路

因
$$u_+ \approx u_- \approx 0, i_d \approx 0$$

故可以列出
$$i_f = i_1 + i_2 + i_3 = \frac{u_{i1}}{R_1} + \frac{u_{i2}}{R_2} + \frac{u_{i3}}{R_3}$$

因
$$i_f R_f = u_- - u_o = -u_o$$

故
$$\begin{aligned} u_o &= -i_f R_f = -(i_1 + i_2 + i_3) R_f \\ &= -\left(\frac{u_{i1}}{R_1} + \frac{u_{i2}}{R_2} + \frac{u_{i3}}{R_3}\right) R_f \\ &= -\left(\frac{R_f}{R_1} u_{i1} + \frac{R_f}{R_2} u_{i2} + \frac{R_f}{R_3} u_{i3}\right) \end{aligned} \tag{8-6}$$

式（8-6）表明，输出电压 u_o 等于各输入电压 u_i 按照不同的比例相加之和。

如果令
$$R_1 = R_2 = R_3 = R$$

则
$$u_o = -\frac{R_f}{R}(u_{i1} + u_{i2} + u_{i3}) \tag{8-7}$$

可见，输出电压的大小正比于各输入电压之和，实现了求和运算。

（4）差分放大器

如图 8-12 所示，如果它的同相输入端和反相输入端都接有输入信号 u_{i1} 和 u_{i2}，就构成减法运算放大电路，即差分放大电路。

差分放大器放大的是两个输入信号的差，输出电压 u_o 与两个输入信号的关系是（若令 $R_1 = R_2$，$R_f = R_3$）：

$$u_o = \frac{R_f}{R_1}(u_{i2} - u_{i1})$$

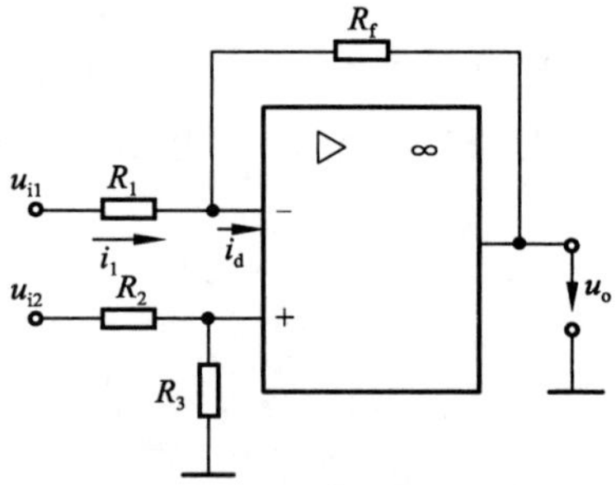

图 8-12　减法运算电路

则放大倍数为

$$A_f = \frac{R_f}{R_1}$$

若令 $R_f = R_1$，则
$$u_o = (u_{i2} - u_{i1})$$

上式表明，输出电压等于两个输入电压之差，故又称差分运算放大电路，它实现了减法运算的功能。

（5）积分器

积分运算电路用来对输入信号进行积分运算，它的输出电压与输入电压成积分关系，如图8-13（a）所示。

输入电压 u_i 经电阻 R_1，接到反相输入端，反馈电容 C_f 接在输出端与反相端之间。根据电容器电压和电流的积分关系，可以导出下列关系式：

$$u_o=-\frac{1}{R_1C_f}\int u_i\mathrm{d}t=-\frac{1}{T_i}\int u_i\mathrm{d}t$$

由上式可见，该电路输出电压正比于输入电压对时间的积分，具有积分运算功能，式中 $T_i=R_1C_f$ 称为积分时间常数。当 u_i 是大小恒定的直流电压 U_i 时，$u_o=-U_i\frac{t}{T_I}$，u_o 与时间 t 具有线性关系。

图8-13（b）所示为当 u_i 为负的恒定电压 $-U_i$ 时，$u_o=f(t)$ 的积分关系曲线，这一特点经常用来组成锯齿波、三角波形发生器电路。积分电路除用来进行积分运算、组成波形发生器外，在自动控制系统中常用来组成调节器。

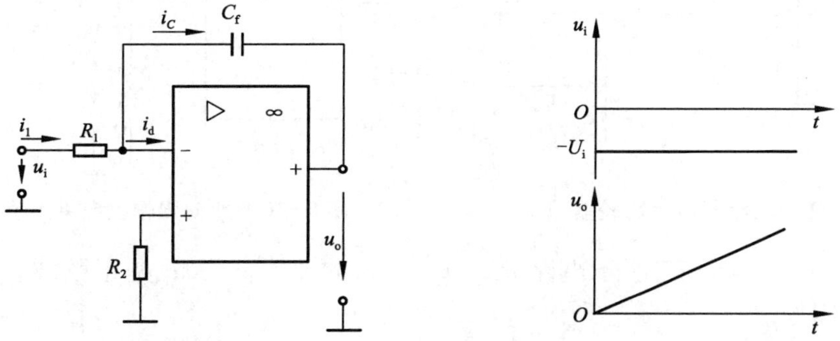

（a）电路图　　（b）u_i、u_o变化曲线

图8-13　积分运算电路

（6）比较器

用于将输入信号电压 u_i 和参考（基准）电压 U_R 进行比较。根据 u_i 是大于还是小于 U_R 而决定其输出电压 U_{om}的正负，在 $u_i=U_R$ 时，输出电压将产生跃变。这种电路广泛应用于自动检测、自动控制及各种非正弦波发生器中。

① 电压比较器。任意电平比较器，如图 8-14 所示。

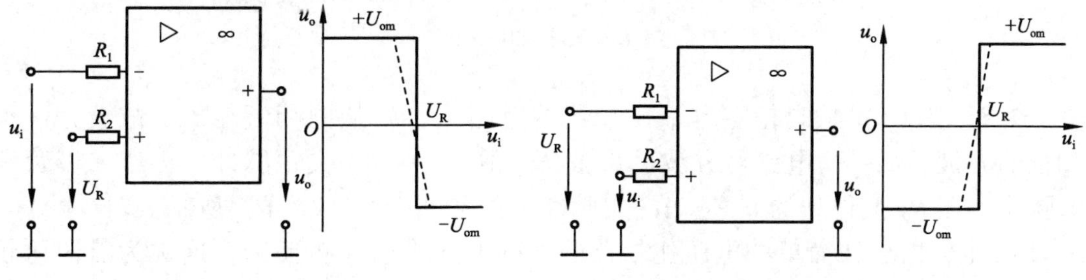

（a）U_R接同相输入端　　（b）U_R接反相输入端

图 8-14　任意电平比较器

图 8-14（a）是 u_i 接入反相输入端，U_R 接在同相输入端时的电路图和电压传输特性。当 $u_i<U_R$ 时，$u_o=+U_{om}$；而当 $u_i>U_R$ 时，$u_o=-U_{om}$；当 $u_i=U_R$ 时，输出电压 u_o 产生跃变［实际是图 8-14（a）虚线所示］，是状态转换点。

如果将 u_i 接在同相输入端，U_R 接在反相输入端，其电路图和电压传输特性如图 8-14（b）

所示。图 8-14 表明，集成运放是处于饱和限幅状态（$\pm U_{om}$）的，其转换点取决于 U_R 的大小。这种比较器称为任意电平比较器。

如果取 $U_R=0$，即将参考电压端接地，将输入电压 u_i 与零电平进行比较，这称为过零比较器，又称零电平比较器，如图 8-15 所示。图 8-15 中 u_i 接在反相输入端，故称为反相零电平比较器；如果 u_i 接到同相输入端，则称为同相零电平比较器。

以上比较器输出电压的幅度均为集成运放的最大输出电压值 $\pm U_{om}$，如果将稳压管适当接入电路，就可得到有限幅的电压比较器，如图 8-16 所示。其限幅值决定于稳压管稳压值 U_Z 的大小（略去其正向压降），这样，应用更加灵活。

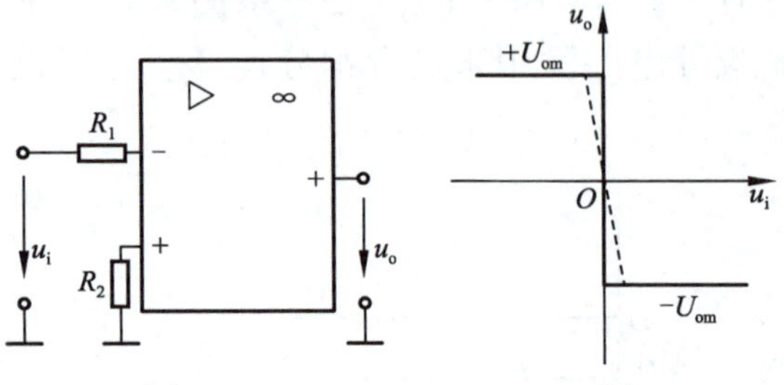

（a） （b）

图 8-15　正、反相零电平比较器

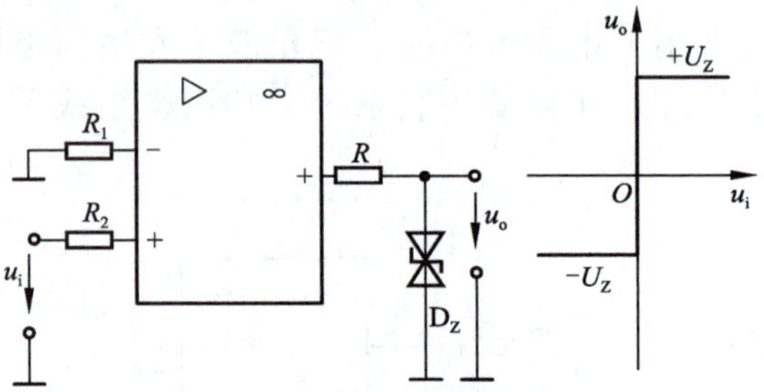

图 8-16　双向限幅零电平比较器

【例 8-2】 分析图 8-17 所示电路 u_{o1}、u_{o2}、u_{o3}的波形。设 u_i 是正弦波，R_1C 的数值远小于正弦波的周期。

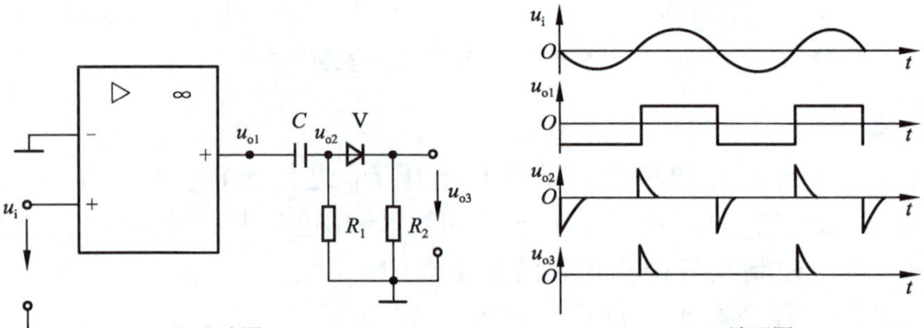

（a）电路图　　（b）波形图

图 8-17　例 8-2 图

解　图 8-17（a）是同相零电平比较器的电路图，u_i 从同相端输入，故 u_{o1}是一串与 u_o 同相位的方波，$C-R_1$ 电路对方波进行微分，故 u_{o2}是一串尖顶脉冲，再经二极管整流，整去负脉冲，在 R_2 上得到的 u_{o3}是正向尖脉冲，波形如图 8-17（b）所示。

② 滞回比较器。在简单的电压比较器的基础上适当引入正反馈，这称为滞回比较器，其电路如图 8-18（a）所示。图 8-18 中输出电压 u_o 经电阻器 R_2、R_3 分压得到 U_B，接到同相输入端，作为基准电压。

当 $u_o=U_Z$ 时，$U_B=U_{B1}=\dfrac{R_2}{R_2+R_3}U_Z$；当 $U_o=-U_Z$ 时，$U_B=U_{B2}=-\dfrac{R_2}{R_2+R_3}U_Z$。现假设开始时，$u_o=+U_Z$，输入电压 u_i 由负向正变化，当 $u_i>U_{B1}$时，u_o 就由 $+U_Z\rightarrow -U_Z$，电压传输特性由 $a\rightarrow b\rightarrow c\rightarrow d\rightarrow e$；相反，当 u_i 由正向负变化时，因 u_o 原来是 U_Z，$U_B=U_{B2}$，故必须使 $u_i<U_{B2}$，u_o 才能由负变正，电压传输特性由 $e\rightarrow d\rightarrow f\rightarrow b\rightarrow a$，得到图 8-18（b）所

示滞回特性，U_{B1}、U_{B2}称为状态转换点，又称门限电压，$\Delta U = U_{B1} - U_{B2}$称为回差。由于存在回差，使电路抗干扰能力增强。

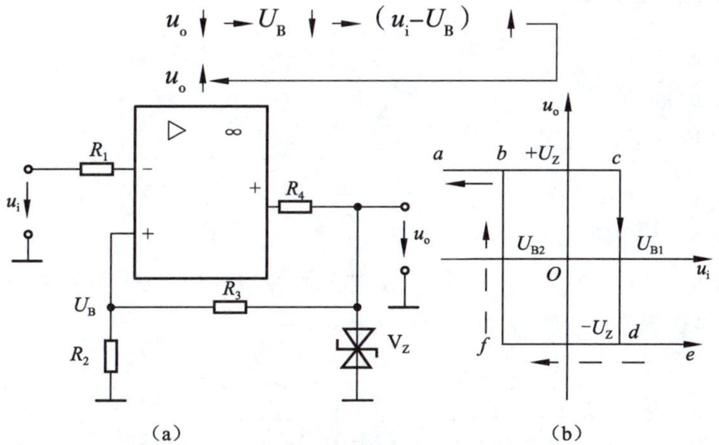

图 8-18　滞回比较器

R_2 和 R_3 组成正反馈电路，可加速集成运放在高、低输出电压之间的转换，使传输特性跃变陡度加大，使之接近垂直的理想状态。正反馈的作用过程是：当 $u_i = U_{B1}$时，

③ 窗口电压比较器。简单电压比较器和滞回电压比较器的共同特点是：当输入电压 u_i 单方向变化时，输出电压 u_o 只跳变一次，只能检测一个电平，如果要判断输入电压 u_i 是否在两个电平之间，应该采用窗口比较器。

窗口比较器是由两个阈值电压不等的简单比较器组成的，阈值小的采用反相接法，阈值大的采用同相接法，电路如图 8-19（a）所示。

由图 8-19（a）可以看出，两个简单比较器的阈值分别是 U_{THL}和 U_{THH}，而且 $U_{THH} > U_{THL}$。

当输入电压时，输出电压 $u_o = 0$。当 $u_i < U_{THL}$ 或 $u_i > U_{THH}$时，输出电压 $u_o = U_{CC}$。U_{THL}、U_{THH}是窗口比较器的两个阈值电压，其传输特性如图 8-19（b）所示。

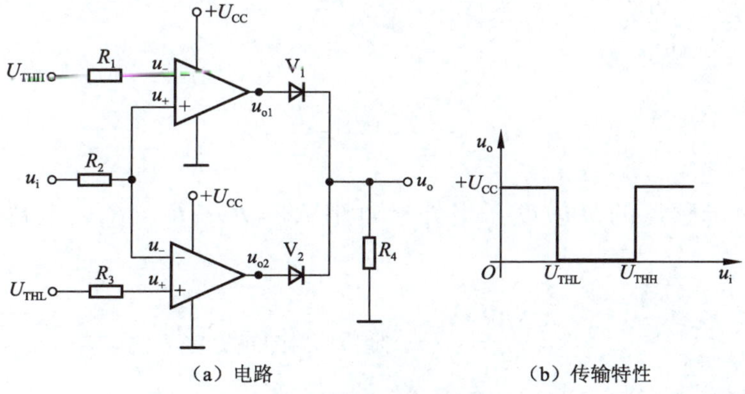

（a）电路　　　（b）传输特性

图 8-19　窗口比较器

项目实施

实施目的及要求：

① 通过本项目的实施，了解集成运放的原理。

② 掌握集成运放在汽车上的应用。

任务　集成运放的认识

【任务要求】

① 了解集成运放原理。

② 掌握集成运放在汽车上的应用。

【任务指导】

1. 电桥信号放大电路的应用

如果需要对温度、压力或形变等进行检测，可采用图 8-20 所示的电桥信号放大电路。图 8-20 中电桥的一个臂是由传感器构成的。

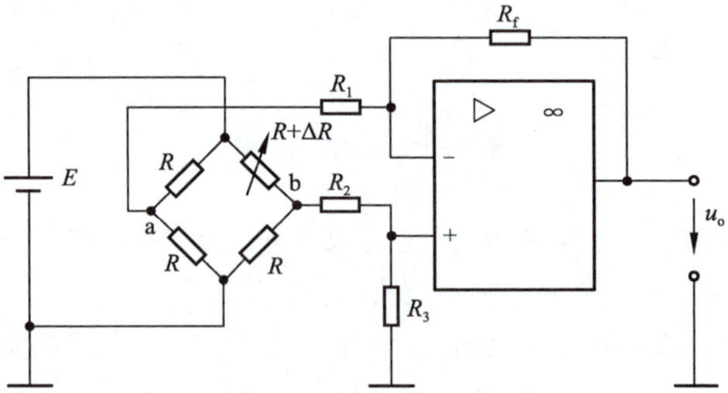

图 8-20　电桥放大器电路

电桥信号放大电路实际上是一个差分放大电路，它是将由传感器引起的电桥输出电压放大。

当传感器的阻值没有变化时，即 $\Delta R=0$ 时，电桥平衡，电路输出电压 $u_o=0$；当传感器因温度、压力或其他变化而使传感元件的电阻值发生变化时（用 ΔR 表示），电桥就失去平衡，变化量变成了电信号而产生输出电压 u_o。输出电压 u_o 值一般很小，需要经过放大器差分放大。

因 $\Delta R \ll R$

$$U_{ab}=\frac{E}{4}\cdot\frac{\Delta R}{R}=\frac{E}{4}\cdot\delta$$

式中，$\delta=\dfrac{\Delta R}{R}$称为传感器的灵敏度。当外接电阻 $R_1=R_2$、$R_f=R_3$，电桥放大器的输出电压为

$$u_o=\frac{E\delta R_f}{4R_1}\quad（u_o\text{ 随 }\delta\text{ 变化而变化}）$$

汽车电喷发动机中，用来测量进气压力的进气压力传感器就是由压敏电阻和集成运放制成的，许多车系都采用了这种传感器。图 8-21 所示为压敏电阻式进气压力传感器的结构示意图和工作原理图。

该传感器有一个通气口与进气管相通，进气压力通过该口加到压力转换元件上。压力转换元件是由四个压敏电阻器构成的硅膜片。硅膜片受压力变形后，电桥输出信号，压力越大，输出信号越强。该信号经集成运放放大后传送给电子控制单元（ECU）。ECU 根据

压力传感器传递信号，对可燃混合气进行控制。

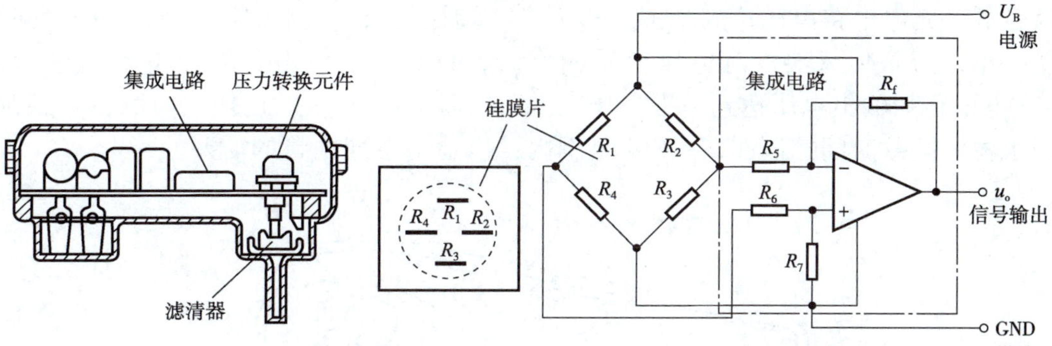

（a）结构示意图　（b）工作原理图

图 8-21　压敏电阻式进气压力传感器的结构示意图和工作原理图

2. 光电测量电路

光电二极管、晶体管或其他光电器件能够将光信号转变为电信号。图 8-22 所示为一种最简单的光电测量电路。

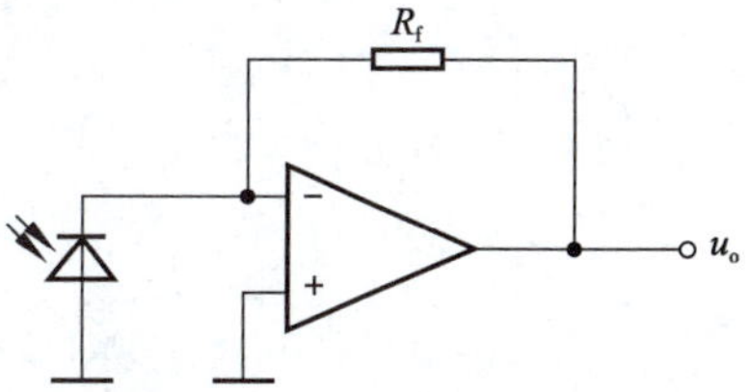

图 8-22　光电测量电路

无光照时，光电二极管的反向电流很小；有光照时，光电二极管有光电流流过，光照强度越大，光电流越大。经过集成运放后，输出电压 u_o 传入 ECU 进行控制。汽车自动空调控制系统中，用作检测日照量的传感器就是经过设置在 ECU 内部的上述电路进行信号放大的。

3. 汽车自动刮水器

自动刮水器主要由雨滴传感器、间歇刮水放大器和刮水电动机组成，如图 8-23 所示。

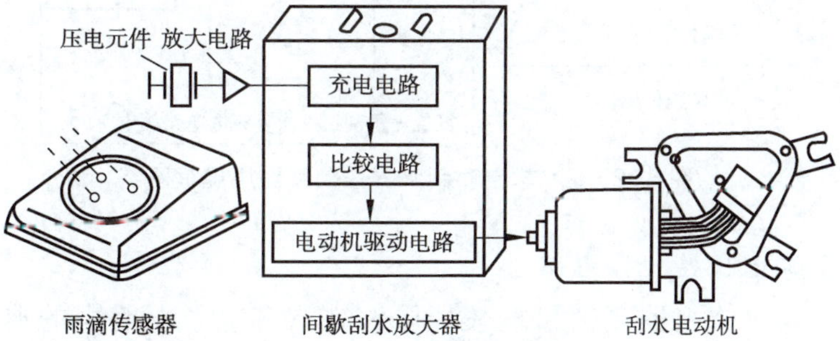

图 8-23　自动刮水器的组成

传感器的作用是将雨量的大小转变为与之相对应的电信号，其结构如图 8-24 所示。

汽车自动刮水器控制系统原理框图，如图 8-25 所示。

工作时，由于雨滴下落撞击到传感器的阻尼橡胶 1 上，阻尼橡胶 1 将振动能量传给压电元件 2（见图 8-24）。如图 8-25 所示，压电元件受压而产生电压信号，电压值与撞击振动片上的雨滴的撞击能量成正比，电压信号经过放大后送入间歇刮水放大器，对放大器的充电电路（电容器）进行 20 s 的定时充电，电容器电压上升，该电压输入比较电路，比较电路将其与基准电压 U_o 比较，当电容器电压达到 U_o 时，比较电路向刮水电动机发出信号，使其工作一次。当雨量大时，压电元件产生的电信号强，充电电路电压达到基准电

压值 U_o 所需时间就短，刮水器间歇工作的时间就短；反之，当雨量小时，压电元件产生的电信号弱，充电电路电压达到基准电压 U_o 所需时间就长，刮水器间歇工作的时间就长。当雨量很小，雨滴传感器没有电压信号输出时，只有定电流电路对充电电路进行充电，20 s后充电电路的输出电压达到基准电压 U_o，刮水器动作一次。这样，雨滴感知型刮水器就把刮水器的间歇时间控制在0～20 s范围内，以适应不同雨量的需要。

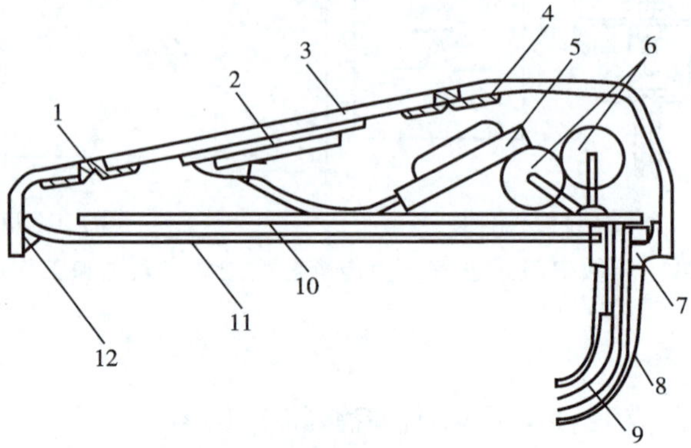

图 8-24　雨滴传感器结构图

1—阻尼橡胶；2—压电元件；3—振动片（不锈钢）；4—上盒（不锈钢）；
5—集成电路；6—电容器；7—衬垫；8—线束套筒；9—线束；
10—电路基板；11—下盒（不锈钢）；12—密封件

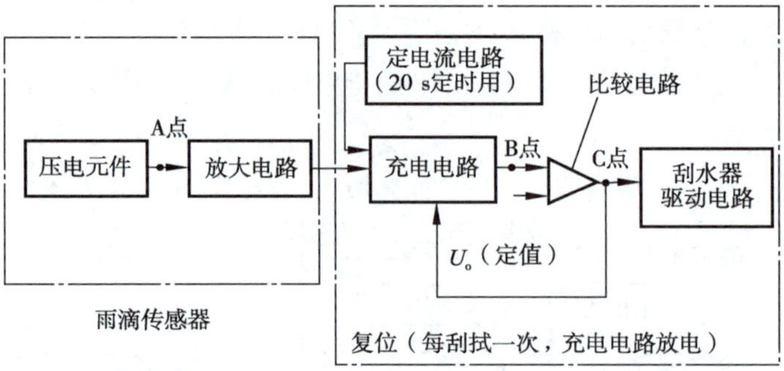

图 8-25　汽车自动刮水器控制系统原理框图

4. 汽车充电系统电压监视器电路

汽车充电系统电压监视器是窗口比较器电路在汽车电子电路中的典型应用，电路如图 8-26 所示。在汽车充电系统电压监视器电路中，当电压过低或过高时，报警器发出警报。

电路主要是由LM339构成的一个窗口比较器。基准电压由 R_1 和 V_Z 组成的稳压电路组成，V_Z 的稳压值是6 V。基准电压分别接在 A_1 的同相端和 A_2 的反相端。E 接在汽车充电系统电源上。

当充电系统电压大于14.5 V时，A_1 反相端检测到的电压和 A_2 同相端检测到的电压都大于基准电压，比较器 A_1 输出电压为0，晶体管 VT_1 不能导通，LED_1（黄色）不亮；比较器 A_2 输出电压为电源电压，驱动晶体管 VT_2 导通，LED_2（红色）发光，指示电压过高。

当充电系统电压小于12 V时，A_1 反相端检测到的电压和 A_2 同相端检测到的电压都小于基准电压，比较器 A_2 输出电压为0，晶体管 VT_2 不能导通，LED_2（红色）不亮；比较器 A_1 输出电压为电源电压，驱动晶体管 VT_1 导通，LED_1（黄色）发光，指示电压过低。

当电压介于12～14.5 V之间时，A_1 反相端检测到的电压大于基准电压，比较器 A_1 输出电压为0，晶体管 VT_1 不能导通。A_2 同相端检测到的电压小于基准电压，比较器 A_2 输出电压为0，晶体管 VT_2 不能导通。LED_1（黄色）和 LED_2（红色）都不亮，指示电压正常。

电路调试时，先用14.5 V的电压作为电源电压 E，调整电位器 R_{P2}，使比较器 A_2 正好翻转。然后改用12 V的电压作为电源电压，调整电位器 R_{P1}，比较器 A_1 正好翻转。

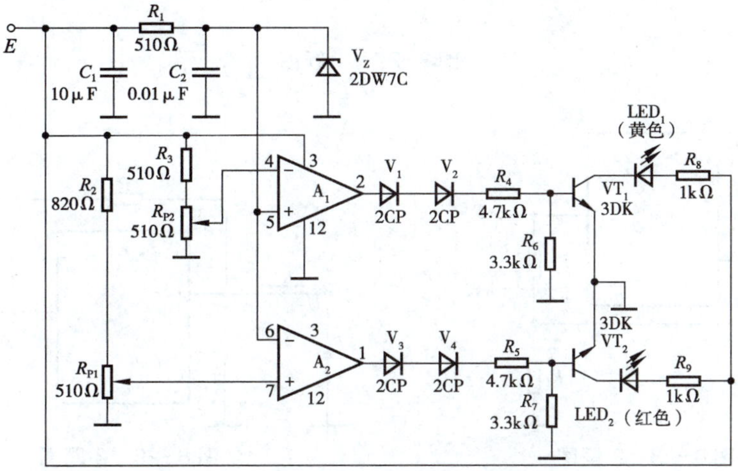

图8-26　汽车充电系统电压监视器电路

小　结

1. 运算放大器的结构：一般由输入级、中间级、输出级组成。

2. 集成运放的主要参数：开环电压放大倍数 A_o、差模输入电阻 r_{id}、开环输出电阻 r_o、最大输出电压 U_{OM}、静态功耗 P_C、输入失调电压 U_{IO}、电源电压 U_{CC}。

3. 理想运放的指标：

（1）开环电压放大倍数为无穷大，$A_o \to \infty$。

（2）运算放大器差模输入电阻为无穷大，$r_{id} \to \infty$。

（3）输出电阻为零，$r_o \approx 0$。

4. 常见放大器：同相放大器、反相放大器、加法器、差分放大器、积分器、比较器。

测试习题

1. 如图8-27（a）、（b）所示，两电路的参数相同，集成运放的最大输出电压 $U_{om} = \pm 12$ V，输入电压 $u_i = -0.1$ V，试分别求出电路的输出电压。

2. 图8-28所示为电压控制电流源电路，写出电压 U_i 和电流 I_L 之间的控制关系式。

3. 图8-29所示为电流控制电压源电路，写出电流 I_i 和电压 U_o 之间的控制关系式。

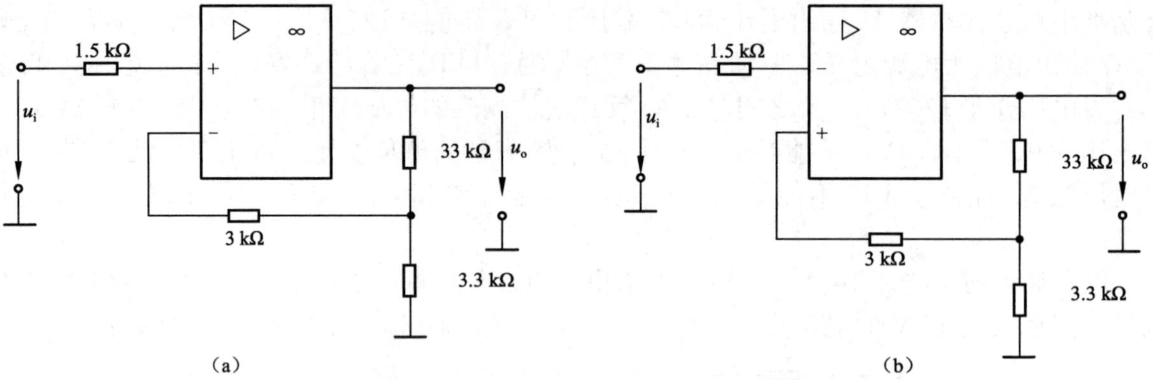

图 8-27　1 题图

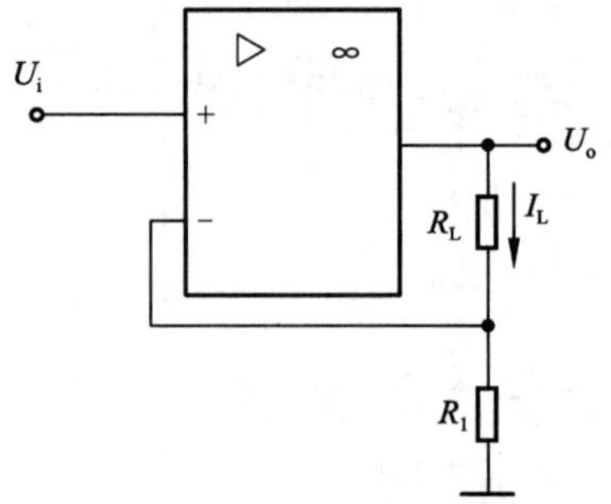

图 8-28　2 题图

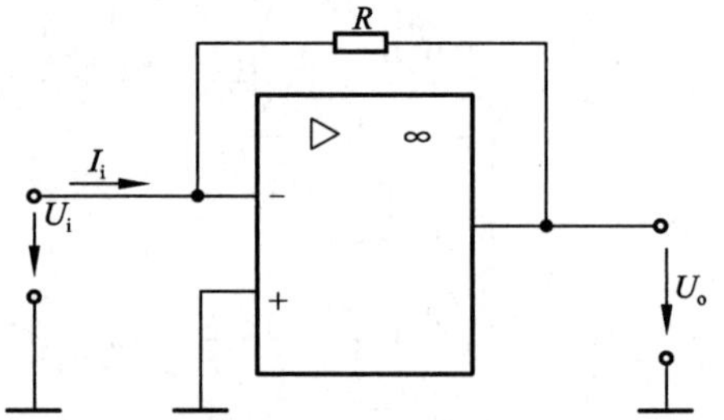

图 8-29　3 题图

4. 图 8-30 所示为一加法器，若 $R_f=20\ \text{k}\Omega$，$u_o=-\left(u_1+\dfrac{1}{2}u_2+\dfrac{3}{4}u_3\right)\ \text{V}$，试求 R_1、R_2、R_3、R_4 之值。

5. 图 8-31 所示为一个电桥振荡器，其中 R_f 为可调电阻器，试问：

（1）R_f 调到何值时电路开始起振？

（2）求 f_0。

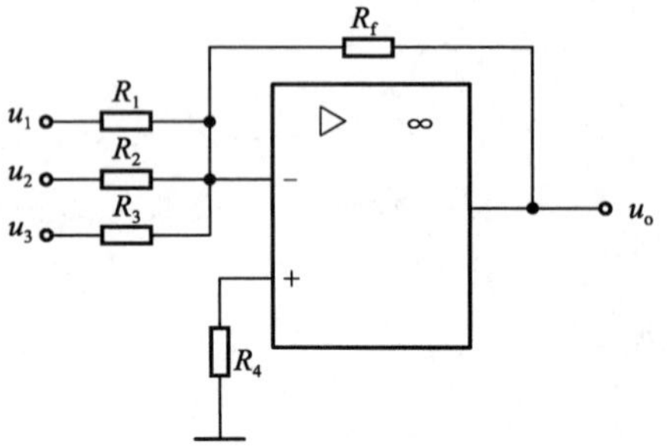

图 8-30　4 题图

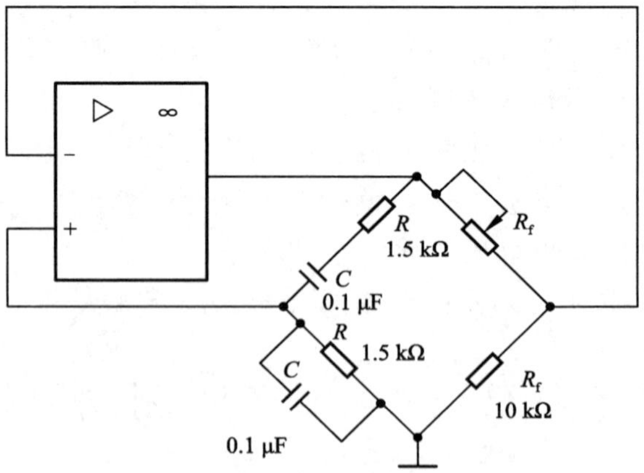

图 8-31　5 题图

项目九
数字电路的应用 9

学习目标

1. 掌握数字电路的基本概念。

2. 掌握数字器件的逻辑表达式、真值表、输入、输出波形图。

基本知识

一、概述

1. 模拟电路与数字电路

电子电路按其功能、性质的不同，可分为模拟电路与数字电路两大类。

模拟电路可用来实现模拟信号的产生、放大和变换，其主要单元电路是放大器。而所谓模拟信号是指其幅度是随时间连续变化的电信号，如图9-1（a）所示的正弦波电压信号即为一典型的模拟信号。前几个项目讨论的放大、整流电路都是模拟电路。

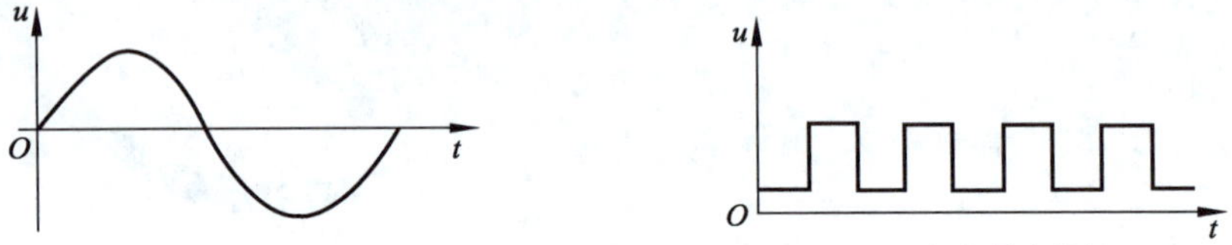

（a）模拟信号　　（b）数字信号

图9-1　模拟信号与数字信号

数字电路是用来存储、传递和处理数字信号的电子电路。所谓数字信号是指随时间不连续变化的脉冲信号，如图9-1（b）所示，矩形波就是典型的数字信号。

在汽车电子电路中，电信号主要在传感器、ECU及执行器件之间进行传递。传感器输入ECU的信号大体上可以分两大类：一类是模拟信号，如热敏电阻式水温传感器；另一类是数字信号，是电压“高”“低”间隔变化的脉冲式信号，如光电式曲轴位置传感器输出的信号是遮光盘不断通过光耦合器而产生的“有”或“无”（透光或遮光）的规律变化的脉冲信号。数字信号与模拟信号不同，它的电压值本身没有什么意义，而人们关心的只是有无电压（脉冲）、间隔电压出现的次数（脉冲数量）、高电压或低电压维持的时间（脉冲宽度）等。

数字信号与模拟信号的特性不同，在检测时一定要区分开，表9-1列出了部分汽车传感器输出信号的类型。

表9-1　部分汽车传感器输出信号的类型

输出模拟信号的传感器	输出数字信号的传感器
叶片式空气流量传感器	卡门涡旋式空气流量传感器
热丝式空气流量传感器	曲轴位置传感器
水温传感器	光电式传感器
压力传感器	霍尔式传感器
节气门位置传感器	干簧开关式传感器
浮子可变电阻式液位传感器	各种报警电路的传感器

汽车上传递的电信号绝大部分都是数字信号。数字信号的特点是只与电平高、低的变化有关，而与电平的具体大小关系不大，传递的信息经常是“有”或“无”，“开”或“关”等非此即彼的关系。这种关系被称为“二值逻辑”。在“二值逻辑”中，用数字1

和 0 代表两个状态，与之对应的电路是晶体管的开或关，或者是电平的高或低。处理数字信号的电路就是数字电路，又称逻辑电路。由于数字电路处理的是状态变换，所以对元件精度要求不高，易于集成，成本低廉，使用方便。组成的数字系统工作可靠，精度高，抗干扰能力强，在各个领域应用很广。在汽车电路中，数字集成电路随处可见，电控单元（ECU）就是一个典型的数字系统。

2. 数制与编码

（1）数制

所谓数制就是计数的方法。在日常生活中最常用的是十进制，它有 0、1、2、3、4、5、6、7、8、9 十个数码，用来组成不同的数。在数字电路中采用二进制，还有八进制、十六进制。下面介绍常用的二进制和十六进制。

① 二进制。二进制有两个数码 0 和 1，它们与电路的两个状态（开和关、高电平和低电平等）直接对应，使用比较方便。

二进制与十进制的进位规则不同。

十进制是“逢十进一”，即 $9+1=10$，可写成

$$10=1\times10^1+0\times10^0$$

式中，10 为基数。

如 538 可写成：

$$538=5\times10^2+3\times10^1+8\times10^0$$

二进制是“逢二进一”，即 $1+1=10$，可写成 $10=1\times2^1+0\times2^0$，也就是说，二进制以 2 为基数。如

$$(11011)_2=1\times2^4+1\times2^3+0\times2^2+1\times2^1+1\times2^0=(27)_{10}$$

这样可把任意一个二进制数转换为十进制数。若要将十进制数转换为二进制数，由上式可得

$$(27)_{10}=d_4\times2^4+d_3\times2^3+d_2\times2^2+d_1\times2^1+d_0\times2^0=(d_4d_3d_2d_1d_0)_2$$

式中，$d_4\sim d_0$ 分别为相应的二进制数码 1 或 0，如果是整数部分，可采用除 2 取余法求得。27 除 2 的余数是 1，商除 2 的余数为 1，这样除下去，直到商为 0 为止，即

2 ⌊27	……余1（d_0）	最低位
2 ⌊13	……余1（d_1）	
2 ⌊6	……余0（d_2）	
2 ⌊3	……余1（d_3）	
2 ⌊1	……余1（d_4）	最高位
0		

所以 $$(27)_{10}=(d_4d_3d_2d_1d_0)_2=(11011)_2$$

如果要将小数部分的十进制数转换成二进制数，则采用乘 2 取整法，例如 $(0.43)_{10}$ 转换成二进制小数时，其过程如下：

$0.43\times2=0.86$	整数部分 0	最高位
$0.86\times2=1.72$	整数部分 1	

$0.72\times2=1.44$　　整数部分1

$0.44\times2=0.88$　　整数部分0

$0.88\times2=1.76$　　整数部分1

$0.76\times2=1.52$　　整数部分1

$0.52\times2=1.04$　　整数部分1　　最低位

所以
$$(0.43)_{10}=(0.0110111)_2$$

② 十六进制。十六进制有0、1、2、3、4、5、6、7、8、9、A、B、C、D、E、F十六个数码，其中A~F分别代表十进制的10~15。为与十进制区别，规定十六进制数注有下标16或H。十六进制是“逢十六进一”，即F+1=10，可写成$10=1\times16^1+0\times16^0$，其基数为16。如：

$$(4E6)=4\times16^2+14\times16^1+6\times16^0=(1254)_{10}$$

这就是十六进制数转换为十进制数的方法。反过来，要将十进制数转换为十六进制数，可先转换为二进制数，再由二进制数转换为十六进制数。

因为每一个十六进制数码都可以用四位二进制数来表示，如$(1011)_2$表示十六进制的B；$(0101)_2$表示十六进制的5等。故可将二进制数从低位开始，每四位为一组写出其值，就得到十六进制数。如：

$$(27)_{10}=(0011011)_2=(1B)_{16}$$

下面比较一下以上三种数制的数码，如表9-2所示。

表9-2　三种数制的数码

十进制	二进制	十六进制	十进制	二进制	十六进制
0	0000	0	3	0011	3
1	0001	1	4	0100	4
2	0010	2	5	0101	5
6	0110	6	11	1011	B
7	0111	7	12	1100	C
8	1000	8	13	1101	D
9	1001	9	14	1110	E
10	1010	A	15	1111	F

（2）编码

所谓编码，就是用数字或某种文字和符号来表示某一对象或信号的过程。十进制编码或某种文字和符号的编码难以用电路来实现，在数字电路中一般采用二进制数。用二进制数表示十进制数的编码方法称为二-十进制编码，即BCD码。常用的BCD码有8421码、5421码、2421码等编码方式。以8421码为例，8421分别对应二进制位的权，它的每个代码中出现“1”的各位权值之和就是它所表示的十进制数。8421BCD码与十进制数的对照关系如表9-3所示。

表 9-3　8421BCD 码

十进制数	8421BCD 码	十进制数	8421BCD 码
0	0000	5	0101
1	0001	6	0110
2	0010	7	0111
3	0011	8	1000
4	0100	9	1001

二、门电路

在数字电路中，门电路是最基本的逻辑单元。它是一种开关电路，当它的输入信号满足某种条件时，门就打开，有信号输出；否则，门就关闭，没有信号输出。在门电路的输入和输出信号之间存在一定的逻辑关系，故又称它为逻辑门电路。最基本的逻辑关系只有三种，即与逻辑、或逻辑、非逻辑。

在门电路的输入和输出信号之间实现这些关系的基本逻辑门电路也有三种，即与门、或门、非门。用这些基本门电路还可以组成各种复合门电路。

1. 与门

当决定一件事情的各个条件全部具备之后，这件事情才会发生，这样的因果关系，称为与逻辑关系，又称逻辑乘，逻辑运算表达式为 $F=AB$，如图 9-2（a）所示。

电路中，两个开关 A 和 B 串联控制一个电灯。只有当开关 A 和 B 都闭合时，电灯 F 才会亮；而 A 和 B 只要有一个断开，电灯 F 就不亮。所以，灯亮的条件是开关 A 与 B 都闭合，这种逻辑关系称为逻辑乘，即全 1 出 1，有 0 出 0。其逻辑真值表（逻辑状态表）和与逻辑符号，如图 9-2（b）、（c）所示。

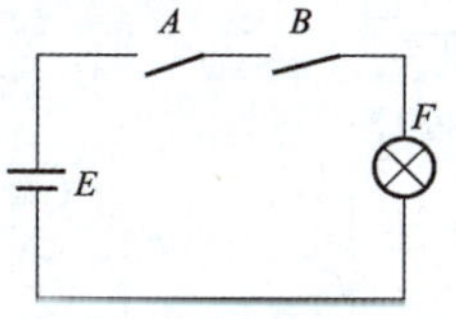

（a）与逻辑关系

A	B	F
0	0	0
0	1	0
1	0	0
1	1	1

（b）与逻辑真值表

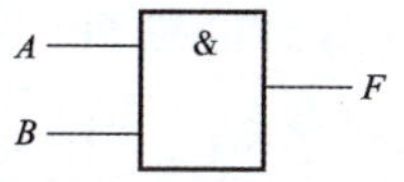

（c）与逻辑符号

图 9-2　与逻辑

2. 或门

当决定一件事情的几个条件中，有一个或一个以上的条件具备，这件事情就发生。这种因果关系称为或逻辑关系，又称逻辑加，逻辑运算表达式为 $F=A+B$。

如图 9-3（a）所示电路，只要开关 A 和 B 中有一个开关闭合，电灯 F 就会亮。所以，灯亮的条件是开关 A 或 B 闭合，这种逻辑关系称为逻辑加，即有 1 出 1，全 0 出 0。其逻辑真值表和或逻辑符号，如图 9-3（b）、（c）所示。

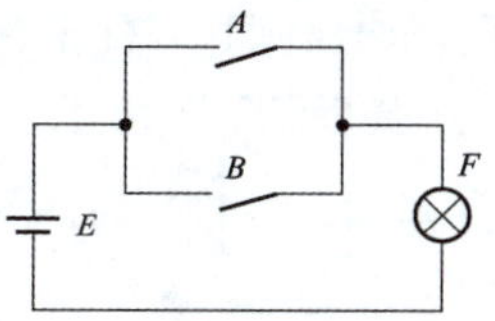

（a）或逻辑关系

A	B	F
0	0	0
0	1	1
1	0	1
1	1	1

（b）或逻辑真值表

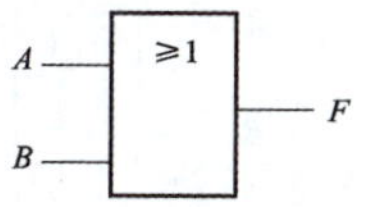

（c）或逻辑符号

图 9-3　或逻辑

3. 非门

非逻辑关系的非就是相反、否定的意思。当条件具备时，事情不发生；而条件不具备时，事情必然发生，这种因果关系称为非逻辑关系。逻辑运算表达式为 $F=\overline{A}$。

图 9-4（a）是实现非逻辑关系的电路。当开关 A 闭合（条件具备时），电灯 F 不亮，而当开关断开时，电灯 F 亮，故灯亮与开关闭合是非逻辑关系，即有 0 出 1，有 1 出 0。其真值表和非逻辑符号，如图 9-4（b）、（c）所示。

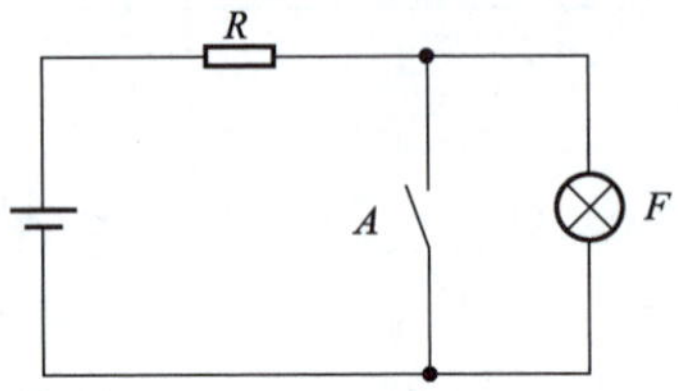

（a）非逻辑关系

A	F
0	1
1	0

（b）非逻辑真值表

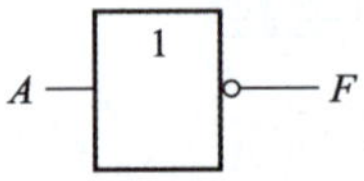

（c）非逻辑符号

图 9-4　非逻辑

4. 复合门

将与门、或门和非门组合起来，可构成与非门、或非门、与或非门，常被称为复合门电路。

（1）与非门

图 9-5 是与非门的组成和逻辑符号，它是由与门和非门组合而成的。表 9-4 是其逻辑状态表。它的逻辑表达式为 $F=\overline{AB}$，其逻辑关系是：全 1 出 0，有 0 出 1。

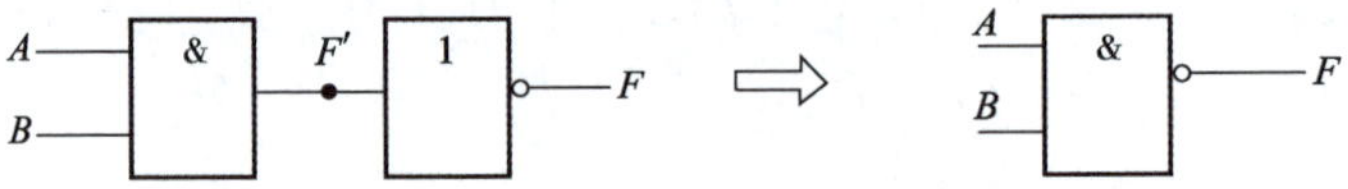

（a）组成图　　（b）逻辑符号

图 9-5　与非门的组成和逻辑符号

表 9-4　与非门逻辑状态表

A	B	F
0	0	1
0	1	1
1	0	1
1	1	0

（2）或非门

图 9-6 是或非门的组成和逻辑符号，它是由或门和非门组合而成的。表 9-5 是其逻辑状态表。它的逻辑表达式为 $F=\overline{A+B}$，其逻辑关系是：全 0 出 1，有 1 出 0。

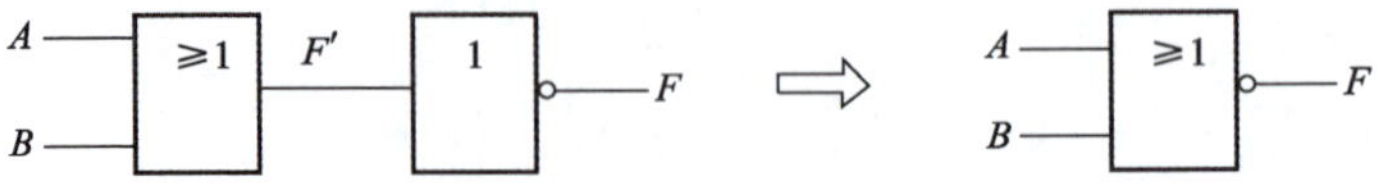

（a）组成图　　（b）逻辑符号

图 9-6　或非门的组成和逻辑符号

表 9-5　或非门逻辑状态表

A	B	F
1	1	0
1	0	0
0	1	0
0	0	1

（3）与或非门

将与门和或非门组合在一起，便可得到与或非门，如图 9-7 所示。它的逻辑表达式为 $F=\overline{A\cdot B+C\cdot D}$，其逻辑状态表可根据与门及或非门的逻辑功能列出，此处从略。

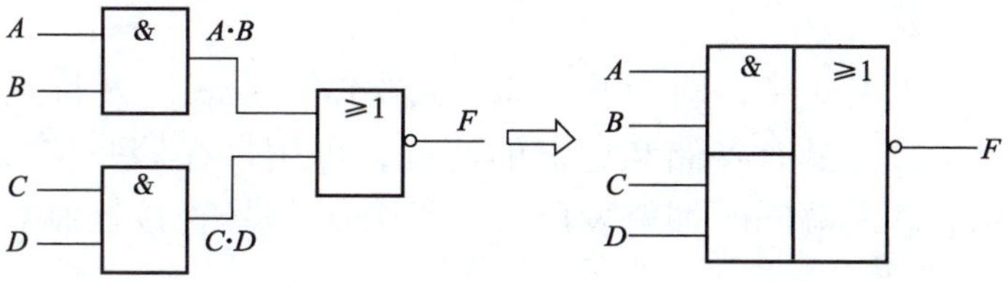

（a）组成图　　（b）逻辑符号

图 9-7　与或非门的组成和逻辑符号

三、触发器

数字电路中除了门电路之外，还有触发器电路。触发器起到信息的接收、存储、传输的作用。触发器按其稳定工作状态可分为双稳态触发器、单稳态触发器、无稳态触发器（多谐振荡器）等；按照其功能可分为 RS 触发器、JK 触发器和 D 触发器等。在汽车电路中应用较多的主要有 RS 触发器、D 触发器等。

1. RS 触发器

（1）基本 RS 触发器

基本 RS 触发器有两个与非门 A、B 交叉连接组成，如图 9-8（a）所示。Q 和 $\overline{Q}$ 是它的两个逻辑互补的输出端。

这种触发器有两个稳定状态：一个是 $Q=0$，$\overline{Q}=1$，称为 0 态（复位状态）；另一个是 $Q=1$，$\overline{Q}=0$，称为 1 态（置位状态）。

R_D 和 S_D 是触发器的两个输入端，R_D 是直接置 0 端或称复位端，S_D 是直接置 1 端或称置位端，如图 9-8（b）所示为基本 RS 触发器的逻辑符号。RS 触发器的英文含义，就是复位-置位触发器。R_D 和 S_D 是负脉冲触发，又称低电平触发。逻辑符号输入端 R_D、S_D 靠近方框的小圆圈表示负脉冲触发，输出端 $\overline{Q}$ 的小圆圈表示反相输出。

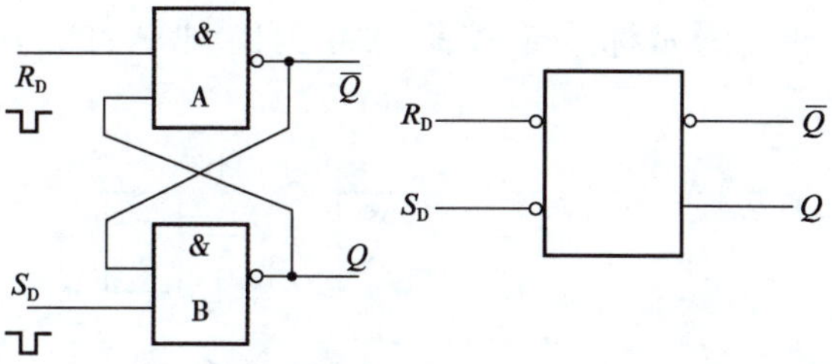

（a）逻辑电路　　（b）逻辑符号

图 9-8　基本 RS 触发器

触发器的两个输入端具有四种不同的输入组合：

① $S_D=0$、$R_D=1$ 时，B 门有 0 出 1，$Q=1$ 并反馈到 A 门输入端，因这时 $R_D=1$，故 A

门全1出0，$\overline{Q}=0$。触发器处于置位状态（1态）。

② $S_D=1$、$R_D=0$时，A门有0出1，$\overline{Q}=1$并反馈到B门输入端，因这时$S_D=1$，故B门全1出0，$Q=0$。触发器处于复位状态（0态）。

③ $S_D=R_D=1$时，因S_D、R_D均无负脉冲输入，触发器状态不变。例如，若原来$Q=1$，Q接到A门输入端，A门全1出0，故$\overline{Q}=0$又接到B门输入端，使B门有0出1，使Q继续保持1态不变。

④ $S_D=R_D=0$时，A门和B门有0出1，Q与$\overline{Q}$同时变为1态，这不符合Q与$\overline{Q}$状态相反的逻辑关系。如果这时R_D和S_D又同时跃跳为1，触发器变到什么状态，决定于触发器内部的不平衡或某些外部的偶然因素。这种状态称为不定状态，应禁止，即不允许$S_D=R_D=0$。

将以上四种状态列成表9-6，即为基本RS触发器真值表。其特点是有1和0两个稳态，可以直接置位和复位，具有存储和记忆的功能，可用来存储一位二进制数码。但有不定状态，不允许在两个输入端同时加触发脉冲。此外，信号直接控制着输出端的状态，使用有局限性。

表9-6 基本RS触发器的真值表

R_D	S_D	Q	说明
1	0	1	置位
0	1	0	复位
1	1	不变	记忆、复位
0	0	不定	不允许

（2）可控RS触发器

基本RS触发器的输入信号直接控制输出端的状态，输入信号一出现，触发器的输出状态就立即发生相应的改变，这往往不能满足各种数字电路的需要。为了能有效地控制触发器的翻转时刻，并扩大其逻辑功能，在前述基本RS触发器的基础上增加由两个与非门C和D构成的引导电路，就组成了可控RS触发器，如图9-9所示。由图9-9可见，与非门C和D各有一个信号输入端，即R和S。另外，各有一个输入端连接起来作为控制端，又称CP端。平时它保持低电平有效，当要求触发器接收输入信号时，就给CP端一个正脉冲，通常称这个控制脉冲为时钟脉冲，用CP（Clock Pulse）表示。其真值表如表9-7所示。

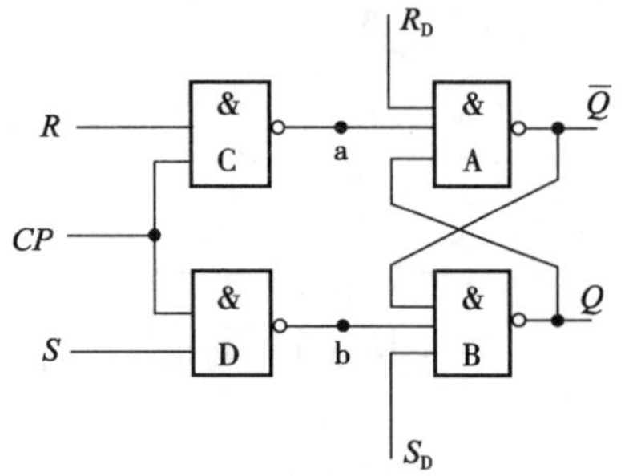

（a）逻辑电路

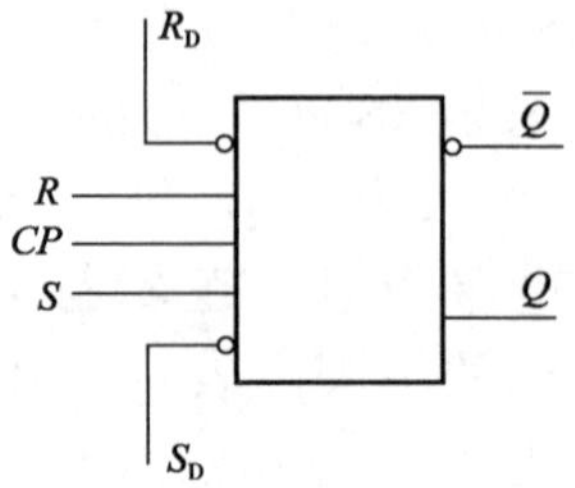

（b）逻辑符号

图9-9 可控RS触发器

表 9-7 可控 RS 触发器真值表

R_D	S_D	Q	说 明
0	0	不变	记忆、复位
1	0	0	复位
0	1	1	置位
1	1	不定	不允许

综上所述，这种触发器有复位、置位、记忆存储的功能，触发器是否接收信号由时钟脉冲控制。其缺点是，在时钟脉冲 $CP=1$ 的期间，R、S 输入端状态的变化都将引起触发器状态的相应改变，甚至发生多次翻转。这时如果有干扰信号出现在输入端，也可能做出反应，使触发器出现不正常的逻辑状态。此外，当 $R=S=1$ 时，仍存在不定状态，应避免出现。

2. JK 触发器

由于可控 RS 触发器存在上述缺点，且功能亦不够强，尚须进一步改进。JK 触发器是一种功能很强的触发器，应用极广。图 9-10（a）所示为 JK 触发器的典型结构——主从型 JK 触发器的逻辑电路图，图 9-10（b）所示为其逻辑符号。

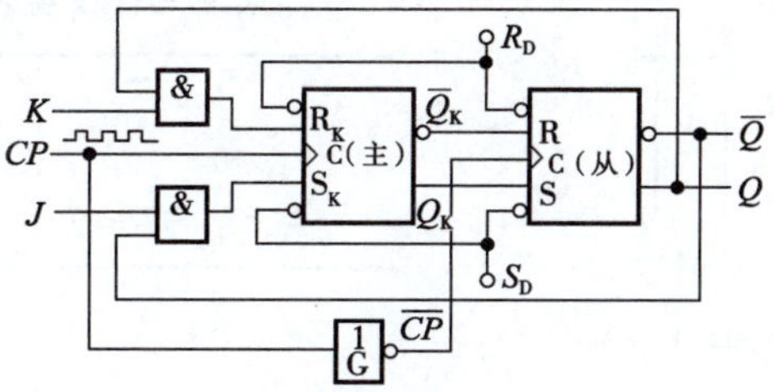

（a）逻辑电路图

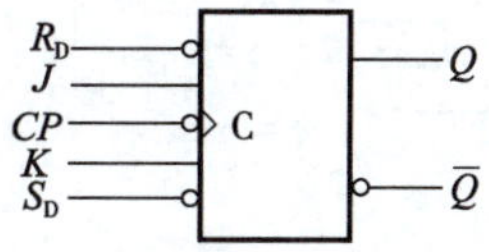

（b）逻辑符号

图 9-10 主从型 JK 触发器

主从型 JK 触发器由两只可控 RS 触发器串联而成。其中一只称为主触发器，用以接收信号；另一只称为从触发器用来输出信号。输入信号 J 与 $\overline{Q}$ 相与后，接到主触发器的 S_K 端，$S_K=\overline{Q}J$；输入信号 K 与 Q 相与后，接到主触发器的 R_K 端，$R_K=Q$。时钟脉冲 CP 直接控制主触发器；CP 经非门 G 反相后为 $\overline{CP}$，去控制从触发器。

它的工作过程是 $CP=1$ 时，$\overline{CP}=0$。主触发器工作，接收信号，从触发器被封锁。主触发器输出端 Q_K、$\overline{Q}_K$ 的工作状态不仅受信号输入端 J、K 的控制，而且也受到触发器原有状态 Q 和 $\overline{Q}$ 的影响。当 $CP=0$，$\overline{CP}=1$ 时，主触发器被封锁，从触发器在 $\overline{CP}$ 作用下接收 Q_K、$\overline{Q}_K$ 送来的信号，并从 Q 和 $\overline{Q}$ 端输出。这样，主、从两个触发器在 CP 脉冲作用下，互相配合，可靠工作。

触发器的 Q、$\overline{Q}$ 端分别经与门连接到 R_K、S_K 端。因 Q 与 $\overline{Q}$ 反相（总有一个是 0），故 R_K、S_K 也不可能同时为 1，从而避免了前述的不定状态。

主从触发器在 $CP=1$ 时接收信号，而在 CP 下降沿到来时，从触发器翻转，Q、$\overline{Q}$ 端输出信号。在逻辑符号图中 CP 控制端用一个小圆圈来表示是下降沿翻转。图 9-10 中，$S_D=R_D=1$ 是直接置位、复位端，低电平有效。正常时 $S_D=R_D=1$。其真值表如表 9-8 所示。

表 9-8　JK 触发器真值表

J	K	Q_{n+1}	说　明
0	0	Q_n	不变记忆
0	1	0	置 0
1	0	1	置 1
1	1	$\overline{Q_n}$	翻转、计数

3. D 触发器

JK 触发器有 J、K 两个输入端，需要两个控制信号。而 D 触发器只有一个信号输入端 D，故只需要一个控制信号。这样，在有些情况下，使用更加方便。图 9-11（a）所示是 D 触发器。用一个非门将 J、K 两个输入端连接起来，并从 J 端引出作为 D 输入端，图 9-11（b）是其逻辑符号。其真值表如表 9-9 所示。

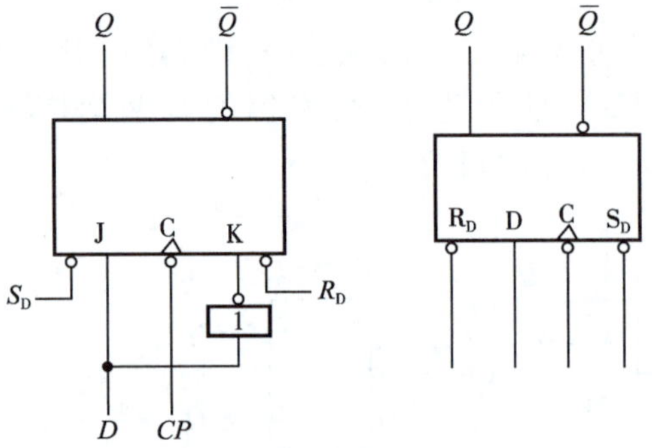

（a）逻辑电路　（b）逻辑符号

图 9-11　D 触发器

表 9-9　D 触发器真值表

D_n	Q_{n+1}
0	0
1	1

项目实施

实施目的及要求：

① 通过本项目的实施，了解数字电路的原理。

② 掌握数字电路在汽车上的应用。

任务　数字电路在汽车电子电路中的应用

【任务要求】

① 了解集成电路控制原理。

② 了解集成电路的应用。

【任务指导】

1. 汽车水箱水位过低报警器

汽车水箱中水量的减少，不仅直接影响发动机的冷却，也影响汽车正常行驶。本报警器能在水箱水位低于最低水位时发出声光报警，提醒驾驶人加水。电路如图 9-12 所示。电路中 IC 为 CD4069，G_1 ~ G_6 为六反相器，HTD 为压电陶瓷（晶振）蜂鸣器，型号为 HTD-27A-1。水箱中放置一根铜线作为传感器，一般选用直径 2 mm 的漆包线。铜线的下端应置于最低水位处，但不能与水箱体接触，水箱体搭铁。

当水箱水位符合要求时，铜线浸在水中。由于水箱体搭铁和水的导电作用，使得CD4069的1引脚为低电平，2引脚为高电平，4、5引脚为低电平，6、9引脚为高电平，使得绿色LED发光，指示水位正常。8引脚为低电平，由于二极管的钳位作用，11引脚被固定在低电平，所以由G_5、G_6构成的多谐振荡器不工作，蜂鸣器不鸣叫。

当水箱水位低于最低水位时，铜线离开冷却水，悬空，使得CD4069的1引脚为高电平，2引脚为低电平，4、5引脚为高电平，6、9引脚为低电平，使得红色LED发光，指示水位低于最低限制水位。8引脚为高电平，由于二极管的单向导电性，11引脚被悬空，所以多谐振荡器开始振荡，蜂鸣器鸣叫，提醒驾驶人加水。

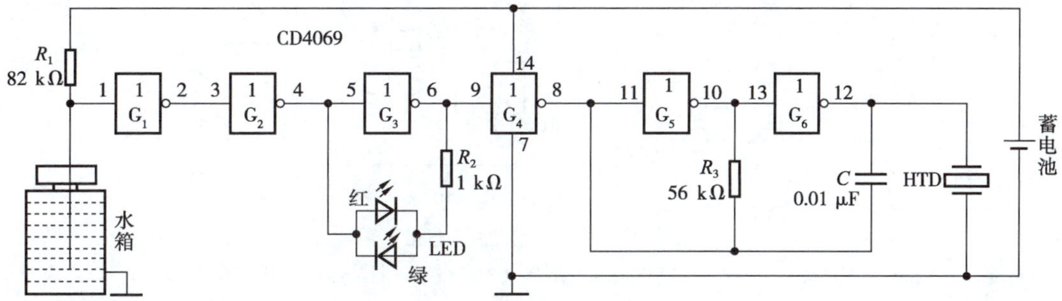

图9-12　水箱水位过低报警器

2. 汽车中控门锁控制电路

（1）用门锁控制开关锁门和开门

① 锁门控制。控制电路如图9-13所示，图9-13为防盗和门锁控制ECU内部逻辑电路图。当驾驶人一侧或副驾驶人一侧门锁控制开关15推向锁门侧时，信号“1”由端子和反相器A送给或门A，或门A的输出从“0”变为“1”。锁门定时器供给晶体管VT_1基极电流约0.2 s并使其导通，No.1继电器接通，电流从蓄电池正极→端子⑧→No.1继电器开关→端子④→门锁电动机→端子③→No.2继电器开关→搭铁→蓄电池负极，这时电动机就会锁上全部车门。

② 开门控制。当门锁控制开关推向开门侧，“1”信号经端子和反相器B送到或门B，或门B输出从“0”变为“1”。因此，开门定时器供给晶体管VT_2基极电流约0.2 s并使其导通，No.2继电器接通，电流从流从蓄电池→端子⑧→No.2继电器开关→端子③→门锁电动机→端子④→搭铁，则门锁电动机接通，打开全部车门。

（2）用钥匙锁门和开门

① 锁门控制。当钥匙插进驾驶人侧钥匙门或副驾驶人侧钥匙门内并向锁门方向转动时，钥匙控制开关16向锁门侧接通。此时“1”信号经端子和反相器C送给或门A，或门A输出从“0”变为“1”。锁门定时器供给晶体管VT_1基极电流0.2 s并使其导通，No.1继电器接通，电流从蓄电池正极端子⑧→No.1继电器开关→端子④→门锁电动机→端子③→No.2继电器开关→搭铁→蓄电池负极，则门锁电动机将全部车门锁上。

② 开门控制。当用钥匙进行开门操纵时，钥匙开关向开门侧接通，“1”信号经端子⑨和反相器D送到或门B，或门B输出从“0”变为“1”。开门定时器接通晶体管VT_2并使No.2继电器接通，因此，电流从蓄电池→端子⑧→No.2继电器→端子③→门锁电动机→端子④→搭铁，电动机接通，全部车门打开。

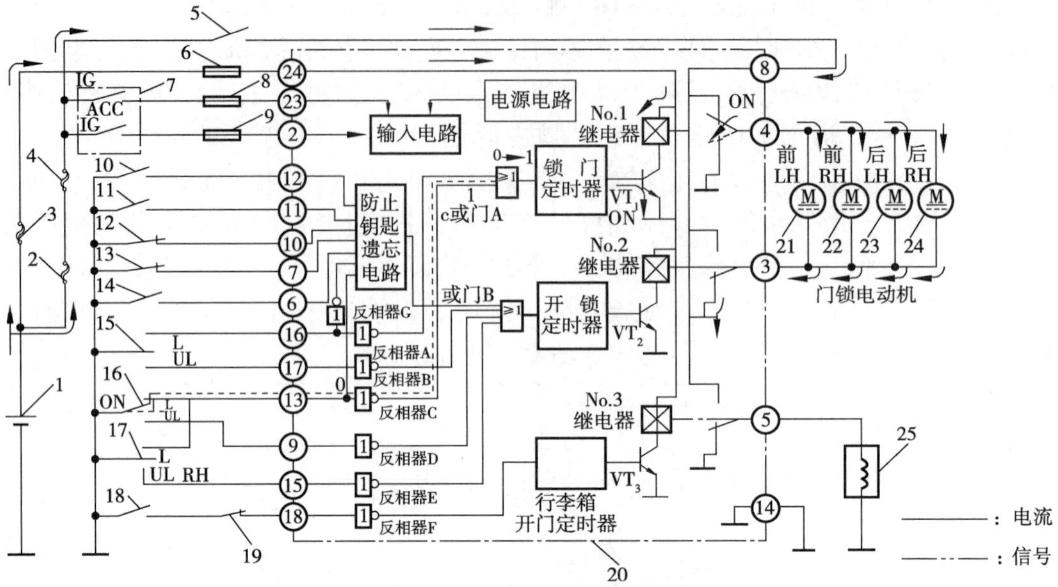

图 9-13　门锁控制电路

1—蓄电池；2—熔丝（ALT）；3—熔丝（MAIN）；4—熔丝（AMI）；5—断路器；6—DOME 熔断器；7—点火开关；8—CIG（点烟器）熔断器；9—熔断器；10—左前门门锁控制开关；11—右前门门锁控制开关；12—左前位置开关；13—右前位置开关；14—钥匙开锁报警开关；15—门锁控制开关（双投）；16—左前钥匙控制开关；17—右前钥匙控制开关；18—行李箱门开启器开关；19—主开关；20—防盗和门锁控制 ECU；21—左前门门锁电动机；22—右前门门锁电动机；23—左后门门锁电动机；24—右后门门锁电动机；25—行李箱门开启器电磁阀

（3）防止钥匙遗忘功能

门锁系统防止钥匙遗忘功能，可防止锁门时点火钥匙遗忘在钥匙门内。

① 推动锁钮锁门。当点火钥匙插在钥匙门内，驾驶或副驾驶门开着，左前门门锁控制开关 10 和钥匙开锁报警开关 14 都接通。因此，这些开关经端子⑫和⑥将“0”信号送给防止钥匙遗忘电路。在这种状态下，将门锁推向锁门侧，则门立刻被锁止。但由于位置开关，信号“1”经端子⑩送给防止钥匙遗忘电路并使其输出信号“1”送给或门 B，使或门 B 的输出从“0”变到“1”。同时开门定时器接通晶体管 VT_2 约 0. 2 s。电流在系统中的流动路径与用门锁控制开关开门一样。电动机由 No. 2 继电器供电而工作，打开全部车门。

② 用门锁控制开关锁门。当点火钥匙插在钥匙门内，驾驶或副驾驶门开着，左前门门锁控制开关 10 和钥匙开锁报警开关 14 都接通。这些开关经端子⑫和⑥将“0”信号送给防止钥匙遗忘电路。在这种状态下，当用门锁控制开关锁门时，门立刻被锁止。但由于信号“1”经端子⑫送给防止钥匙遗忘电路和反相器 G。使电路将“1”信号送给或门 B 并使其输出从“0”变为“1”。同时开门定时器接通晶体管 VT_2 约 0. 2 s。电动机接通，全部车门打开。

③ 车门全关闭时，防止钥匙遗忘功能。当防止钥匙遗忘功能起作用和门锁钮保持向下阻止开门时，门立刻被锁上。此时，左前门门锁控制开关 10 和钥匙开锁报警开关 14 都接通，并经端子⑫和⑥将“0”信号送给防止钥匙遗忘电路。若此时门处于关闭状态，则

门锁开关断开，并且输入到防止钥匙遗忘电路的信号由“0”变为“1”。约 0.8 s 后，防止钥匙遗忘电路输出“1”信号给或门 B，或门 B 输出信号从“0”变为“1”。因此开门定时器接通晶体管 VT_2 约 0.2 s，电动机接通，全部车门打开。若此时车门不能全部打开，则开门定时器再次起动 0.8 s 后，使全部车门打开。

（4）行李箱门开启器控制

当行李箱门开启器开关 18 接通，“1”信号经端子反相器 F 送给行李箱门开启定时器。开启定时器送给晶体管 VT_3 基极电流约 0.2 s，使其导通，No. 3 继电器也导通，电流从蓄电池→端子⑧→No. 3 继电器→端子⑤→行李箱门开启器→搭铁→蓄电池负极，从而打开行李箱门。

3. 电子调压器电路

汽车发电机发出的交流电经过桥式整流后变为直流电，而汽车电气系统的电压需要保持一定的稳定性。一般利用电压调节器控制交流发电机励磁线圈的通断，以达到控制交流发电机输出电压的目的。电压调节器相当于一个开关，控制励磁线圈的通断，电压调节器还有电压检测、保护电路的作用。

（1）LD485 型线性集成电路调压器

LD485 型线性集成电路是 SGS-Thomson 公司生产的汽车电子调压器专用集成电路。工作时控制发电机励磁线圈的电流通断，调节性能良好。图 9-14 为 LD485 型线性集成电路调压器原理框图。

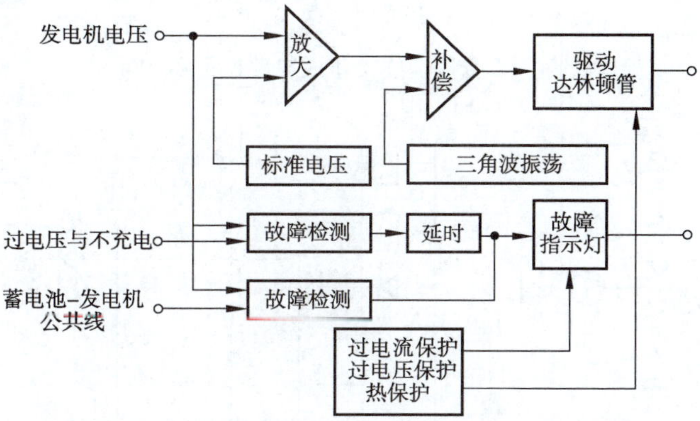

图 9-14　LD485 型线性集成电路调压器原理框图

调节器内具有发电机电压检测比较电路，经过补偿后驱动承担开关任务的达林顿管。内部设有故障检测电路，主要检测充电电路开路或短路故障、蓄电池过电压与不充电故障，并驱动故障指示灯发光。内部还设有过载保护电路，对瞬时的过电压、过电流、过热有保护作用。图 9-15 所示为 LD485 型线性集成电路调压器实际电路。可见该电路外围元件少，连接后不用调整就可投入使用。图 9-15 中达林顿管 BDX53C 可用其他型号代替。

（2）MC3325 汽车电子调压器

专用集成电路 MC3325 是美国 Motorola 公司生产的汽车电子调压器专用集成电路。如图 9-16 为 MC3325 集成电路内部原理图。在 MC3325 内部有一个由六个二极管（V_5 ~ V_{10}）和一个稳压二极管（V_Z）构成的电压基准值电路，用以检测发电机输出电压，设定调节门限值。可根据不同型号发电机，将发电机的输出电压接到 5、6、7 引脚中的一个引脚上，得到不同的电压调节值。5 引脚门限电压为 11.8 ~ 13.45 V；6 引脚门限电压为 11.1 ~ 12.75 V；7 引脚门限电压为 10.5 ~ 11.9 V。利用 8 引脚还可以自行设定电压调节值。VT_1、VT_2 构成电池失效检测电路，在蓄电池失效的情况下，只要 4 引脚电压保持在 1.3 ~ 1.7 V 以上，就能保证调节器继续工作。VT_3 构成过电压检测电路。VT_4、VT_5 在 2、9 引脚的电压共同作用下，构成输出电压调节电路。10 引脚为输出引脚，连接在达林顿开关管上。

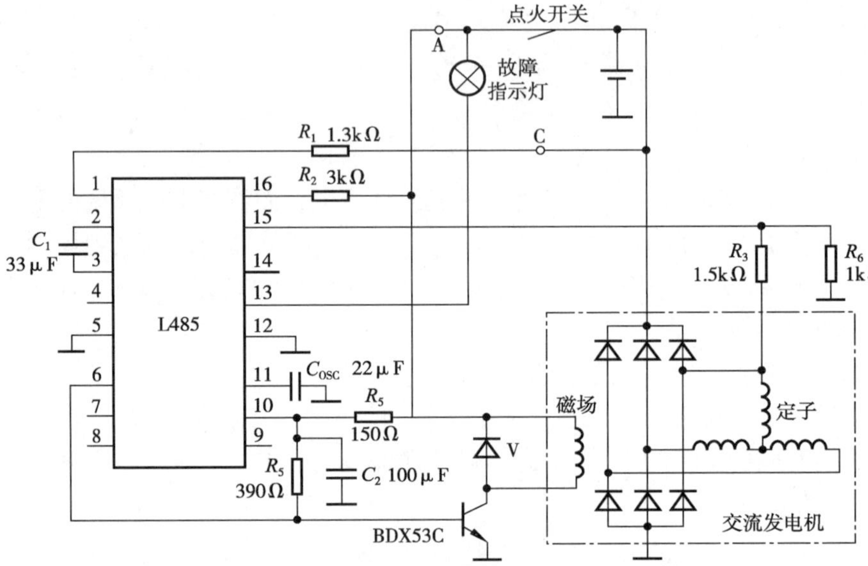

图 9-15　LD485 型线性集成电路调压器实际电路

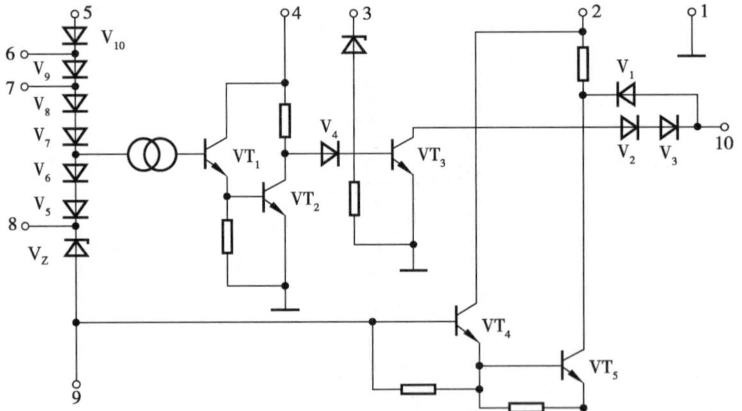

图 9-16　MC3325 集成电路内部原理图

图 9-17 所示为 MC3325 集成电路引脚图。采用双列直插 14 引脚封装，1 引脚接地，11、12、13、14 引脚不用。

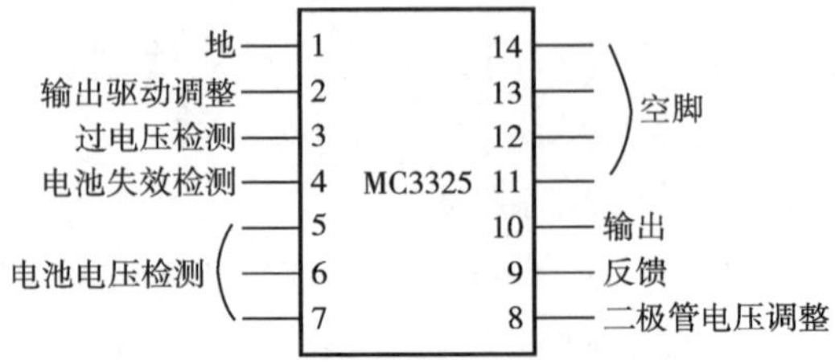

图 9-17　MC3325 集成电路引脚图

图 9-18 所示为 MC3325 集成电路电压调节器的典型应用电路。R_5 连接在 5、6、7 引脚中的一个，作为调节电压值。R_1 控制 MC3325 内

部二极管串的电压，确定温度系数。R_2 确定输出电流。R_3 和 R_4 为限流电阻器。R_6 确定过电压动作值。R_7、C_1、C_2 起补偿用。

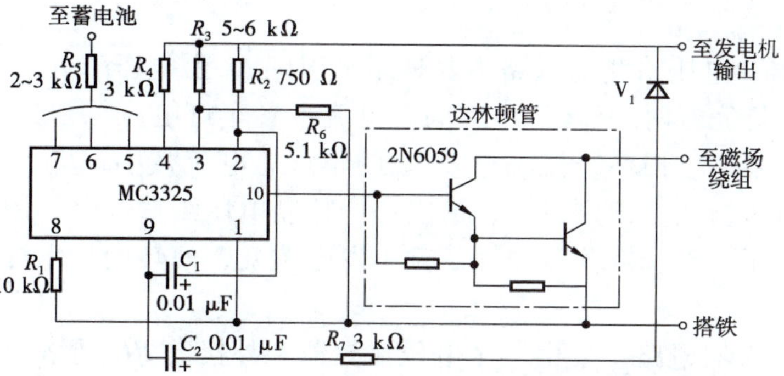

图 9-18　MC3325 集成电路电压调节器的典型应用电路

4. 闪光器电路

（1）LD7208 控制汽车闪光器电路

LD7208 是用来取代机电式汽车闪光器的新型专用集成电路。由这种新型集成电路组装而成的汽车闪光器电路已大量地使用在客、货汽车上。

① LD7208 的功能和特点。由 LD7208 组成的闪光器电路是在汽车转弯时作为闪光和报警之用。当汽车正常转弯且车灯完好时，转向信号灯和驾驶室监测用的转向指示灯同时闪烁，闪光频率为 80 次/min；当车灯损坏后，转向信号灯的闪光频率加快一倍，以示报警。

LD7208 集成电路具有功能齐全、功耗低、精度高、外围元件简单、工作电压范围大（标称工作电压为 12 V，实际工作电压为 9 ~ 18 V）、无须调整等特点。

② LD7208 的电路工作原理。LD7208 集成电路采用双列 8 引脚塑封结构，其内部主要由输入检测器、电压检测器、振荡器和驱动输出电路四个部分组成，其内部框图及典型应用电路如图 9-19 所示。

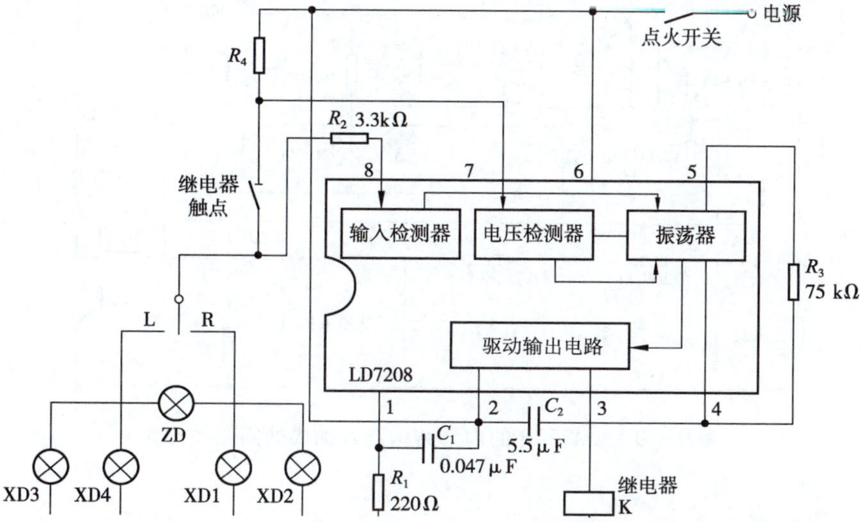

图 9-19　LD7208 内部框图及典型应用电路

a. 输入检测器。输入检测器是一个电压比较器，主要是用来检测 LD7208 输入电位的高低，从而输出控制信号去控制振荡器的工作状态（即集成电路外接电容 C_2 的充电和放电状态）。

b. 电压检测器。电压检测器电路主要是用来识别 R_4 上电压降的大小的。R_4 为几十毫欧的电阻丝。当车灯完好时，流过 R_4 上的总电流（各车灯电流总和）较大，R_4 上的压降也大。当车灯中的某一个损坏，使流过 R_4 上的车灯总电流减小，R_4 上的压降也减小。这一减小的电压被电压检测器识别以后，输出一个控制电压给振荡器，用以控制振荡器中电压比较器的参考电压，引起振荡器的振荡频率发生改变，使转向指示灯的闪光频率加快一倍，以示报警。

c. 振荡器。振荡器电路主要由一个电压比较器和外接的 RC 网络（R_3、C_2）构成。正常工作时，LD7208 内部电路给该比较器提供一个参考电压，该电压值的高低受电压检测器控制。比较器的另一端则由外接 RC 网络提供一个变化的电压，以使电路处于振荡状态。

d. 驱动输出电路。驱动输出电路主要由功率复合管所组成，信号从 LD7208 的 3 引脚输出（最大输出电流约为 0.3 A），用以驱动外接继电器的工作状态。

（2）LM3909 控制集成电路汽车闪光器

LM3909 是专用于使发光二极管或白炽灯发光的集成电路，经常被用作 LED 闪光器。连接一定的外围元件后，可以作为汽车闪光器使用。它由汽车蓄电池供电，使额定电流为 600 mA 的转向信号灯以 1Hz 的频率闪光。当外接 3 300 μF 的电容器，可使该闪光器不受电源电压波动的影响，而且能把加在集成电路上的电压限制在 7 V 左右。图 9-20 所示为 LM3909 的内部结构及其构成的闪光器电路。

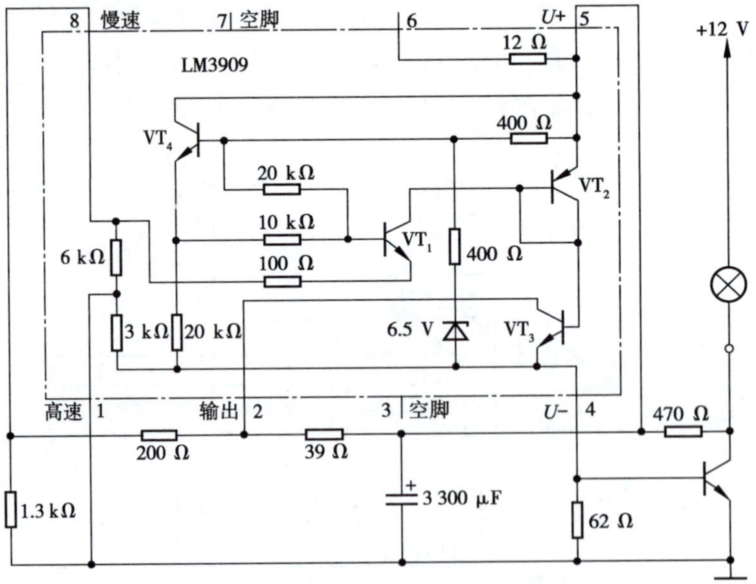

图 9-20 LM3909 的内部结构及其构成的闪光器电路

5. 仪表专用集成电路

在汽车仪表方面，整车电气系统的电压、油量、油压、水温、检测采用具有模拟控制功能的指示仪表。LM3914 就是这种仪表的专用集成电路。LM3914 能检测模拟电平，驱动 10 位发光二极管进行线性模拟显示的单片集成电路，10 级电阻分压器浮动可以连接很宽的电压范围，使用者可根据需要使柱油点状显示选线接通或断开。接通时为柱状显示，即指示值以下的发光二极管均发亮；断开时为点状显示，即发光二极管 LED_2 亮后 LED_1 熄灭，LED_3 亮后 LED_2 熄灭，依此类推，仅有一个发光二极管亮。在显示图形时，设计者可以根据仪表的面板，设计成横排显示或竖排显示及曲线显示，还可以设计成扇形排列模拟指针式显示。这些优点应用于车用模拟仪表将能发挥良好作用。LM3914 内部电路结构图如图 9-21 所示。

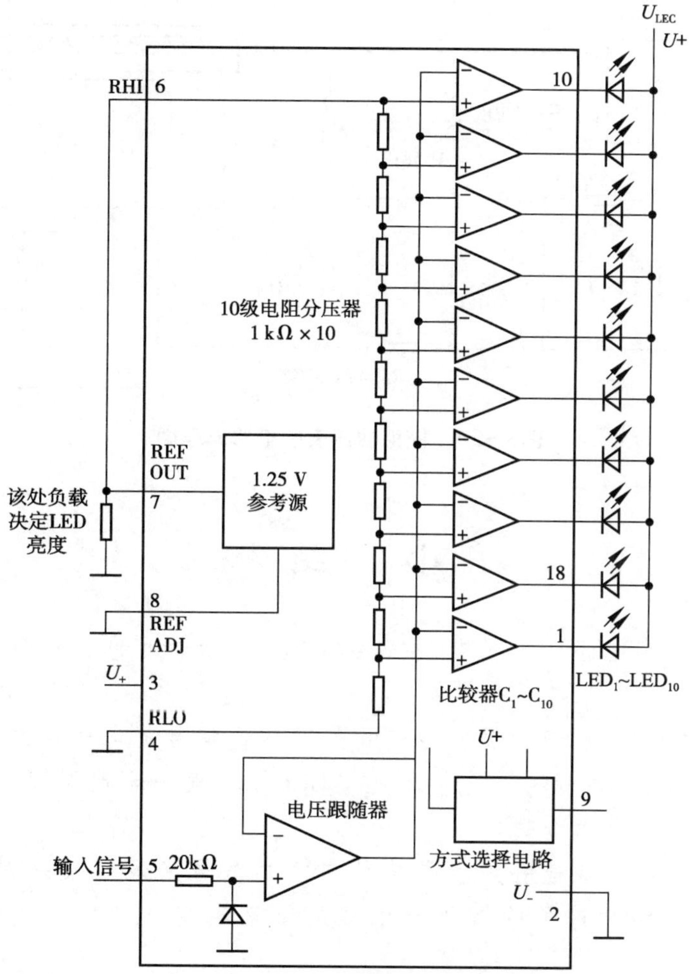

图 9-21　LM3914 内部电路结构图

1 引脚，10 引脚到 18 引脚为输出端；2 引脚为电源电压 U_-，接地；3 引脚为电源电压输入端 U_+；5 引脚为信号输入端，接有一个电压跟随器，起隔离作用。电压跟随器的输出同时加到 10 级电压比较器 C_1 ~ C_{10}的反相输入端，而其同相输入端则由 1.25 V 基准电压经外接分压电阻器调压后，再经 10 个 1 kΩ 电阻器分压，逐级加入，使比较器的比较电压能准确地逐级升高。当输入器脚电压逐渐加大时，C_1 ~ C_{10}输出端将依次由高电平转变为低电平，此时在 C_1 ~ C_{10}输出端接上发光二极管 LED_1 ~ LED_{10}，并且 LED_1 ~ LED_{10}的阳极共同接在直流电源的正极，$LED_1 \sim LED_{10}$将依次点亮。9 引脚为模式选择端，当 9 引脚与电源 U_{CC} 接通时，$LED_1 \sim LED_{10}$为线模式显示；9 引脚悬空时，$LED_1 \sim LED_{10}$为点模式显示。LM3914 的电源电压 U_{CC}为 3 ~ 20 V，5 引脚输入电压比 U_{CC}低 1.5 V，内部基准电压 1.25 V 经外接分压电阻器调压后，最高不应大于 20 V。LED 发光排阳极电压必须小于 7 V 或串联电阻器，限制 LM3914 中电阻器的功耗。

运用 LM3914 制作的模拟仪表，不仅能够准确反映车辆的电压、水温、油量、油压情况，同时可以及时对电压、水温、油量、油压的异常进行报警，这对整车的保护具有重要作用。模拟油压表的电路原理图如图 9-22 所示。

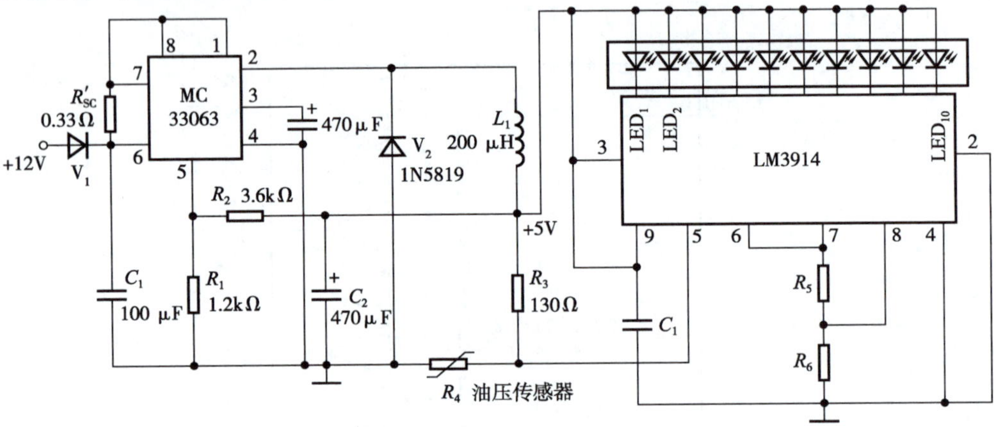

图 9-22　模拟油压表的电路原理图

小　结

1. 模拟电路与数字电路：电子电路按其功能、性质的不同，可分为模拟电路与数字电路两大类。

2. 数字电路的功用：用来存储、传递和处理数字信号的电子电路。所谓数字信号是指随时间不连续变化的脉冲信号。电控单元（ECU）就是一个典型的数字系统。

3. 数制：二进制，十六进制。

4. 编码：所谓编码，就是用数字或某种文字和符号来表示某一对象或信号的过程。十进制编码或某种文字和符号的编码难以用电路来实现，在数字电路中一般采用二进制数。

5. 门电路：在数字电路中，门电路是最基本的逻辑单元。它是一种开关电路，当它的输入信号满足某种条件时，门就打开，有信号输出；否则，门就关闭，没有信号输出。在门电路的输入和输出信号之间存在一定的逻辑关系，故也称它为逻辑门电路。最基本的逻辑关系只有三种，即与逻辑、或逻辑、非逻辑。

在门电路的输入和输出信号之间实现这些关系的基本逻辑门电路也有三种，即与门、或门、非门。用这些基本门电路还可以组成各种复合门电路。

6. 复合门：将与门、或门和非门组合起来，可构成与非门、或非门、与或非门，常称为复合门电路。

7. 触发器：包括基本 RS 触发器，可控 RS 触发器，JK 触发器，D 触发。

测试习题

填空题

1. 四位二进制数码的各位的权分别为________，故称为 8421 码。

2. 将十进制数 365 换算为二进制数________；将二进制数 100011 换算为十进制数________。

3. 触发器具有________个稳定状态，在输入信号消失后，它能保持________不变。

4. 主从触发器是一种能防止________现象的实用触发器。

5. 与非门构成的基本 RS 触发器中，$S=0$、$R=1$ 时，其输出状态是________。

6. 电路如图 9-23 所示，若 CP 时钟的频率为 2 kHz，则输出端口的频率为________。

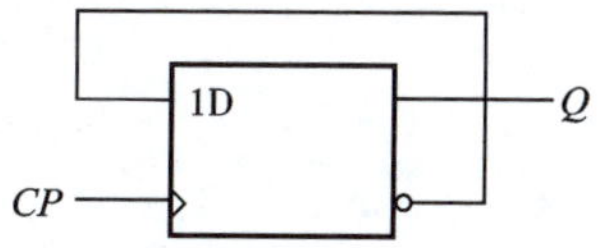

图 9-23　填空题 6 题图

判断题

1. 触发器与门电路一样，输出状态仅取决于触发器的即时输入情况。(　　)

2. 由三个开关并联起来控制一个电灯时，电灯亮与不亮同三个开关的闭合或断开之间的对应关系属于与逻辑关系。(　　)

3. 或非门的逻辑功能是：输入端全是低电平时，输出端是高电平；只要输入端有一个高电平，输出端即为低电平。(　　)

4. 在 8421 码中，每个四位二进制的位数，自高位至低位分别是 8，4，2，1。(　　)

分析计算题

1. 将下列十进制数化为二进制数：7，88，125，48.75。

2. 将下列二进制数化为十进制数：1011，11101，10110，100101.01。

3. 将 8421BCD 码 $(0111\ 0011\ 0101)_{8421BCD}$ 转化成十进制数。

4. 已知各门电路的输入信号波形如图 9-24 所示，试画出其输出波形。

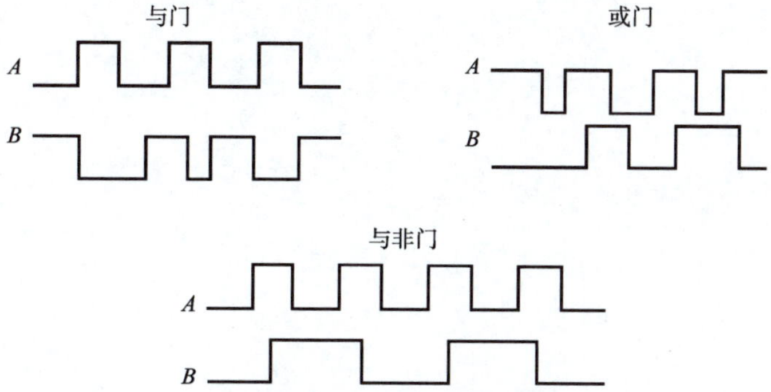

图 9-24　分析计算题 4 题图

5. 画出基本 RS 触发器的逻辑结构图。若已知其输入信号的波形如图 9-25 所示，试画出输出端 Q 和 $\overline{Q}$ 的波形。

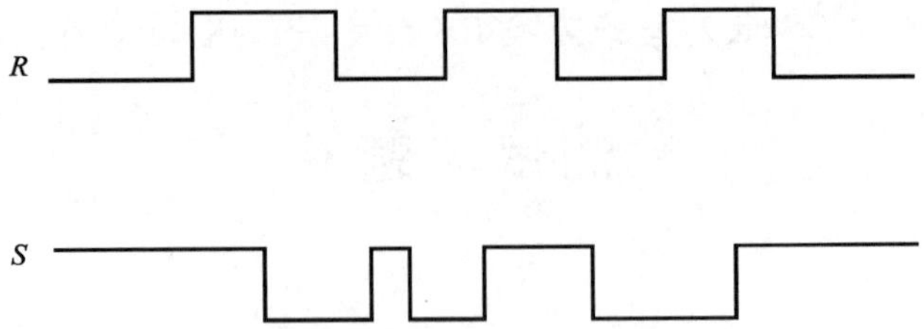

图 9-25　分析计算题 5 题图

6. 如图 9-26 所示的电路和波形，试画出 Q 端的波形（设触发器的初态为 $Q=0$）。

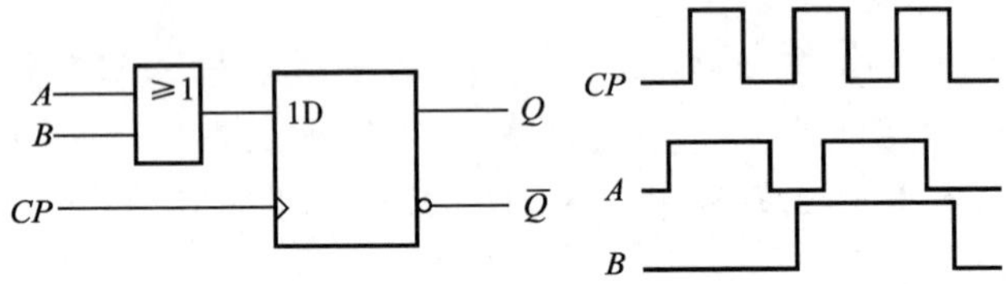

图 9-26　分析计算题 6 题图

7. 如图 9-27 所示的电路和波形，试画出 Q 端的波形（设触发器的初态为 $Q=0$）。

8. 已知钟控 RS 触发器 R、S、CP 的波形如图 9-28 所示，试画出 Q 端的波形（设触发器的初态为 $Q=0$）。

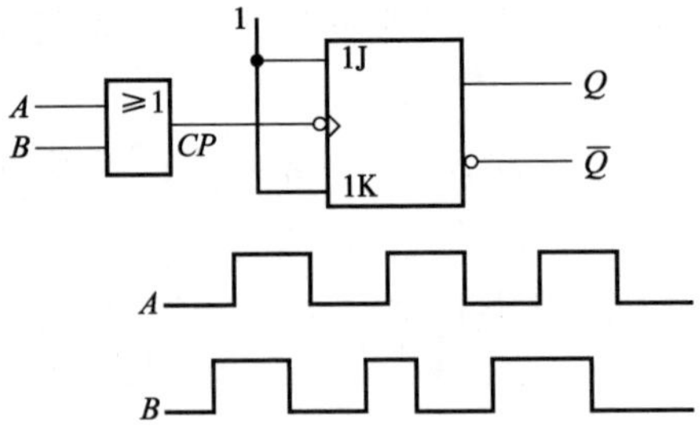

图 9-27　分析计算题 7 题图

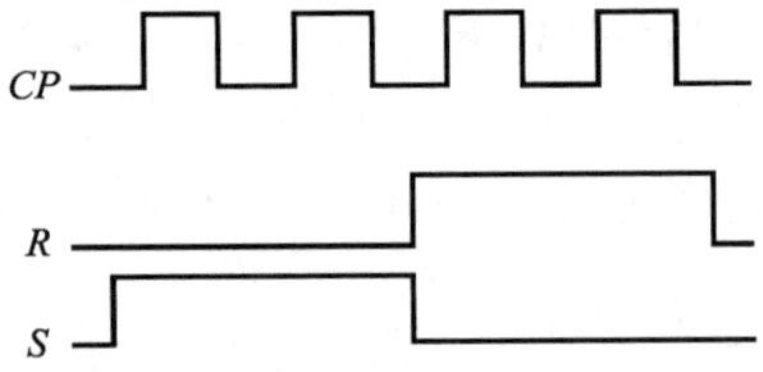

图 9-28　分析计算题 8 题图

参 考 答 案

项目一　测试习题参考答案

一、填空题

1. b。由于 $U_{ab}=U_a-U_b=-5\ \text{V}<0$，所以 a 点电位低，b 点电位高。

2. -10 V。

3. 4 V。

4. $U_{ab}=6$ V，$U_{cd}=0$。

5. $I=-2$ mA，由于 $I<0$，所以说明电流的实际方向与图 1-54 中参考方向相反。$U_{ab}=5\text{V}$，$U_{bc}=20\text{V}$，$U_{ca}=-25\text{V}$。

6. 使用时电压不能超过 10 V，电流不能超过 0. 1 A。

7. 250 W。

二、判断题

1. （×）

2. （√）通常情况下，电灯并联后接在 220 V 的额定电压上。黄昏时，用户较多，负载大，总电阻减小，电源电流增大，内阻损耗增大，则电灯的端电压减小，此时电灯较暗一些。深夜时，用户较少，负载小，总电阻增大，电源电流减小，内阻损耗减小，则电灯的端电压增大，此时电灯就比黄昏亮一些。

3. （×）通常电灯都是并联连接在电压源的两端，灯开得愈多，并联的电阻愈多，总负载电阻愈小。

三、分析计算题

1. 答：铭牌所标的数值为 $P_N=40$ kW，$U_N=230$ V，$I_N=174$ A。

当发电机输出端未接负载时，电流 $I=0$，输出功率 $P=0$，称为空载运行。由于一般发电机均有内阻 R_0，空载端电压等于其电动势 E，将大于额定端电压 U_N。

当发电机接上负载时，电流 $I<I_N$，输出功率 $P<P_N$，称为轻载运行。此时端电压将略高于 U_N。

当发电机负载电流、电压及功率均等于发电机额定值 I_N，P_N 和 U_N 时，称为满载运行。而当负载电流大于 I_N 时称为过载运行。在允许的过载范围内，其输出功率也将大于额定功率。

一般负载的大小是指发电机实际输出的电流大小或功率大小。

2. 解：图 1-55（a）中，$I=\dfrac{20\ \text{V}}{500\ \text{k}\Omega+1\ \text{k}\Omega}\approx\dfrac{20\ \text{V}}{500\ \text{k}\Omega}=0.04$ A。

图 1-55（b）中，$I=\frac{20\text{V}}{(10+5//0.01)\text{k}\Omega}\approx\frac{20\text{V}}{(10+0.01)\text{k}\Omega}\approx 2.0\text{ mA}$。

3. 解：左侧回路方程　$E_1=I_1R_1+I_3R_3$　①

右侧回路方程　$E_2=I_2R_2+I_3R_3$　②

外回路方程　$E_1-E_2=I_1R_1-I_2R_2$　③

方程①与②相减得方程③，可见独立方程数为两个，故不能应用 KVL 列三个方程求解三个支路电流。

4. 解：电路如图 1-57 所示，总电阻为

$$R_\Sigma=(R_1//R_4+R_3)//R_2+R_5=\frac{\left(R_3+\frac{R_1R_4}{R_1+R_4}\right)R_2}{\left(R_3+\frac{R_1R_4}{R_1+R_4}\right)+R_2}+R_5=\frac{\left(4+\frac{6\times3}{6+3}\right)\times3}{\left(4+\frac{6\times3}{6+3}\right)+3}+1\ \ \Omega=3\ \Omega$$

电源电流　$$I=\frac{E}{R_\Sigma}=\frac{6}{3}\text{ A}=2\text{ A}$$

由分流公式得

$$I_3=\frac{R_2}{R_2+\left(R_3+\frac{R_1R_4}{R_1+R_4}\right)}I=\frac{3}{3+\left(4+\frac{6\times3}{6+3}\right)}\times2\ \ \text{A}=\frac{2}{3}\text{ A}$$

$$I_4=-\frac{R_1}{R_1+R_4}I_3=\left(-\frac{6}{6+3}\times\frac{2}{3}\right)\text{A}=-\frac{4}{9}\text{ A}$$

5. 解：（1）开关 S 闭合前

$$I=I_1=\frac{60\text{ W}}{220\text{ V}}\approx0.273\text{ A},\ I_2=0,\ U\approx E=220\text{ V}$$

开关 S 闭合后，由于 $I_1=\frac{60\text{ W}}{220\text{ V}}\approx0.273\text{ A}$，$I_2=\frac{100\text{ W}}{220\text{ V}}\approx0.455\text{ A}$，所以

$$I=I_1+I_2=0.273\text{ A}+0.455\text{ A}=0.728\text{ A},\ U\approx E=220\text{ V}$$

当 S 闭合时，I_1 并未被分去一些，因为各灯中的电流取决于它两端的端电压，端电压不变则电流不变。

（2）如果电源的内阻 R_0 不能忽略不计，则电源端电压 $U=E-IR_0$ 低于电源的电动势 E，且随着电路总电流的增大而下降。当开关 S 闭合，电路总电流增大，电源端电压小于 220 V，则 60 W 电灯中的电流将减小。

（3）60 W 电灯的电阻为 $R=\frac{U^2}{P_1}=\frac{(220\text{ V})^2}{60\text{ W}}\approx806.7\ \Omega$；100 W 电灯的电阻为 $R_2=\frac{U^2}{P_2}=\frac{(220\text{ V})^2}{100\text{W}}=484\ \Omega$。60 W 电灯的电阻大。

（4）100 W 电灯每秒消耗的电能为 $W=P_2t=100\text{ W}\times1\text{ s}=100\text{ J}$。

（5）电源额定功率 125 W 表示电源所具有的能力，它所输出的实际功率则取决于负载的大小。电灯所获得的功率取决于它获得的端电压和电阻值，端电压为额定值 220 V，所获得的功率则为 60 W，并不取决于电源额定功率为多大，所以不会被烧毁。

（6）电流流过电灯后不减少。因为电流是连续的，不因为流过用电设备而减少。

(7) 100 W 电灯两线碰触而短路，当 S 闭合时将造成电源短路，因电流过大而烧毁熔断器中的熔丝。由于 100 W 电灯的灯丝没有电流流过，因而不会被烧断。

6. 解：图 1-59 (a) 电压和电流的参考方向相同，$P=UI=220\text{V}\times(-1\text{A})=-220\text{ W}<0$，图 1-59 (a) 的方框代表电源。

图 1-59 (b) 电压和电流参考方向相反，$P=-220\text{ W}<0$，图 1-59 (b) 的方框代表负载。

图 1-59 (c) 电压和电流参考方向相反，$P=-220\text{ W}<0$，图 1-59 (c) 的方框代表负载。

图 1-59 (d) 电压和电流参考方向相同，$P=-220\text{ W}<0$，图 1-59 (d) 的方框代表电源。

7. 解：图 1-60 中 $I=\dfrac{U-E}{2\Omega}=\dfrac{3\text{V}-5\text{V}}{2\Omega}=-1\text{ A}$

电池两端电压 U 和电流 I 的参考方向相同，故该电池作电源用。

图 1-61 中 $I=\dfrac{E-U}{2\Omega}=\dfrac{3\text{V}-5\text{V}}{2\Omega}=-1\text{ A}$

电池两端电压 U 和电流 I 的参考方向相反，$P=UI=5\text{V}\times(-1\text{A})=-5\text{ W}<0$，故该电池作负载用。

8. 解：由 KCL 推广定律，有 $I_a+I_b+I_c+I_d=0$，则

$$I_d=-(I_a+I_b+I_c)=-(1+10+2)\text{ mA}=-13\text{ mA}$$

9. 解：图 1-63 (a) 中：六条支路四个节点，a 和 b 为等电位点，$U_{ab}=0$，$I=0$。图 1-63 (a)中，若将右下臂的 6 Ω 改为 3 Ω，则 $U_{ab}=0$，$I\neq0$。

$$I_{总}=\left(\frac{12}{2//2+6//3}\right)\text{ A}=4\text{ A}$$

$$I_{总}=\frac{2}{2+2}\times I_A=\frac{2}{2+2}\times4\text{ A}=2\text{ A},I_2=\frac{6}{6+3}\times4\text{ A}=\frac{8}{3}\text{ A}$$

$$I=I_2-I_1=\left(\frac{8}{3}-2\right)\text{ A}=\frac{2}{3}\text{ A}$$

图 1-63 (b)：电流 I 无闭合回路，故 $I=0$，$U_{ab}=0$，a 和 b 为等电位点，因此电路只有两个独立的单回路，没有节点，也没有分支。

10. 解：图 1-64 (a) 中，$U_{AB}=\dfrac{4}{4+2}\times6\text{ V}=4\text{ V}$，$U_{BC}=\dfrac{2}{4+2}\times6\text{ V}=2\text{ V}$，$V_C=0$，所以 $V_B=2\text{ V}$，$V_A=6\text{ V}$。

图 1-64 (b) 中 $U_{AB}=\dfrac{4}{4+2}\times6\text{ V}=4\text{ V}$，$U_{BC}=\dfrac{2}{4+2}\times6\text{ V}=2\text{ V}$，$V_B=0$，所以 $V_A=4\text{ V}$，$V_C=-2\text{ V}$。

11. 解：(1) 零电位参考点在正负电位之间的 C 点，图 1 所示。

(2) 电流为 $I=\dfrac{12+12}{R_1+R_P+R_2}$，则 A，B 点的电位为 $V_A=12-IR_1$，$V_B=IR_3-12$。

当电位器 R_P 的滑动触点向下滑动时，R_P 增大，电流 I 减小，则 V_B 增大，V_{AB}减小。

12. 解：开关 S 断开时，电路中无电流，$V_B=0$；开关 S 闭合时，$V_B=0$，AB 之间的电阻无电流，故 $V_A=V_B=0$。

13. 解：为了便于分析，重画图 1-67，如图 2 所示。

$$I=\frac{-24\text{V}}{36\Omega+12\Omega}=-0.5\text{ A},\ V_A=12\ \Omega,\ I=12\ \Omega\times(-0.5\text{ A})=-6\text{ A}$$

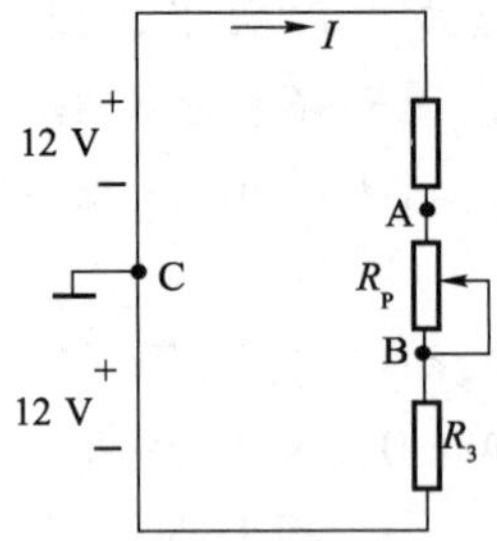

图 1

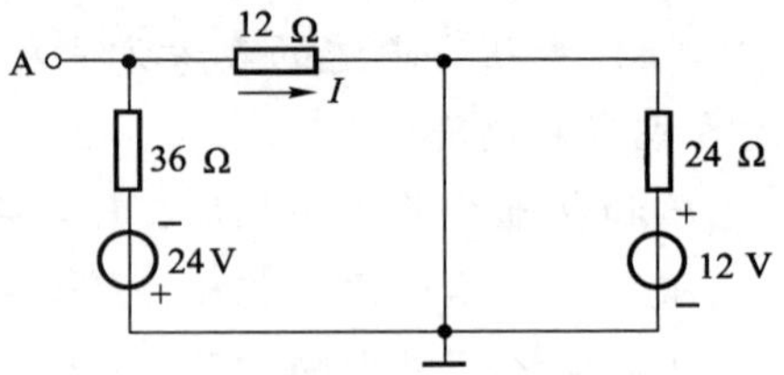

图 2

项目二　测试习题参考答案

一、填空题

$U = 220$ V。

二、判断题

1. （×）因为只有同频率的两个正弦量之间的相位角之差称为相位差。i_1 和 i_2 的频率不同，所以不能说两者的相位差为75°。

2. （×）依题意设 $i = I_m\sin(\omega t + \varphi) = 5$ A，由于 I_m、ω、t 不确定，随取值不同，φ 不同，故两者不一定同相。ω 不同，t 不同，I_m 也不一定相同。

三、分析计算题

1. 解：（1）频率　$f = \dfrac{\omega}{2\pi} = \dfrac{6\,280}{2\pi}\text{ Hz} \approx 1\,000\text{ Hz}$

周期　$T = \dfrac{1}{f} = \dfrac{1}{1\,000}\text{ s} = 1\text{ ms}$

幅值　$I_m = 100\text{ mA}$

有效值　$I = \dfrac{100}{\sqrt{2}}\text{ mA} \approx 70.7\text{ mA}$

初相位　$\varphi = -\dfrac{\pi}{4}\text{rad} = -45°$

（2）波形图如图3实线所示。

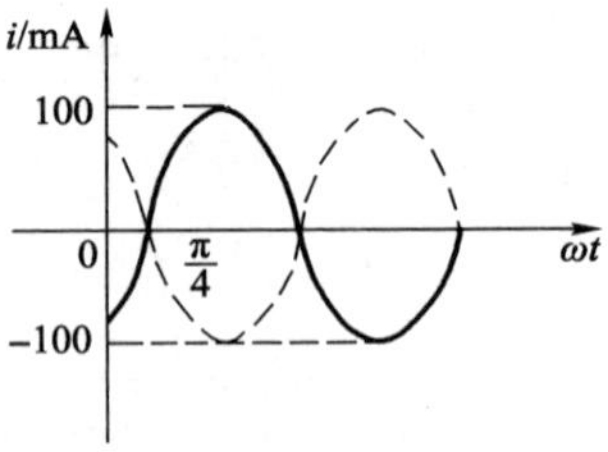

图 3

（3）$i = -100\sin\left(6\,280t - \dfrac{\pi}{4}\right) = 100\sin\left(6\,280t + \pi - \dfrac{\pi}{4}\right) = 100\sin\left(6\,280 + \dfrac{3\pi}{4}\right)\text{mA}$

波形图如图3虚线所示。

（1）中各项除了初相位发生变化，其他各项均不变。初相位为 $\varphi = \dfrac{3\pi}{4}\text{rad} = 135°$。

2. 解：（1）$i = 100\sin\left(\omega t - \dfrac{\pi}{4}\right) = 100\sin\left(2\pi ft - \dfrac{\pi}{4}\right) = 100\sin\left(2\pi \times 1\,000 \times 0.375 \times 10^{-3} - \dfrac{\pi}{4}\right)\text{ mA}$

$= 100\text{ mA}$

(2) $i=100\sin\left(\omega t-\dfrac{\pi}{4}\right)=100\sin\left(1.25\pi-\dfrac{\pi}{4}\right)\ \text{mA}=0$;

(3) $i=100\sin\left(\omega t-\dfrac{\pi}{4}\right)=100\sin\ (90°-45°)\ \text{mA}=50\sqrt{2}\ \text{mA}\approx 70.7\text{mA}$;

(4) $i=100\sin\left(\omega t-\dfrac{\pi}{4}\right)=100\sin\left(\dfrac{2\pi}{T}t-\dfrac{\pi}{4}\right)\ \text{mA}=100\sin\left(\dfrac{2\pi}{T}\times\dfrac{7}{8}T-\dfrac{\pi}{4}\right)\ \text{mA}=-100\ \text{mA}$。

3. 解：(1) $\varphi=\varphi_1-\varphi_2=45°-(-30°)=75°$;

(2) i_1 和 i_2 的波形图如图 4 所示；

(3) 相位上，i_1 超前 i_2 75°或 i_2 滞后 i_1 75°。

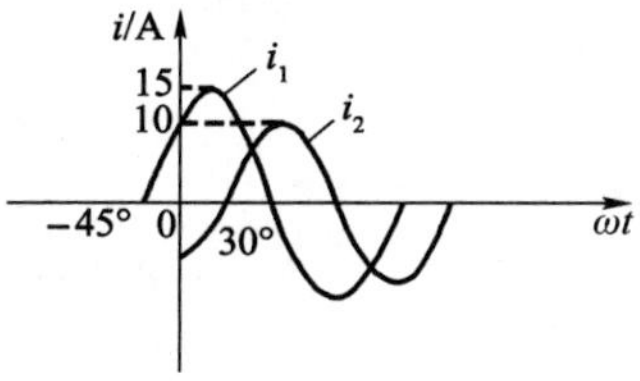

图 4

4. 解：$A+B=-8+\text{j}6+3+\text{j}4=-5+\text{j}10$。

$A-B=-8+\text{j}6-3-\text{j}4=-11+\text{j}2$

$AB=(-8+\text{j}6)(3+\text{j}4)=(-24+\text{j}^2 24)+\text{j}(18-32)=-48-\text{j}14$

$\dfrac{A}{B}=\dfrac{-8+\text{j}6}{3+\text{j}4}=\dfrac{10\angle 143.1°}{5\angle 53.1°}=2\angle 90°=\text{j}2$

5. 解：$u=L\dfrac{\text{d}i}{\text{d}t}=(70\times10^{-3}\times10\sqrt{2}\times314\cos\omega t)\ \text{V}\approx 220\sqrt{2}\sin(\omega t+90°)\ \text{V}$;

$$e_L=-u=220\sqrt{2}\sin(\omega t-90°)\ \text{V}$$

$t=\dfrac{T}{6}$时，

$$i=5\sqrt{6}\ \text{A}\approx 12.25\ \text{A},\quad u=110\sqrt{2}\ \text{V}\approx 155.6\ \text{V},\quad e_L=-155.6\ \text{V}$$

$t=\dfrac{T}{4}$时，

$$i=10\sqrt{2}\ \text{A}\approx 14.1\text{A},\quad u=0,\quad e_L=0$$

$t=\dfrac{T}{2}$时，

$$i=0,\quad u=-220\sqrt{2}\ \text{V}\approx -311.1\ \text{V},\quad e_L=220\sqrt{2}\ \text{V}\approx 311.1\ \text{V}$$

正弦波形如图 5 所示。

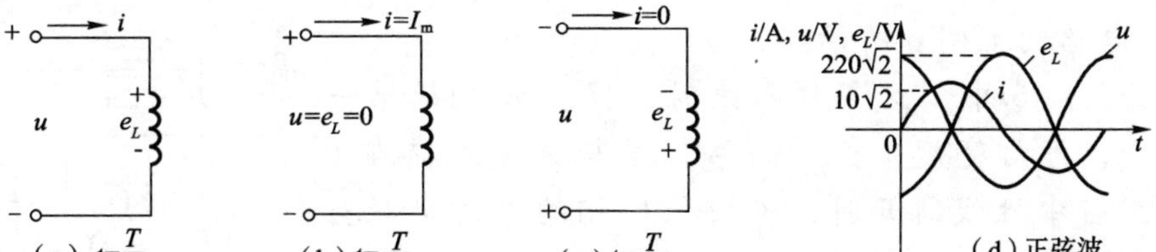

(a) $t=\dfrac{T}{2}$　(b) $t=\dfrac{T}{4}$　(c) $t=\dfrac{T}{2}$　(d) 正弦波

图 5

6. 解：$i=C\dfrac{\text{d}u}{\text{d}t}=(64\times10^{-6}\times220\sqrt{2}\times314\cos 314t)\ \text{A}\approx 4.42\sqrt{2}\sin(\omega t+90°)\ \text{A}$

$t=\dfrac{T}{6}$时，

$$u=110\sqrt{6}\ \text{V},\quad i=2.21\sqrt{2}\ \text{A}$$

$t=\frac{T}{4}$时，

$$u=220\sqrt{2}\ \text{V},\quad i=0$$

$t=\frac{T}{2}$时，

$$u=0,\qquad i=-4.42\sqrt{2}\ \text{A}$$

7. 解：接触器线圈的总阻抗为

$$|Z|=\sqrt{R^2+(2\pi f_L)^2}=\frac{U}{I}=\frac{380}{30\times10^{-3}}\approx12.7\ \text{k}\Omega$$

则
$$L=\frac{1}{2\pi f}\sqrt{|Z|^2-R^2}=\frac{1}{2\pi\times50}\sqrt{12.7^2-1.6^2}\,\text{H}\approx40\text{H}$$

8. 解：接直流电源上，电感器相当于短路，所以 $R=\frac{U}{I}=\frac{120}{20}\ \Omega=6\ \Omega$。接在交流电源上，阻抗模为

$$|Z|=\sqrt{R^2+(X_L)^2}=\frac{U}{I}=\frac{220}{28.2}\ \Omega\approx7.8\ \Omega$$

则
$$L=\frac{1}{2\pi f}\sqrt{|Z|^2-R^2}=\frac{1}{2\pi\times50}\sqrt{7.8^2-6^2}\,\text{H}\approx15.89\ \text{mH}$$

9. 答：电灯只能接在一个机线中性线上，只能作单相负载。

10. 答：在图2-38中，不仅含有三相负载电动机，还有由电灯组成的单相负载的三相连接电路，它们经常处于不对称的工作状态。当中性线接入开关或熔断器时，一旦开关断开或熔丝烧断，将造成三相电压不对称，某相电压过高可能烧毁灯泡，某相电压过低则荧光灯无法发光，这是不允许的。因此，三相四线制电路中中性线上一般不允许接开关或熔断器。

11. 答：电源的中性点一般是接地的，电源的相线对地有电压。即使中性点不接地，也可通过导线对地的电容构成回路，因此人体只要触及相线就会触电。为此，开关应接在相线上，断开开关便可以进行电灯的修理与更换，否则将形成带电作业，造成触电危险。

12. 解：电路图如图6所示。

当中性线在图6中“×”处断线时，接在A相的第一层楼不受影响，电灯亮度不变。而第二层与第三层接在B相和C相上，当中性线断开时，B相和C相的电灯串联接在 $\dot{U}_{BC}$上，电灯电压均不足220 V，故第二层和第三层楼的电灯暗下来。又因为第三层开的灯多些，总电阻 $R_C<R_B$，故第三层楼电压 $U'_C<U'_B$，所以显得更暗些。

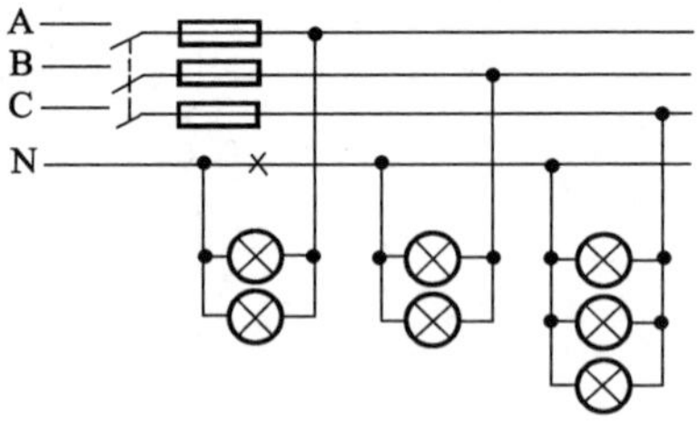

图 6

13. 解：设 $U'_1=220\angle0°\ \text{V}$，$U'_{12}=380\angle30°\ \text{V}$，$\dot{I}_{1Y}=\frac{\dot{U}_1}{10}=\frac{220}{10}\text{A}=22\text{A}$ 与相电压同相位，则三角形负载相电流为

$$\dot{I}_{12\Delta}=\frac{\dot{U}_{12}}{38}=\frac{380\angle30°}{38}\text{A}=10\angle30°\text{A}$$

三角形负载线电流为

$$\dot{I}_{1\Delta}=10\sqrt{3}\angle 0°A$$

线路电流为

$$\dot{I}=\dot{I}_{1Y}+\dot{I}_{1\Delta}=(22+10\sqrt{3})\ A$$

所以

$$I=(22+10\sqrt{3})\ A\approx 39.3A$$

项目三　测试习题参考答案

一、填空题

1. H（亨利）
2. 90°
3. 感应电流的磁场阻碍引起感应电流的磁通，相反，相同
4. 相等，相同，平行线
5. D 区域

二、判断题

1. （×）
2. （×）
3. （×）
4. （×）
5. （√）

三、分析计算题

1. 答案如图 7 所示。

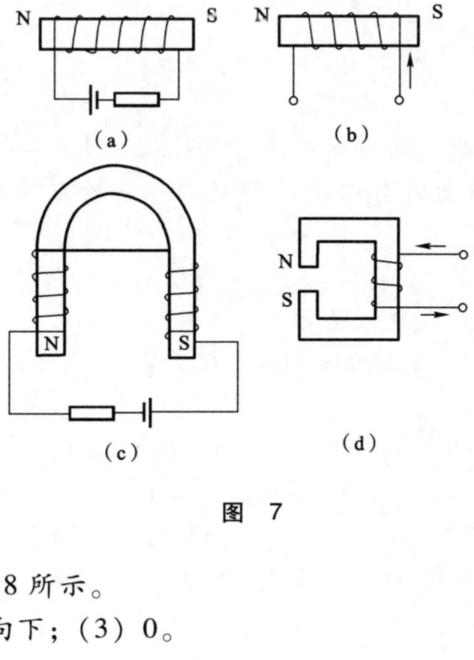

图 7

2. 感应电流方向如图 8 所示。
3. （1）向上；（2）向下；（3）0。

4. 感应电流的方向，如图 9 所示。$I=1A$，$F=0.5N$。

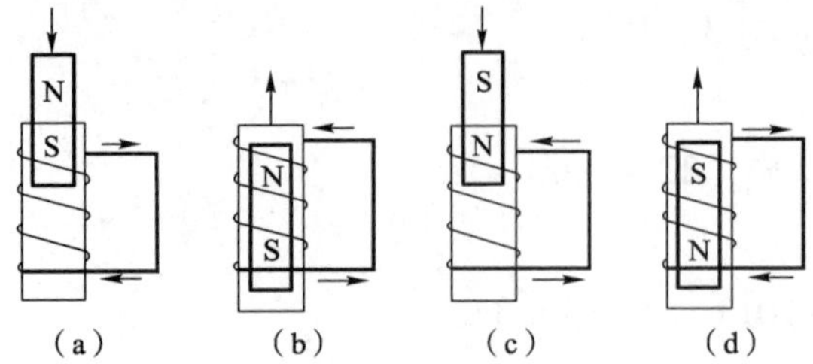

图 8

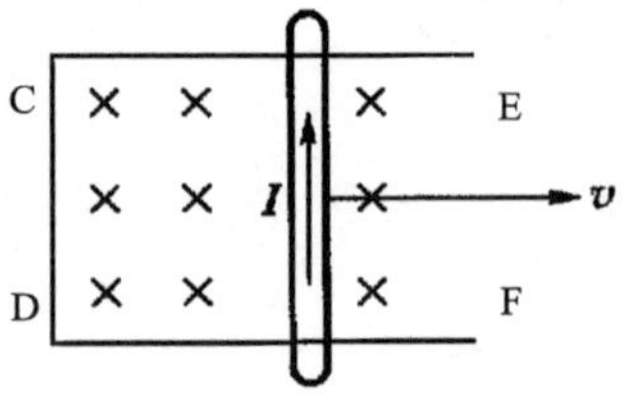

图 9

5. 1A，0.5A，1.5N。

6. 0.5H，0.5T，0，-2V。

项目四　测试习题参考答案（略）

项目五　测试习题参考答案（略）

项目六　测试习题参考答案

一、填空题

1. 自由电子，空穴，自由电子；空穴，自由电子，空穴。
2. 单向，导通，导通。
3. 正，负，正向，导通。
4. 正向电压，0.7V，0.3V。
5. 单相桥式，28.2。
6. 直流，脉动，滤波。

二、分析计算题

1. 半导体具有热敏、光敏、掺杂等特性。最引人注目的是掺杂特性。

2. 半导体中存在可以移动的自由电子和空穴，在外电场作用下，均可以定向运动而形成电流。PN 结的单向导电性是指加正向电压时 PN 结导通，加反向电压时 PN 结截止。

3. 否，这两种半导体都是电中性的。

4. (a) 10 V；(b) 0 V；(c) 10 V；(d) 0.7 V。

5. (a) 1.7 V；(b) 3.3 V。

6. (1) 8.37 V，0.93 mA，0；(2) 4.74 V，0.53 mA，0.25 mA。

7. $U_i=3$ V 时，V_1 截止 V_2、V_3、V_4 导通；$U_i=0$ V 时，V_1 导通 V_2、V_3、V_4 截止。

8. (1) $I_R=I_D=3mA$；(2) $I_D=1.5mA$；(3) $I_R=2.3mA$，$I_D=1.15mA$

9. (a) V 截止，$U_{AB}=-12$ V　(b) V_1 导通，V_2 截止，$U_{AB}=0$ V

10. u_o 的波形如图 11 所示。

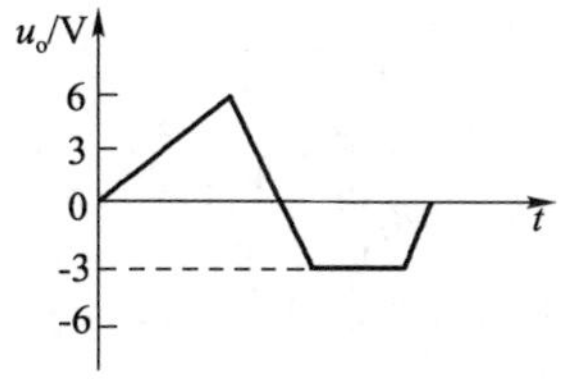

图 10

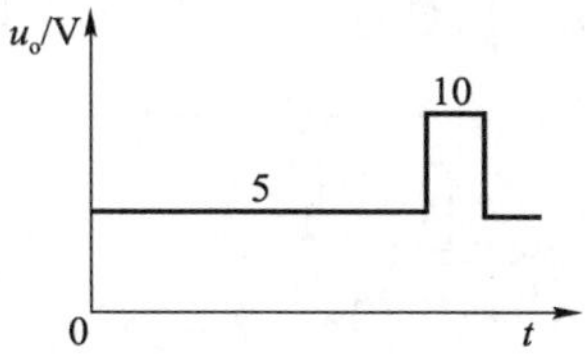

图 11

项目七 测试习题参考答案

一、填空题

1. 共基极，共集电极，共发射极。

2. 低频放大器，中频放大器，高频放大器，直流放大器，电压放大器，电流放大器。

3. 直接耦合，变压器耦合，阻容耦合。

4. A^3。

5. 输入、输出电压的相位相同且大小近似相等，输入电阻高，输出电阻低。

6. 两个输入端的电压差近似为零，两个输入端的电流近似为零。

二、判断题

1.（√） 2.（√） 3.（√） 4.（√） 5.（×） 6.（√）

三、分析计算题

1. 解：图 7-39（a），因为 $U_B=0.7$ V，$U_E=0$ V，$U_C=10$ V，所以 $U_{BE}=U_B-U_E=0.7$ V 是硅管。又因为 $U_C>U_B>U_E$ 且 $U_{CE}>U_{BE}$，所以是 NPN 型管，该管处于放大状态。

同理，图 7-39（b）为 PNP 型锗管，处于放大状态。

图 7-39（c）为 NPN 型硅管，处于饱和状态。

图 7-39（d）为 NPN 型硅管，处于截止状态。

图 7-39（e）为 NPN 型硅管，晶体管击穿，已损坏。

2. 答：由基本放大电路的组成原则可知，一个由晶体管构成的放大电路对输入的交变信号能进行正常的放大需具备两个条件：

（1）静态情况下，$u_i=0$ 时，电路应使晶体管的发射结正向偏置，集电结反向偏置。

（2）有信号输入时，应保证交流信号能顺利加入晶体管 T 的输入回路，对共射极电路而言，信号能进入晶体管的 B、E 之间。此外，在输出端 u_o 应能得到不失真的放大信号。

参照此原则分析如下：

（1）图 7-40（a）由 NPN 管组成，电源电压为负值，静态情况下发射结无正向偏置，且电容器 C_1 极性接错，所以不具备放大作用。改正如图 12（a）所示。

（2）图 7-40（b）由 NPN 管组成。虽然 $U_B>0$ 符合正向偏置条件，但在动态时由 C_1 的接法使信号直接接地没有经晶体管放大，所以无输出。改正如图 12（b）所示。

（3）图 7-40（c）由 NPN 管组成，将 C_1 接在输入端时可实现发射结正偏，集电结反偏。但由于 C_1 的接法使三极管没有静态值，所以不能正常工作。改正如图 12（c）所示。

（4）图 7-40（d）由 NPN 管组成，静态时发射结无偏置电压，晶体管不能工作，只

要将 R_B 接到电源 $+U_{CC}$ 上即可。改正如图 12（d）所示。

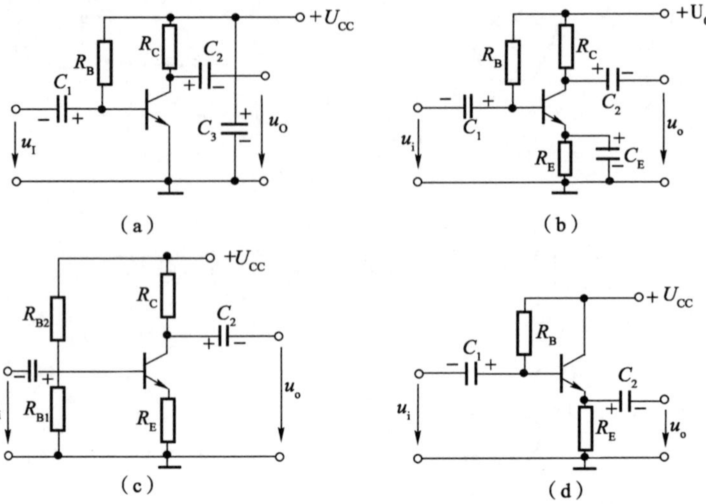

图 12

3. （1）$I_B \approx 23.7\mu A$，$I_C \approx 1.9mA$，$U_{CE} = 4.4V$；（2）$A_u = -107$；（3）$r_{be} = 1.41\ k\Omega$，$r_i \approx 1.2\ k\Omega$，$r_o = R_C = 3\ k\Omega$。

项目八　测试习题参考答案

1. 1.1V，－12V。

2. $I_L = \dfrac{U_i}{R_1}$。

3. $u_o = -RI_i$。

4. 20kΩ，40kΩ，26.7kΩ，6.2kΩ。

5. （1）$R_f = 20\ k\Omega$，（2）$f_0 = 1\ 062\ Hz$。

项目九　测试习题参考答案

一、填空题

1. 8，4，2，1。

2. 101101101，35。

3. 2，新稳态。

4. 不定状态。

5. 1。

6. 1kHz。

二、判断题

1. （×）　2. （×）　3. （√）　4. （×）

三、分析计算题

1. 111，1011000，1111101，110000.11。

2. 11，29，22，37.25。

3. 735。

4. 波形如图 13 所示。

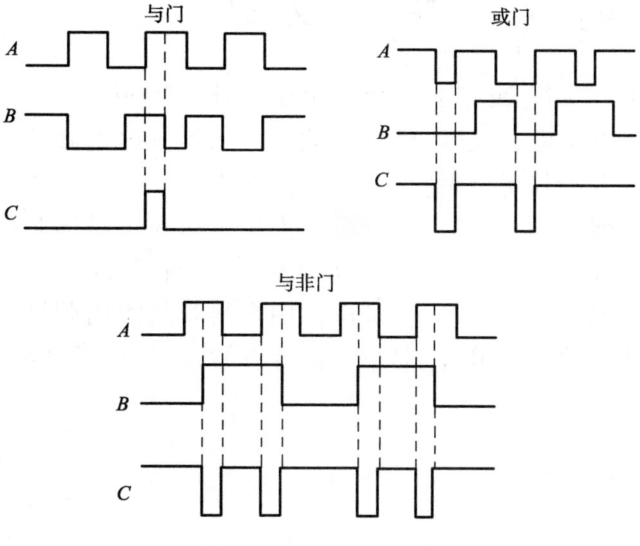

图　13

5. 输出端 Q 和 $\overline{Q}$ 的波形如图 14 所示。

6. Q 端的波形如图 15 所示。

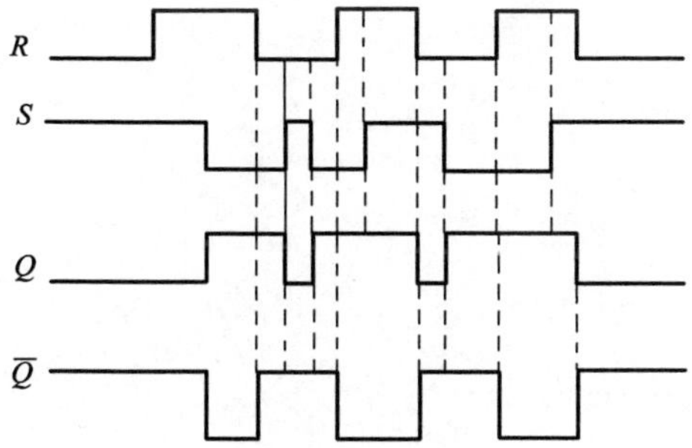

图　14

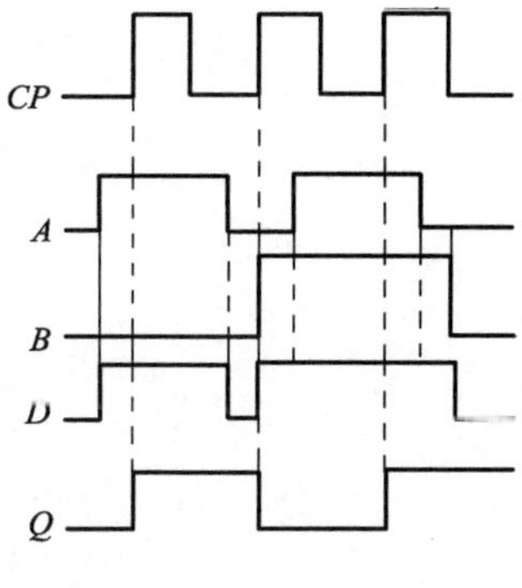

图　15

7. Q 端的波形如图 16 所示。

8. Q 端的波形如图 17 所示。

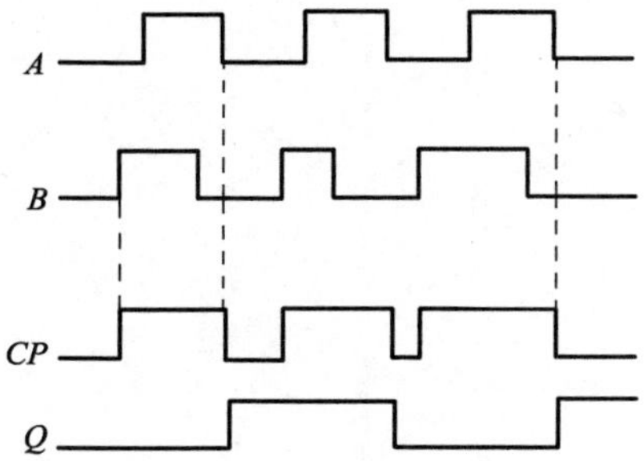

图　16

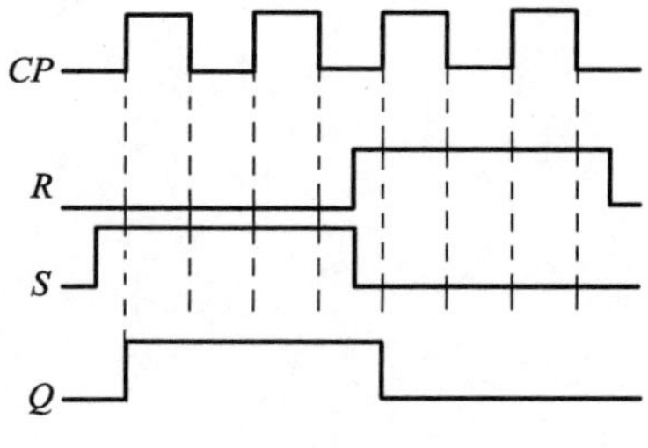

图　17

参 考 文 献

[1] 王金华．电工技术［M］．北京：人民邮电出版社，2009.
[2] 张明海，王夕英．电工电子技术［M］．北京：人民邮电出版社，2009.
[3] 刘皓宇．汽车电工电子技术［M］．北京：高等教育出版社，2007.
[4] 杜江．电工初级技能实训［M］．西安：西安电子科技大学出版社，2006.
[5] 刘蕴陶．电工电子技术［M］．北京：高等教育出版社，2007.
[6] 黄振轩，宋卫海．电路分析［M］．济南：山东科学技术出版社，2007.
[7] 王善斌．电工技能与训练［M］．北京：高等教育出版社，2008.